_____ 님께 드립니다.
　"惠 存"

을지로의 아침

박동규 지음

gn
COMMERCE

머리말

───

　여느 성장기를 지나면 어떤 조직이든 속해 있기를 희망하여 그 길을 갑니다. 그런데 그 조직은 기간도, 직책에 따라 있을 수 있는 기한도 유한합니다. 군인으로서 대부분의 시간을 지나 여기에 있은 시간은 저로서는 행복 그 자체이었습니다. 함께 한 한 사람 한 사람 모두 저의 인생 속에 들어와 박힌 소중한 인연이었습니다. 우리는 스스로 만든 인연 속에서 평생을 살아갑니다. 옛 인연과 새 인연을 소중하고 건강하게, 튼튼하게 가꾸어야 하는 이유이기도 합니다.

　그와 함께 '情'을 생각할 수 있습니다. '情'이란 산에 난 길과 같아서 서로 오가지 않으면 없어지듯이 오갈 수 있는 통로를 항상 가지는 것도 소중한 나의 자산이 될 것입니다.

　짧은 글을 매일 읽어준 수신자 모두에게 감사합니다.
詩가 주는 작은 울림과 떨림, 그리움, 사랑, 아쉬움....
그리고 함께 할 수 있어서 제가 더 큰 悅樂의 소리를 듣습니다.

　어떤 시간, 자리, 기간이 지난 뒤에 어떠한 향기를 가져갈까요? 저는 많은 인연의 향기를 온몸에 담았습니다.

2023년 12월 을지로에서
박 동 규

차 례

1년(芽!) · 7

2년(葉!) · 57

3년(花!) · 139

4년(實!) · 253

1년

芽!

✉ 200504 첫 인사 18:38

설레는 마음으로 매일을 대하는 박동규입니다. 진정 존중해야 하고 존중받아야 할 멋진이들에게 보냅니다. 좋은 인연이 되게 노력하겠습니다. 제가 많이 단시간 내에 업무가 되게 조언해 주시고 함께 해 주세요. 언제든 함께하는 사람이 되겠습니다. 휴일 잘 보내세요.

<5월의 향기> 중에, 주변에 핀 노오란 진달래꽃 하나둘 내 마음에 떨어지고 5월의 그대 모습 꽃향기 속으로 끌어들인다. 맑은 공기 불어오는 산들바람 소리 그대 숨소리처럼 들리고 바람처럼 다가온 5월 향기를 보냅니다. 그대는 5월의 아름다운 자태 나에게 오려고 향기만 보내는지 오늘도 내 그리움 가득 담아 그대 있는 곳을 향해 한 송이 붉은 장미 그리고 5월의 향기 함께 보내리다. 세상에는 아름다운 게 넘쳐난다고 하지만 나에겐 하나밖에 없습니다. 많음보다 하나이기에 더욱 아름답다는 걸 늘 마음으로 생각하지만, 늘 곁에 있음에 난 당신이 아름답다는 걸 매일 잊어버리고 살지요. 나보다 더 나를 잘 아는 그런 아름다운 당신을 난 사랑합니다.

우리 회사의 슬로건인 '고객과 함께'의 고객은 첫 번째 우리 부서 직원, 두 번째 회사 전 직원, 세 번째 찾아오는 고객입니다.

✉ 0507 아침편지 08:16

청계천 일대와 다른 많은 곳에서 이팝나무가 한창입니다. 이팝나무는 '하얀 눈꽃'이라는 의미가 있습니다. 그제 어린이날, 내일 어버이날 등 가족의 소중함이 다시금 생각나게 하는 5월! 건강히 보내세요. 그리고 "뭐해?". "야근이지. 집에 뭔 일 있어?", "오늘 끝나고 뭐해?", "뭐하긴 뭐해. 야근이지. 집에 뭔 일 있어?", "아뇨. 그냥 했어요.", "쓸데없이.." 당신은 '그냥'이란 말의 의미를 아시나요? 그냥이란 말 속에는 수천, 수만 개의 간절한 그리움이 숨겨져 있습니다. 네가 그립다. 보고 싶다. 걱정된다. 너랑 말하고 싶다. 함께하고 싶다. 너와 손잡고 싶다. 너랑 놀고 싶다. 너를 사랑한다. 나 지금 힘들다. 나의 마음을 알아주라. 나 외롭다. 나 눈물 난다. 나 네가 필요하다 등. 그냥

은 그냥이 아닙니다. 당신을 부르는 애절한 목소리입니다.   - 잘 지내고 있다는 거짓말 中 -

📧 0508 아침편지

어버이날 아침입니다. 가족과 아이들에게서 축하받으셨지요? 고향에 계시는 어른들께도 당연히 안부를 여쭈었겠지요. 그리운 이에게 매일이나 편지 한 장 한다면 그리움이 조금은 조절되겠지요. 스트레스가 적은 주말 되세요. 인연이란? 무엇일까요? 우리는 수많은 인연의 울타리 속에서 평생을 살아가고 또 이어갑니다. 내가 만난 인연을 헌 신 버리듯 하면 다가올 새 인연이 나를 그렇게 버립니다. 그래서 그 인연을 건강하고 튼튼하게 가꾸어 가야 합니다. 삶이란 기인 인연 속에서 이제 사랑하는 법을 익혀 전면적으로 사랑하는 날들이 되기를 기원합니다.

📧 0513 아침편지

좋은 아침입니다. 한 주의 중간입니다. 우리가 가끔 사용하는 단어 중에 'ㄲ'이 들어간 낱말이 얼마나 될까요? 직장인에게 일곱 가지 'ㄲ'이 들어가는 낱말이 있어야 한다는 글도 있습니다. 그것은 끼, 끈, 꿈, 깡, 꾀, 꼴, 꾼 등이지요. (비지니스 관련인 듯 해요) 그런데 우리가 사용하는 낱말 중에 한 글자로 된 'ㄲ'이 들어간 낱말 정말 많아요. 예로써, 끌, 깨, 낌, 꽃, 깽, 깩, 꺽, ~께, 꼭, 꽤, 꽉, 꿀, 꿍, 꿩, 끗 등 모레가 스승의 날 인데 은사님들께 연락이라도 한다면 기쁨이겠지요? 저도 오늘내일 중에 그분들께 연락하려 합니다.

- 서울 4 大門과 普信閣 관련 내용입니다.
  * 五行의 仁義禮智信과 四端을 의미화하여 건축, 동쪽은 興仁之門, 측은지심, 서쪽은 敦義門, 수오지심. 남쪽은 崇禮門, 사양지심, 북쪽은 肅靖門, 시비지심. 중앙은 普信閣, 광명지심을 의미합니다.

✉ 0515 아침편지

오늘은 스승의 날입니다. 나이가 들어감에 뵈었던 은사님들이 기억나고 그 추억이 떠오릅니다. 우리들도 누군가에는 선생님으로 남아야지요. 청춘의 시간이 훌쩍 지났다고 하지만, 생각은 언제나 청춘의 그림자 속에 있습니다. 민태원의 수필 '청춘예찬'과 사뮤엘 울만의 '청춘'이라는 시를 일독해 보기 바랍니다. 좋은 주말 되고 그래도 여유 있는 일정이 되길 바랍니다.

* 스승의 날의 유래는 '58년 충남 논산 강경여상 학생이 와병중인 선생님을 방문한 것을 시작되었습니다. '63. 5. 26.일 은사의 날로 시행하다가 '65년 5. 15.일로 조정 시행하였습니다. 배경은 겨레의 스승이신 세종의 탄신일을 스승의 날로 정함. 스승은 師인데 중국 발음이 '스'에서 발전, 우리가 아는 '先生'은 고려시대 과거 급제자를 존칭하여 선생이라 함. 최초 제안하셨던 윤석란은 세종시 전동면의 피정 교육회관에 있다고 합니다.

✉ 0519 아침편지

비 내리는 아침입니다. 모두에게 단비가 되겠지요? 누구나 삶의 고민거리는 가지고 있다고 합니다. 그런데 90%는 이미 일어났거나 일어나지 않을 일을 걱정하고 있고, 6%는 인간이 어찌할 수 없는 일이고 겨우 내가 할 수 있는 것은 4%에 불과하다고 합니다. 너무 많은 고민, 걱정은 하지 않아도 될 듯합니다. 주변을 돌아보고 마음의 위안을 가지는 것도 좋은 방법이지요. 군자나 인격자와 같이 살 수는 없어도 작은 울림이 있는 삶은 되지 않을까요?

✉ 0520 아침편지

비 내린 후 약간 서늘한 아침입니다. 하루, 한 주, 일 년이 쌓여 우리들의 삶이 되고 경륜이 되는 것이지요. 켜켜이 쌓인 지식을 온축(蘊蓄, 쌓을 온, 쌓을 축)이라 하는 것처럼 꾸준하게 한결같이 방향성을 가지고 나아가야 할 듯합니다. 우리 각자의 목표는 무엇이고 어디로 가고 있는지 돌아보는 여유를 가져보십시오.

탄주지어(呑舟之魚)란 성어는 '배를 삼킬 만큼 큰 물고기'라는 말로 군자를 칭하며 학문을 두루두루 폭 넓게 익히라는 의미'입니다. 뛰어난 협상가(전문가)는 만들어지는 것으로 '그 실력은 연습에서 나온다'는 와튼 스쿨의 스튜어트 다이아몬드 교수의 말도 있습니다. "누구나 잘못은 할 수 있지만 누구나 솔직할 수 있는 것은 아닙니다. 진실한 사람의 아름다움은 무엇과도 비길 수 없습니다."

✉ 0522 아침편지

좋은 아침입니다. 다 들 잘 쉬었나요? 아름다운 계절인 5월, 3주가 지나고 있습니다. 마음 한 켠에 숨겨 두었던 아스라한 끄나풀이 스물스물 삐져나오는 적도 있지요? 내 마음의 평안(平安)과 열락(悅樂)이 있어야 주변을 돌아보고 才華되는 즐거움, 삶의 의미와 기쁨은 함께 덤으로 오지요. 2015년 한양대 정재찬 교수의 낭만과 사랑을 잊은 그대에게 바치는 아름다운 시 강의가 있었습니다. 이 번 주말 연인과 함께 '시를 잊은 그대에게'(附題, 공대생의 가슴을 울린 시 강의)를 읽어보는 것도 좋을 듯 합니다. 내일은 윤사월 초일입니다. 그러면 木月의 시를 읽어 볼까요?

> 松花 가루 날리는/외딴 봉우리/사월 해 길다/
> 꾀꼬리 울면/산지기 외딴 집/눈 먼 처녀가/
> 문설주에 귀 대고/엿듣고 있다//(1946년)

✉ 0528 아침편지

건강하고 행운, 행복이 늘 함께하는 시간이 되기를 기대합니다. 사람의 천적은 무엇일까요? 그것은 시간이고 세월이라고 합니다. 세월이 우리를 노려보고 있는 것이지요. 오늘도 시간을 소중히 여기면서 덕을 쌓고 내공을 쌓는데 필요한 시간으로 여기면서 좋은 하루 보내세요. '끝이 좋아야 좋다'는 것을 보냅니다.

좋은 영화는 마지막 장면이 인상적입니다. 좋은 노래는 끝 소절이 매력적입니다. 좋은 소설은 결말이 멋집니다. 좋은 드라마는 끝이 아름답습니다. 좋은 물건은 마감처리가 좋습니다. 좋은 기술자는 마무리가 완벽합니다. 좋은 회사는 끝까지 책임을 다합니다. 좋은 술은 뒤끝이 깨끗합니다. 좋은 경기는 최후의 몇 분이 드라마틱합니다. 좋은 사람은 끝까지 좋습니다. 좋은 사랑은 끝까지 아름답습니다. 일도 사랑도 물건도 작품도 사람도 기업도 끝이 좋아야 정말 좋습니다. 끝이 좋아야 명품이 되고 명작이 됩니다. 명인이 되고 명가가 됩니다.

✉ 0603 아침편지

Good morning everyone!
계절이 6월인가 봅니다. 기온이 우리의 이마를 자극하는군요. 회사 동쪽 작은 화단에 나무들 일부가 어떠한 이유인지 베어졌군요. 아마 그 나무도 서 있는 동안 많이 힘들었나 봅니다. 우리가 사용하는 단어 중 가장 감동적인 사랑의 속삭임은 무엇일까요? "사랑해", "영원히 함께 하자"일까요? 그런데, 그것은 가장 힘든 순간 "당신 곁에 내가 있어"라고 말해주는 것은 어떤가요?
잘했다, 고맙다, 예쁘구나, 아름답다, 좋아한다, 사랑한다, 보고 싶다, 기다린다, 믿는다, 기대한다, 반갑구나, 건강해라 등 내 인생에 도움이 될 말은 의외로 소박합니다. 너무 흔해서 인사치레가 되기 쉽지만 진심을 담은 말은 가슴으로 느껴지는 법입니다. '괜찮다, 잘 될거야, 힘내라, 다시 꽃 핀다, 걱정마라'의 위로의 말은 칭찬받는 아이처럼 금새 가지를 치고 조그맣게 잎새를 틔웁니다. 그러한 말, 희망의 말, 초록의 말을 건네어 보세요. 누군가의 가슴 속에 하루 종일 꽃이 피어납니다. 당신은 매일 매일 그의 기분 좋은 정원사가 되는 것입니다

✉ 0602 아침편지

우리는 평생을 살아가면서 어린 시절부터 타인과 비교하는 것에 익숙해져 왔다고 할 수 있습니다. 부모님들로부터도, 학교 선생님이나 동네 어르신 등으로부터. 물론 그렇지 않은 분들도 있지만 경쟁사회에서 필요 善이라 여겼던 것 같아요. 그런데 지나고 보면 그것이 많은 불편함을 가져왔고, 자신의 모습은 어디에, 언제 찾을 수 있는지 의문이지요. 이제는 자기 자신을 바라보고 자신감을 가져도 좋겠습니다. 아주 잘하고 있고 자랑스러우니까요. 좋은 생각을 하며 바른 행동을 하기 위하여 노력하는 내가 대견스럽기만 합니다.

✉ 0605 아침편지

기온이 점점 올라가는 듯합니다. 많이 더워야 곡식이 잘 익는다는 것도 있지요. 내일은 현충일입니다. 오늘을 있게 한 선열들이 있으셨기에 우리들의 행복과 번영이 존립할 수 있겠지요.「정의란 무엇인가」의 저자 마이클 샌델은 선대의 공과에 대해 후세대가 책임지지 않는다면 인간의 인식과 영속성을 긍정할 방법이 없다고 했습니다. 내일 조기도 게양하고 아이들과 의의를 얘기해 보는 것은 어떨까요?

　최근 우리 주변에 왜 이렇게 분노가 많을까요? 혼자 방치되거나 외면당한 경험을 한 아기는 처음에는 격앙된 반응을 보입니다. 아기는 소리를 지르면서 주의를 끌려고 애쓰지요. 그래도 아무도 오지 않는다는 것을 확인하면 우는 소리는 더욱 커지고 이렇게 분노하는 듯한 울음소리는 격분 상태에까지 이릅니다. 아이의 울음은 누군가 헤아려 주지 못하면 울음소리가 커지고 그마저 외면당하면 분노로 바뀝니다. 그 분노는 어른이 되어서도 불덩이로 남아 이따금 격앙된 감정으로 폭발합니다. 내 안에 아직 울고 있는 어린 시절의 '나'. 잘 달래줄 사람도 바로 '나'입니다.

📧 0609 아침편지

기온이 점점 올라가서 데워지고 있는 듯 합니다. 그런데 그 기온도 절기를 이기지를 못하지요. 앞으로 두 달여 후면 서늘한 날들이 이어지겠지요. 다들 바쁘게 살아가는데 조금, 아니 잠깐만이라고 눈을 감고 자신을 돌아보세요. 좋은 일, 스스로 미소 짓게 하는 일들이 많이 있을 것입니다.
오늘 아침 횡단보도에서 인근 회사로 출근하는 외국인을 잠깐 만났지요. (*외국인등록증을 뜻하는 Alien Registration Card 표현을 Foreign Residence Card로 이 달부터 변경할 예정입니다.) 에일리언의 어감이 배타적 인식이라는 공감이 있었다고 합니다. 그는 왜, 어떻게, 무엇을 찾고자 익숙하지 않은 우리나라에서 근무하고 있을까요? 저 자신을 한 번 더 생각하게 되었지요. 다른 날 그 사람을 만나면 꼭 물어보겠습니다. 이 아침 커피는 기품을 더하여 아주 좋습니다. 인생은 커피 한 잔. 처음에는 뜨거워서 못 마시겠더니 마실만하니 금방 식지요. 인생도 그렇지 않나요. 열정이 있을 때가 좋을 때이다. 식고 나면 너무 늦지요. 커피는 따뜻할 때 마시는 것이 잘 마시는 것이고 인생은 지금 이 순간을 사는 것이 잘 사는 것이랍니다.

📧 0610 아침편지

당분간 비도, 바람도 크지 않은 계절인가 봅니다. 이른 더위에 지치지 않게 하세요.
현대인들의 성공하는 길을 많은 이들이 제시하고 있는데요, '97년 IMF, '08년 금융위기 이전에는 우직함과 성실함이 주 무기가 되어 많은 성과를 이끌어내었지요. 그런데 그 후는 이러한 것만으로는 부족하다고 다수의 사람들이 분석하고 있습니다. 골프선수 박성현에게 붙여진 별명이 '남달라'이지요. 자신만의 특성과 contrary(~와 다른, 정반대되는)가 필요하다고 합니다. 제가 보기에는 그는 방향성, 즉 목표(달성하고자 하는 목적)가 뚜렷해야 하지 않을까요? 돛대와 삿대처럼 말이죠. 돛대는 순풍일 때, 삿대는 역풍이나 바람이 없을 때 사용하지요. 사람은 저마다 장단점을 가지고 있습니다. 실력이 없고 쓸모없게 보이는 사람이라 해도 분명히 그 나름의 장점을 가지고 있는 것입니다. 돛대와 삿대 둘 다 배를 앞으로 나아가게 하는 데서 중요한 역할을 합니다. 어느 하나라도 없으면 배가 순조롭게 나아갈 수 없지요. 다양한 분야에서 소질을 갖춘 사람들이 한데 모여 더불어 삶으로써 각자의 맡은 일에 충실할 때 비로소 계획한 목표를 성공적으로 달성할 수 있지 않을까요?

✉ 0611 아침

'어젯밤 비에 꽃이 피더니 오늘 아침 바람에 꽃이 지누나'라는 (花開昨夜雨 花落今朝風) 이것은 조금은 아닌 듯합니다. 바꾸면 어젯밤 비에 집 주변 넝쿨장미에 꽃잎이 우수수 떨어져도 오늘 아침에는 그 무게에 꽃대가 고개를 숙이고 있네요. 그 옆에는 수국이 수줍게 '저 여기 있어요.' 하듯이 꽃망울 띄우고 있네요. (수국의 꽃말은 진심, 변덕, 처녀의 꿈이라 합니다.) 수국과 비슷한 것으로는 사찰 근처에 많이 보이는 불두화가 있습니다.
그렇게 아름다운 시간은 우리 주변을 쏜 살과 같이 지나고 있습니다. 봄날이 더 지나기 전에 우리들 마음의 봄날을 더 잡아두어서 어여쁜 사람의 마음 한켠에 같이 하고 싶습니다. 가도 가도 끝이 없는 것이 '세월'이라 합니다. 멀고도 먼 한 길이 '세상'이라 합니다. 아름답고 아름다운 것이 '운명'이라 합니다. 아픔과 눈물을 이겨내는 것이 '웃음'이라 합니다. 그런데 앞으로의 미래는 훨씬 더 크고 아름다울 것입니다. 자신의 날들을 만들어가는 추억의 시간이 되면 좋겠습니다.

✉ 0612 아침편지

이 아침 경쾌한 발걸음이었지요? 걸으면서 유심히 지나는 이들의 신발을 자세히 보았지요. 같은 형태나 종류는 거의 없더군요. 신발 중에 Toms shoes를 들어보셨지요? 'one for one'의 가치를 아이디어로 6~7년 전부터 2~30대에 인기 있는 신발이지요. 하나를 사면 한 켤레를 신발이 없는 빈국의 아이들에게 기부하는 아이템으로 시작했지요. 블레이크 마이코스키라는 창업자가 실패 이후 시작한 사업입니다. 저도 초등학교 저학년 때까지는 고무신과 보자기가 학교 가방이었지요. 이제는 흔한 것이 되었지만, 당시에는 도시의 친구들만 신는 것으로 생각했지요. 그런데 운동화를 사 주지 못하신 부모님의 마음을 한 참 어른이 되고서야 알았지요. 날씨가 더 더워지기 전에 이 주말은 부모님과 친구들을 떠 올려보는 것은 어떨까요? 가요 중에 '옛 생각'이라는 것이 있습니다. 한 번 들어보세요.

'뒷동산 아지랑이 할미꽃 피면 꽃 댕기 매고 놀던 옛 친구 생각난다.
그 시절 그리워 동산에 올라보면 놀던 바위 외롭고 흰 구름만 흘러간다.
모두 다 어딜 갔나. 모두 다 어디 갔나. 나 혼자 여기 서서 지난 날을 그리네.'

✉ 0615 아침편지

뒷동산을 가 보았겠지요? 사람이 항상 좋을 수만은 없겠지만 그래도 좋아야 합니다. 왜냐고요 나 자신을 위해서이지요. 좋은 것은 좋은 것을 부르고 거리엔 있지만 사람 마음에는 없는 것, 바로 일방통행길입니다. "내가 좋아하면 상대방도 나를 좋아하고, 내가 미워하면 상대방도 나를 미워한다." 서양 속담에 이런 말도 있습니다. "Like calls Like" 좋아하는 마음은 상대에게 어떻게든 전달되지요. '그 사람이 거기 있구나'하는 마음, 눈빛으로, 손짓으로, 표정으로, 공기로 등등 그래서 내가 좋아하면, 상대방도 자연히 나를 좋아하게 됩니다. 결국 타인과 잘 지내는 방법은 내가 먼저 그를 좋아하는 것, 그 방법이 최고입니다. 사람은 다 이타적 감정을 가지고 있으나 잘 표현하기 어렵다고 느끼지요. 그래서 '참 좋은 당신을 만났습니다. 오늘도 기쁨이 넘칩니다.' 해 보셔요. 고맙습니다.

✉ 0616 아침편지

화요일 아침입니다. 매일 매일이 새롭게 다가오는 날들입니다.

사피엔스가 다른 포유류의 종보다 이 지구를 지배(장악)할 수 있는 것은 도구를 이용하는 것도 있지만, 상호 간에 협력적 관계를 형성한다는 것이기도 하답니다. 그런데 이 관계에서 친밀한 관계는 150명을 넘지 않는다는 연구 조사가 있었습니다. 그래서 다 알지 못하면서 겪게 되는 이해할 수 없는 일들이 많지요. 절친한 벗을 자주 만나지 않더라도 그저 '그러한 벗이 있구나!'라는 것만으로도 미소 짓게 하지요. 그 마음을 있는 그대로 안아주어서 그런 것 아닐까요? 아무리 가까이 있어도 마음이 없으면 먼 사람이 되고 아무리 멀리 있어도 마음이 있으면 가깝게 느껴지듯 사람과 사람 사이는 거리가 아니라 마음입니다.

미소로 먼저 대화하는 사람, 응원의 말을 하는 사람, 위로의 말을 전하는 사람. 사소하지만 이런 작은 배려들이 세상을 따뜻하게 하고 힘이 됩니다. 긍정의 에너지로 활력이 넘치는 멋지고 행복한 날 되시기를,,,,,

✉ 0618 아침편지

6월의 하순을 향해 열정적인 항해가 이루어지고 있지요? 중간중간 자신과 주변을 돌아보는 시간을 가져 또 다른 전진을 해야겠지요. 한때 우리나라에 등산 열풍이 있어(지금까지 이어지고 있지만) 거기에 동참하지 않으면 뒤처지는 듯한 때도 있었지요. (아웃도어 한 벌은 덤으로) 그런데 이 땅에 살아온 선조들은 주유천하, 명산대천을 늘 다녔지요. 그러다 보니 살고자 하는 주거지도 배산임수를 명당의 조건으로 꼽았지요. 산은 거기 있으니 산에 간다고들 합니다. 이번 주말은 가까운 산을 한 번 다녀오는 것도 좋겠지요. 세계 여러 나라의 수도에 우리 서울과 같이 산이 있는 나라는 거의 없습니다. 지하철 내려 바로 산으로 이어지는 나라는 더욱이 그렇지요. 외국인들이 북한산이나 관악산을 아주 좋아한다는 통계도 있습니다. 서울 인구의 약 1/4이 한번은 다녀온다고 하니 더 그런가 봅니다.

★ 참고 : 경기 5악(바위로 이루어진 岳산을 칭함) 개성의 松岳산(488m), 파주紺岳산(675m), 포천雲岳산(935.5m), 가평華岳산(1,468m), 서울 冠岳산(632m) * 1,000m 이상의 산은 약 500여 개 정도입니다.

✉ 0619 아침편지

날씨는 흐리지만 우리들 마음만은 淸楚軟風이 되어야지요? 꽃이 아무리 아름다워도 향기가 독하면 곁에 두기 어렵지요. 화려하지는 않아도 그 향이 그윽하면 방안에 들여놓지요. 말은 사람의 향기라고 할 수 있지요.
아름답고 축복이 가득한 향기를 듬뿍 담은 말로 당신은 듣는 이에게 용기와 희망이 되는 그런 사람입니다. 퇴계 선생은 은은한 매화를 항상 가까이 두고 마음을 다스렸다고 합니다. 다 들 퇴청하면서 그윽한 향기 많은 꽃을 가져가 가족과 함께해야지요! 좋은 주말, 평안, 여유가 있는 날들이길 기대합니다.
최근 독서 글 中에서 인간(사피엔스)의 세계는 3단계 혁명을 통해서 진화되어 왔다고 하는데 인지혁명, 농업혁명, 과학혁명의 과정을 거쳤다고 합니다. 앞으로의 사피엔스는 호모 데우스로 발전하는데, 이는 두 가지로 기술인본주의는 유전공학, 나노공학, 뇌과학, 알고리즘, 컴퓨터가 인터페이스를 형성하고, 데이터교는 정보가 모든 것을 연결하는 것이라고 합니다. (유발 하라리의 호모 데우스 中)
이미 우리의 인식에도 많은 부분이 정보로 연결되고 있지요. 인지하지 못할 정도의 산술적인 시간이 경과하면 데이터교에 종속되겠지요. 그렇지만 아직은 사람의 마음을 다 식별하기는 어렵지 않을까요?

✉ 0623 아침편지

더위가 날로 그 자랑을 하고 있습니다. 그리하더라고 때를 알고 물러가겠지요. 절기는 참으로 우리들 마음을 잘 알고 있는 듯합니다.
제가 거주하는 곳은 산과 가까운 곳이라 이른 아침부터 새소리를 들을 수 있어 좋습니다. 녀석의 집은 그 어딘가엔가 있으면서 아파트가 제 집 마당처럼 날아다니지요. 매일 매시간 매 순간이 소중하고 의미 있는 시공으로 다가오곤 합니다. 매일 무언가를 준비하듯이 말입니다. 막스 베버는 「소명으로서의 정치」에서 '모든 희망이 깨져도 이겨낼 수 있을 정도로 단단한 의지를 갖춰야 한다. 지금에라도 그래야 한다. 그렇지 않으면 오늘날 남아 있는 가능한 것마저도 성취해 내지 못한다.'고 의지와 지금의 준비를 강조한 바 있지요.
배연일의 책「사랑은 그렇게 오더이다」중에 '휘파람새의 결 고운 음율처럼 서산마루에 번지는 감빛 노을처럼, 은밀히 열리는 꽃송이처럼 바다 위에 내리는 은빛 달빛처럼 사랑은 그렇게 오더이다.' 이처럼 나의 역량을 믿고 전진하면, 성과도 그 사랑도 가까운 곳으로 한 발 더 다가가겠지요.

✉ 0624 아침편지

70년 전 오늘은 내일 무슨 일이 있을지 아주 적은 인원만 심각성을 인지하고 보고, 준비하였으나 받아들여지지 않았습니다. 그 분석력과 예지력이 대단함에도 빛을 발하기에는 많은 것이 부족했지요. 이제 다시는 그러한 바보 같은 일로 해서 일생과 국민 전체의 안위에 돌이킬 수 없는 일이 있어서는 안 되겠지요?
그럼에도 한 줄기 빛과 어둠속에서도 희망의 끈을 놓지 않은 우리들의 할아버지, 아버지 세대가 있어서 오늘을 맞이하게 된 고마움과 감사입니다. 아마 그분들도 어두운 밤이더라도 길을 비추어 주는 밝은 마음과 반짝이는 눈빛을 가진 사랑하는 사람이 있어서 고통의 시간을 견디어 낸 것이 아닐런지요. 저는 이 시기만 되면 숙연해지는 것을 어찌할 수 없습니다. 더 열정적으로 살아내어 우리와 우리 후손들의 영속적인 자유와 평화, 행복을 이어가야 하겠지요. (6·25 발발 70주년에)

✉ 0626 아침편지

흐린 날이지만 누군가 기다려지는 주말을 앞둔 금요일입니다.
우리는 오가며 많은 사람들을 옷깃 스치듯이 지납니다. 제가 본 사람들의 80% 정도는 휴대폰을 보거나 약간 피로감을 달래고 있지요. 그런데 그 사람들의 어깨선이나 목을 보면 약 70도 선에 있지요. 거북목이라고 합니다.

또한 우리의 주 작업장인 PC로 인해 더 시간이 길어지지요. 자주 먼 곳을, 고개를 들어 상방향을 바라보는 것이 허리 건강을 유지하는 것이라 하지요. 오늘은 그간의 떨구던 고개를 들고 앞의 밝고 힘찬 모습을 그려보는 것은 어떤가요. 그러한 자신감과 자부심, 누군가가 나를 믿어준다는 이유만으로 큰 힘이 되고 내 안의 긍정의 에너지를 넘치게 하여 다양한 결과를 내기도 하지요. 삶은 사는 게 아니라 살아지는 것이리니 주어진 길을 묵묵히, 열정적으로 그렇게 가는 것 아닐까요?

좋은 주말 되세요. 삶이 손을 잡아주는 그 때까지 나의 길을 가야겠지요.

✉ 0630 아침편지

오랜만에 내리는 비가 단비가 되고 있습니다.

우리가 살고 있는 세상을 불가에서는 사바세계라 하지요. 이는 참고 견디어 나가야 하는 세상이라는 뜻이지요. 그러니 우리들 살아가는 모습은 힘들고 주저하고 어렵게 느껴지는가 봅니다. 그리고 현재의 시간은 또 어떤가요? 시간의 발걸음은 세 겹이다. 미래는 망설이면서 다가오고, 현재는 화살처럼 빨리 날아가고, 과거는 지켜 서 있지요. 그래서 누군가 함께 하고 싶은 것이 우리들이지요. 윤보영 커피시인은 이렇게 얘기하고 있습니다. '그대와 걷고 싶은데 그대의 표정을 살피며 주저합니다. 내 안에서 웃음꽃으로 가득 찬 나를 만났습니다. 함께 꽃길을 걷는데 그 사람 어깨 위로 웃음꽃이 보입니다.' 아울러 이수인 작사, 작곡의 '내 마음의 강물'도 한번 들어보세요.

✉ 0701 아침편지

오늘은 칠월을 시작하는 날입니다. 활기차게 전진합시다. 조국광복과 민족성을 표현한 이육사의 <청포도>(1937년 발표)를 제시합니다.

> 내 고장 칠월은/청포도가 익어가는 시절/
> 이 마을 전설이 주저리주저리 열리고/

먼 데 하늘이 꿈꾸며 알알이 들어와 박혀/
하늘 밑 푸른 바다가 가슴을 열고/흰 돛단배가 곱게 밀려서 오면/
내가 바라는 손님은 고달픈 몸으로/청포를 입고 찾아온다고 했으니/
내 그를 맞아 이 포도를 따 먹으면/두 손을 흠뻑 적셔도 좋으련/
아이야 우리 식탁엔 은쟁반에/하이얀 모시 수건을 마련해 두렴.

* 이육사(1904.04.04.~1944.01.16., 본명 원록, 수인번호가 264번)

📧 0702 아침편지

흐리면서도 약간은 선선한 목요일 아침입니다.
우리는 무엇으로 살고 있는가? 라는 질문을 가끔 해 봅니다. 톨스토이는 1881년 「사람은 무엇으로 사는가」에서 세상에 내려온 천사 미카엘을 통해 답을 찾고 있지요. 그것은 사람에게 무엇이 있는가? 사람에게 무엇이 주어지지 않는가? 사람은 무엇으로 사는가? 인데, 첫 번째와 세 번째의 답은 '사랑'으로 같고, 두 번째는 '자신에게 정말 필요한 것을 아는 힘'인데 신은 그것을 보여주지 않지요. 자신을 향한, 세상을 향한 끝없는 질문을 통해 자신을 튼튼히 해 나가는 것이지요. 종은 누가 그것을 울리기 전에는 종이 아니다. 노래는 누가 그걸 부르기 전에는 노래가 아니다. 그러니 우리들 마음속에 있는 사랑도 한쪽에 묵혀 두어서는 안 된다. 마음을 활짝 열어 나누기 전에 그것은 사랑이 아니니까요. 오늘 가까이 있는 선인(善人)에게 마음을 열어 보면 어떨까요?

📧 0707 아침편지

더위를 잠시 식혀 줄 비가 내릴까요? 小暑인 오늘.
사랑이란 것은 서른은 되어야 알게 되는 가 봅니다.(최영미 시인의 시집, <서른, 잔치는 끝났다>인 걸 보면) 사랑은 연필로 써야 하나요? 연필의 다섯 가지 특징을 보면 그렇기도 합니다. 연필을 이끄는 손과 같은 존재, 가끔 쓰던 걸 멈

21

추고 연필을 깎아야 한다. 실수를 지울 수 있는 지우개, 연필에서 중요한 것은 나무가 아니라 심. 연필은 늘 움직인다는 것이지요. 좋은 하루 되세요.

✉ 0710 아침편지

새벽에 비가 우리들의 단잠을 깨우지는 않았나요? 그 소리를 들을 수 있으니 이 또한 기쁨인 것이지요. 늘 오는 것처럼 새벽을 맞는 마음은 그때그때 다르지요.

그래서 선인들은 이렇게 말하였는지도... '인생을 꼭 이해해야 할 필요는 없다. 인생은 축제와 같은 것 하루하루 일어나는 그대로 살아가라. 바람이 불 때 흩어지는 꽃잎을 줍는 아이들은 그 꽃잎을 모아 둘 생각은 하지 않는다.' 꽃잎을 줍는 순간을 즐기고 그 순간에 만족하면 그 뿐이지요. 어렵고 힘든 고민, 걱정거리, 어떻게 할까 망설임, 새로운 것에 대한 두려움 등등 聖人이 아닌 凡人으로서 공통으로 느끼는 감성이겠지요. 가끔은 이렇게 생각하면 어떨까요? 이 또한 지나가리다. (This, too, shall pass away)

좋은, 추억이 있는 주말되세요.

✉ 0708 아침편지

조금 더워진 수요일 아침입니다.

어제는 우리나라 최초의 고속도로인 경부도로가 준공된 지 50주년이 되는 날입니다. (* 추풍령 상행 휴게소 언덕 위에 클로버 모양 IC 형태의 기념탑 있습니다.) '68. 2. 1.일 기공하여 '70. 7. 7.일 428km, 톨게이트 7, 휴게소 1(추풍령) 로 준공했지요. 428km(기점인 한남대교 남단~부산 구서)는 국난극복의 표상인 충무공 탄신일인 4. 28.일을 적용했다 합니다. 당시 건설비용은 1km 당 약 1억 원(지금은 443억 원)인 걸 보면 대단한 발전이지요. '12년에 4,000km에 곧 5,000km의 고속도로가 완공할 예정이랍니다.

많은 반대에도 불구하고 결심한 지도자와 한결같이 믿음을 가지고 참여한 선배님들의 노고이지요. 그 후 우리 생활은 많은 변화가 있게 됩니다. 관광(대표적인 것 수학여행), 공단 건설, 자동차 등 우리에게 그러한 기회가 온 것이지요. 찾아온 기회를 극적으로 잡고 나아간 결과입니다. 그런데 자신에게 찾아온 기회라는 것조차 모르는 경우도 있지요. 준비되어 있지 않았기 때문이지요. 우연이나 재수는 준비되어 있지 않은 사람에게는 찾아오지도 않는다고 합니다. 생에 세 번의 기회가 온다고 하는 데, 진지하고 집중하여 준비하는 사람에게는 하루에도 세 번의 기회가 주어질 수 있습니다. 그리고 결심과 행동이 이루어져야 하지요. 그래서 지금이라고 준비해야 하지요. 그 녀석은 언제 올지 모르니까......

✉ 0709 아침편지

더 나은 내일을 위한 우리들의 노력이 좋은 결실을 맺을 것입니다.
인생에는 세 가지 통장을 가지고 살아간다고 합니다. 돈과 재물의 통장, 인간관계 통장, 영혼의 통장입니다. 첫 번째는 마이너스가 될 수 있고, 두 번째는 항상 잔액을 유지해야 하고, 세 번째 통장은 조금씩 잔액을 늘려가야 하는 것입니다. 다음 아이의 마음은 아마 세 번째 통장이겠지요. 어떤 이가 새 자전거를 닦고 있었다. 한 아이가 다가와 호기심 어린 눈으로 구경했다. 아이는 "이 자전거 비싸요?" 물었다. 자전거 주인은 "모르겠는데, 이 자전거는 형님이 주신 거란다." "나도.....", 자전거 주인은 당연히 "나도 그런 형이 있어서 받았으면 좋겠는데."라고 말 한 줄 알았지요. 그런데 아이의 말은 "나도 그런 형이 될 수 있으면 좋겠어요. 동생이 심장병이 있는데 조금만 움직여도 숨을 헐떡거려요. 나도 동생에게 이런 멋진 자전거를 주고 싶은데..." 더 많은 형들이 이와 같이 했겠지요!

✉ 0715 아침편지

행복 day 수요일입니다. 행복한 마음 가득하길 바랍니다.
사막지대에 자생하는 선인장의 꽃을 사브라(Sabra)라고 하는데, 그 척박한 곳, 식물에서 꽃을 피우니 아름답기 그지 없지요. 그 곳에 집중하였기 때문이지요. '세상에서 가장 아름답고 소중한 것은 보여지거나 만져지지 않는다. 단지 가슴으로만 느낄 수 있다.'고 한 헬렌 켈러도 있지요. 위대한 업적을 남긴 사람들의 한 가지 공통점이 있는데, 고집스러울 만큼 강한 집중력을 가졌다는 것입니다. 목표를 이루기 전까지 단 한 치의 곁눈도 팔지 않았다는 것이지요. 일본의 작가 노몬 후유지는 '타자와의 관계를 일절 끊고 사고하고 판단하는 나만의 장소, 고독의 사상을 일구는 장소, 인간에게는 그런 공간이 필요하다.' 고 했습니다.
오늘 행복의 문과 마음을 활짝 열고 다가서 봐요. '최고의 순간은 아직 오지 않았다'(The best is yet to come)는 프랭크 시나트라의 묘비명처럼.........

✉ 0723 아침편지

많은 양은 아니지만 비가 이어지는 여름입니다. 여름은 비와 더위가 함께 해야 여름이지요.
하동의 선생님 시인 김용택의 시, 에세이에 '여름'이라는 천진한 이름도 있지요. 그처럼 아름다운 이름과 일들은 많이 있습니다. '나'라는 존재보다 주변을 먼저 생각하고 존중한다면 세상은 더 아름다워질 것입니다. 정겨움으로 맞이해 주는 이웃을 만나면 한없이 따뜻하고 행복할 것입니다. 서로에게 용기와 희망을 전하는 시간이 되었으면 행복이 배가되지요. 혹여 아니더라도 자신감과 당당함으로 무장하여 더욱 빛나게 해야겠지요! 더 많은 좋은 날들이 기다리고 있으니까요.

✉ 0724 아침편지

어제 세찬 비바람에 나뭇잎들이 어지러이 떨어져 있는 비 온 후 아침입니다. 그러한 비바람, 천둥, 번개 여러 개가 있어야 가을이 되나 봅니다.
사람은 완전하지 못하기에 모두가 장·단점을 가지고 있습니다. 특정인을 좋은 사람, 그렇지 않은 사람으로 평가하는 것도 각 개인의 자유이지요. 이 세상에 완전하고 완벽하고 완결한 사람은 존재하지 않습니다. 그래서 인생은 미완성이라고 하는 것 같아요. 상대의 장점을 많이 보고, 나의 단점을 메워가는 시간이 되어야 하겠지요. 좋은 휴일 되세요. 가을이 멀지 않은 듯합니다.

✉ 0730 아침편지

어제는 우리 직원들과 좋은 시간을 보냈습니다. 새로운 시작점에서 앞날들이 더 빛 날 것입니다. 불편함은 더 많은 무엇을 갈망케 하여 성장의 촉매가 되고 불만족스러우며 문제가 있는 곳, 바로 새로운 기회가 됩니다. 아무리 좋은 곳을 가도, 아무리 좋은 음식을 먹어도 아무리 좋은 옷을 입어도 내 것이 아닌 듯 불편할 때가 있습니다. 사람도 사회적 위치와 존재감이 아무리 괜찮더라도 나와 맞지 않으면 함께하는 시간이 불편할 수밖에 없습니다. 그래서 마음 편한 사람, 늘 곁에 있어서 소홀히 할 수 없는 사람, 내 마음이 비워질 만큼 소중한 사람 바로 내 옆에 당신입니다. 세상 그 누구보다도… 특히 퇴근 후 가정에서는 더 그러하겠지요. 오늘도 그 누구가 되어 볼까요?

✉ 0804 아침편지

중부지역에 많은 비가 이어지고 있습니다. 생명을 잃으신 분들도 있고 안타깝습니다. 8월이면서 비가 내려 더위는 조금 뒤에 오려나 봅니다. 건강 잘 유념하세요. 그래도 인생은 내일도 계속됩니다.
힘들면 잠시 나무 근처의 의자에 앉아 숨을 고르는 것도 필요하지요. 고민해도 달라질 게 없다면 딱 오늘까지만 고민하고 내일은 내일의 삶을 삽시다.

꿈을 꾸어도 달라질 게 없어도 그래도 내일부터 다시 꿈을 꾸어야 합니다. 웃음이 안 나온다고 해도 그래도 내일부터 그냥 이유 없이 웃기로 하죠. 힘들다고 술로 지우려 하지 말고 아프다고 세상과 작별할 생각 말고 일이 잘 풀리지 않는다고 사람을 원망하지 말고 위기가 닥쳤다고 짜증 내지 말고 그러려니 합시다. 좋지 않은 일은 간단하게 생각하고 좋은 일은 복잡하게 자꾸 끄집어내어야 하겠지요. 힘을 내요. 우리 모두 후회 없이 부딪힙시다. '그래도'라는 마음 위안의 섬이 우리 모두에게는 있지요. 오늘은 퇴청 후 카페에서 조용히 커피라도 한잔하세요. 두렵지만 이겨냅시다.
인생은 다행히 내일도 계속됩니다. 웃음의 분량이 곧 행복의 분량입니다.

📩 0805 아침편지

비 내리는 소리가 쫘! 정겨울 때도 있지만 지금처럼 오랫동안 이어지고 골짜기에 아픈 상처를 준다면 안타까운 일입니다.
상처와 별은 영어단어로 'scar'와 'star'로 철자 하나 차이입니다. 누구나 마음의 상처는 가지고 있고 그 상처를 내 사랑과 함께 평생 가지요. 상처 없는 사랑이 어디 있으며, 하물며 상처 없는 인생은 어디 있겠어요. 하니 자신의 소중한 삶을 켜켜이 잘 채워 가야지요. '일 없음이 오히려 나의 할 일(無事猶成事)'-경허스님의 말처럼 자신의 시간과 일을 잘 채워 나가야 합니다. 모든 순간을 사랑하고 그 사랑 부자가 곧 마음 부자입니다. 마음의 빈 공간을 함께 채워 나갈 동반자, 동심자가 되면 좋겠습니다. 수요일! 일찍 퇴청하여 가족과 함께하는 시간 되세요.

📩 0806 아침편지

예년과 다르게 장마와 많은 비가 내리고 있습니다. 예보에 따르면 내일 오전만 반짝하고 다음 주말까지 비가 예상됩니다. 농사하시는 분들에게는 냉해가 우려되기도 하고, 코로나 등으로 어렵다고 느끼는 것이 더 힘들게 우리 주변을 맴돌고 있는 듯합니다.
함께 이 난관을 잘 견디어 내어 따스한 가을날 햇빛을 가지도록 해야겠지요. 고향이나 같은 곳이 아닌 다른 곳에 있으신 어른들께 안부를 전한다면 더 마음의 위로가 되지 않을까요? 내가 건넨 말 한마디, 작은 친절, 작은 미소가 누군가의 기쁨이 된다면 이 또한 가치 있는 것이지요.
아래의 글은 '아버지'란 글입니다.

우리 집에 자정이 다 되어서야 들어오는 머슴 하나 있습니다.
그는 자기를 무척 닮은 아이들의 잠자리를 살펴주고는 지친 몸을 방바닥에 부립니다. 아침, 그는 덜 깬 눈을 부비며 우리 형제를 학교라는 곳까지 데려다주고 허름한 지갑 속에서 몇 장 안 되는 구겨진 종이돈을 살점처럼 떼어줍니다.
그리곤 그는 일자리로 가서 개미처럼 밥알을 모으며 땀을 흘립니다.
그러기를 20여년.... 지칠 때도 되었는데 이제는 힘이 부칠 때도 되었는데 오늘도 그는 작은 체구에 축 처진 어깰 툭툭 털고는 우리에게 주름진 웃음을 보이지만 머슴 생활이 너무 힘겹고 서러울 때 우리에게 이따금씩 들키는 눈물방울 그 속에 파들파들 별처럼 떨고 있는 남은 가족의 눈방울들.... 그 머슴을 우리는 아버지라 부릅니다. 아버지!

- 김용욱/전주신흥고 2학년, 교육감 수상작

✉ 0811 아침편지

긴 비에 이어 태풍 '장미'가 지나니 또 비이군요. 이 또한 곧 끝날 것입니다. 긴 밤이 지나면 새벽이 온단 걸 모두 알고 있지요.
그렇지만 그 순간 깨어 있지 않으면 여전히 깊은 밤중이지요. 때론 살짝 지치고 힘들다고 생각되면 거의 그 끝이 다가오고 있는 것입니다. '내 마음 나도 몰라'라는 가사도 있지요. 살짝이 살짝이 우리 옆에 다가오고 있지요. 영국이 한창 남미 식민지를 개척하는 과정에서 아마존 지역에 온몸이 털로 덮혀 있어서 원숭이와 인간의 구분이 어려웠는데, 본국에 문의하니 '웃는 놈이 인간이고 웃지 않는 놈이 원숭이다'라고 통보되었지요. 인간을 가장 인간답게 하는 힘, 웃음이 인격이지요. 아무리 어렵고 험악한 세상에서도 인간 외는 웃을 수 있는 동물은 없습니다. 백 번의 신음소리보다 한 번의 웃음소리가 갖는 비밀을 빨리 터득한 사람이 그 인생을 복되게 삽니다. 그냥 억지로 웃어도 효과는 같다고 하지요. 혼자 있을 때, 혼자 운전할 때 꼭 웃어보세요. 그리고 내 안의 나를 만나보세요. 저도 가끔씩은 되기도 하고 안 되기도 합니다만, '나는 몸을 최대한 웅크리고 숨어 있다. 나약하고 흔들리는 나이지만 난 그런 나를 가장 사랑한다. 좀처럼 만날 수 없어 늘 그립고 그립다. 함께 있어도 나는 늘 내가 그립다.'처럼 말이지요. 더 나은 내일이 곧 열리고 있지 않을까요?

✉ 0812 아침편지 08:08

모처럼 맑은 날 아침입니다. 주말쯤 비가 내리고 그 후론 더위와 함께 맑은 날이라 합니다. 한껏 힘을 내어 봅시다. 가을 하늘의 맑고 높은 것을 기대하면서...
마음에 사랑이 넘치면 눈이 맑아집니다. 부정적인 말로 남을 판단하기보다는 긍정적인 말로 남을 이해하려 애쓰게 됩니다. 마음에 사랑이 넘치면 맑은 웃음이 늘 배경처럼 깔려 있어 만나는 이들을 기쁘게 할 것입니다. 듣기만 하여도 기분 좋은 말인 '정겨움, 그리움, 인심, 푸근함, 다정다감, 정성, 고향, 모교, 포장마차, 친구, 어머니, 가족 등' 처럼입니다. 매우 사소한 것일지라도 다른 사람을 배려하고, 그를 위해서 열려 있는 사랑의 행동은 그 자체가 아름다운 보석입니다. 찾기만 하면 늘 널려 있는 이 보석을 찾지 못하는 것의 저의 게으름 때문이겠지요. 늘 감사하며 사는 맑은 마음엔 남을 원망하는 삐딱한 시선이 들어올 틈이 없을 것입니다. 참으로 고운 마음이란 잘 알아보지도 않고 남을 비난하고 흥분하는 것과는 거리가 멀지요.
그때 앞서 걷던 당신의 뒷모습을 보면서 당신만큼 나이가 들면 나는 당신

같은 사람이 되고 싶다 하였습니다. - 시간들/인현미

✉ 0814 아침편지

많은 흔적을 남기고도 장마가 그냥 가기는 아직도 남은 게 있나 봅니다. 내일 까지는.
2주간 부상 흔적을 치료하고 온 김○○ 대리(은혜와 어진 마음이 가득한) 다시 한번 환영합니다. 그러다 보니 우리는 가까이 있는 사람들에 대한 소중함을 자주 잊는 듯 합니다. 서로에 대한 기대치를 높게 잡고 매일을 대하니 그러한가 봅니다. 그런데 그러면 안 되는 것이거든요. (예 : '엄마는 그러면 안 되는 것이었습니다.'처럼) 서로에게 감사하고 존중과 존경의 마음이 가까울수록 더 필요하지요. 정말 좋은 사람은 숨소리가 다릅니다. 같은 공간에 있기만 해도, 숨을 쉬기만 해도, 마주서기만 해도 가슴 설레는 사람. 당신 내게 있어 그런 사람입니다. 우리 모두는 그리해야 하겠지요.

> '내 生을 사랑하지 않고는
> 다른 生을 사랑할 수 없음을 늦게 알았습니다.'
> 낙화, 첫사랑/김선우

✉ 0819 아침편지

막바지 더위가 우리 주변을 맴돌고 있는 아침입니다. 곧 그 위세는 다른 자연의 힘에 밀려 또 다른 세계를 열어 우리에게 다가오고 있습니다.
아마 생을 살아오면서 "왜 내게만 이런 일이 일어날까?, 아픔과 슬픔이 온통 내게만 생길까?, 나만 왜?"라고 스스로 옭아맨 적도 있을 것입니다. 저 또한 적지 않은 시간을 그리 보내기도 하였지요. 그런데 그게 다 성장의 과정이고 내 마음이 닫혀있던 것, 내가 갈아지지 않은 원석이라서 그랬던 것이지요. 상대를 배려하는 말 한마디는 닫힌 사람(나 자신)의 마음을 열게 합니다. 그리 길지 않은 인생길이니 더 필요한 것인가 합니다.

'삶은 영원하지 않고 시간은 잔인하리만치 냉정하게 뚜벅뚜벅 자신의 보폭대로 걸어갑니다. 우리에게 주어진 시간을 진하게 보내야 하겠지요. 우리안의 충만한 감정을 느낄 때, 삶은 조금 더 풍성해집니다.' - 천년의 수업(김 헌)
시간은 그냥 아무 일 없듯이 갑니다. 나 자신만이 거기 머물러 있는 것이 아닐까요?

✉ 0821 아침편지

조석으로 기온의 차이가 조금씩 느껴지는 8월이 하순의 시작입니다. 이 번 휴일이 더위가 가시고 신선한 가을을 맞이한다는 처서(處暑)이기도 하지요. 제가 거주하는 곳에 오래된 조경목이 많이 있습니다. 모과는 한 여름의 벼락과 천둥, 비바람을 견디어 내고 곧 노란색의 열매로 우리에게 청이나 감기를 줄여주는 차, 한약재로 역할을 하겠지요. 그리고 그 옆에 이른 봄에 꽃그늘을 제공해 주었던 목련꽃이 짙은 잎 사이로 몇 송이 보이더군요. 때를 모르고 나왔는지.
우리가 매일 대하는 따뜻한 밥은 수많은 사람들의 땀과 노력이 들어 있습니다. 그중에서도 음식에 꼭 소금이 있지요. 소금이 바다의 선물이자 눈물이라 합니다. 바다의 상처이기도 아픔이기도 한 결정이지요. 그 눈물이 있어 맛을 내고 있지요. 바다고기들은 그 짠 것을 먹고도 어찌 그리 잘 견디어 내는지 경탄할 뿐입니다. 사람의 눈물도 짜지요. 괴롭거나 외로울 때는 더 그렇지요. 기쁨에 넘쳐, 환희로 가득히 찰 때는 잘 못 느끼는 것... 그 슬픔과 마음속의 아픔이 함께 흘러서 그런가 봅니다. "어떤 사람이 자기 이야기를 하고 또 하고 또 하다보면 그 자신이 스토리가 된다. 그러면 그가 죽고 난 뒤에도 스토리는 살아남고 그렇게 함으로써 그도 영원이 살게 되는 것이다."-Big Fish
이 번 휴일은 가족과 연인과 또는 홀로 주변 산자락에 가서 막바지의 매미 소리와 물 흐르는 소리를 들어보는 것은 어떨까요? 좋은 휴일 되세요.

✉ 0824 아침편지

처서를 지나서인지 조석으로 이제 선선해졌지요. 지난 주말은 코로나19 상황으로 조용한 일상이었던 같습니다. 한가한 도심, 야외 차량 감소 등 동참하여 함께 해야 해결될 우리 전체의 문제라 더 한 것이지요.
"귀찮아, 짜증나"보다는 "잘 될 거야"를 달고 살아야 그렇게 되겠지요. 이제 조금 더 힘을 내어 전진해야지요.
다산이 자식들에게 당부한 말인데, "진실로 너희들에게 바라노니, 항상 심기를 화평하게 가져 중요한 자리에 있는 사람들과 다름없이 하라. 하늘의 이치는 돌고 도는 것이라서, 한번 쓰러졌다하여 결코 일어나지 못하는 것이 아니다."
다산이 서학에, 앞선 지식인, 당파싸움으로 강진에 유배되어 신세 한탄만 하였다면 역사는 죄인의 한 사람으로만 기록되었겠지만, 자신을 감내하여 18년 동안 500여 권의 연구기록을 남김으로 죄인이 아닌 실학의 대가로 역사는 기록하고 있지요. 이 가을에 조금 나아지면 강진의 다산초당과 백련사를 한 번 다녀오는 것도 좋겠지요?

✉ 0825 아침편지

코로나 상황이 전반적으로 심각성이 더해지고 있습니다. 각자의 예방과 행동 통제가 더 필요한 때입니다. 인간이다 보니 나약하기도 하고 유혹도 많이 있기 마련이지요. 바람에 흔들리는 저 나무는 의지와 상관없이 흔들리지요. 하지만 잠시 흔들려도 뿌리 깊은 나무는 자신을 잘 지키고 있지요. (가까운 청계천 북단의 나무는 이팝나무와 회화나무, 건실히 지키고 있음) 마음도 온갖 유혹에 흔들리기도 하지요. 돈과 명예와 달콤한 말, 좋은 조건에도 흔들리지요. 흔들리며 사는 것이 인생이라 하지만 마음만은 흔들리지 않았으면, 마음의 중심을 잃지 않고, 쓰러지지 않고 스스로 잘 지키고 있으면 좋겠지요. 오늘은 칠석입니다. 은하수 서쪽의 직녀와 동쪽의 견우가 오작교에서 만난다는 전설이지요. 이날 이후 들녘의 벼 이삭이 피는 때이기도 합니다.

* 다르지만 說(織女 - 사는 곳:하늘, 직업:방직공장 CEO, 형제:칠녀중 막내, 부:옥황상제), 牽牛 - 사는 곳:강남, 직업:소치기 청년, 특성:근면, 성실, 최근 경력:한우홍보대사)
우리 전래의 이야기를 다 모으면 이것이 그리스로마신화처럼 될 수도 있지요.

✉ 0826 아침편지

서늘하지만 그래도 여름의 끝자락에 있습니다.
오늘은 용혜원 시인의 '가을이야기'를 보겠습니다.

>   가을이/거기에 있었습니다.
>   숲길을 지나/곱게 물든 단풍잎들 속에/
>   우리들이 미처 나누지 못한/사랑이야기가 있었습니다.
>   푸른 하늘 아래/마음껏 탄성을 질러도 좋을/
> 우리들을 어디론가 떠나고 싶게 하는/설렘이 있었습니다./
>   가을이 거기에 있었습니다.

스치는 듯 아닌 듯 그렇게 우리 주변에 늘 있어 온 것입니다. 다시 돌아올 것을 알면서도 우리는 여행을 그리고 있지요.

✉ 0902 아침편지

오늘 추석 다음으로 밝은 달이 뜨는 백중입니다. 백 가지 과일이 익어가는 때라는 의미도 있습니다. 물론 다른 의미도 있지만, 나 자신이 나를 힘들게 하는 경우도 있지만, 요즈음은 우리 주변의 것들이 요인들이 되기도 합니다. 그래도 지나고 보면 추억이 되지요. (좋은 것, 아프게 한 것, 힘들게 한 것 등 모두) 추억은 아름답다고 하는데 거기에는 무수히 많은 고민과 아픔과 그리움의 기억이 있지요. 요즘 많이 힘들지? 그러면서도 아픈 사랑도, 서글픈 인생도, 죽을 것 같던 슬픔도 스칠 땐 그렇게 아프게 하더니만 지니고 나면 한낱 바람이었더라... 그러니 용기를 내고 다들 스치며, 아프며, 견디며 그렇게 살아가고 있으니까요. 스치고 지나더라도 순수한 마음으로 말하고 행동하면 그림자 따라오듯이 되겠지요. 결국 삶이란 나를 스쳐 지나간 바람의 힘 아닐까요? 오늘도 또 바람이 불고 있습니다. 사는 냄새가, 살아내는 그 용기가 대단하지요. 그래서 오늘 다 들 참 좋습니다.

✉ 0904 아침편지

학창 시절 아련한 추억의 한 자락이 생각나는 하늘은 높고 淡靑의 맑음이 있는 아침입니다.
그 여름, 코로나와 기인 장마, 더위와 함께한 시간이 언제였던지 하고 떠난 듯합니다. 오늘도 우리 가족들이 밥벌이를 위해 애쓰는 우리 직원과 모두의 안녕이 안타깝기도 합니다. 그래서 집이 더 소중하고 그리워지는 것이지요. '아이를 키우며 자란 건 다름 아닌 나였습니다. 그러는 사이 부모님은 내가 돌보지 않으면 안 될 만큼 늙어버렸네요. 인생은 그렇게 돌봄을 주고 돌봄을 받는 것이 아닐런지요.'(한양대 교수 정재찬) 집이란 가족이 웃을 수 있는 곳, 가족의 행복 척도는 바로 아이들의 웃음소리이다. 비행기가 높이 날려면 튼튼한 활주로가 있어야 하지요. 인생도 튼튼하고 좋은 활주로를 만들어야 하지요. 삶에는 두 가지 F가 필요하다고 하는 데 그것은 Forget과 Forgive라 합니다. 나이가 들수록 WHO를 줄여야 하는데 Weight, House, Object라고 합니다. 오늘은 퇴청 후에 양희은·김창기 작사, 김창기 작곡, 양희은의 <엄마가 딸에게>를 들어보는 것 어떤가요?

> "난 잠시 눈을 붙인 줄 알았는데 벌써 늙어 있었고
> 넌 항상 어린아이일 줄만 알았는데 벌써 어른이 다 되었고.. 이하 略"
> (Father And Mother I really Love You. / Family)

✉ 0907 아침편지

태풍 하이선(Haishen, 바다의 신/海神, 중국 작명)의 영향으로 어제 밤부터 비가

내리고 있습니다. 누구에게나 자연의 비, 마음의 비는 항상 있지요. 이 비 그치면 스산한 가을바람이 우리들 가슴팍을 파고들겠지요. 그래도 어찌하나요. 안고 가야지요. 이 땅에 있는 우리들의 몫이니까요. 아래 시는 어떤가요? 안호열의 <안아주기>를 볼까요?

> 어디 쉬운 일인가/나무를, 책상을, 모르는 사람을/안아준다는 것이
> 물컹하게 가슴과 가슴이 맞닿은 것이/어디 쉬운 일인가
> 그대, 어둠을 안아 보았는가/무량한 허공을 안아 보았는가
> 슬픔도 안으면 따뜻하다/미움도 안으면 따뜻하다
> 가슴이 없다면/우주는 우주가 아니다.

우리 엄마, 아빠, 선생님, 성인이 하신 것처럼 말이죠. (모르는 사람과 가슴을 맞대는 것이 힘든 일이지요. 요즈음 세상에서는 더욱더 어려운 일이지만)

✉ 0908 아침편지

白露가 다가오니 선선한 초가을의 아침 바람이 상쾌하지요? 그렇게 시간은 흘러 이즈음에 왔네요.(김광석의 '서른 즈음에'처럼 말이죠)그릇의 아름다움은 그 크기가 아니라 어떠한 마음으로 빚은 것인가에 따라 쓰여 질 내용과 가치가 달라지는 것이지요. '~~ 만 들판 지천으로 퍼지는 애기똥풀 냄새' 김선우 시인의 '입춘'이라는 시 구절입니다. 애기똥풀은 서양에서는 그 꽃말은 '엄마의 사랑과 정성'이라고 합니다. 눈을 뜨지 못하는 아기 제비의 눈을 어미 제비가 애기똥풀 줄기로 씻어주었다는 고대 그리스 신화에서 비롯되었다고 합니다. 우리나라 설화에도, 선녀가 하늘의 법도를 어기고 낳은 아기를 마침 아이 낳은 어느 집 대문 앞에 두고 하늘로 갔다가 다시 찾아갔는데, 그 아이가 사라진 자리에 노란 꽃이 피어났다는 내용이지요. 우리에게 순수한 마음과 씀씀이가 점점 줄어들고 있다고 생각되면 푸르디 푸른 가을 하늘을 쳐다보기를 해 보아요. 한결 달라질 것입니다. 나는 왜? 그런데 슈바이처 박사가 '지금 하고 있는 일을 사랑한다면 당신은 성공한 것이다'라고 한 것처

럼 우리 모두는 잘했고, 하고 있으며, 잘될 것입니다. 좋은 밝은 어느 가을날 되어 보세요.

✉ 0910 아침편지

어제 예정한 듯한 비가 새벽에 세차게 내리더군요. 가야하는 아쉬움이 크듯 그렇게 또 여름의 끝을 고하였지요. 그리고 맑은 아침, 또 하루가 '오늘'이라는 이름으로 우리에게 왔습니다. '하루'는 일생입니다. 좋은 하루가 있으면 불행한 하루도 있습니다. 매일이 맑은 날만 있다면 어떨까요? 비가 내리지 않은 땅은 얼마 후에 사막이 되지요. 우리 인생도 비슷하지요. 그래서 그 '하루'가 선물이고, 시간이고 생명인 것입니다. (오래된 영화, 송승헌, 엄정화 주연의 '미스 와이프'의 주인공 아들 이름이 '하루'였지요.) 이제 곧 코로나 상황도 안정화될 것이고 일상을 찾을 것입니다. 고지가 저기인데 여기서 멈출 수는 없지요. 그리고 우리는 결심하면 거의 할 수 있지요. 그런데 마음도 결심하면 나아질 수 있나요?

✉ 0911 아침편지

아침 저녁으로 이제 제법 서늘해졌습니다. 가을이 성큼 우리들 앞에 와 있습니다. 금주까지 2.5 단계가 적용되는데 이 상황이 진정되어 일상을 회복하면 좋겠습니다. 어렵고 힘든 시기일수록 유머가 필요합니다. 처칠의 고급 유머를 읽어보고 잠깐의 여유도 갖고, 우리 자신도 유머에 익숙해졌으면 합니다. '누구에게나 고통스러운 순간이 있다. 그럴 때에는 더 큰 아픔을 겪고 있는 다른 사람의 고통을 자신이 덜어줄 수 있다고 생각하라.' - 슈바이쳐
지금으로부터 1년 후 오늘 시작했다면 좋았을 걸 하고 바랄 수 있다. (A year from now you will you had started today.) - Karen Lamb 공동체가 겪고 있는 어려움은 보이지 않는 분담 노력으로 경감되어 화기, 활기, 생기가 넘치는 커뮤너티를 이룰 수 있겠지요. 그리고 우리가 가지고 있는 다섯 가지

끈을 잘 활용해야지요. 매끈, 발끈, 화끈, 질끈, 따끈이라고 합니다. 제약사항은 여럿 있지만, 좋은 주말 되세요.

✉ 0917 아침편지

우리는 갓난애, 아이일 적 기억이 많지는 않지요. 조그마한 손, 발에 참새 주둥이 같은 손톱, 발톱들 다 신비였지요. 그리고 젖과 분유만 먹는 녀석의 그것도 자라지요. 그렇게 자그마한 생명체인 아이는 취급설명서와 함께 오지 않지요. 그만큼 우리 아이들은 대체 불가능한(요즈음 이런 용어 많지요. 대체 불가) 존재이지요. 그래서 귀한 자식이지요. 그 아이들을 위해 우리들은 헌신과 지도, 잔소리 등등 많이 하지요. 아이들은 엄마, 아빠를 전지전능 그 자체라 생각하고, 그를 충족하자니 마음과 몸이 바쁠 수밖에 없지요. 그것은 아이들의 올곧은 성장을 돕고 제 살길을 씩씩하게 걸어 내가 이 세상에 없더라도 세상을 감당할 수 있게 말이지요. 그러한 아이, 이제 어른이 된 아이들의 마음은 詩와 같지 않을까요? 정채봉의 <엄마가 휴가를 나온다면>을 볼까요?

> 하늘나라에 가 계시는 엄마가 하루 휴가를 얻어 오신다면
> 아니 아니 아니 아니 반나절 반시간도 안 된다면
> 단 5분 그래, 5분만 온대도 나는 원이 없겠다.
> 얼른 엄마 품속에 들어가 엄마와 눈 맞춤을 하고 젖가슴을 만지고
> 그리고 한 번만이라도 엄마! 하고 소리 내어 불러 보고
> 숨겨 놓은 세상사중 딱 한 가지 억울했던 그 일을 일러바치고
> 엉엉 울겠다. <2006, '너를 생각하는 것이 나의 일생이었지.'>

우리 아이들도 나중에 이렇게 되겠지요?

✉ 0921 아침편지

기인 장마에 뿌리던 빗줄기가 이렇게 청명한 아침을 당분간 맞게 해 주었습니다. 다음 달 초까지는 가을 정취를 아침마다 느끼는 시간이 되겠지요.
아름답게 의미 있는 삶을 살며 생각하며 지내온 날들입니다. 많이 넘어지는 사람이 쉽게 일어나는 법을 배운다고 하지요. 넘어진 그 자리가, 눈물 흘린 그 자리가, 포기하려 한 그 자리가 새로운 출발점입니다.
'파도가 바다의 일이라면 너를 생각하는 건 나의 일이었다.'(드라마 '남자친구' 中)는 동반자가 있어서 가능한 것이기도 합니다. 또한 내면의 상처 많은 어린아이를 숨겨두지 않아야 합니다. 모든 사람의 마음에는 여전히 본래의 순수함이 남아 있습니다. 단지 삶의 고통을 겪으면서 흐려져 잘 보이지 않을 뿐입니다.
손열음의 어머니가 '선물 그리고 과제' 라는 어떤 특강에서(한예종 부설 영재교육원) "결국, 될 아이는 어떻게든 됩니다. 엄마가 너무 앞서 나가서 아이를 교육시키면 결국 엄마처럼 됩니다."
*출처 : <살며 생각하며> 빗나간 예술 영재교육-김대진의 글 中, 한예종 음악원장/0918 문화일보
우리들의 마음을 다시 정리하고 더 빛날 우리 아이들의 다음을 위해 순수함이 지속되었으면 좋겠습니다.

✉ 0924 아침편지

중추가 1주일 전입니다. 넉넉한 마음의 공간을 마련해 두었지요?
생각과 마음에 달려있다고 봅니다. 우리에게 닥친 나쁜 일을 보면 스스로 초래한 악의가 원인이 되는 경우가 있습니다. 삶은 부메랑 같아서 좋은 일은 다음의 일어날 행운의 밑거름이 될 수 있지요. 넉넉하고 따뜻한 마음으로 지켜주고 응원해야 하지요. 가까이 있는 사람이면 더하지요. 용기와 유연함을 내 곁의 사람들에게 보여주면 됩니다. '~ 힘들다'는 사람에게 '너의 수고에 항상 고마워하고 있어'라는 말하는 용기, 성적 때문에 속상해하는 아이에게 '괜찮아'하며 다독일 수 있는 마음의 여유와 유연함이면 충분합니다. 말로

사람을 위로하고 안아줄 수 있는 마음의 여유가 우리들 삶을 풍부하게 합니다. 사람에 대한 이해는 나 자신에서 출발합니다. 주말을, 추석을 앞두고 마음의 여유, 빈틈을 만들어 주면 좋겠습니다.

✉ 0929 아침편지

내일부터 추석이라서 그런지 왠지 기분이 들뜨지 않나요? 우리 민족의 흥이, 한여름의 노고가, 오랜만에 보는 가족들 등의 영향이겠지요.
올해는 단출한 가족만이지만 발달된 문명의 利器들로 해서 가까이 있는 듯 해야지요. 아마도 지금 세대들이 지나면 이러한 모습도 줄어들겠지요. 메모리얼 데이(위크)로...그리운 사람에 대한 정이 더 생각나는 시간입니다.(情이란 단어는 우리나라만 있습니다.) 우리는 누구에게나 이런 사람이 되고 싶지요. 언제나 고른 숨으로 뜻한 바 곧은 길을 묵묵히 걸어가는 사람, 가식 없고 아집 없는 오로지 자신의 의지로 잔잔한 일상을 맞이하는 사람, 행운을 기다리지 않고 행복을 염원하면서도 몸과 마음이 끝없이 움직이는 사람, 상대의 눈을 맞추고 겸손한 마음으로 가슴 가득 잔잔한 웃음과 미소를 건네는 사람, 백 마디 말보다 한번 따뜻하게 안아주고, 옳고 그름을 잘 가려 선한 벗을 가까이하며 악한 일에 휘말리지 않고 늘 호수처럼 깊이를 더하는 사람. 그래서 우리들은 끝없이 넓은 곳인 양평 두물머리나 바다를 동경하는 것인지도 모릅니다. 이번 추석은 영상으로 만나는 가족들이지만 따뜻한 마음을 전하는 시간이 되면 좋겠습니다.

✉ 1005 아침편지

청명한 가을날의 휴일이었지요? 이기들로 해서 가까이 있는 듯 했습니다. 선선한 가을날 아침이 아주 좋습니다. 10월을 시작하며 가을의 정취를 출퇴근, 주말에 만끽해 보세요. 눈만 돌려도 많이 보입니다.
잠시 일하다 쉬는 시간에 함께 마시는 커피 한 잔, 청명한 가을날의 선선한 바람, 달뜨고 별빛 가득한 마당에서 보는 가을밤 하늘, 예상치 못한 사람에게서 어느 날 받는 편지, 외로울 때 어떻게 알고 울리는 친구의 전화음 소리, 서늘한 겨울 언저리에 아득히 들려오는 익숙한 음악.
 * 저는 이수인 작사, 작곡의 '고향의 노래'가 좋습니다.

이러한 것들에 행복감을 느끼고 다시 내일을 향해 가지요. 이들이 우리들 가슴을 따뜻하게 해주는 것은 우리를 힘들고 지치게 하는 것들은 언제나 이보다 작고 별 영향을 주지 않는 것들이란 것이지요. 잊었던 가족과 사랑과 우애를 생각케하는 10월입니다. 마지막 날에는 어떤 이의 노래가 온 동네에 퍼지기도 하지요.

✉ 1007 아침편지

서늘한 기운이 점점 많아지고 있습니다. 모레가 574돌 한글날(1446년 9월 상순)이지요.(경축식은 당일 경복궁 수정전에서 열림) 우리가 공기처럼 매일 매일 만나고 있지요. 훈민정음에 대한 여러 가지 얘기들이 있지요.

1. 집현전 학자들과 창제했다는 것. 이는 사실이 아님. 세종이 직접 28글자를 창제함(정인지가 찬한 해례본에 명시) 둘째 공주인 정의공주가 기여한 바는 있다고 봅니다.(여성의 목소리)
2. 지난해 영화 '나랏말싸미'의 어떤 스님과 같이했다는 것. 이는 그야말로 영화임(Fiction). 세종이 창제하여 반포토록 하였음. 혹여 우리 아이들이 영화를 사실로 인식할까 우려되기도 함
3. 창제 당시 자음은 정방형이었음(가로 세로 길이가 같음). 그래서 '正音'
4. 잘 알려지지 않은 사실, 인간이 만든 디자인 중 최고의 디자인
    * 2000년대 초 세계디자인박람회에서 선정
5. 훈민정음은 정음을 정신으로 창제되었음. * 세종의 字가 元正임.

매일을 대하는 한글에 대한 깊은 이해와 폭넓은 인식이 더 필요합니다. 국어의 어휘력과 독해력이 있어야 하지요. 글로써 하루를 잘 남기는 것은 어떤가요?

✉ 1013 아침편지

내일을 향해 나가는 우리 직원 모두의 밝음이 더해지는 아침입니다.
우리는 수많은 정보와 지식의 홍수 속에서 매일을 살아갑니다. 그 많은 것들 중에 내게 들어오는 것은 몇 천 분의 일도 되지 않을 것입니다. 그냥 잊혀지는 것, 몰라도 되는 것, 필요성을 느끼지 못하는 것 등등 배움의 끝이 어딘지 모호하기도 합니다. 그래서 '學'은 알아야 할 것, 새로운 것, 몰랐던 것을 배우는 것이라 하지요. 이미 알고 있거나 새롭지 않다면 學이 필요치 않지요. 수많은 지식과 정보 속에서 내게, 조직에, 삶에 필요한 것을 찾기란 그리 쉽지만은 않지요. 오늘보다 더 나은 내일을 위해 꾸준히 공부해야 합니다. 정보의 바다에서 유영해야. .... 지금 우리 세대보다는 다음 세대가 더 낫고 평화와 안전을 추구하게 하는 것이지요. 그 방법 중에 여행이 제일이라 합니다. 지리적 여행이든 책 속의 여행이든 무엇이든지 말입니다.
'진정한 발견의 여행은 새로운 풍경을 찾는 것이 아니라 새로운 눈을 갖는 것이다'라고 합니다.'(프랑스 소설가 마르셀 프루스트, Marcel Proust) 똑같은 상황이라도 어떠한 틀을 가지고 해석하느냐에 따라 사람들의 행동일 달라진다는 프레임의 법칙처럼.... 이번 주말 여행을 떠나 보는 것은 어떤가요?

✉ 1016 아침편지

아침 체감온도가 서늘합니다. 그 비바람과 더위가 언제였던가 생각됩니다.
우리들에게 가장 극한의 스트레스를 주는 감정은 '억울함'이고 분노해 하는 것은 공평하지 못하다는 것이지요. 무수히 많은 단어들(낱말) 중에 알쏭달쏭한 것들도 많이 있지요. 예로써 두꺼운 표지의 책에 읽은 자리를 표시해 두는 여러 가지 색의 '끈'이 있지요. 이것을 '보람끈'이라 하는 데 저도 최근에 알게 되었습니다. 이처럼 낱말 하나도 그 자체가 가지는 작은 우주라 할 수 있습니다. 주말을 앞두고 송민화의 '인생, 두 줄이어라' 중에서 '집'을 생각해 보지요. '누구는 행복을 찾아 자꾸 집을 나선다. 누구는 행복을 찾아 서둘러 집으로 온다.' 어떤가요? 많은 것을 비워두고 오로지 자신과 가족과 함께 집중하는 휴일은 또 어떤가요?

✉ 1021 아침편지

느끼는 온도가 조금 달라졌지요? 계절의 변화를 체감하는 아침입니다. 들려오는 소식들이 좋은 것이 많아지면 좋겠습니다.
속담에 '남의 떡이 커 보인다.'는 것이 있지요. 원래 그렇다고 하더라도 말이지요. 남의 사랑은 더 아름다워 보이지요. 어제 끝난 '브람스를 좋아하세요?'처럼 포장을 뜯기 전 선물도 그렇잖아요. 왜 내게는 가슴 저리는 사랑, 애뜻한 무언가가 다가오지 않는다고 생각지 마세요. 이미 우리 곁에 왔거나, 오고 있으니까요. 자신이 만들어가는 것이긴 하지만 그 어떤 힘이 작용도 하는 것 같고. 어찌했던 내 자신이 주인이니 열정을 다해 보아야지요. 복권도 마찬가지잖아요. 남의 험담을 한 날 혹시라도 복권을 사지 마세요. 운이 올리 없잖아요. 제비 다리 고쳐준 날 같은 날에 복권을 사세요. 온 우주, 당신 편이니까요.

✉ 1022 아침편지

새벽에 비가 조금 내렸더군요. 가을이 더 깊어지고 있다는 뜻이지요.
우리는 살아오면서 많은 사람들과 관계 속에 보냅니다. 그중에서도 인간이 창조해 낼 수 있는 가장 아름다운 조직인 가정이 있지요. 詩 강의로 심금을 울리고 있는 정재찬 교수도 가족에 대한 애뜻함을 나타내었지요. 부친께서 병상에서 있을 때, 머잖아 헤어지게 될 아버지에게 전할 말을 고민했지요. 그래서 찾아 낸 말이 "아버지, 존경합니다."이었습니다. 그 말을 하고서 펑펑 울었고 아빠를 존경하고 있었다는 것, 가슴 깊이 깨달았고, 진작 말씀을 드리지 못한 걸 후회하고 또 후회했다고 합니다. 저도 십수 년 전 돌아가신 그 분께 제대로 된 말을 전하지도 못하였지요. 그때를 생각하면 한편이 웅신해져 옵니다. 이렇게 아름다운 모습을 이 땅에 남겨 놓으셨잖아요. 우리들의 아이들은 또 어떻습니까. 바라만 보아도 흐뭇하지 않을 수 없지요. 孔子는 孝에 대해서 '孟武伯問孝, 父母唯其疾之憂'라고 했습니다. (맹무백이 효에 대해 물으니, 부모는 오직 그 자식이 병들까 걱정한다) 자식이 어디 아프지나 않은지, 제일 먼저 물어보는 것이 이 말이지요. 자신이 곧 헤어질 수밖에 없으면서도 말입니다. 숲속의 통나무 조각 하나도 아름다운데 우리 자신은 또 얼마나 아름다운 존재인가요!

✉ 1026 아침편지

가을 아침의 전형입니다. 서늘한 공기, 낮은 안개, 도시의 소음 등 주말 동안 교외로, 자락 길에서 만난 정취는 '쉼'의 의의를 느끼게 했지요. 그저 그렇게 지나친 광경들이 그 자리에 있어서 고마운 일이지요. 잘 느끼지 못하는 것들은 비용을 받지 않고 주는 것들이지요.
인생에 중요한 것들은 다 공짜이다. 그걸 누릴 줄 알면 부자인 것입니다. 부는 바람, 하늘에 뜬 구름, 단풍 든 나무, 눈 부신 햇살. 화사한 봄꽃의 자태, 향기, 아이들의 환한 웃음, 갑자기 내리는 소나기 등. 돈으로 살 수도, 숫자로 헤아릴 수도, 대체할 수도 없는 존엄하고 아름다운 것들. 삶에 소중한 것들은 공짜입니다. 물론 그를 받아들이는 내 마음의 여유는 있어야겠지요. 10월 말입니다. 어느 가수의 노래가 이 주는 많이 들리겠네요.

✉ 1029 아침편지

건강한 아침입니다. 매일 거저 주어지듯이 다가오는 아침을 맞습니다. 매일이 일상이 된 우리들의 삶이지요. 전 날 마음 다짐을 하고 쉬지만 시간이 지나면 잊는 것이 일쑤지요.
내 마음의 선악이 好惡가 서로 다투기 때문이라고 봅니다. 갈등의 원인은 대부분 다름을 틀림으로 생각하기 때문입니다. '나와 다르면 틀리다' 라고 생각하니 상대와의 대화도 거칠고 껄끄러워지는 것입니다. 사람과의 관계는 다름을 인정하는 것입니다. 인정하지 않으면 갈등이 생기게 되어 있는 것입니다. 세상에는 나와 생각이 똑같은 인간은 없기에 그렇지요. '사랑'은 살아가면서 가장 따뜻한 인간관계이지요. 다른 사람을 아끼고 그 관계를 지켜 가고자 하는 마음이 사랑이지요. 점점 깊어가는 가을. 우리 안의 마음과 심상에 모닥불이 그리워지지 않게 피워 이어가면 좋겠습니다.

* 고향의 노래 - 김재호 시, 이수인 곡
국화꽃 저버린 겨울 뜨락에/창 열면 하얗게 뭇서리 내리고/
나래 푸른 기러기는 북녘을 날아간다/
아~이제는 한적한 빈들에 서 보라/고향길 눈 속에선 꽃등불이 타겠네/고향길 눈 속에선 꽃등불이 타겠네//

✉ 1104 아침편지

가을날 기운이 전면으로 다가오는 아침입니다. 이 번 주말이 겨울에 들어선다는 立冬이니 계절 차이가 나지요.
다 들 어렵고 힘들다는 시절인 듯합니다. 이럴 때일수록 기를 모아 함께 한다면 한 발 더 전진할 수 있지 않을까요? 강철왕 카네기는 젊은 시절 방문한 어떤 노인 댁에서 발견한 그림 한 점을 노인 사후에 받을 수 있게 약속을 어렵게 받았습니다. 그 그림은 황량해 보이는 해변에 초라한 배 한 척과 낡아빠진 노가 썰물에 밀려 백사장에 널려 있는 그림이었지요. 그림 하단에 '반드시 밀물 때가 온다.'라는 짧은 글귀가 적혀 있었습니다. 이는 카네기의 평생을 좌우한 굳건한 신조가 되었던 것이지요. 세상에서 가장 중요한 일들은 대개 가망이 없는 것처럼 보여도 끝까지 노력하는 사람들에 의해 이루어졌지요. 바람이 불지 않을 때 바람개비를 돌리는 방법은 앞으로 달려가는 것이지요. 밀물 때는 반드시 오니 지금 힘들고 어려워도 나아가야지요. 켜켜이 쌓인 지혜인 온축(蘊蓄, 쌓을 온, 쌓을 축)것처럼 말입니다. 누군가에게 바람개비의 바람이 된다면 그 또한 기쁨이 아닐까요?

✉ 1105 아침편지

잎들이 땅과의 만남을 이루고 나니 빈 가지 위로 까치집이 보이더군요. 저들도 우리와 함께 있었던 것이지요. 느끼지 못한 사이에. 나 자신을 돌아보는 기회였지요. 제일로 사랑해야 할 나 자신 말이죠. 자기가 자기를 사랑하지 않는 일, 자기가 자기를 믿지 않는 일, 이것은 천덕꾸러기로 자기를 밖에 내보내는 일과 같다고 했습니다. 불행의 시작이죠. 자신에 대한 무한 애정! 자신에 대한 무한 신뢰! 그것이 바로 행복의 시작입니다. 가을이 가고 있습니다. 심현욱의 <가을이 간다>를 볼까요?

> 가을이/가을속에 매달려/곱게 익어 갑니다./붉게 물든 단풍은/
> 떨어지기 싫어서/나무가지에 꼭 매달려/
> 가는 가을을 잡으려 한다/빨갛게 매달린/
> 사과와 감이 수줍은 듯 웃고 있다./가을이/가을속에 머물 듯/
> 우리 인생도 가을처럼/이대로 머물수는 없을까/
> 그럴수만 있다면 참 좋을텐데/아쉬운 가을아 함께 쉬었다 가자//
> 아쉬움이 많다면 더 나아갈 수 있는 이유가 되는 것은 아닐까요?

✉ 1109 아침편지

나뭇잎들이 계절을 잘 알고 있나 봅니다. 주말에는 야외 의자에서 잎 떨어지는 소리를 들었지요. 나무 종류에 따라 떨어지는 소리가 다 다르더군요. 은행은 차르르르, 단풍은 사각사각, 느티나무는 추르르, 등 제 성질을 잘 표현하고 있었지요. 마치 화음이 잘 맞는 음악처럼 말이지요.
양현석은 "내가 너무 좋아하는 음악이어서 대중과 나누고 싶었다."라고 자신의 음악 세계를 표시했지요. 저기, 사람이 내게 걸어오네. 자신이 하는 일과 자신의 욕망 사이의 거리가 가까우면 가까울수록 사람은 더 헌신적이고 더 창의적일 수 있다고 이 시대의 철학자는 말했지요. 윤리적 힘도 바로 거기서 나온다고요.

면 산의 나무들도 가을걷이를 준비하듯이 우리도 결실을 하나씩 이루어 가야지요. 그것이 무엇이 되었든 간에 땀 흘린 결과이지요. 많은 것들이 있겠지만 그래도 소중한 것은 가까이 있는 사람들과 가족들이 아닐까요? 추억이 있는, 悅樂이 있는 한 주 되세요.

✉ 1111 아침편지

해 뜨기 전 북한산 족두리봉에서 라이트를 켜고 하산하는 사람들을 보았습니다. 그 시간에 내려오려면 05:00에는 오르기 시작했을 텐데요. 무엇이 그리도 산이 불렀는지 궁금해지기도 하고, 부지런하다고 생각도 했지요. 자기만의 열정, 사랑, 관심이 넘치는 사람들인 듯 합니다.
캐나다 브리티시 컬럼비아 중부지역에 '긱산족'이라는 인디언 부족이 있습니다. 이들은 송이버섯 채취로 생계를 유지하는데, 중간상들이 폭리를 취해 실제로 이익은 그다지 없었다고 하였는데, 이 부족에게 선교활동과 IT 기업을 운영하고 있는 교민 김진수라는 분이 별도의 회사를 만들어 도움을 주고 있다고 합니다. 「선한 영향력」이란 책도 내셨는데, 온 곳에 선한 영향력을 발휘하여, 화합과 치유를 실천하고 있는 것이지요. 인디언들이 감사의 표시로 '빛나는 산'(Shinning Mountain)이라는 인디언 이름을 선사하였지요. 이름과 행동이 딱 맞지요. ('주먹쥐고 일어서'라는 이름도 있지요. 아마 한 번은 들어보았을 것으로 생각됩니다만... 영화에서) 우리 안전실 직원들의 선한 영향력이 은행 전체에, 지역사회에 퍼지길 기대해 봅니다. 사랑이란 있는 그대로 인정해주고 아껴주고 위안이 되어 상대에게 살아갈 용기와 믿음을 주는 것이지요. 좋은 11일 되세요.

✉ 1113 아침편지

11월 둘째 주말 아침입니다. 가을이 더 깊어지고 있습니다. 달린 잎은 더 노랗게, 붉게 변하고 있습니다. 어느 글쓴이는 '영어로 쓴 간판이나 메뉴를 못

읽는 남자랑은 연애할 수 있어도 맞춤법 틀리는 남자랑은 힘들 거 같네요.' 라고 합니다. 그만큼 맞춤법이 어렵다는 의미이겠지요. 또한 그만큼 어려운 것이 사람의 마음 아닐까요? 사람의 속내는 그 자체로 하나의 세계이며 무엇보다 살아 있는 생명체이기에 변화가 많은 것이지요. 그래서 서로 격려하고 위해주어 조금이라도 도움이 되고자 하는 것 아닐까요? '많이 힘들지요? 그래도 지금만큼 힘든 시절은 다시없을 거예요. 나중에 큰 사람이 되면 지금을 잊지 말고 꼭 다른 사람에게 도움을 주세요.' 추억이 많은 주말 되세요.

📩 1117 아침편지

주말부터 어제까지 주변의 나뭇잎들이 많이 떨구었군요. 바람에 한 구석에 쌓인 잎들이 아직은 그 숨을 가녀리면서 흩날리고 있습니다. 더 나은 봄을 준비하는 것이겠지요. 우리들의 미래가 맑은 것처럼 말이지요.

과거보다 현재가 나아졌듯이 미래는 더 밝을 것입니다. 나보다 우리의 힘을 믿으며 서로 의지하며 살아가면 된다고 역사를 공부한 사람은 긍정으로 답한다. 나와 남의 차이는 'ㅁ' 하나 차이입니다. 큰 차이가 없다는 뜻이지요. 이해와 긍정으로 우리 삶을 더 알차게 만들어 가는 게 이 땅에 온 이유일 것입니다. 100년도 더 된 시절인 1904년 30살의 작가가 어린 시절 이야기를 모토로 쓴 글이 있지요. 캐나다 소설가 루시 모드 몽고메리의「Anne of Green Gables」입니다.

주근깨 빼빼 마른 빨강머리 앤
예쁘지는 않지만 사랑스러워
상냥하고 귀여운 빨강머리 앤
외롭고 슬프지만 굳세게 자라
가슴에 솟아나는 아름다운 꿈
하늘엔 뭉게구름 퍼져나가네.
빨강머리 앤 귀여운 소녀, 빨강머리 앤 우리의 친구,

빨강머리 앤 귀여운 소녀, 빨강머리 앤 우리의 친구//

글 속의 인물들은 다이애나 베리, 길버트 블라이스, 마릴라/매튜 커스버트 남매 등이지요. 오늘 퇴청하면서 아이들에게, 없으면 혼자서라도 흥얼거려 보세요.

✉ 1119 아침편지

모처럼 많은 비가 내리는 아침입니다. 오랜만에 천둥소리도 들리는군요. 단비가 되거나 겨울을 준비하라는 알림을 해오는 듯합니다.

저녁이 어두워지는 것은 실수, 미련의 아쉬움을 묻으라는 것이고, 아침이 밝아 오는 것은 설레는 마음으로 새 기회를 다시금 살려내라는 의미입니다. 힘들면 잠시 나무 근처의 의자에 앉아 숨을 고르세요. 이는 비 내리지 않는 내일 하세요. 오늘은 창 너머로 비 내리는 소리도 들으면서.... 고민해도 달라질 게 없다면 오늘까지만 고민하고 내일은 내일의 삶을 사세요. 고민, 걱정거리 없는 사람은 한 명도 없습니다. 웃음이 안 나온다고 하더라도 그래도 내일부터 그냥 이유 없이 웃어보는 것은 어떤가요? 좋지 않은 일은 그냥 그렇게 생각하고, 좋은 일은 길고 복잡하게 자꾸 끄집어내어 내 삶의 일부가 되게 해야 하지요. 그래도 인생은 내일도 계속되잖아요?

✉ 1124 아침편지

전형적인 11월의 아침입니다. 많아지는 차량 소음, 익숙한 안내 멘트, 경비원들의 밝은 근무 모습 등이 서울입니다.

인간이 창조할 수 있는 최상의 조직인 가정에서만은 간격이 크게 벌어지는 일이 없었으면 좋겠습니다. 그래서 비슷한 내용이 있어서 소개합니다. 적당한 거리가 필요하다는 것 말이지요. 적당한 거리는 '서로 그리워할 만큼의 거리,/서로 이해할 수 있는 만큼의 거리,/서로 소유하지 않고 자유를 줄 수 있는 거리,/서로 불신하지 않고 신뢰할 수 있는 거리,/그 거리를 유지해야

관계가 더 오래갈 수 있다'고 합니다. (김현태의 <내 마음을 들었다 놨다>)
누군가를 그리워할 만큼의 거리는 우리들의 그리움을 더 따뜻하고, 아스라하게 피어오르는 두물머리 물안개 같다고 해야 할까요? 그렇게 간절하게 그리워하는 이가 많다면 우리 삶은 더 행복하고 아름다운 날이지 않을까요?

✉ 1126 아침편지

월말의 활기찬 아침입니다.
월말, 연말 시기라 정리해야 할 일, 기획해야 일들이 많군요. 시간의 제약이 자칫 짜증, 스트레스가 되지 않게 저부터 잘 조절해야 할 때입니다. 혹시나 자신이 생각한 것과 다르게 반응하더라도 잠시 고개를 들어보세요. 서운하면 서운하다고 그 자리에서 바로 말해야 합니다. 그 자리에서 말하면 상대방은 '아차' 합니다. 서운함을 느꼈던 시간과 표현하는 시간이 길어질수록 그 사람과의 관계도 멀어집니다. 말할 때에는 상대방에게 나의 상태만 정확하게 표현해 주면 됩니다. "어떻게 그렇게 서운한 소리를 하니?"가 아닌 "네 말을 듣고 있는 내가 좀 서운한 마음이 드네." 라고 말입니다. 콕 집어 그 마음을 나타내어야 상대방도 무엇이 문제인지 금방 알 수 있습니다. 다양한 사람이 다양한 생각을 가지니 그러겠지요. 틀림과 다름의 차이라고 해야 할까요. 그래도 더 행복한 내일이 또 있으니 매일을 오늘같이 보내야지요. 12월이 되면 꼭 하고 싶은 일 하나 생각해 보는 것은 어떨까요?

✉ 1127 아침편지

11월 마지막 금요일 아침입니다. 비가 내릴 듯 잔뜩 흐린 날입니다. 그래도 마음만은 풍성한 가을이지요.
살아가면서 많은 일들을 만나고 느끼고, 안타까워하고 의지가 약해질 때도 많지요. 내 스스로가 힘들게 하는 때도 가끔은 있지요. 가끔은 에잇 하면서 다른 사람, 저것을 탓하기도 하고요. 장미꽃을 뿌려 놓은 듯 한 탄탄대로가 있는 사람은 얼마나 될까요? 아마도 0.00000001%, 있기는 하겠지만. 걸림돌은 디딤돌로 삼아 지혜의 눈으로 보면 걸림돌과 디딤돌은 모두 자기의 산물입니다. 자기 삶의 부산물이지요.
걸림돌을 디딤돌로 삼아 성과 있는 삶이 되면 더 빛나지 않을까요? 100세이신 김형석 교수님은 '나에게 주어진 재능과 가능성을 유감없이 달성한 사람은 행복하며 성공한 사람이다'라는 성공과 실패의 객관적 기준을 제시하였지요. 우리는 성공한, 행복한 사람이어야 하니까요. 11월을 정리하고 더 나은 내일을 맞게 전진! 전진!

📧 1130 아침편지

11월 마지막 날 아침입니다.
그래도 내일을 맞이하는 설렘으로 잘 마무리하고 새로운 한 주를 시작합니다. 12월 한 달이 있으니 더 한 어려움이 있더라도 전진합시다. 회사 앞의 가로수들도 잎들을 다 떨구고 봄을 잘 만들고 있겠지요?
낙엽이란? - 신가영의 <장호원 이야기> 中에서,
'뜨거운 열기를 담아내어 나무가 자라도록 하던 잎들이 모든 것을 줄기와 뿌리로 돌려주고 빈손으로 떠나는 것. 열매가 화려한 모든 영광을 모은 총화라면 낙엽은 스스로 비워내는 바탕이 되어주는 것이니, 그림을 그리기 위해 바탕을 만든다'는 것. 繪事後素라는 것과 같다고 하지요.
회사후소는 고대로부터 현대로 올수록 청자가 백자가 되듯 나중이 흰, 맑은 것이 된다는 것이지요.

📧 1201 아침편지

12월의 첫날 아침입니다. 결실이 많은 날이었으면 좋겠습니다. 노력의 결과이니까요.
미. 공화당 원내대표였던 마이크 맨스필드는 조 바이든 대통령 당선인의 신조는 '다른 사람의 판단을 의심할 수는 있다. 하지만 그 사람의 동기만큼은 절대 의심하지 말라. 왜냐하면 그 사람의 동기는 알 수 없기 때문이다.'라고 평가했지요. 여러 가지 동기로 이루어진 일, 언행은 쉽게 나오는 것이 아니란 것이지요. 12월 한 달 잘 마무리하는 것이 내년을 준비하는 과정이지요. 곧 눈이 내리는 날이 되지요. '81년에 김효근이 작사, 작곡한 시 '눈'을 볼까요? 동년에 음대 1학년 조미경이라는 소프라노 학생이 대학가곡제에서 불렀던 곡입니다.

> 조그만 산길에 흰 눈이 곱게 쌓이면/
> 내 작은 발자욱을 영원히 남기고 싶소/
> 내 작은 마음이 하얗게 물들 때까지/새하얀 산길을 헤매이고 싶소/
> 외로운 겨울새 소리 멀리서 들려오면/
> 내 공상에 파문이 일어 갈 길을 잊어버리오/
> 가슴에 새겨 보리라 순결한 님의 목소리/
> 바람결에 실려오는가 흰 눈 되어 온다오/
> 저 멀리 숲 사이로 내 마음 달려가나/
> 아 겨울새 보이지 않고 흰 여운만 남아 있다오/
> 눈 감고 들어보리라 끝없는 님의 노래여/
> 나 어느새 흰 눈 되어 산 길 걸어 간다오//

고즈넉한 날, 야트막한 자락길에서 눈 내리는 소리를 들을 날도 머지않았지요?

✉ 1202 아침편지

아름다운 날들이 우리 곁을 함께 잘 지나가고 있는 아침입니다.
내일은 우리들의 아이들이 그간 각고의 노력이 빛나는 날입니다. 자녀든, 조카든 다 차분하게 제 목표를 이루어 가길 소망해 봅니다. 격려도 함께...... 아무렇게나 생긴 돌멩이가 있어 시냇물이 아름다운 소리를 냅니다. 시냇물 소리는 얕은 물에서 납니다. 깊은 물은 그 흐르는 소리조차 나지 않지요. 우리 사는 세상도 다양한 사람들이 있어 아름다운 것이지요. 숲이 아름다운 것은 각기 다른 꽃과 새, 나무들이 함께 하기에 가능하지요. 묵묵히 자신의 일을 하는 사람은 아름답습니다. 그냥 보기에는 잘 드러나지 않지만 마음에서 우러나오는 향기는 감출 수 없습니다. 숨겨진 돌멩이의 참모습을 알아보는 伯樂같은 아름다운 삶이면 더 좋겠습니다. 키르케고르는 '인생은 목표를 이루는 과정이 아니라 그 자체가 소중한 여행일지니 서투른 자녀 교육보다는 과정 자체를 소중하게 생각할 수 있는 훈육을 시키는 것이 중요하다'라고 했지요. 함께 가는 길고 아름다운, 끊을 수 없는 천륜의 여행인 것입니다. 내일의 우리 아이들을 위해 조금 더 생각해 주면 좋겠습니다.

✉ 1204 아침편지

12월 첫 주말 전 아침입니다.
어제는 우리 아이들의 노고가 많았지요. 고난 속에도 희망을 갖는 사람은 행복의 주인공이 될 수 있고 삶의 슬픔 뒤에는 기쁨이 함께 온다는 것을 믿는 때에 행복해집니다. 밤하늘의 빛나는 별이 낮에 보이지 않는다고 없는 게 아니지요. 돈이 있어도 불안, 없어도 불안, 좋은 사람 있어도, 직장이 있어도 불안하기는 비슷하지요. 내일의 행복을 위해 오늘 느끼는 행복을 저축할 것인가요? '행복은 저축하는 것이 아니다'라는 말이 있습니다. 행복은 생길 때마다 곧바로 다 써야 하는 것. 필요하다면 미리 당겨서 써도 좋은 것이지요. 내일의 행복은 내일 또 만들면 되는 것이니까요. 여행을 떠난 사람 중에 목적지에 집착하다 보면 만나는 풍경은 제대로 보지 못하고 사진만 잔뜩 가지고 오는 경우가 있지요. 현재가 행복하지 않는 사람은 미래도 행복하지 않습니다. 지금을 느끼고 함께하는 것이 행복 아닐까요? 주말 잘 보내세요.

✉ 1209 아침편지

눈이나 비가 내릴 듯한 아침입니다.
주변 상황이 어수선, 우울하게 만드는 것 같지만 결국은 우리 마음 아닐까요? 살아있는 모든 것을 사랑하라는 말처럼 그래도 우리 주변이 있으니 우리가 있는 것이지요. 매일 대하는 마음이 한결같기가 쉽지만은 않은 일이지만 비교 대상이라 생각지 말고 함께 할 사람, 일들이라 생각하면 더 편안해집니다. 우리 아이들에게 더 많이 주고 싶은 것이 사랑이듯이 주변에도 더 나누어 준다면 밝은 하늘이 되지 않을까요. 주고 싶은 것이 사랑이고, 얻고 싶은 것이 행복이면 갖고 싶은 것은 오로지 건강입니다. 그보다도 더 고운 마음을 가지는 것이 더 소중하지요. 나무가 잘 피운 예쁜 꽃을 버려야 열매를 맺고, 사람도 탐심을 버려야 인생의 고운 열매를 맺을 수 있습니다. 버리고 비움으로 평안해지고 귀한 마음을 얻게 됩니다. 이기심이 아닌 이타심이 더 많은 날, 한 해가 되었으면 합니다. 수요일! 오늘은 일찍 업무를 마감하고 자신만의 시간을 가져보는 것은 어떤가요?

✉ 1214 아침편지

주말에는 기온이 영하에 눈도 내렸군요. 상황이 기상과 더불어 썰렁하지만 우리 마음만은 따뜻함이 함께하면 좋겠습니다. 이 아침 다음 시는 아들에게 주는 시이지만 지금 시대 우리 모두에게 필요한 것이라 생각됩니다. 랭스턴 휴즈의 <엄마가 아들에게>를 볼까요?

> 아들아, 나는 너에게 말하고 싶다/
> 인생은 내게 수정으로 된 계단이 아니었다는 것을
> 계단에는 못도 떨어져 있었고 가시도 있었다.
> 바닥엔 양탄자도 깔려 있지 않았지
> 그러나 나는 지금까지/멈추지 않고 계단을 올라왔단다
> 계단참에도 도달하고/모퉁이도 돌고

때로는 전깃불도 없는 캄캄한 곳을 올라야 했지.
아들아, 너도 뒤돌아보지 말고 계단을 오르렴
주저앉지도 말고/앞만 보고 올라가렴
지금은 주저앉을 때가 아니란다. 쓰러질 때가 아니란다.

함께 한다면 조금씩 양보한다면 이 상황을 잘 견디어 내고 하하 호호의 밝은 날이 곧 오게 해야 하지요. 2주일 남은 올해를 잘 마무리합시다.

✉ 1216 아침편지

겨울 날 치고는 조금은 덜 추운 날 아침입니다.
상황을 나에게 맞도록 조절하는 것도 인간이 할 수 있는 것들입니다. 동물들은 자연의 환경에 순응, 적응하는 동물이 살아남는다고 하는데, 인간은 적응은 물론 극복하고 진취적이라서 강하게 생존하여 왔다고 분석합니다. 어려움이 힘듦이 나를 더 지치게 하더라도 잘 견디어 낼 것입니다. 메리 올리버는 <어둠이 짙어져가는 날들에 쓴 詩> 中에서

'그러니 오늘, 그리고 모든 서늘한 날들에
우리 쾌활하게 살아 가야지
비록 해가 동쪽으로 돌고,
연못들이 검고 차갑게 변하고,
한 해의 즐거움들이 운명을 다한다 하여도' 라고 했습니다.

비록 그것들이 나를 힘들게 하더라도 나아갈 수 있는 것이지요. 최근 일본인 걸그룹 '니쥬'가 일본열도에서 우리나라 걸그룹처럼 인기를 얻고 있는데요. 박진영이 운영하는 JYP 기획사 소속입니다. 박진영은 '재능이 꿈을 이뤄주는 게 아니다. 과정이 결과를 만들고, 태도가 성과를 낳기 때문이다.'라고 격려하고 숨겨져 있던 재능을 끌어내었지요. 인간의 무한함을 현실로 보여주는 또 다른 모습이라 할 것입니다. 어려움, 난관의 다음에 열락과 광영이 더 빛나는 것 아닐까요?

✉ 1222 아침편지

우리는 막연한 기대와 꿈을 가지고 있지요. 그게 언젠가는 이루어질 것처럼 말입니다. 자기 노력은 덜 하면서 좋은, 기대 이상의 성과를 기대하지요. 그런데 자기 노력 없이는 이루어지기 어려우며 이루어지더라도 곧 사그러들고 맙니다. 실패한 사람은 '언젠가 증후군(someday sickness)' 가지고 있다고 합니다. '언젠가는 반드시 성공할 것이다' 인데 그 언젠가는 영원히 오지 않는다는 것이지요. 바로 오늘 시작하는 것, 한결같이 하는 것이 성공으로 가는 것이지요. 지름길은 없지요. 한 걸음 한 걸음 나아가는 것이지요.

* 첩경의 또 다른 의미 貼經 : 경서의 논문 일부를 가리고 그 대문을 알아맞게 하던 고시 방법.

당신의 미래는 어떤 꿈을 꾸는가가 아닌 현재 어떤 일을 하고 있는가이다. 당장 오늘 어떤 하루를 보냈는가의 결과물이기도 합니다. 윌리엄 버틀러 예이츠의 시 '술 노래'입니다.

> 술은 입으로 들어오고/사랑은 눈으로 들어온다/
> 사람이 살아서 알아야 할 것은
> 오직 이것뿐/나는 지금도 술잔에 입술을 대고/
> 그대를 바라보며 눈물 글썽이고 있다.

왠지 곡차 한 잔이 그리운 날이지요? 크리스머스와 추억의 산타를 만나보는 휴일 되세요.

✉ 1229 아침편지

올 한 해 힘들고 난관을 헤쳐 여기까지 왔습니다. 앞으로 이보다 더한 것들도 거뜬하지요?

경험이란 것이 소중한 자산이 되는 경우가 많지요. 경험한 것보다 더 큰, 더 어려운, 힘듦이 와야 그것을 기쁘거나 힘들다고 느끼지요. 인생에 문제가 생겼다고 안타까워하거나 슬퍼하지 마세요. '이 또한 지나가리라'는 말도 있습니다. '그러려니' 하면 됩니다. 인생길에 꼭 맞는 사람이 얼마나 있을까요?

내 귀에 좋게만 들리지 않은 때도 있지요? 내 마음대로 되지 않을 때도 있지요? 다정한 사람이 항상 다정하지 않고 헤어질 때도 있지요? 사람이 주는 아픈 상처도 가끔은 있지요? 너무 거기에 집착하지 말고 그러려니 하고 살면 너무 염세인가요? 그러니 조용히 그러려니 하면서 자신을 돌아보는 시간을 갖는 것은 어떤가요? 독서를 많이 하는 사람일수록 인생에서 실패를 덜 겪게 된다고 합니다. 맑은 날을(비 내리지 않는 날)을 기대하지만 이 땅에 한 5년 정도 비가 내리지 않으면 이 땅은 사막이 될 것입니다. 얼어붙은 겨울의 땅, 밑바닥에도 다음을 준비하는 시간이 익고 있습니다.

✉ 1230 아침편지

올 겨울 들어 기온이 가장 낮은 아침입니다. 영하 12도. 인제 향로봉, 양구 가칠봉보다는 높지만 그래도 썰렁하네요. 하루 남은 올 해 마무리 잘하고 희망이 조금은 보이는 내년으로 달려가야지요.

우리에게 많은 단백질을 제공해 주는 가축인 돼지, 고마운 동물이지요. 그러한 돼지는 바로 위의 하늘을 쳐다볼 수 없지요. 목이 바닥을 향하고 있어서이지요. 돼지가 하늘을 바로 볼 수 있는 때는 넘어졌을 때입니다. 우리도 삶에서 넘어지는 경우가 여러 번 있지요. 건강, 가정, 사업, 일 등. 그런데 넘어짐으로써 아름다운 하늘을 볼 수도 있지요. 그것을 디딤돌로 다시 전진할 수 있지요. 생의학의 관점에서는 미래 인간의 장기를 거의 다 교환할 수 있다고 하는데, 돼지 복제를 통해서 가능하다고 분석하고 있습니다. 헬렌 켈러는 '행복의 한쪽 문이 닫히면 반드시 다른 쪽 문이 열리게 됩니다. 그러나 대부분은 닫혀진 문만 보고 열려 있는 문은 보지 못합니다.'라 했지요. 막혔다고 해서 다는 아니지요. 어디엔가 한 줄기 빛은 항상 있답니다. 그러니 '그러려니' 하기도 하고, '에잇 까짓것 해보지 뭐!'하면 되지요.

✉ 201231 아침편지

매우 추운 날 아침입니다. 올 한 해 동안 정말 노고가 많았습니다.
우리를 제일로 힘들게 한 것은 고약한 그 녀석이지요. 그래도 함께 하고 여기 있음을 감사하게 생각하고 그로 인해 행복한 시간이었지요. 저도 우리 은행에 와서 기쁨 그 자체입니다. 셰익스피어 희곡 '끝이 좋으면 다 좋아'(All's Well That Ends Well)처럼 많은 위로가 되기도 합니다. 오늘 저녁 '행복을 주는 사람'이라는 곡을 사랑하는 사람들과 들으면서 좋은 31일 보내면 더 기쁘겠습니다.

송년 自作 拙詩 하나입니다.
新年受多福(신년수다복) 새해를 맞이하여 복 많이 지으시고
成就願萬事(성취원만사) 원하는 만사가 다 이루지기를 바랍니다.
謹啓祈健康(근계기건강) 아무쪼록 건강을 기원하며
祝願自家社(축원자가사) 자신과 가정과 회사의 발전을 축원합니다.
고맙습니다.

2년

葉!

✉ 210104 아침편지

첫 근무일 아침입니다.
지난해 고약한 녀석과 같이 한 시간이 안타깝지만, 올해는 조기에 해소되길 기대해 봅니다.
첫 근무 날 새로운 마음으로 365일 동안 잘 출발합시다. 오늘은 <새 해>라는 구상 시인(1919~2004)의 시입니다.

> 내가 새로와지지 않으면 / 새해를 새해로 맞을 수 없다.
> 내가 새로와져서 인사를 하면 / 이웃도 새로와진 얼굴을 하고
> 새로운 내가 되어 거리를 가면 / 거리도 새로운 모습을 한다.
> 지난 날의 쓰라림과 괴로움은 / 오늘의 괴로움과 쓰라림이 아니요
> 내일도 기쁨과 슬픔이 수놓겠지만 / 그것은 생활의 律調일 따름이다.
> 흰 눈같이 맑아진 내 意識은 / 理性의 햇발을 받아 번쩍이고
> 내 深呼吸한 가슴엔 사랑이 / 뜨거운 새 피로 용솟음친다.
> 꿈은 나의 忠直과 一致하여 / 나의 줄기찬 勞動은 고독을 쫓고
> 하늘을 우러러 소박한 믿음을 가져 /
> 祈禱는 나의 日課의 처음과 끝이다.
> 이제 새로운 내가 / 서슴없이 맞는 새해
> 나의 생애, 최고의 성실로서 / 꽃 피울 새해여!

첫날부터 무리하지 않기입니다.

✉ 0105 아침편지

어제 늦은 밤 눈이 조금 내렸군요. 하얗게 보이는 결정체에 마음이 빼앗기지는 않았나요? 바람에 흩날려 금방 사라지기는 해도 눈에 대한 추억이 떠올랐지요.
생각에 따라 달라지는 것은 내 마음의 상태인가 봅니다. 삶은 감자를 먹을 때 양념은 어떠한 것으로 하나요? 경상도는 소금, 전라도는 설탕, 강원도에

서는 고추장이랍니다. 무슨 양념을 먹든 무슨 상관입니까? 사소한 것에 너무 과하게 생각하는 것이지요. '너는 왜 그러니?'하고 접근하면 접점을 찾기가 그만큼 어려워지지요. 상대의 방식에 딴지를 거는 것은 배려심이 없는 것이지요. 대수롭지 않은 것, 해도 그만, 안 해도 괜찮은 것에는 관대함이 필요한 것이지요. 우리가 사람을 대하는 대화 속에 숨겨진 의미를 알아볼까요. "어디서 많이 본 듯합니다." → "친해지고 싶어요", "나중에 연락할게"→ "기다리지 마세요", "나 갈게" → "제발 나를 잡아줘", "사람은 괜찮아"→ "다른 건 별로야", "어제 필름이 끊겼나 봐"→ "창피하니까 그 애긴 꺼내지 마", "왜 그게 궁금하세요?" → "대답하고 싶지 않아요", "잘 지내고 있어?" → "그립다", "좋아 보이네" → "난 행복하지 않거든", "뭐 하면서 지내?" → "난 아무것도 할 수 없어", "좋은 사람 만났니?" → "난 너밖에 없더라", "행복해라" → "다시 돌아와 달라", "가끔 내 생각나면 연락해" → "영원히 기다릴거야"라는 것이랍니다. 조금 닮은 듯 합니까? 행간의 의미를 찾는 삶이면 더 좋겠습니다.

📩 0106 아침편지

올해 들어 기온이 가장 낮은 날 아침입니다. 바람이 없어서 느낌은 그리 춥지만은 않은 듯합니다.
누구나 추구하는 행복, 그 범위는 각각 다르지만 향해 가는 방향은 비슷하다고 할 것입니다. 노력한 만큼의 결과를 기대하는, 나보다는 우리의 아이들이 더 안전하고 화평한 삶을 기대하는 것이지요. 행운은 행복을 끌고 다니고, 불운은 불행을 끌고 다닙니다. 행운과 불운은 동전의 양면과 같은 것이지요. 운이 없다고 생각하면 끝이 없고, 좋은 일도 기대하기 어렵지요. 그래서 철학자, 선인들은 긍정, 어렵더라도 자기 자신에 몰입을 말하고 있지요. 아침에 거울을 보고 웃으면 거울속의 사람도 나를 보고 웃지요. 마음의 밭에 사랑의 씨앗을 심으면 행운의 꽃이 자라서 기쁨이 됩니다. 밝은 얼굴은 밝은 운이 따라오지요. 헤밍웨이는 '노인과 바다'에서 '인간은 파멸 당할 수 있을지는 몰라도 패배할 수는 없어', '진정하고 힘을 내게, 이 늙은이야. (Be calm and strong. old man)'했지요. 힘들다고 고민하지 말고 정상이 가까울수록 힘이 들게 됩니다. 끊임없이 자신을 갈고 닦아서 자신을 더 강건하게 만들어야 합니다. 좋은 하루 되세요.

✉ 0112 아침편지

지난주와는 다른 기온의 아침입니다. 하루의 모임이 삶의 기초가 되는 날이지요. 건강한 활기찬 하루가 되어야지요.
오늘은 인생에서 '가장 젊은 날'이며, 내 인생의 '가장 마지막 날'이기도 합니다. 무엇을 시작하기 좋은 날, 마무리하기 좋은 날. 그 '오늘'이지요 '카르페 디엠'은 '오늘을 즐겨라, 현재를 즐겨라'는 뜻인데요, 현재를 즐기고 오늘의 시간을 소중하게 다루어야 한다는 의미이지요. 지금 이 시간이 나에게 가장 소중한 날, 특별한 날이 되는 우리 모두에게 주어진 오늘입니다. "공감은 타인의 고유한 경험을 이해하고 그에 맞게 반응할 줄 아는 능력이다. 그러나 공감의 역설은, 이 선천적 능력이 상대를 돕기도 하지만 상처를 입히기도 한다는 것이다."라는 아서 시아리콜리, 캐서린 케첨의 「당신은 너무 늦게 깨닫지 않기를」이란 책에서의 글입니다. 웃고 즐기는 것만이 아닌 환희와 희망, 열락의 소리가 들려오는 하루가 되게 준비하고, 실천하고, 생각하는 하루. 공감하는 하루, TPO가 되면 좋겠습니다.

✉ 0113 아침편지

어제 내린 눈이 기온이 많이 낮지 않아서 잔설로 남아있는 아침입니다.
세상의 어둠을 이겨내는 방법은 빨리 어둠에서 나오는 방법입니다. 감사는 어둠속에서 나오는 가장 쉽고 확실한 방법입니다. 일본 경영인 마쓰시타 고노스케는 '감옥과 수도원의 공통점은 세상으로부터 고립되어 있다는 것이다. 차이가 있다면 불평을 하느냐, 감사를 하느냐 뿐이다.'라고 하였지요. 어떠한 상황에서도 감사한 마음, 고마운 마음이 있다면 행복의 단계를, 정도를 낮게 할 수 있지 않을까요? 우리는 감사한 일, 마음을 조금씩은 잊고 지내지요. 주변, 나에게 많이 있음에도 그를 잘 인지하기 어려워 놓치기 십상이지요. 마음의 평안이 곧 삶의 평안, 기쁨으로 이어지는 것 아닐까요? 사랑할 사람과 일이 있어서 더 행복하지 않나요. 제가 의미 있게 보았던 영화 <인턴>(로버트 드니로, 앤 해서웨이 주연)에서 "인간답게 사는 데 필요한 것은 아주 간단하다. 사랑할 사람과 할 일"이라는 프로이트 금언을 말하지요. 간단한 데… 글쎄요. 좋은 수요일입니다.

✉ 0114 아침편지

조용한 1월 중순의 아침입니다.
항상 오는 그 하루인 오늘입니다. '오늘'이라는 단어는 많은 의미를 담고 있지요. 그렇게 매일을 오늘처럼 받고 싶은 것이 인간의 욕구이자 삶 전제이지요. 내가 서 있는 자리는 언제나 오늘입니다. 보이는 것이 희망이고 들리는 것이 기쁨입니다. 짧지 않은 시간들을 지나면서 항상 내 마음이 흡족하기만 할까요? 돌부리에 채이기도 하고, 물살에 휩쓸리기도 하면서 오늘의 시간을 채워가지요. 힘들고 답답하더라도 웃을 수 있는 것은 함께하는 사람들이 곁에 있어서이지요. '그럼에도 불구하고 (~ in spite of)'의 긍정이지요. 오늘도 내 이름을 불러 주는 이 있고, 그에 답할 수 있어서 감사한 것. 내 곁에 당신 같은 마음 훈훈한 이 있어 감사합니다. 여러 가지 사실도 있지만 그 하나만으로도 오늘이 감사한 것이지요. 무한하게 그 '오늘'은 오지요. 그래서 열정적으로 그 오늘이 오지 않을 때까지…

✉ 0118 아침편지

대설주의보였는데 눈은 그리 많이 보이지 않는 아침입니다. 많은 것들이 우리 주변에 있는데 잘 체감하지 못하고 지내는 것 같습니다. 근거리에 있으면서도 알지 못하고 스쳐 지나는 것들이 많지요.
가족들에게는 더 할 때가 종종 있지요. '당연'이라 생각하는 것이지요. 내 곁에 가까이 있어서 나 때문에 가장 다치기 쉬운 사람들... 나는 지금까지 얼마나 많은 화상 자국을 가족들에게 남겨왔는지 생각을 해봐야 합니다. 우리는 가장 가까운 이에게 함께 한다는 이유 하나만으로 사랑하는 이의 가슴에 남긴 그 많은 상처를 이제는 보듬어 줄 때가 된 것이지요. 나로 인해 상처를 주기보다는 나로 인해 기쁨을 줄 수 있고 나로 인해 모든 이가 행복했으면 좋겠습니다. 우리는 다 소중한 사람들이니까 조금씩 놓아주면서 품어주어야 할 사랑의 대상인 바로 가족입니다. 이 주에 조금의 변화가 있지요. 수용과 이해가, 축하와 격려가 필요한 때입니다. 좋은 날 보내세요.

✉ 0119 아침편지

볼이 시린 날 아침입니다.
나에게 해야 할 일이 있다는 것은 행복한 것입니다. 일 없이 그저 시간이 지나가는 것만 바라보는 날이라면 쓸쓸하지 않을까요? 제 위치, 역할이 있어야 하는 것이 삶의 보람이지요. 소나무의 씨앗이 솔방울에 있지요. 솔 씨앗! 그런데 그 씨앗이 하나는 흙 속에, 하나는 바위틈에 떨어져 자라기 시작했지요. 흙 속의 씨앗은 크고 곧게 자라고, 바위틈 속의 씨앗은 삐뚤삐뚤하게 천천히 자라지요. 많은 날 속에 폭풍우, 눈보라 등을 맞으면서. 흙 위의 소나무는 폭풍우 등에 맞서느라 곧은 몸체는 곧 부러지고 약한 뿌리는 곧 뽑히지요. 바위틈 속의 소나무는 모질게 견디어 내며 이겨내고 있지요. 어떠한 아픔과 시련이 찾아와도 꿋꿋하게 서 있을 수 있는 뿌리 깊은 나무가 된 것이지요. 우리 옛말에도 '굽은 나무가 선산을 지킨다.'라는 것이 있지요. 너무 잘 난 나무는 곧 베어지고 마는 것. 단단하게 오랜 시간 튼튼히 할 수 있는 단단한 뿌리가 필요한 때인가 봅니다. 빌 게이츠는 자신의 성공 비결을 "나는 천재도 아닙니다. 그저 날마다 새롭게 변했을 뿐입니다. 그것이 성공의 비결입니다. Change의 g를 c로 바꾸어 보세요. Chance가 되지 않나요?"

그렇습니다. 생각하기에 따라 나의 상태가 무궁하게 변하지요. 단단한 뿌리를 내리고 어려움, 힘듦이 있더라도 견디어 내는 것이지요. 조금씩 조금씩 그 뿌리를 단단히 내려 봅시다.

✉ 0120 아침편지

겨울치곤 괜찮은 아침입니다.
어제는 상반기 인사가 있었습니다. 우리 실은 없지만, 새로이 보직되는 직원에게는 조기 직무에 임하도록 도움이 필요합니다. 조치를 해 주어야 할 일이 당분간 많군요. 함께 성장하는 것이 필요한 때입니다. "꽃은 피어날 때 향기를 토하고 물은 연못이 될 때 소리가 없다"처럼 언제 피었는지 정원에 핀 꽃은 향기를 날려 자기 존재를 알리는 것이지요. 마음을 잘 다스려 평화로운 사람은 침묵하고 있어도 향기가 절로 나지요. 대나무가 속을 비우는 까닭은 자라는 것 말고도 제 몸을 보호하기 위해서이지요. 속이 비어서 강풍에도 흔들릴지언정 부러지지 않지요. 최근 모 은행 광고에 '모죽'과 관련 광고가 있지요. 1년 사이에 7~80m 정도 자라는 대나무를 그리고 있습니다. 그만큼 오랜 시간 준비가 있어서 가능한 것입니다. 거기에는 단단한 뿌리를 준비하는 인고의 시간이 있지요. 쉬이 얻은 것은 쉬이 나가기 마련입니다. 정성을 다하는 일, 삶이 되면 좋겠습니다.

✉ 0122 아침편지

새로운 출발점에서 서면 굳센 다짐을 하지요. 저도 여러 번의 직책 이동과 새로운 과업을 받았을 때 '이 일을 어떻게 할 것인가?'를 고민했지요. 'End State는 다 잘 되게 되어 있다'는 믿음을 가지고 말입니다.
미국의 시인 엘렌 코트(1936~2015)의 <초보자에게 주는 조언>이라는 시입니다.

시작하라, 다시 또다시 시작하라.

모든 것을 한 입씩 물어뜯어 보라
또 가끔은 도보 여행을 떠나라.
자신에게 휘파람 부는 법을 가르쳐라. 거짓말도 배우고.
나이를 먹을수록 사람들은 너 자신의 이야기를
듣고 싶어 할 것이다. 그 이야기를 만들라.
돌들에게도 말을 걸고
달빛 아래 바다에서 헤엄도 쳐라.
죽는 법을 배워둬라.
빗 속을 나체로 달려보라.
일어나야 할 모든 일은 일어날 것이고
그 일들로부터 우리를 보호해 줄 것은 아무것도 없다.
흐르는 물 위에 가만히 누워 있어 보라.
그리고 아침에는 빵 대신 시를 먹으라.
완벽주의자가 되려 하지 말고
경험주의자가 되라.

'무엇이든 좋으니 긍정적이고 적극적으로 시도해 보자. 작은 실패가 모여 큰 성공을 이룬다고 했으니 특별히 손해 볼 것도 없다. 일단 경험주의를 즐겨보자'이지요. 매일을 새로이 출발하는 마음으로 보내면 좋겠습니다. 추억과 의미 있는 휴일 되세요!

✉ 0125 아침편지

1월의 마지막 주를 시작하는 아침입니다.
그간의 준비와 실행을 잘하여 왔으니 앞으로 시간도 잘 이루어질 것입니다. 내일 새로이 이동하는 직원도 따뜻하게 맞아 맡은 일을 잘할 수 있게 합시다. 이제 곧 봄이 오는 소리가 주변에 들리는 날, 이 코로나 상황도 끝날 것이라 봅니다. 아마 한 참 지난 시점에 '아 그때는 그랬지'하고 웃어넘기는 날도 있겠지요. 마치 윤보영 시인의 <그리움>처럼 말입니다.

살아가면서/그리움 한 자락은/있는 것이 좋다//
설령 그 그리움이/아픈 그리움이라 해도/없는 것보다/있는 것이 좋다//
꽃이 하늘로 보이고/구름이 호수로 보여도/
그리움이 있는 것이 더 좋다//
다행히/나에게도 그리움이 있다//
그리움이 되기까지/힘은 들었지만/지나고 나니 아름답다//
그래서/꽃과 하늘도 너/구름도 호수도 너인 내 그리움/
내가 사랑하면서 산다//

지나고 보면 다 그리움이 되고 함께 한 삶의 일부였으니 더 한 것 아닐까요? 힘차게 출발합니다. 오늘!

✉ 0128 아침편지

아침 기온이 내려가더니 오후부터 많이 추워진다 하네요. 보온을 추가 해야 겠어요.

연초 시작이 엊그제 같은데 월말이 되었네요. 쏜 살과 같이 시간은 우리 곁을 지납니다. 손에 잡혔나요? 살면서 어떤 것도 부족함이 없이 언제 행복하고 만족한 삶이 되나요? 살아 있다는 것만으로 감사를 느끼고, 계절이 달라지면 감탄하고 사랑하는 가족과 함께 자족하는 사람이 행복한 것이지요. (조금 네거티브한가요?, 정체되어 있나요?) 지금 이 순간이 '이보다 더 좋을 수 없다'라고 생각하는 사람만이 '진짜 부자' 아닐까요? '군자는 마음이 항상 평안하고 차분하다'는 논어 글도 있지요. 감성이론 창시자인 대니얼 골먼(Daniel Goleman)은 "EQ(Emotion Quatient) 감성기능에서 감성능력은 자신의 감정을 잘 다스리고, 상대방의 입장에서 이해하고 좋은 관계를 유지하는 것"이라고 했습니다. 이 EQ는 학습을 통해서 개발할 수 있고, 교육 패러다임을 바꿀 수도 있지요. 이 감성지능을 통해 재인식하고 지혜와 자신감을 북

돌아 줍니다. 세월의 시간 속에 관심이 적었던 우리의 감성을 잘 일깨우고 나은 방향으로 인도해 줄 그 무엇, 감성의 내연을 확대해 나가 삶을 풍성하게 하는 이 번 주말 되세요.

✉ 0203 아침편지

입춘절 아침입니다. 겨울의 끝자락이 멀지 않은 듯 합니다. 땅 밑에서는 해동과 물의 흐름이 조금씩 졸졸졸 흐르고 있겠지요. 매일을 매년의 습관처럼 봄을 맞는 기쁨으로 넘치고 있지요.
「다산의 마지막 습관」이라는 책을 쓴 조윤제는 습관에 대해 '하루하루 내려앉아 나를 가두게 되는 껍질, 습관이다. 습관이 내일의 운명이 된다면, 나는 매일 새롭게 운명을 시작할 것이다. 그렇게 나를 모두 비우고 새로운 습관을 채우기 시작했다.'라고 썼습니다. 자신의 습관을 다산의 마지막 습관에서 찾고자 하였습니다. 습관은 그만큼 중요한 부분을 차지하지요. 여하한 이유에서든 매일 오가는 그 길을 바꾸기란 쉽지 않듯이, 긍정적인 방향으로 자신의 습관을 만들어 행동양식이 되게 해야 하지요. 그래야 고난도 어려움도 나와 함께 할 수 있지 않을까요? 맹자는 '하늘이 장차 그에게 큰 사명을 내리려 할 때는 하고자 하는 일을 어긋나게 함으로써 그가 더 큰 일을 할 수 있도록 한다.'라고 고난의 의미를 부여하였습니다.. 고난을 통해 잃어버렸던 자신의 정체성을 찾는 것도 수신의 힘, 즉, 습관을 정하고 실천하는 것에서부터 시작인 것이지요. 이제는 한결같은 실천!

✉ 0204 아침편지

의사란? '신이 바빠서 대신 지상으로 출장 보낸 사람이다. 그래서 신만이 관장하는 사람 목숨을 다룰 수 있는 것이다.'(우종영,「나는 나무처럼 살고 싶다」中) 메디컬 드라마 '나쁜 의사'에 노교수가 첫 수업 시간에 의대생에게 한 말이지요. 그런데 우리 어머니들은 아이들이 아프거나 하면 제일 먼저 이마에 손을 얹지요. 보통은 자기 손바닥 크기가 이마 크기라고 합니다. '내가 어떤 일로 누군가의 이마를 덮어줄 수 있다면, 그 일이 그 순간 그렇게 지긋지긋하게 느껴지진 않을 겁니다.'(정재찬 교수 글 중) 공감할 수밖에 없지요. 저도 초급장교 시절 자고 있는 대원들의 이마를 늦은 시간에 대어 보았지요. 곤히 자고 있는, 용기 있는 씩씩한 대원들이 뿌듯했지요. 열이 느껴졌던 대원은 다음날 아침 진료를 하게 했지요. '그렇게 해야 할 일이라서 한 것이지요.' 지금은 아이들이 성인이되어 그리 해 본 적이 뜸합니다. 그런데요 부모님 이마를 덮어드린 적 있나요? 코로나 상황이 진전되어 정상으로 회복되면 한번 생각해 보면 어떨까요?

✉ 0208 아침편지

지난 주 입춘을 지나더니 봄소리가 조금씩 들리는 듯한 아침입니다. 이 주에 설이 있어서 단기의 근무가 되네요.
활기찬 모습은 언제든 보이고 또 그렇게 만들어 가고 있습니다. 본점의 더 나은 모습으로 나기 위한 로비 층에 칸막이도 설치되었네요. 우리 직원들의 근무 환경이 일취월장하여 발전될 것을 기대해 봅니다. 순수한 마음으로 하루하루를 대했으면 좋겠습니다. 사전적으로는 純粹는 '다른 것이 조금도 섞이지 않는 상태', '사념이나 사욕이 없음'이라는 단어입니다. 純眞은 '마음이 순박하고 진실하다'라는 뜻이지요. 순수와 순진의 차이를 이미향 교수는(영남대 국제학부) '물에 파란 잉크 방울을 떨어뜨린 후 흰 종이를 담갔다 꺼내 원래대로 하얀 종이면 순수, 파란 물이 든 종이이면 순진'이라고 정의했네요. 또 발전은 더 나은 상태로 나아가고 있는 방향이고, 발달은 지금보다 높은 수준에 이르는 것이지요. '日新 又日新'처럼 매일 더 새롭게 하는 마음가짐이지요. 물론 과거, 현재에 뿌리를 단단히 두고 있어야 하겠지요. 밝은 출발을 힘차게 합시다.

✉ 0209 아침편지

밝게 빛나는 아침입니다. 06:00 전후 그믐을 앞둔 달이 산허리에 반 만 고개를 내밀더군요. 곧 초하루가 온다는 전갈을 살포시 전합니다.
곧 봄이 오는 모양이기도 합니다. 모르는 순간 한 발 한 발씩. 다음 주까지 봄비 소식은 없지만 내 마음의 봄비를 오게 할까요? 이수복(1924~1986)의 시 <봄비>입니다.

> 이 비 그치면/내 마음 강나루 긴 언덕에/서러운 풀빛이 짙어 오것다//
> 푸르른 보리밭길/맑은 하늘에/종달새만 무어라고 지껄이것다//
> 이 비 그치면 시새워 벙글어질 고운 꽃밭 속/
> 처녀애들 짝하여 외로이 서고//
> 임 앞에 타오르는 향연과 같이/땅에선 또 아지랑이 타오르것다.//

강나루에 벗을 보내는 그림처럼, 또는 외갓집 마을이 그려지나요? 삶에 대한 그리움과 기대감으로 설렘과 열정으로 내 앞의 난제들을 헤치고 나아갈 수 있지요. 우리는 세상의 희망이고 빛이 되기에 충분합니다. 그 중의 몇몇이 역사에 이름을 남기겠지만, 우리 모두는 한 시대를 살아가는 산 역사입니다. 그래서 더 소중하지요.

✉ 0216 아침편지

어제는 봄기운을 샘하는 바람이 북쪽에서 왔나 봅니다. 이 철에는 꼭 그런 날들이 있지요. 그런데 한결같은 우리들 앞에서는 그도 실력 발휘가 안 되나 봅니다. 매일을 열정으로 보내고 있으니까요.
뉴턴은 '오늘 할 수 있는 일에 전력을 다하라. 그리하면 내일은 한 걸음 더 진보한다.'라고 오늘을 강조한 것이지요. 정성을 다하여 공을 들인 사람, 그렇게 한 일은 쉬이 무너지지 않고 가끔은 운도 따라 주지요.
골프에서 '아! 왜 이러지?'하면 그 다음부터 '진짜 왜 이러지!.'가 됩니다. 떨쳐 버리고 전진해야지요. 과거에, 지난 일에 발목 잡혀서 더 많은 미래를 놓칠 수는 없지요. WWⅡ 당시 총리를 한 처칠이 연설을 위해 연단을 오르려다 헛디뎌 넘어졌는데, 이 모습을 본 청중들이 크게 웃었지요. 머쓱하기도 하고... 그러나 처칠은 대단한 유머가 있는 것을 다 알고 있지요? "제가 넘어져 국민이 즐겁게 웃을 수 있다면, 다시 한번 넘어지겠습니다." 재치와 유머, 여유가 있는 모습이지요. 작은 것 하나에도 가지기 어려운 것을 그는 가졌지요. 그렇게 힘든 것도 '그러려니'하고 넘기는 여유를 가져보는 것은 어떤가요?

✉ 0218 아침편지

수도 서울의 시민들의 발걸음이 바쁘게 놓이는 아침입니다. 우리들이 생각하는 것보다 훨씬 더 이 세상은 활기찹니다. 각자의 할 일이, 삶의 보람이 앞에 있으니까요.
조용히 수행하는 凡人이 그 흐름을 이어가지요. 삶의 관조와 세상을 보는 아름다운 눈으로 여행을 가잖아요. 명강사는 목소리를 높이지 않습니다. 여행에서도 마찬가지입니다. 베테랑일수록 배낭은 간소하다는 것은 그만큼 꼭 필요한 것만 준비한다는 것이지요. 삶에는 무언가로 가득 채울 필요는 없다는 것이기도 합니다. 다른 무언가를 채우기 위해 공간이 필요하고, 때로는 더 비워내어야 하는 것이 인생이니 그만큼 공간이 필요한 것이지요. 노자는 '그릇은 비어 있어야만 무엇을 담을 수가 있다'라고 하였습니다. 무엇을 비울 것인가는 가치관에 따라 다르겠지요. 가지는 물욕보다는 덜어냄으로써 가져오는 빈 공간의 충만이 행복의 길로 안내하는 날들이기를 기대합니다. 눈앞의 모니터를 보면서도 앞 건물, 트인 사무공간의 빈 곳을 찾아보세요. 새로이 전해오는 따스함이 있을 것입니다. 그리고 천천히 채워 보세요. 그리움과 가지런한 마음을. 새 생명에 대한 기대는 당연히 있겠지요?

✉ 0222 아침편지

지난 주의 추운 기운은 다 갔나 봅니다. 2~3주 후면 벚꽃을 비롯하여 만발

할 그 전 월요일 아침입니다. 그렇게 부지불식간 봄은 우리 곁에 성큼 와 있습니다.

새로운 결심이나 하려는 일들에 대한 기대가 커지는 것도 봄이라는 예쁜 녀석이 함께하니 그런가 봅니다. 우리는 매일 결심과 선택의 기로에 있습니다. 일에서도 삶에서도 아주 사소한 것을 할 때도 결심과 선택이지요. 한 번도 하지 않은 것이기에 결심과 선택을 주저하게 됩니다. 중간에 변경할 수는 있지만, 그 결과에 대한 것은 오로지 나의 문제이지요. 이것이 때로는 우리의 집중력을 분산시키기도 하지요.

'Trade-off' 어떤 것을 선택하면 다른 어떤 것은 포기할 수밖에 없지요. 잡을 수 없는 것에 시간과 노력을 낭비되지 않게 시작 전부터 목표와 실행계획을 잘 세워야 합니다. 나름의 기준과 원칙이 있어야 하고, 목적과 방향, 개념이 일치한다면 잘 수행할 수 있습니다. 졸업과 입학의 계절이지만 표출되는 외양은 그리 많지 않습니다. 주변에 축하할 일에 더 많은 축하와 격려가 필요하다고 생각됩니다. 좋은 한 주 됩시다.

✉ 0223 아침편지

조용하면서도 선선한 아침입니다. 오늘이라는 느낌은 아주 특별하지요. 그저 그렇게 지나는 날들이지만 간절히 바라는 이들도 많지요. 유한한 생명의 연속선상에서 그리도 애달프게 살고자 하는 그 무엇 말입니다. 살아있는 모든 이에게 공평하게 주어진 아름답고 소중한 그날, 신실한 마음으로 대하여야 하지요. 켜켜이 쌓여 온축(蘊蓄, 쌓을 온, 쌓을 축)된 나의 삶이 되니까요. 나의 원칙이 그래서 필요하지요. 영화 <인턴>에서 줄스(앤 해서웨이 분)가 벤(로버트 드 니로 분)에게 질문하지요.

'좌우명이 있느냐?' (You have a favorite quote?), 벤은 '옳은 일은 절대 잘못이 아니다. (You're never wrong to do the right thing.)'라고 답합니다. '무엇이 성공인가'를 가늠하는 미국 시인 랠프 에머슨(1803~1882)의 시가 있습니다.

자주 그리고 많이 웃는 것 / 현명한 이에게 존경을 받고
아이들에게 사랑을 받는 것 / 정직한 비평가의 찬사를 듣고
친구의 배반을 참아내는 것 / 아름다움을 식별할 줄 알며
다른 사람에게서 최선의 것을 발견하는 것 / 건강한 아이를 낳든
한 뙈기의 정원을 가꾸든 / 사회 환경을 개선하든
자기가 태어나기 전보다 / 세상을 조금이라도 살기 좋은 곳으로
만들어 놓고서 떠나는 것 / 자신이 한때 이곳에 살았음으로 해서
단 한 사람의 인생이라도 행복해지는 것 / 이것이 진정한 성공이다.

어떤가요? 삶이 이와 같으면 좋겠습니다. 2월의 마지막 주를 잘 보냅시다.

✉ 0224 아침편지

봄기운이 많이 느껴지는 온화한 아침입니다. 아파트 조경수 벚나무에서 자그마한 촉을 슬며시 내밀고 있더군요. 봄이 오는가 봅니다. 봄에는 봄내(春川)를 한 번 가보아야 하지 않을까요? 삶의 좋은 추억거리를 체감하는 것이지요. 하나씩.
집에서 고급 요리는 아니더라도 요리할 때가 있지요. 갖가지 재료를 다듬고 썰고 갈고 섞어서 한 번에 하나씩 순서대로 넣어야 하지요. 우리 삶도 비슷하지요. 한 번에 하나씩 해 나가야 하지요. '이번 일을 잘 처리해야 하는데..., 이거 했다가 망하면 어떻하지!' 이런저런 생각에 휘둘리지 않는 것이 중요하지요. 자연스럽게 흐름에 맡기고 하나, 둘 해 나가는 것이지요. 그렇다고 중간에 손을 놓으면 안 되지요. 음식처럼 중간에 간도 보고, 불 조절도, 젖기도, 뒤집기도 해야지요. 우리 삶도 꾸준히 노력해야 하는 것과 같지요. 그러다 보면 내게 꼭 맞는 사람을 만나고 정성을 다한 훌륭한 요리가 되듯 내게도 깜짝 놀랄만한 인생이 나타나는 것이지요. 노력 없이 이루어지는 것은 곧 무너지고, 내 것이 되지 않지요. 우리는 매일 86,400秒(원)를 입금받고 있지요. 저축이 안 되는 것이지요. 좋은 하루 되세요.

✉ 0225 아침편지

그래도 조용한 아침입니다. 그날이 언제 있었는지 잘 모르나 그러한 날입니다. 왠지 누군가 내 곁에 있는 듯한, 편지라도 올 것만 같은 날입니다. 우리는 쉬이 매일을 그냥 지나지만 그것들이 쌓여서 그리움이 되나 봅니다.
그냥 이름만 불러 주어도 좋은 그 사람이지요. 밖이 시끄러운 것은 내 귀를 닫지 못한 탓이요, 안이 시끄러운 것은 내 마음을 열지 못한 탓입니다. 상대가 못마땅한 것은 나의 이해가 부족한 탓이요, 내 설득력이 부족한 탓입니다. 조금이라도 여유의 봄이, 벗이 있다면 좋겠습니다.
정호승 시인의 <벗에게 부탁함>이라는 시는 어떤가요?

> 벗이여/이제 나를 욕하더라도/올 봄에는/
> 저 새 같은 놈/저 나무 같은 놈이라고 욕을 해다오//
> 봄비가 내리고/먼 산에 진달래가 만발하면//
> 벗이여/이제 나를 욕하더라도/저 꽃 같은 놈/
> 저 봄비 같은 놈이라고 욕을 해다오/
> 나는 때때로 잎보다 먼저 피어나는/꽃 같은 놈이 되고 싶다//

누군가에게 벗이 되는 주말 되어 보세요.

✉ 0226 아침편지

모처럼 햇살이 환히 비치는 아침입니다. 3월이 시작입니다. 그 화사한 3월. 프레지아, 진달래, 더 많은 꽃향기가 우리에게 오지요. 그보다 더 짙은 사람의 향기는 또 어떻습니까?
입구가 좁은 병에 물을 붓기 힘들 듯 마음이 좁은 사람에겐 정을 주기도 힘듭니다. 삶은 웃음과 눈물로 얽힌 코바늘로 행복과 불행의 씨줄, 날줄을 꿰는 것과 같다고도 합니다. 널려 있는 행복의 열매들을 잘 꿰어서 삶의 보람이 가득한 시간이 되길 소망합니다. 오늘 정월 대보름이지요. 일찍 일을 마감하고 사랑스러운 가족들과 부럼이라도 해야지요. 다음 주 3월의 파릇한 잎들을 기대해 봅니다.

📧 0303 아침편지

이제 봄이 다 된 것 같이 온화한 아침입니다.
내가 서 있는 자리는 언제나 오늘입니다. 눈에 보이는 모든 것이 기쁨. 희망, 열락이지요. 가끔은 우울하기도 하고, 울퉁불퉁한 길을 걸어왔지만, 그래도 사랑스러운 나의 날이지요. 함께 하는 선한 이들이 있어 웃을 수 있고 나아갈 수 있는 것이지요. 외로움과 고독에 빠질 시간이 없는 것은 이와 같이 내 곁에 있는 이와 감사함이지요. 이러한 이유 하나만으로도 오늘을 살아가는 충분한 이유가 되지요. 장영수의 <봄>을 한 번 볼까요?

> 내가 또 벙어리 인형처럼/어느 길가에 버려진다고 하여도 나의
> 다친 흉터와 나의 공부와 나의 일에/
> 닦이며 얻어내는 힘만큼, 나의 세상이
> 봄인 것이며 사람들도 봄인 것이며 나의/마음도 봄인 것이기에//

새로이 학년을, 입학하는, 취업을 시작하는 모든 이에게 기쁨으로 점철된 날들이기를 소망합니다.

📧 0304 아침편지

봄의 향기가 날리듯이 다가오는 듯한 아침입니다. 3월, 설레는 마음으로 시작하였는데 그 마음이 지속되었으면 합니다.
나의, 우리의 행복으로 나아가는 것. 매일이 새로워지듯이 말이지요. 할 일은 또 왜 그리 많아지는지. 우리 하는 일이 기본적이고 반복되는 일이라 그런가 봅니다. '행복도 새로워'라는 것이 있지요. 날마다 순간마다 숨을 쉬고 살면서도 숨 쉬는 고마움을 잊고 살기도 하지요. 내가 사랑하고 사랑받는 일 또한 당연히 마시는 공기처럼 늘 잊기도 하지요. 잊지 말자는 다짐도 하지

요. 다시 숨을 쉬고 다시 사랑하고 눈에 보이지 않는 모든 것, 새롭게 사랑으로, 행복 또한 새롭게 다가오지요.
이채 시인의 <3월의 당신에게 띄우는 편지>입니다.

> 봄바람이 머물고 간 자리마다 싹이 트고 잎이 돋듯
> 당신이 걸어온 길마다 꽃이 피었으면 좋겠습니다.
> 당신이 그토록 소망하는 기쁨의 뜰이었으면 좋겠습니다.
> 오늘만큼은 당신과 동화의 나라에서 꽃들과 새들과
> 숲속의 오솔길을 거닐고 싶습니다.
> 하늘 한 번 쳐다볼 사이 없이 땅 한 번 내려다볼 사이 없이
> 나를 돌아볼 겨를도 없이 세월은 빠르고 쉬이 나이는 늘어갑니다.
> 포기하고 잊어야 했던 지난날이 오랜 일기장에서 쓸쓸히 추억으로
> 저물어가고 있어도
> 오늘만큼은 당신과 나폴나폴 나비의 날개에 실려
> 꽃바람과 손잡고 봄 나들이를 하고 싶습니다.
> 메기의 옛 동산에서 철없던 시절의 아지랑이도 만나고,
> 늘 먼 발치에서 몰래 보았던 옛님의 향기처럼
> 싱그럽게 불어오는 3월의 그 아늑한 꽃길로..

✉ 0305 아침편지

3월 첫 주 주말입니다. 이번 휴일에는 방역책을 강구하여 교외로 나가보는 것은 어떨까요?
좋은 음악을 들으며 아름다운 마음속의 당신을 생각해 보는 것도 좋지요. 부르면 눈물까지는 아니더라도 아련함이 가슴을 파고드는 그 사람, 그런 사람이 있어서 참 행복하지요. 힘들 때 짐을 덜어주는 것이 아니라 함께 걸어줄 사람입니다. 한 번씩 그 사람이 나를 부르는 소리는 얼었던 가슴이 녹아내림을 느낍니다. 그저 바라보는 여유와 아스라한 그리움 같은 것, 좋은 음악보

다 더 좋은 당신이 있어서 참 행복한 아침입니다. 그러한 사람을 함께 한다면 더 기쁨이겠지요.
김도은 시인은 그것을 <그대에게 가는 길>이란 시로 은유합니다.

> 그댈 만나러 가는 길/나의 맘은 이리도 가볍다/
> 저 하늘의 구름처럼/실려 온 꽃향기처럼//
> 그댈 만나기만 고대한다/마음 가득 설렘이라 한다/
> 나 그댈 품은 채로 봄처럼/곧 너에게 가겠다.

이 봄 추억 하나 더 쌓는 휴일 되세요.

📧 0308 아침편지

지난 주말은 바람이 조금 분 것 외에는 봄이구나! 이더군요. 봄은 생명의 계절이라 하는데 곳곳에 꽃망울을 틔우기 시작했습니다.
마치 재잘거리는 아이들처럼 소리가 들리지요. 중앙일보 백성호 기자가(현문우답, 02.17.) 김형석 교수에게 '자식 교육에 가장 중요한 핵심이 무엇인지?, 그것을 어떤 식으로 실생활에 적용하면 되는지?' 묻고 답을 듣는 대화를 가졌습니다. 이에 노 교수님은 '아이의 자유를 소중히 여기라. 아이의 자유를 사랑하라.'였습니다. 자녀 교육의 핵심은 부모가 아이의 자유를 소중히 여기는 것이고, 누군가를 사랑할 때는 조건이 있다는 말이었지요. 그것은 그 사람의 자유를 소중히 여기는 것, 상대방의 자유를 사랑하는 것이라는 것. 상대의 자유를 구속하는데 사랑할 수 있는가! 입니다. 자유는 곧 선택. 선택의 자유를 주는 것이라고.(이런 게 있고, 저런 게 있어, 너는 어떤 것 할래?) 어릴 때는 보호해 주어야 하고 유치원에 손잡고 가는 것이지요. 언제까지인가는 딱 사춘기까지만이라 하였습니다. 그다음은 아이를 앞세우고 부모가 뒤에 있다(선택의 자유)는 것이라고. 공감이 되는 글이라서 공유합니다. 누구라도 쉽게 답하기 어려운 것을 명쾌하게 정리하였습니다. 나의 자유가 중요하듯 아무리 어리고 나의 자식이지만 그들의 자유도 중요하니까요. 완연해지는 봄을 느끼는 한 주 되세요.

✉ 0310 아침편지

3월의 바람과 향기가 느껴지는 아침입니다.
누구나 따뜻한 사람이 되길 바라지요. 말 한마디를 하더라도 포근해지는 사람, 눈빛만 봐도 따스함이 느껴지는 사람, 시린 내 마음을 따뜻하게 감싸주는 사람, 나의 아픔과 슬픔까지 모두 잊게 해 주는 사람, 삶에 지쳐 있을 때 언제든 뛰어가 포근히 안기고 싶은 사람, 그런 사람이 좋고 아름답기 때문이지요. 나 자신도 그러한 사람이 되고자 노력하지요.
이경선 시인의 <나의 오늘, 그대>를 볼까요?

> 어둠이 질다. 달이 사라진 밤처럼/숨이 시리다. 차가운 겨울밤처럼/
> 온 하루 밤으로 가득했다./그런 오늘의 언젠가/
> 그대가 왔다. 봄날의 따스함을 담았다/
> 그대의 미소, 꽃 피었다, 봄날처럼/
> 나의 오늘은 그대가 되었다.//

누군가에게 이처럼 그대가 되었으면 합니다.

✉ 0315 아침편지

꽃망울들이 피어나고 벚꽃의 일부는 활짝 핀 곳도 있습니다. 상쾌한 아침입니다. 그 꽃들은 자연의 섭리를 어찌 알고 때에 맞추어 피는지.. 그래서 아름다움이 때에 맞을 때 더 아름답지요. 자연이 그를 받아 피어나도록 하고 있으니 오묘하다고 할 수밖에는 형언할 수 없습니다. 담을 그릇이 오롯이 그 꽃에만 있나 봅니다.
장대비가 내린다 해도 그릇을 바로 놓지 않으면 물을 받을 수 없지요. 가랑비라도 그릇이 제대로 놓여 있으면 물이 고입니다. 자신의 발전을 위해 꾸준히 노력도 해야 하지요. 그보다 먼저 자신의 그릇이 바로, 잘 놓여 있는지 확인해 볼 일입니다. 선한 마음이 우선이고 따스함을 가지는 게 우선이겠지요. 우리는 선한 마음의 순수한 사람들입니다. 이 한주도 그 마음이 간절히, 주말까지 가져갑시다.

✉ 0322 아침편지

봄비가 조금 내리더니 온 곳이 꽃들로 채워지고 있습니다. 이 주 지나면 벚꽃이 활짝 피겠지요. 자목련은 어찌나 그 고귀한 자태를 들어내는지요. 3월의 하순의 시간이 되었습니다. 우리들 마음에 환한 모습이 가득해지고 있습니다. 이렇듯 자연은 그 정리된 바를 지금에 나타내고 있지요. 정리 정돈의 중요한 것은 익히 아는 바이지요. 전에 읽었던 내용 중에 윌리엄 맥레이븐 미국 특수전사령관이 한 '14년 텍사스주립대 졸업식 연설이 있습니다. 아침에 일어나 침구를 먼저 정리하란 것이었지요. 첫 과제를 잘 완수했다는 성취감, 다른 과제에 대한 의욕으로 이어지고, 비참한 하루라 하더라도 정리된 침구를 보면 다시 희망이 생긴다는 것이지요. 도둑은 신발 정리가 잘 되어 있는 집은 털지 않는다는 속설도 있지요. 한 십수 년 전 어느 대학에 합격한 수험생의 인터뷰가 생각납니다. "정리정돈을 잘해야 공부도 잘해요" 이것이 헤드라인이었지요. 정리정돈을 잘한다고 모두 성공하지는 않겠지만, 적어도 크게 실패하지는 않을 것입니다. 인생이 잘 풀리지 않는다면 주변을 가지런히 하는 것도 방법이지요. 우리 일도 그렇지 않을까요? 정리정돈! 단순하게 정리하기!

✉ 0323 아침편지

어제 아침에는 자목련이 꽃잎을 움츠리고 있더니 오늘 아침에는 향기 가득한 자태를 열려고 합니다. 개나리는 벌써 자기 날인 줄 알고 한 것 부풀었습니다. 이때를 기다렸다가 딱 맞게 나타난 것이지요. 어찌 그리 잘도 알고 맞추는지 그래서 자연인가 봅니다.
한자로 自然은 '스스로 그러하다'이지요. 시간의 소중함과 아쉬움은 누구나 있지요. 그런데 이 시간은 아무도 기다려 주지 않는다는 것이지요. 그때그

때 가지는 매 순간이 우리들의 보화이지요. 멀고 험한 인생을 살아가는 길에 '좋은 친구와 함께 가는 것'은 또 어떤가요? 그 길을 행복하게 가자면 가족, 친구, 동료 등 여행의 동반자가 필요하지요. 상대의 입장에서 서서 함께 행동해 주는 것이 좋은 동반자이지요.(불법, 비법은 물론 아니지요) 'Rafik'(먼 길을 함께 할 동반자란 뜻의 아랍어) 좋은 동반자와 함께하고 있는 지금의 사람들이 아름답습니다.

✉ 0324 아침편지

점점 꽃들이 많아지고 있는 아침입니다. 먼 산에도 곧 산벚나무꽃이 화사하게 나타나겠지요.
우리는 살아오면서 다른 이를 얼마나 인정해 주면서 왔는가를 돌아보는 시간이 필요합니다. 나는 또한 다른 이로부터 알아줌을 받으며 왔는가도 함께 말이지요. 자신을 알아주는 이가 있으면 아이는 비뚤어지지 않는다고 합니다. 나를 믿어주는, 알아주고 인정해 주는 사람이 단 한 사람만 있어도 방황하지 않을 수 있고, 좀 더 따뜻하고 여유로운 마음으로 살아갈 수 있지요. 알고 있는 것을 실천하는 마음도 필요합니다. '실천은 생각에서 나오는 것이 아니라 책임질 준비를 하는데서 나온다(디트리히 본회퍼)' 것도 있지요. 우리들 마음에 상대를 인정해 주는 따뜻한, 넉넉한 마음으로 충만되면 좋겠습니다.

✉ 0326 아침편지

오늘 아침 실 과업을 하느라 노고가 많았습니다.
그리고 오늘 여러 가지를 생각해야 할 날이기도 합니다. 조국의 암울한 일제 강점기 직전, 숙적인 이토 히로부미를 척살한 대한의군 참모중장 안중근(1879.9.2.~1910.3.26.) 장군의 순국일입니다. 순국 5분 전, 안 장군께서 마지막으로 만난 사람은 간수 치바 도시치(千 葉十七) 상등병입니다. 사형집행을 알리자, 안 의사는 "다 읽지 못한 책이 있으니 시간을 달라"며 5분 남짓 조용히 독서를 했지요. 31세의 사형수와 25세 看守의 마지막 대화입니다. "그간 보여준 친절을 깊이 고맙게 생각하오. 동양에 다시 평화가 찾아와 두 나라 사이에 우호 관계가 회복될 때 다시 태어나 반갑게 만나기로 하세." "선생님, 진심으로 용서를 빕니다. 죄송한 마음에 가슴이 저립니다. 앞으로 선한 일본 사람이 되도록 생을 바쳐 정진하겠습니다." 안 의사는 이에 '爲國獻身 軍人本分'의 글을 써줍니다. 순국 이후 치바는 고향인 미야기현 센다이로 돌아가 20여 년간 위패와 유묵을 모시고 기렸지요. 지금도 치바의 고향에 대립사라는 절에서는 숭모하고 있습니다.
또 서해수호의 날이기도 합니다. 역사와 미래를 생각하는 하루가 되었으면 합니다.

✉ 0330 아침편지

간밤에 몰래 와서 벚꽃을 한 가지 가득 피어 놓았더군요. 이제 곧 먼 산에도 활짝 피어나겠지요. 그 산에는 누가 심어 놓았을까요? 그 바위틈에 말이지요. 아마 버찌를 먹은 새들이 뿌려 놓지 않았을까요? 그래도 그 버찌는 생존의 틈을 헤집고 긴 세월을 넘어 제 몸집을 키워 멀리서 보아도 향기 가득한 꽃을 피운 게지요. 그렇습니다. 그 벚나무도 자기 삶이 벅차다고, 나는 왜 이리도 척박한 곳에, 삶이 벅차다고 느낄 때는 새벽시장에 가 보세요. 밤이 낮인 듯 치열하게 사는 사람들을 보세요. 한없이 초라하다 느낄 때는 산에 가 보세요. 다 내 발 아래 있지요. 죽고 싶을 때는 병원에 가 보세요. 처절하게 감내하고 있는 이를 보세요. 갑갑하다 느낄 때는 기차여행을 해보세요. 흘러가는 작은 구름에도 느낄 수 있답니다. 사랑하는 사람이 속 썩일 때는, '그래 내가 너한테 잘못한 게 많은가 보다.'하고 맘껏 내게 풀어보라고요. 자작나무 새잎같이 맑고 빛나는 색은 없지요. 지상 최고의 연두빛입니다. 이른 벚꽃 지고 나면 자작 잎 나오는 것을 챙겨 보세요. 황무지의 개척지에서도, 산불이 난 후에도 가장 먼저 숲을 만드는 나무가 바로 자작입니다. 자작은 핀란드와 러시아의 국가나무입니다. 우리나라에는 강원도 인제군 원대리 자작

나무 숲과 경북 영양 수비면에 자작나무 숲이 아주 좋습니다. 한 번 다녀오세요. 원대리 막국수도 아주 좋지요. 그 하얀 표피가 차가운 북풍을 견디어 내고 뿜어내는 자태는 눈이 시리게 아름답습니다.

✉ 0331 아침편지

새순이 돋은 연상홍, 회양목, 전나무 등 잎을 만져 본 적이 있지요? 그 부드러움이란 수종과 무관하게 손에 전해 오지요. 그 순간에 공감되는 감정과 바람결 같은 부러움이 함께 하지요. 어렵고 힘들다는 생각은 잠시 잊게 하기도 하지요. 너무 많은 생각은 용기를 잃게 하고 잦은 망설임은 기회를 놓치게 합니다. 많은 걱정은 판단을 흐리게 하고 잦은 두려움은 성공을 막게 됩니다. 완벽한 준비보다 한발 빠른 작은 실행이 더 나음입니다. [Wish less, Work more(더 적게 바라고 더 많이 일하라)] 나무를 얼마나 자주 보나요? 하늘의 빛에 전나무가 빛나는데 하물며 하나님이 함께하는 인간은 얼마나 빛날 것인가?"라면서 홀리 나이트에 전나무 장식을 했는데, 이것이 크리스마스트리의 기원이 되었다고 합니다. 우리가 잘 아는 것으로 와인을 담는 용기가 참나무가 굳어진 것은 프랑스에서 참나무가 가장 풍부하고 쉽게 구할 수 있는 단단한 나무였기 때문이라 합니다. 이렇듯 주변에 많이 있는 나무만 보더라도 있는 것에 대한 의미를 부여함으로써 그 가치가 다르게 됩니다. 기억 속에 있는 것은 긍정, 부정이 다 있지요. 부정적이고 지금 생각해 보면 미숙한 것도 지금의 나의 상태를 대비해 보면 긍정적이고 좋은 기억으로 재정리될 수 있습니다. 3월 마지막 날 잘 마무리하고 4월이 잔인하지 않게 다가가면 또 어떨까요? 그래도 라일락과 장미의 시간이 되잖아요.

✉ 0402 아침편지

4월 둘째 날 흐린 아침입니다. 그래도 주말 앞둔 날이라 마음은 여유롭습니다. 잠들기 전에 떠오르는 이름이 있나요? 그렇게 떠오르는 이름이라면 소중한 추억이고 그리움, 아련함이지요. 그런 한 사람 있다면 참으로 행복한 사람이지요. 나의 인연을 소중하게 여김으로써 따라오는 것이지요. 또한, '모든 일에 시간이 부족한 것을 걱정하지 말고 마음을 다 바쳐 다할 수 있을지를 걱정하라'는 것처럼 지극히 정성을 다하는 사람이 자신과 세상을 변화시킬 수 있지요. 주변을 조금만 돌아보아도 세상과 자연은 그렇게 변해가고 있습니다. 4월 아름다운 봄날을 두 눈으로 보고 향기를 느끼고 만져 보세요. 지금 이 순간이 쌓여 조금은 빈 듯하지만 채워지는 시간이 되면 좋겠습니다. 카페에서 따뜻한 차 한 잔 준비하고, 이루마의 'River flows in you' 듣는다면 마음이 편안해지겠지요. 주말에 비가 조금 내린다고 하니 먼 산이나 강이 보이는 곳이면 더 좋겠지요. 좋은 추억 만드세요.

📧 0405 아침편지

지난 휴일에는 나무 한 그루 심었나요? 식목에 대한 여망을 담아 그날을 정한 날 아침입니다.

(3월 초로 날짜를 정하자는 의견도 있습니다.)

포천 국립수목원 '숲의 명예전당'에 한국의 育林家 여섯 분을 헌당하고 있습니다. 나무 할아버지 김이만 선생, 육종학자 현신규 교수, 박정희 대통령, 축령산의 산림왕 임종국, 천리포수목원 민병갈 원장, SK 최종현 회장이지요. 이분들 덕분에 우리가 세계 최고의 임목 축적국에 살고 있습니다. 이러한 나무로 인해 잘 느끼지 못하는 가운데 행복의 시간을 보내고 있지요. 나무와 연관하여 '책'이 있지요.

오늘은 그 나무로 만든 마음의 양식이라는 책, '독서' 사례를 보겠습니다. 손정의는 '83년 B형 간염으로 입원하여 '86. 5월 복귀 시까지 약 4,000권을 독파, 빌 게이츠는 14,000권 소장하고 있으며, 하버드대 졸업장보다 소중한 것이 독서하는 습관이라 하였습니다. 워런 버핏은 하루에도 여러 권의 책, 신문, 잡지를 독파하고, 월스트리트 저널을 가장 먼저 보기 위해 지역배급소와 별도 계약도 하였습니다. 오프라 윈프리는 헤럴드 도서관 기부 인터뷰에서 '책은 바다 같은 인생에 희망을 준 유일하게 열린 문이다'라고 하면서, 오프라 윈프리 쇼의 마지막 회에서, "이제 방송이 끝나면 미국 전역에 어린이집을 짓고 뜰에는 참나무를 심겠다."라고 하였지요. 처칠, 에디슨, 아인슈타인의 공통점으로 학교에서도 포기한 학습 부진 아이이지만, 엄청난 독서광이란 것이지요. 4월 목련꽃 그늘 아래에서 베르테르의 편지와 함께 맘에 드는 책도 읽어 보는 것은 어떤가요? 라일락의 가녀린 잎이 흔들리면서 진한 향기를 날리고 있습니다.

✉ 0406 아침편지

아침 기온이 온화한 그 자체입니다. 은행 정원의 라일락이 한 것 향기를 내더니, 그 아래 연산홍도 그 붉고 밝은 꽃샘을 내밀고 있습니다. 映山白, 映山紫, 映山紅 영산! 부드러운 잎 사이로 나타낸 모습은 수줍은 듯합니다.
행복이란 특별난 게 아닌 것 같습니다. 나를 이해해 주고 아껴주는 이와 아침을 맞이하는 것. 이것이 행복의 하나이지요. 그래서 작가들은 그러한 내심의 것을 글로 표현합니다. 「어린왕자」에서 "살아가다 보면 가끔 폭풍, 안개, 눈이 너를 괴롭힐거야. 아주 가끔 말이야. 그럴 때마다 너보다 먼저 그 길을 갔던 사람들을 생각해 봐. 그리고 이렇게 말해 봐. '그들이 할 수 있고 그걸 이겨냈다면 나도 할 수 있어.'라고 말이야." 긍정과 나의 능력을 믿고 헤쳐 나가는 것이지요. 내게 다가오는 많은 것들을 견디어 내어 그곳에 다다를 수 있는 날이 되었으면 합니다.

✉ 0407 아침편지

지난 주말 이후 쾌청한 날이 이어지는 아침입니다.
우리는 지금보다 더 나은 내일, 우리 아이들이 되길 원합니다. 그래서 사랑이라는 빛과 물줄기를 가득 주지요. 아이들의 천진난만(天眞爛漫)한 모습에

얼을 쏙 빼기도 하지요. 그래서 더 예뻐하는 것이지요. 아이에게 말할 때는 단어의 음소를 가장 또렷하게 발음해야 한답니다. '엄마어'로 해야 하는 것이지요. 미국 인지신경의사 매리언 울프는 아이들 독서에 대해 이렇게 말합니다. "5세 이하는 디지털 기기에 하루 네 시간 이내 노출되게 해야 한다. 5세까지 첫 2,000일은 책 읽어주기, 5~ 10세까지 두 번째 2,000일에는 읽는 법을 배우도록 읽기와 이야기를 만들도록 해야 하는 것이라고. 4학년 시기(10세 전후)는 읽기를 사고와 학습에 활용하는 법을 배우는 단계로 넘어가는 마지노선으로 미래의 학습 능력이 이 시기에 달려있다. 그리고 저학년일 때 손 글씨로 자기 생각을 적는 법을 배우면 나중에 글쓰기와 사고에 능숙해진다." 라고 「다시, 책으로」에서 밝힙니다. 10세 이전에 무한한 독서와 읽기는 그 이후를 좌우하는 '키' 역할을 하는 것이지요. 이에 노출이 자연스럽게 되는 환경을 만드는 것이지요. 엄마, 아빠의 모습을 보여주는 것이 제일이지요. 좋은 봄날이 지나가고 있습니다. 푹 적셔진 상태가 되면 좋겠습니다.

✉ 0409 아침편지

코로나 상황이 예측 곤란이네요. 일상을 조기 회복하는데 함께 해야겠어요. 한 참 전에 의사는 '신이 너무 바빠서 대신 보낸 사람이다'라고 한 적이 있는데요. 예일대 정신과 과장 프리데릭 프리츠 레들릭 교수는 '좋은 의사가 되기 위해서는 아파보고, 사랑해 보고, 다른 문화권에 살아봐야 한다.'라고 했습니다. 우리 주변 의사뿐 아니라 보통사람에게 적용해도 가능하지요. 미국에서 소아정신과 의사로 일하는 지나영 교수(대구카톨릭의대 졸업후 유학)는 '생의 의미란 그저 건강하고 행복하게 사는 것이 아니라, 자기 자신이 뿌듯해할 수 있는 삶을 사는 것이다. (living a life you're proud of)', '그저 어떤 상황에서도 긍정적인 자세를 잃지 않고, 좌절하더라도 다시 툭툭 털고 일어나는 것.'이라고 인생의 의미를 잘 설명해 주었습니다. 미국 언어 중에 '구름의 뒤편은 반짝인다. (Every cloud has a silver lining)'처럼 한 면, 그리고 다른 면도 있지요. 그래서 인생은 살 만한 가치가 충분하다고 하겠습니다.

이경선의 시 <그대란 꽃말>을 볼까요.

> 그대는 꽃 같아/한 송이 꽃처럼, 그대/향기롭다//
> 봄날의 라일락/여름의 라벤더/가을이 코스모스/그대를 부르는 꽃말//
> 흐르는 꽃향기/한껏 머금은 나비처럼/나 그대 향기에 물든다//

봄날, 회사 中庭의 라일락이 한창입니다.

✉ 0412 아침편지

비가 뜸하더니 오후에 봄비가 내리려는 아침입니다.
약 한 달간 함께 한 꽃들이 또 다른 꽃의 날이 됩니다. 4월! 세상은 향기 가득한 꽃들로 채워집니다. 꽃은 나무가 피워내는 최고의 아름다움입니다. 꽃을 안다는 것은 아름다움을 안다는 것이지요.
꽃은 저마다 향기를 가지고 있지요. 다가갈수록 진한 향기를 맡을 수 있고 오래 멀리 가지요. 사람의 향기는 또 어떻습니까? 천리향, 만리향, 문자향 등등 사람의 향기는 말에서 풍겨 나오지요. 따뜻하고 사랑이 담긴 말, 그 말이 멀리, 오래 가지요. 사람이 풍기는 인격의 향기는 바람이 없어도 전해지지요. 그 향기가 사무실에 그득합니다.
이 아침! 김보일의 시 <별>입니다.

> 목동이 별에 관한 지식을 늘어놓자, 스테파네트는 그래, 어쩜, 하면서 맞장구를 쳐준다. 목동은 신이 나서 별에 관한 모든 지식을 꺼내놓을 태세다//
> 소녀에게는/소년의 몸에서/우주를 꺼낼 만한 힘이/있다//

✉ 0413 아침편지

비 내린 후 기상은 아주 좋은 아침입니다. 코로나 등 상황이 우리를 어렵고 힘들게 하지만, 그래도 오늘만은 쾌청하게 일합시다.
내가 내 운명의 주인이고 내 영혼의 대장이니까요. (I am the master of

my fate : I am the captain of my soul) 빅토르 프랭클은 '눈물 흘리는 것을 부끄러워할 필요는 없다. 왜냐하면 눈물은 그 사람이 엄청난 용기, 즉 시련을 받아들일 용기를 가지고 있다는 것을 의미하기 때문이다.'라고 하였습니다. 그 눈물이 비가 되어 우리 곁에 내렸군요. 어제의 봄비로 만물의 생동이 훨훨 비상합니다.

이경선 시인의 <봄비>는 이렇게 우리 곁에 있습니다.

> 봄비가 내린다/봄밤의 빗소리는/
> 봄날의 정취 머금어/봄꽃처럼이나 아름답다//
> 봄비와 함께/한층 짙어진 봄의 향기와/
> 성큼 깊어진 나의 마음이/너에게로 간다//

마음이 전해지는 뿌듯한 4월 어느 날로 기억되면 좋겠습니다.

✉ 0415 아침편지

청명한 아침입니다.

낮과 밤은 왜 이리도 빨리 바뀌는지... 우리가 살아가는 동안에 반드시 어둠이 있지요. 질병, 이별, 가난 등등 그 어두운 밤이 많이 있지요. 그런데 우리는 그 밤을 애써 피하고 안 만나고 싶었습니다. 그런데 밤이 오지 않으면 별이 없지요. 별이 없으면 우리 인생은 어떤가요? 누구도 밤을 지나지 않고는 새벽을 맞이할 수 없지요. 아름다운 활짝 핀 꽃도 밤이 있었기 때문에 아침에 보는 것이지요. 어려움과 괴로움도 다 나의 더 나은 인생이 되는 전날 밤이지요. 그 밤에 별이 있습니다. 그 별은 나의 별이 되어야 하지요. 패러다임의 개념을 정의한 미국의 과학사학자이자 과학철학자 토머스 쿤(1922~1963)은 '미래는 과거에서 온다. 그러나 직선으로 오지 않는다.'라고 한 것을 보면 과거-현재-미래의 연속선상에 우리들이 있는 것이지요. 마치 그 밤처럼 우리에게 있었던 것이지요. 오늘 밤은 고개 들어 별을 보는 것은 어떨까요? 내 마음속의 어린 왕자도 생각하면서. 별!

✉ 0419 아침편지

지난 주말 비가 아주 조금 내렸습니다. 그런데 이 비가 먼지가 아주 많이 있더군요. 황사 영향이라 생각됩니다. 다닐 때 유념해야 하겠어요.
항상 밝은 마음을 유지하는 건 어려운 것 중에 하나이지요. 그래도 내 인생이니까 밝고 맑게 보내야 하지요. 나의 밝은 표정이 행운을 몰고 온다고 하지요. 표정이 좋지 않은 사람은 행운은 물론 주위 사람도 없지요. 표정은 본마음 즉, 진심이 나타나는 것이지요. 내 생각과 마음이 일치할 때 말이 표정으로 나타나는 것이지요. 그것이 그 사람의 인격, 가치가 되는 것이지요. 요즈음 다 있는 휴대전화에 대한 글이 있어서 알립니다. 오세영(1942~)의 시조 <휴대전화>를 볼까요?

> 조찰히 문갑 위에 앉아 있던 휴대전화/
> 갑자기 몸을 비틀어 부르르 떨고 있다./
> 물건도 할 말을 못하면 저렇게도 분할까?//

산에 나뭇잎들도 완연한 녹색으로 바뀌고 있습니다.

✉ 0420 아침편지

4월의 청명한 아침입니다.
흔들리는 느티나무의 잎과 그 아래 철쭉의 꽃잎들이 어울립니다.
회사 중정에 조형물 '역사의 향기'가 있습니다. 그 주변에 키 낮은 관목이 이제 막 꽃잎을 피우려 합니다. 그 꽃 이름이 '미스김라일락'입니다. 우리 것을 미국인이 가져가 개량한 것입니다. 곧 짙은 향기를 나무 라일락보다는 늦게 전해질 것입니다. 그를 보고 있노라면 부정적인 단어는 '저리 가라'이지요. 긍정과 부정은 동전의 양면과도 같아서 함께 존재하지요. 기분에 따라서 긍·부정의 경계선을 넘나들기도 합니다. 그것은 우리 마음에 수많은 '못'이 있어서라고 합니다. '못 한다. 못 살겠다. 못 견디겠다. 못 하겠다. 못 먹겠다. 못난 놈, 못 그리겠다. 못 사겠다. 등등' 여기서 '못'만 뺀다면 어떻습니까?

'한다, 살겠다. 난 놈.. 내 안의 '못'만 빼면 다 살 만하지요. 그렇습니다. '하자', '해보자'로 다가간다면 할 일이 아주 많아집니다. (못 할 일도 없습니다.?) 4월 중순을 잘 마무리 합시다.

✉ 0422 아침편지

온 땅의 나무들이 푸르름이 더해지는 아침입니다.
지구상에 인간보다 먼저 점유해 온 것들이 있지요. 그 중에서 나무는 바람에 날려 떨어진 씨앗이 움터 자라지요. '나무는 우리를 세 번 따뜻하게 해 준다. 나무를 벨 때, 나무를 쌓아 올릴 때, 그리고 나무를 태울 때'라고 합니다. 서로 다른 모습이지만 나무는 이렇게 자기 역할을 한 것이지요. 어떠한 상황에서도 긍정적으로 바꾸는 힘. 그것이 나를 내 삶의 주인으로 살게 하는 것과 같지요. 내를 건널 때 몸이 가벼우면 물살에 휩쓸리기 쉽지요. 언덕길을 오르는 빈 트럭은 헛바퀴 돌기가 쉽지요. 적당한 짐을 실어야 고개를 어렵지 않게 넘어갈 수 있지요. 우리의 삶도 비슷합니다. 짐이 있어야 하지요. 가까이 있는 가족의 짐부터 나라의 짐. 직장의, 이웃과의, 가난, 몸이 아픈, 슬픈 이별의 짐 등등 가볍게 하려 말고 함께 가는 짐이라 생각하면 내 삶도 헤쳐 나갈 수 있는 힘이 되지요. 4월의 하순입니다. 더 나은 5월과 아름다운 날들이 많이 기다리고 있습니다. 천천히 다가가 보면 나의 삶이 보람, 긍지로 가득하게 될 것입니다. 좋은 하루 보내세요.

✉ 0423 아침편지, 세계 책의 날

아침 기온이 많이 올라갔습니다. 봄을 느낄 시간이 아직 남았는데 여름인가요? 그래도 마음만은 상쾌한 날이어야 하지요.
마음을 열고 사는 사람과 닫고 사는 사람의 그것이 얼굴에 그대로 드러난다고 합니다. 거울을 보면 내 얼굴이 예쁘게 멋지게 나타나는 것을 보지요. 그런데 그것은 그림자일 뿐이지요. 보이는 것만 보지 말고 내면의 얼굴을 볼 수 있어야 하지요. 손거울의 정상 화면보다는 2배 화면을 보세요. 보이지요? 내 마음! 그것은 내게 한정된 시간을 어떻게 사용하고 있는가가 나타나는 것이지요. 만난 이웃, 만난 사람들을 살피고 나의 삶을 다져 가야 하는 것입니다. 일을 해야 하거나, 하지 말아야 할 것, 사람을 사랑하는, 미워하는 등등 그 이유가 여러 가지이지요. 그처럼 처음 생각하는 마음이 중요하지요.

일체유심조! 도 있잖아요. 마음을 편안히 하고 한 번 더 생각하는, 삶의 향기와 여유가 있는 휴일 되세요. 사랑하는 사람과 강바람, 봄바람이 하늘거리는 데이트는 또 얼마나 아름다운가요?

✉ 0426 아침편지

4월 마지막 주 월요일 상쾌한 아침입니다. 지난 휴일에는 많은 사람들이 야외로 나가는 모습이 많다고 하더군요. 소소한 일상을 보여주는 소시민의 모습이지요. 걱정을 잠시 내려놓고 편안한 마음이었으리라 생각됩니다.

우리 스스로 자존, 자신, 자부심이 있어야 하지요. 내 스스로 행복하다고, 좋은 일만 생각하고, 소중히 여겨야 하지요. 그러면 행복이 찾아오고, 좋은 일만 생각하니 항상 기쁘지요. 소중히 생각하니 자신이 의연하고 다른 사람 모두 나의 친구가 되기도 하지요. 쓸데없는 걱정은 하지 말고 생각조차도 줄여야 하지요. 긍정적 사고의 창시자, 뉴욕 주 마블교회 목사였던 노만 빈센트 필(1898~1993)은 「쓸데없는 걱정」에서 '우리가 걱정하는 것 중에서 일어나지 않을 일에 40%, 이미 지나간 일에 30%, 신경 쓰지 않아도 되는 일에 22%, 내가 어찌할 수 없는 일 4%, 우리 힘으로 할 수 있는 일은 겨우 4%'라고 제시했습니다. 평화롭고 만족스러우며 행복한 마음가짐으로 하루를 시작하지요. 그러면 즐겁고 성공적인 날들이 전개될 것이다.

✉ 0429 아침편지

흐린 듯 보이는 듯 한 날 모닝 커피가 제격인 아침입니다.

밝아오는 아침을 맞으며 희망이 시작됨을 느끼나요? 우리는 자연현상에서 많은 교훈과 나의 적용점을 찾지요. 나보다도 더 오랜 시간 동안 지혜의 기록이지요. 그래서 학습이 필요합니다. 알아야 할 것, 새로운 것, 알고 싶은 것 등 이것이 공부이지요. (novelty) 공부도 함께하는 벗이 있으면 어려움을 잘 견뎌낼 수 있지요. '蓬生麻中 不扶自直(쑥이 삼나무 가운데 자라면 붙들어 주지 않아도 곧아진다)'처럼 이지요.

초겨울 우리나라를 찾아오는 기러기는 대략 4만 km를 비행합니다. 대장의 지휘 아래 수많은 날갯짓으로 오지요. 대열에서 이탈한 기러기가 있으면 다른 두 마리 기러기도 함께 이탈하여 지친 기러기가 원기를 회복해 다시 날게 도와주지요. 생을 마감할 때도 마지막까지 함께 지키다 무리로 돌아온다고 합니다. 이러한 믿음으로 생존을 위한 그 먼 거리를 날아 올 수 있습니다. 이 믿음이, 이 마음이 우리에게도 물론 있지요. 마음이 아름다우면 그 향기에 세상이 아름다워지는 것이지요.

📩 0503 아침편지

주말에 약한 비가 내리더니 어제, 오늘은 쾌청한 아침입니다. 5월의 첫 근무일이 더 화사합니다.

비록 힘들고 어렵지만 호시절은 늘 우리 곁에 있지요. 요즈음 시골 동네든 어디든 우물을 거의 볼 수 없지요? 옹달샘과 같이 사시사철 솟아오르는 샘도 거의 없는 듯합니다. 있더라도 약수라고 아침 일찍 떠가는 사람도 거의 없지요. 한때는 정겨운 아침 풍경이기도 했는데 말이지요. 우물의 깊이는 돌을 던져 보면 대략 알 수 있지요. 그런데 사람의 마음은 그 깊이를 가름하기가 힘들지요. 그것은 말을 통해서 알 수 있지요. 내 마음이 깊으면 들리는 데 오랜 시간이 걸리지요. 타인의 말에 쉬이 흔들린다면 내 마음이 얕아서이지요. 마음이 깊고 풍성하면 옛사람들이 우물가에서 정담을 나누듯 다른 사람들의 갈증을 해소시켜 주는 것이 되는 것 아닐까요? 우리 마음은 얼마나 깊을까요? 한정 없는 시원함이 함께 하는 '마음 깊이'이면 더 좋겠습니다.

오월 첫 근무일에 김사랑(1962~)의 시 <오월>입니다.

그대 푸른 보리밭처럼/청순한 사랑을 가졌는가/
그대 풀숲 하얀 찔레꽃처럼/순수한 사랑만 하였는가/
보리밭에 풀파도치는/오월이 오면/
내겐 그런 사람은 없었지만/종달이처럼 노래하고 싶었다//
하얀 찔레꽃 향기/설레이는 가슴에 번지면/
여린 가슴 가시에 찔려도/그런 사랑 해보고 싶었다//
타오르는 오월의 태양이/덧없는 욕망이라 해도/
황금빛 보리밭길을/둘이서 손을 잡고 걷고 싶었다//

📩 0507 아침편지

비가 올 듯한 아침입니다. 기다림의 아름다움과 설렘이 함께하는 휴일 전일입니다.

시간은 그렇게 흘러 쌓여 온축된 삶이 되는 것인가 봅니다. 한때는 얽매이지 않는 시간이었으면 좋겠다는 생각을 한 적이 있습니다. 우리는 자유롭고 싶어 하지요. 새처럼 어디든 날아갈 수 있고, 아무런 계획 없이. 행복하고 깨끗한 것처럼 사회와 사람으로부터 자유롭고 싶어 하지요. 그런데 이 자유로운 새들도 둥지를 만들고 알을 부화하여 새끼들을 태어나게 하고 날 수 있을 때까지 지극 정성으로 돌보지요. 책임을 다하는 것이지요. 그래서 새처럼 자유롭다는 것은 무책임한 말이란 것이지요. '파랑새증후군'이라는 것이 있습니다. 이상만이 최선이라서 현실을 생각지 않고 나의 그 무엇을 준비하지 않는 것을 의미하지요. 자유의 진정한 의미를 이해하고 삶을 영위해 가면 좋겠습니다.

5월 어느 날로 남는 날, 시간이 한 참 지나 되돌아보면 웃음 짓는 휴일 되었으면 합니다. River flows in you!

✉ 0511 아침편지

맑고 밝은 아침입니다. 제가 살고 있는 아파트에 어제는 줄장미가 한 송이 보이더니 오늘 아침에는 열 송이도 넘게 보였습니다. 6월 장미라 했는데 벌써 쏙 나왔군요. 그렇게 아침을 잘 만나게 해 주었습니다. 나는 해 준게 없는데도 말입니다.

법정 스님은 '무소유란 아무것도 갖지 않는 것이 아니라 불필요한 것을 갖지 않는다는 것으로 스스로 선택한 맑은 가난은 부유함보다 훨씬 값지고 고귀합니다.'라 하였습니다. 저도 1년 동안 사용하지 않는 것들이 아주 많지요. '언젠가는 필요할 거야'라는 사소한 필요성, 미련 때문이지요. 그래도 정리하기가 어렵군요.

가끔은 정리해야 하겠어요. 많이 두지 않으려, 사지 않으려 합니다. 그래도 책만은 어쩔 수 없나 봅니다.

좋은 날 되세요.

✉ 0512 아침편지

서늘한 날 아침이 이어지더니 오늘은 기온이 올랐네요. 화사한 날들이 이렇게 지나고 있습니다. 더 느끼는 시간이 되었으면 합니다.

말의 힘이란 참 묘하기도 하고 파급력이 아주 크기도 하지요. 그래서 아름다운 소통이 더 필요한 때이기도 합니다. 내 말을 적게 하고 많이 들으면 내게 긍정인 사람이 많아지지요. 낮은 목소리는 힘이 있고 왜곡되지 않지요. 듣기 좋은 소리보다는 마음에 남는 말을 하려고 애써 가슴을 움직이는 말이. 상대가 듣고 싶은 말을 쉽게 하는 것도 소통이지요. 듣는 이에게 독이 되는 험한 말은 날개 달린 듯 날아갑니다. 소통이 쉬우면서도 느낌이 약한 것은 기준이 '나'이기 때문이기도 합니다. 내게 자유를 가져다주는 것은 작은 것들이지요. 니코스 카찬차키스의 「그리스인 조르바」에서 '지금 이 순간이 행복하다고 느껴지게 하는 데 필요한 것이라고는 단순하고 소박한 마음뿐이었다.' 진정 자유를 누릴 줄 아는 여유 아닐까요?

📧 0514 아침편지

화사한 아침입니다.

시간은 왜 이리도 빨리 지나는지 곁을 휙 갑니다. 소통의 일환으로 재미있는 이야기, 눈과 표정인 비언어적인 요소로 말하기, 입술의 30초가 30년이, 가슴의 30년이 되는 말이 있습니다. 내가 한 말은 끝까지 책임지는 마음. '앞에서 못하는 말 뒤에서도 안 하기' 등 이라 합니다. 신중히 그 미치는 영향까지도 생각하면서 말해야 하겠지요.

말 한마디의 무게감을 느끼게 하는 일화가 있습니다. 천상의 목소리를 가진 소프라노 조수미(본명 조수경). 서울대 재학 중에 이탈리아로 유학을 갑니다. 열정과 선생님들의 보탬에 천상의 목소리를 다듬게 됩니다. 28세 때 영국에서 녹음을 하자는 제의가 왔는데(90년 쯤), 조건으로 우리 가곡 '보리밭'을 포함하지 않으면 하지 않겠다고 했지요. 물론 영국에서 우리 가곡 '보리밭'을 알 리도 없고, 최고의 아리아에 '보리밭' 가곡과 한글로 제목을 명시하라 한 것도 그들의 입장에서는 말이 안 되지요. 그런데 그 제안을 받아들여 녹음하게 되었지요. 이것이 그의 첫 번째 레코드이지요. 어디에서도 그는 나의 사랑 조국임을 나타내게 된 것이지요. 존경스럽습니다. 내일은 스승의 날입니다. 은사님들께 안부라도 전하면 좋겠습니다.

📧 0517 아침편지

주말 좀 많은 비가 내렸군요. 비 내리기를 기다릴 때는 적더니 이제 늦은 듯한 데 내렸군요.

무엇이든지 때가 중요하다고 하는데, 그때를 맞추기란 여간 어려운 것이 아니군요. 내게만 맞추어지는 것이 아닌 것이 분명한가 봅니다. 행복은 버림으로써 내려놓음으로써 포기함으로써 얻어진다고 합니다. 잃어버리기 전에는 자신을 잘 발견하지 못하지요. 재물을 잃고 가족의 소중함을, 건강을 잃고 건강의 소중함을, 사랑하는 사람을 잃고 사랑의 소중함을 알기도 하지요. 평안만이 지속된다면 자신만 알게 되기도 합니다. 그래서 인간은 적당한 아픔과 고난이 있어서 그를 견뎌내면서 행복을 찾는 것인지도 모릅니다. 나 자신을, 주변을 돌아보며 여유와 품격 있는 삶이 되길 기대합니다. 자신의 삶에 의미를 부여할수록 더 기쁘게 살아갈 수 있는 것이지요. 지금 삶에 발버둥치는 것도 사랑하기 위한 것이라 봅니다. 가장 가치 있는 시간은 '누군가를 진심으로 사랑한 시간'이 되어야 하지 않을까요? 가장 후회되는 일도 '누군가를 많이 사랑하지 못한 일'이면 또 어떤가요? 이제 전면적으로 사랑하는 일을 실천해야 할 때가 지나고 있습니다. 더 늦기 전에. 오늘 성년의 날(5월 셋째 주 월요일)입니다. 주변에 성년이 되는 이에 축하와 격려의 말 한마디 필요한 때입니다.

✉ 0520 아침편지

어제는 좋은 곳, 붐비지 않은 곳 등에 다녀왔지요?
많은 사람들의 기원과 바람이 성취될 것입니다. 원하는 바가 다 이루어지지 않더라도 내 정성을 다한 노력은 남아 있지요. 저도 가까운 산에 잠시 갔는데 참 사람들이 많더군요. 우리는 살아가면서 비바람과 같이 수많은 상처를 받으며 자라는 꽃과 같습니다. 비바람을 맞지 않고 자라는 꽃, 나무는 없잖아요. 가지가 꺾이기도 하고 무성한 푸른 잎들을 떨구기도 하지요. 그렇게 해서 나무, 꽃들은 더 단단해 지지요. 비바람은 곧 멈추게 됩니다. 나무와 꽃들과 같이 우리 삶도 항상 비바람만 있는 것은 아니지요. 쾌청한 날들이 더 많지요. 비바람은 잠깐인 것을.... 그 아픔은 우리를 더 깊고 아름답게 만듭니다. 소중한 날들이 많이 있습니다. 그를 잘 가꾸어 가는 것도 삶의 의미이자 행복, 감격의 눈물이 되지요.
오후부터 저녁에 비 내리는 날, 진한 향이 퍼지는 차 한잔 하실랍니까?

✉ 0526 아침편지

주말, 어제 아침 비 내린 후 맑은 아침입니다. 올해의 오월도 새로움을 다져

놓고 다음 기약하고 있군요. 아스라한 추억들이 많이 쌓여 온축된 시간이 되었으리라 생각됩니다.

우리는 상대의 말을 얼마나 잘 듣고 이해하나요? '내게 전하고 싶은 마음은 무엇인가?' 하고 살펴보는지요. 그 마음을 읽고 듣는 소통의 공감이 필요하지요. 혹여 그 마음을 읽기 전에 스스로 판단, 분석해 읽고 있는 것은 아닌지. 내 생각의 먼지를 털어내고 미소 지으며 바라볼 수 있는 마음의 그릇을 키워야 하지요. 이제 다음 오월의 희망으로 기대하며 신석정(1907~1974)의 <오월이 돌아오면>을 볼까요.

오월이 돌아오면/내게서는 제법 식물 내음새가 난다//
그대로 흙에다 내버리면/푸른 싹이 사지에서 금시 돋을 법도 하구나//
오월이 돌아오면/제발 식물성으로 변질을 하여라//
아무리 그늘이 음산하여도/
모가지서부터 푸른 싹은 밝은 방향으로 햇볕을 찾으리라//
오월이 돌아오면/혈맥은 그대로 푸른 葉脈이 되어라//
심장에는 홍건한 엽록소를 지니고/
하늘을 우러러 한 그루 푸른 나무로 하고 살자//

특별히 기억에 남는 오월의 남은 날들이길 바랍니다.

✉ 0527 아침편지

비가 오전에 조금 많이 내린다는 아침입니다. '빗속의 연인'이 생각나기도 하지요.

우리는 그렇게 그 인연들로 해서 아름다운 시간을 보낸 것이지요. 우리가 살아가는 인생은 '인연'에서부터 시작하고 동행하지요. 내가 이 세상에 온 것도 인연으로 인한 것이지요. 세상에 인연 없는 것도 아무것도 없습니다. 그러니 그 인연을 좋은 인연으로 만드는 것도 나의 것이지요. 그래서 서로가 삶 속에 들어와 있어서 어찌할 수 있는 것이 많지 않은가 봅니다. '인생이 무엇인가?'라는 물음에 답하기는 주저하지요. 고통과 불행을 스스로 만들어 왔고 자연의 아름다움을 함께 했지만 등지고 살고 있지요. 그래도 인생은 선하고 아름다운 것이지요. 100년을 함께 한 철학자의 말은 깊이를 더합니다. 하인리히 하이네(1797~1856)의 <눈부시게 아름다운 5월에>를 전합니다.

> 모든 꽃봉오리 벌어질 때/나의 마음속에서도/사랑의 꽃이 피었어라//
> 눈부시게 아름다운 5월에/모든 새들 노래할 때/나의 불타는 마음을/
> 사랑하는 이에게 고백했어라//

좋은 날 되세요.

✉ 0531 아침편지

흐리지만 그래도 좋은 월요일 아침입니다. 어느덧 최고 계절의 마지막 날 아침입니다. 그리고 오늘은 바다의 날이기도 합니다.
* 828년 5. 31.일 장보고가 청해진을 설치한 날을 기념하여 제정.
웃음소리가 나는 집에는 행복이 와서 들여다보고, 고함소리가 나는 집에는 불행이 와서 들여다본다고 합니다. 받는 기쁨은 짧고 주는 기쁨은 길지요. 늘 기쁘게 사는 사람은 주는 기쁨을 가진 사람입니다. 그러면 웃음이 이어지지요. 남편의 사랑이 클수록 아내의 소망은 작아지고 아내의 사랑이 클수록 남편의 번뇌는 작아진다고도 합니다. 사랑의 힘이지요. 이제 우리는 전면적으로 사랑하는 법을 실천해야 할 때입니다. 삶의 행복과 기쁨은 어떤 것을 이루었을 때도 있지만, 매일을 느끼는 것이지요. 항상 이어지는 기쁨이 되길 소망합니다.

✉ 0601 아침편지

6월의 첫날 아침입니다.
'봄이 간 후에야 봄이 온 줄 알았네'라고 한 시인도 있지요. 봄은 늦고 여름은 이른 6월입니다. 호국보훈의 달이기도 합니다.

요즈음 다양화된 매체의 무차별로 인해 공해 또는 애로를 겪는 사람들이 많습니다. 엄청난 양의 정보로 인해 좋은 것인지, 거짓인지 등등 혼란스럽기까지 합니다. 이를 확인하는 3가지 방법으로 그 말이 사실인지? 상대에게 유익한 내용인지? 꼭 필요한 이야기인지?를 생각해 보면 된다고 합니다. 어렵지요. 루이스 맨스는 '말할 때는 자신이 이미 알고 있는 것만 말하고 들을 때에는 다른 사람이 알고 있는 것을 배우도록 하라'고 하였습니다. 사람들은 가끔 자신과 전혀 관계없는 것에 솔깃하거나 유추에 따른 아무말이나 하게 되지요. 유언비어에 속아 정확한 사실을 잃어버리는 결과를 가져오기도 합니다. 그런 면에서 보면 이 말은 그 울림이 큽니다. 말은 천리를 간다는 속담도 있지요. 타인에게 선한, 아름다운 말들이 더 많지요. 아무튼 말조심!

✉ 0610 아침편지

6월 흐린 날 아침입니다. 오후부터 밤에는 비가 좀 내리겠지요.

그 하루, 현재 속에 우리가 있습니다. 김형석 명예교수는 '인간은 누구나 주어진 현재가 최상의 시간이라는 것을 깨닫는다면, 선하고 아름다운 삶을 통해 행복을 누리려는 신념과 용기를 가져야 한다.'라고 했습니다. 그렇습니다. 현재가 최상의 시간이고 과거-현재-미래의 연속선상에 있으니까요. 그 속에서 오는 많은 중압감, 고독, 외로움은 감내해야 할 감정이지요. 그것을 그렇다고 누군가에게 동행을 요청할 수 없지요.

그중에서도 그것의 시작이라 생각되는 것은 외로움이지요. 그 외로움은 밖에서 찾아드는 것이 아니고, 내 마음속에서부터 시작되는 것이기 때문이다. 그래서 열정과 간절함, 동료와의 선한 관계, 사랑의 힘으로 견디어 낼 수 있습니다. 일에 대한 의지도 하나의 방법이기도 하지요. 그럼에도 혼자 있는 시간에는 한 번에 몰려오기도 하지요. 그래서 친구, 함께하는 사랑하는 가족이 있어서 우정과 사랑을 나누지요. 가끔은 외롭나요? 그러려니 하면서 지나 보내세요. 저도 가끔은 외롭습니다. 좋은 추억을 많이 만드세요.

✉ 0611 아침편지

이른 시간부터 직무수행에 노고가 많습니다. 비가 내리더니 더 맑은 날을 예고하는 듯합니다.

인디언들은 6월을 '나뭇잎이 짙어지는 달', '말없이 거미를 바라보게 되는 달', '새끼손가락 달', 그리고 '전환점에 선 달'이라고 합니다. 6월의 중순으로 가는 때 좋은 결과를 기대하며 열정을 다하고 있지요. 거리의 지혜(Street smart)는 미국을 대표하는 기업인인 잭 웰치, 워런 버핏, 스티브 잡스, 팀 쿡 등은 모두 어린 시절에 신문 배달을 하며 이를 쌓아 비지니스 감각을 익힌 것으로 유명합니다. 地圖力이란 지도를 읽고 낯선 곳에서도 방향과 동선을 설정하는 능력, 지리적 상상력으로 성공의 기회를 포착하고 세계, 지역, 국가, 도시를 다양한 관점에서 조망하는 역량이라고 합니다. 지도를 따라 밖으로 나갈 보기를 기대합니다.

김광섭(1904~1977)의 제1시집 동경(1939년)에 수록된 지금 시점의 시, <비 개인 여름 아침>을 볼까요?

> 비가 개인 날/맑은 하늘이 못 속에 내려와서/
> 여름 아침을 이루었으니/녹음이 종이가 되어/
> 금붕어가 시를 쓴다.// 좋은 휴일 되세요.

✉ 0616 아침편지

날이 점점 더워지고 있습니다. 건강관리에 유념해야 하겠습니다. 함께 오래하려면 그래야 하겠지요.

우리는 살아가면서 자기 기준에 맞추어지기를 기대합니다. 왜냐구요. '나'가 중심이니까요. 그런데 그 중에 '?'를 '!'로 바꾸면 달라집니다. '늦으면 어떻해?' → '오느라고 힘들었겠다!', '또 실수한 거야?' → '그럴 수도 지!', '왜 그리 전화를 안 받니?' → '큰일이 생긴 게 아니라서 다행이다!'. 저도 빌려 준 돈 받듯이 당연한 것처럼 말하기도 했지요. 그렇게 볼 것이 아니지요.

스스로 빚 진 사람들이지요. 이제는 갚을 때가 된 것이지요. 아마도 100의 99.999는 더욱 빛 날 것입니다. 저도 돌아보면 제 기준에 따라 말하고 듣고 싶은 것만 들었던 적이 많지요. 그러면 안 되는 것인데 말이죠. A rolling stone gathers no moss!(구르는 돌에는 이끼가 끼지 않는다) 항상 구르려고, 물이 흐르려고 하지요. 감기 들지 않게, 더워야 가라! 하지요

✉ 0618 아침편지

비 내리는 유월의 아침입니다.
TV 프로그램에 출연한 차범근 선수는 당시 국민의 우상이었지요. 6분 남은 시간에 연속 3골로 패색이 짙은 대표팀을 환호하게도 했지요. 독일 축구 리그에서 차별과 이국의 설움 등을 견디어 낸 인생 스토리를 전하였지요. 10년 동안 옐로우 카드는 단 한 장이었지요. 오로지 정신에 따라 움직인 것이지요. 귀국 후에는 유소년축구교실을 열어 월드컵 전사 등 유명 선수들을 지도했지요. 저보다 10년 연배인 그 분께 존경을 담습니다.
우치다 타츠루(內田樹)는 그의 책 「스승은 있다, 박동섭 역」에서 어른이란 '아이는 모르는 가치를 아는 사람입니다.'라고 했지요. 그래서 선생, 스승이지요. 어떤 사람을 만나기 이전이라면 우연으로 생각될 만남이 만남 후에는 '필연'으로밖에 생각할 수 없는 사람, 이것이 '선생'에 대한 정의이지요. 우리는 누군가의 선생으로서 살고 있지요. 가장 가까이 있는 우리 아이들로부터 선험자로서, 가치를 먼저 깨달은 사람으로서 역할이라 생각됩니다. 좋은 휴일 되세요.

✉ 0622 아침편지

기온 상승이 느껴지는 아침입니다.
제가 거주하는 곳 아파트 단지에 지난 봄에 피었던 자목련꽃이 다시 조금 피웠더군요. 관찰한 바로는 자목련만 두 번 피는 것이었지요. 흐드러지듯 핀

장미는 아쉬운 그 흔적을 떨어뜨리고 맙니다. 이제 곧 등나무의 진한 보랏빛 꽃향기를 볼 수 있겠지요. 시간은 어찌 이리도 빨리 가는지 가늠이 어렵습니다. 우리는 지나간 일에 대한 후회를 가끔은 하지요. '만약 내가 ~ 을 잘 했더라면~', '만약, 내가 ~을 하지 않았다면~' 등등 후회가 없을 수는 없겠지요. 그런데, 그 '만약' 대신에 다른 말도 있지요. '다음번에, 다시 온다면' 등이지요. 지난 일을 담아 두지 말고 습관이 되지 않게 해야 하지요. '다음번에는 그런 일은 하지 않을 거야.'이지요. 후회에서 벗어나고 우리의 소중한 시간과 정열을 현재와 미래를 위해 쓸 수 있지 않을까요? '즐거움은 지혜보다 똑똑하다'라는 말처럼 우리 삶을 더 즐겁게, 보람 있게 살아갈 수 있지요. 오늘이 바로 그날입니다. 좋은 시간 되세요.

✉ 0624 아침편지

열기가 조금은 식은 듯한 아침입니다. 지난 봄 강전지를 당한 모과나무에서 몇 방울 크기의 열매를 보았습니다. 여름을 지나면서 몇 개의 태풍과 비바람을 견디어 내야겠지요. 마치 우리의 삶과 같게 그렇게 시간을 견디어 내고 있지요.

미국의 명 지휘자 레너드 번스타인은 위대한 일을 해내기 위해서는 두 가지가 필요한데 '계획'과 '충분하지 않는 시간'이라고 했습니다. 우리는 무엇을 할 때 '시간이 없다', '조금만 더 시간이 있었으면~'라고 하지요. '주어진 시간에 최선을 다하는 것'도 있지만, 시간이 충분하지 않는 위기에 한계를 극복하고 더 나은 일을 달성시키고자 하는 인간의 무한 잠재력이 있습니다. 이를 믿고 전진, 집중해 보아야 하지요. 내가 노력과 집중, 열정을 다하지 않는데 누가, 어느 자연 현상이 나를 도와줄까요? 정성과 하나씩 쌓아가는 온축(蘊蓄)의 힘이 필요한 것이지요. 주변의 사람들에게 평안의 말과 행동이 있는 날이었으면 좋겠습니다. 좋은 날 되세요.

✉ 0628 아침편지

어제는 예보에 있었는지, 없었는지 저녁 시간에 소나기가 잔뜩 내렸습니다. 해 나면 맑음이 더해지겠지요. 유월의 마지막 주입니다.
우리는 살아가면서 한계에 부딪힌 적이 있지요. 잘해 보겠다는 마음으로 와서 마음의 한계점에 다다르면 더 힘들어지지요. 한번쯤은 멈춰 서서 쉬면서 스스로를 위무하고 응원하는 것이 필요합니다. 멀쩡해 보이지만 마음은 이미 많이 힘들어하고 있지요. 그를 잘 모르고 다그치기만 한다면 그 마음은 갈 곳이 없지요. 이러한 불행한 마음도 다스려야 하지요. 쓰러지지 않게, 막다른 골목에서 넘어지지 않게 우리 스스로 마음을 써야지요. 내 몸의 주인인 마음을 함께 할 긴 여행의 주인공이 되게 다독여 주어야 하지요. 오래도록 나를 바르게 인도하고 양심에 그르침이 없이 갈 것이니까요. '내 자손들이 비단옷을 입고 벽돌집에 사는 날 내 제국은 멸망할 것이다.'라고 칭기스칸도 청빈한 마음의 다짐을 후손들에게 남기기도 했습니다. 마음이를 사랑합시다.

✉ 0629 아침편지

유월의 찬란한 햇빛이 가득한 아침입니다. 어찌 이렇게 밝은, 맑은 날이 우리에게 왔을까요? 감사이지요. 그 밝음이 주욱 이어질 것이고 그 속에서 우리는 의미를 부여하지요.
사람과의 관계도 함께하고 이어가지만 불편한 관계가 되기도 합니다. 우리가 상대에게 상처를 주고 결국은 관계가 단절되는 이유 중에 많은 부분이 사소한 분쟁에서 비롯됩니다. 신념을 저버리지 않는다면, 회복하지 못할 손해가 아니라면 분쟁보다는 인정해 준다한들 무엇이 문제이겠습니까? '인성과 능력을 겸비한 탁월한 인재는 자연에서 성장한다.'라는 말처럼 순수한 심성을 가진 신념이라면 되겠지요. 그러면서도 그 상대로 인해 내 인생 전체가 흔들린다면 너무 안타깝지 않나요? 생텍쥐베리의 「야간 비행」에서 '인생에 해결책이란 없어. 앞으로 나아가는 힘뿐. 그 힘을 만들어 내면 해결책은 뒤따라온다네.'처럼 나아가는 것이지요. 그것도 함께 가는 것이지요. 그래도 나를 인정해주고 힘이 되고자 하는 더 많은 주변인들이 있지요. 물론 결정은 내가 하지만 말입니다. 월말입니다. 자신과 일, 그리고 삶의 한 조각을 잘 정리합시다.

📧 0702 아침편지

칠월의 첫 금요일 아침입니다. 휴식과 생각이 쌓이는 주말이 되면 좋겠습니다.

살아가면서 많은 것에 공감하거나 함께 하고자 하는 마음이 있습니다. 정서적 공감(empathy)은 타인의 마음을 느끼는 것, 자신과 비슷하다 느끼는 존재에 즉각 발동되는 것이지요. 인지적 공감(sympathy)은 타인의 마음을 헤아리는 것이지요. 공감하려면 이해가 먼저 되어야 하지요. 겉보기가 아닌 진심 어린 자세한 관찰이 필요하지요. 친구가 그런 것이지요. 멀리 있어도 같이 있는 듯한 것. 가끔씩은 저도 그런 친구가 그립습니다. 또 유머러스한 지인이 그립기도 합니다. 헨리 워드 비처는 '유머 감각이 없는 사람은 스프링이 없는 마차와 같다. 길 위의 모든 조약돌에 부딪힐 때마다 삐걱거린다.'라고 했습니다. 이 번 주말은 더 더워지기 전에 벗과 함께 자락길, 둘레길, 올레길을 같이 하는 것은 어떤가요?

📧 0705 아침편지

주말에 세차게 바람과 비가 내리더니 오늘 아침은 조용합니다. 이 주부터 비 소식이 잦으니 여름인가 봅니다.

지난 주 2일에 유엔무역개발회의(UNCTAD)가 '64년 설립 이래 최초로 우리나라를 개도국인 그룹 A에서 선진국인 그룹B로 변경하는 안건을 통과하여 이미 선진국이라고 인정되고 있지만, 공식 인정하였습니다. 원조를 받는 나라에서 주는 유일한 국가가 된 것이지요. 우리 선대들의 노력과 열정 덕분이지요. 그래서 지금이 중요하다 할 것입니다. 지금 우리 세대가 현재를 소중히 생각하고 지금을 최대한 활용해야 합니다. 지금 시간이 가장 소중한 시간이지요. 눈 떠 있는 시간, 차 마시는 시간, 대화하는 시간 등등 곁에 있는 사람, 만날 수 있는 사람, 그리운 사람 등 지금의 사소한 시간이 오늘이 되고 내일이 되는 것이지요. 바로 지금 주변에 있는 이부터 사랑하고 잘 대해 주어야하지요. 그게 보람이고 내 사랑의 실천이지요. 더 안정되고 헌신할 수 있는 조직을, 사회를 만들어가야 하지요. 7월 첫 주 잘 출발합시다.

✉ 0706 아침편지

햇살 밝은 장마 전의 아침입니다. 곧 무더위가 우리를 힘들게 하겠지만 그래도 선선한 가을을 기대하지요.

무엇이 되든 잘되라고 한 것처럼 항상 잘될 것이라 믿음이 필요하지요. 사소한 것에 一喜一悲를 접고 큰 그림 속에서 삶의 방향을 찾아야 하지요. 함께한 사람들에 대한 감사함이 늘 있어 마음이 한결 따뜻해집니다. 누군가 나의 좋은 점을 얘기해 줄 때는 기분이 좋아집니다. 우리는 그러한 칭찬 속에서 자라 왔지요. 특히나 부모님의 칭찬은 그 어떤 것보다 컸지요. 그러면서 그것은 우리를 겸손하게 만들기도 합니다. 내게 그러하듯 타인에게도 그 사람의 좋은 점에 칭찬하고 아름다움을 발견하는 눈이 있어야 하지요. 그것을 보이는 대로 그에게 칭찬하는 넉넉한 마음이 있지요. 우리를 더 복되게, 삶을 풍성하게 하는 것이지요. 비록 현실이 그를 받쳐 주지 못하더라도 마음만은 풍성하게 가져 어려움보다는 그리움 한 자락 올려놓아야 하지요. 내일이 소서이군요. 한겨울 얼음판을 지치는 아이들을 생각하면 그리 덥지만은 않지요. 좋은 하루 되세요. Everyone good day!

✉ 0707 아침편지

칠일 장마의 시작이듯이 흐린 날 아침입니다. 시골에서는 이 때 쯤 비설거지를 하지요. 모심기 이후 조금은 한가한 시간이기도 하고, 요즈음은 그러한 주기도 거의 없는 듯합니다. 자연의 때에 맞게 해 나가는 것이지요.

'그렝이질'을 알고 있지요? 주춧돌의 표면과 나무 기둥이 꼭 맞도록 기둥의 단면을 깎아내는 것을 말하지요. 주춧돌을 평평하게 깎는 것보다 기둥을 깎는 것이 쉽지요. 주춧돌이 매끄러우면 지진이 났을 때 기둥이 밀려나갈 수 있지요. 울퉁불퉁한 주춧돌이 나무 기둥과 만나 아귀가 맞으면 견고한 결합을 이루지요. 이렇듯 주변을 배려하여 조화와 공존이 있는 그렝이질이 더 필요한 요즈음인 것 같습니다. 집에서도 필요하지요. 저도 가끔씩은 나에게 숨어있던 그 아이가 나와서 성질을 내기도 합니다. 이제는 없어야지요. 수요일은 참 좋습니다. 이야기 할 벗이 있으니까요.

0708 아침편지

어제 밤에 가녀린 비가 조금 내렸습니다. 먼지를 안고서. 녹음이 짙어져서 나무 사이로 무궁화꽃이 수줍게 나타냅니다.

이번 주말은 가까운 숲으로 가는 것은 어떤가요? 숲은 글자 없는 하늘이 만든 책이라 합니다. (無字天書) 서울대 심리학과 최인철 교수는 그의 책 「굿 라이프」에서 '행복하기 위해서는 가장 결정적이고 중요한 요인은 상담도 개인의 노력도 아닌 행복한 사람들이 많은 곳에서 사는 것이다.'라고 말합니다. 이것은 그 사람들의 행복을 탐구하고 나의 의지와 노력으로 달성하는 것이지요. 나도 행복의 바람을 그곳에서 향기 내는 것과 이는 도전하고 삶의 일부로 연결하는 것이지요. '모두가 원하지만 아무도 하지 않는 일에 도전하라. 사람과 사람을 연결하면 비즈니스로 이어진다.'는 마윈의 말과도 상통하지요. 관계에서 '의미부여'를 통해 이어지는 것이지요. 내가 있는 곳에서 행복한 사람 되는 것, 그것이 행복한 것 아닐까요? 사랑이 가득한, 서로에게 관심이 있는 것이죠. 사랑의 반대말은 증오가 아니라 무관심이지요. 우리 모두가 행복한 사람이 되어 그 향기가 온통 퍼져 나가는 모습이면 좋겠습니다.

✉ 0713 아침편지

더움이 더해지는 무~ 더운 날 아침입니다.

우리는 살아가면서 때를 잘 만나거나 만들어야 하지요. 입시를 위한 공부는 그 시기에 하는 것이고(물론 만학도도 있지만) 사람을 만나는 것도, 사랑을 하는 것도, 일을 시작하는 것도 때가 있나 봅니다. 강세형 작가는 '적당한 타이밍'이라는 글에서 '그것 봐! 인생은 타이밍이라니까. 사랑을 시작할 때도, 이별을 말할 때도 새로운 일을 시작해 보려 할 때도 심지어 누군가에게 싫은 소리를 해야 할 때도 타이밍을 생각해야 하다니! 그래서 우리는 늘 피곤한가 보다.'라고 보았지요. 우리는 언제부터 타이밍을 찾고 그것에 맞게 하려고 했을까요? '사랑받고자 하는 마음'이 많아서일까요? 얻고자, 갖고자 하는 욕심일까요? 나의 행복을 갈구하는 것일까요? 잘 구분은 안 되지만 어찌하였든 간에 '타이밍'을 맞추지요. 오늘은 타이밍을 맞춰 볼까요? 아! 참. 2인이군요.

✉ 0715 아침편지

칠월의 중순이 되니 무더위, 습도가 매우 높습니다. 너무 찬 것, 냉한 것보다는 미온수 정도가 좋을 듯합니다.

이웃을 사랑하고 지역을, 발 딛고 선 그 자리를 사랑하라는 말이 있습니다. 보이는 매양이 다 사랑의 마음으로 바라보면 다 아름답지요. 우리는 보통 나무를 보지 말고 숲을 보라고 하지요. 넓고 크게 보라는 의미이지요. 그런데 숲만 보면 나무, 그 사이의 꽃, 풀들은 보이지 않지요. 이런저런 곳을 두루 보아야 균형을 갖는 것이라 봅니다. 그것의 근본은 사랑이지요. 러시아 태생의 지식인 안네 소피 스웨친은 '한 방향으로 깊이 사랑하면 다른 모든 방향으로의 사랑도 깊어진다.'라고 했습니다. (To love deeply in one direction makes us more loving in all others.) 그 사랑의 제일은 부모님 사랑이지요. 오직 자식만은 힘든 길을 걷게 하지 말자며 살아온 것이지요. 우리 직원들도 같을 것이라 봅니다. 오늘은 그 고마움을 전하여 조금이라도 위무해야 하겠어요.

✉ 0721 아침편지

짧은 장마가 끝나고 오늘부터 더위가 우리와 함께하는 시간이네요. 그래도 한 2주 정도면 선선해질 것입니다. 그 가운데서도 할 일이 있고, 만나야만 할 사람들이 있으니 기쁨으로 그 시간을 함께해야 하지요.
사람이 추구하는 목표는 행복이지요. 나와 가족, 우리 주변 모두. 시대의 선지자이신 법정 스님은 '행복이란 결코 많고 큰 데만 있는 것이 아니다. 작은 것을 가지고도 고마워하고 만족할 줄 안다면 행복한 사람이다.'라고 했지요. 작은 것을 바라지만 그래도 넉넉한 마음은 인심은 있는 것이지요. 나 자신이 평온해야 주변을 보는 마음도 생기지요. 삶이 어려움과 난관을 주지만 그것이 새로운 힘을 건네기도 합니다. 균형 감각과 생각이 우리를 더 폭넓게, 풍성하게 하는 것이라 생각됩니다. 희망의 간절한 한 줄기 빛과 맑음이 우리를 더 빛나게 할 것입니다. 좋은 하루 되세요.

✉ 0722 아침편지

선선한 칠월의 아침입니다.
우리가 지나오는 길, 버스 탑승장 부근에 콘크리트 블럭 틈에서도 풀강아지, 바랭이 등 풀들이 아침 바람에 흔들리고 있더군요. 뿌리를 내릴 흙도 많지 않은데 그 틈새에서 30센티가 자랐지요. 바람에 날려 온 씨앗이 마침 거기에 떨어져 자기 자리를 찾은 것이지요. 햇살 받은 모양이 아름답기 그지 없었지요. 그 풀처럼 우리도 어느 곳에 뿌리를 내리고 있지요. 오늘은 정용철의 <어느 날 그랬다면>라는 글을 볼까요?

> 어느 날 누군가의 이름을 가슴으로 느끼면서 기도하고 있었다면
>   그 시간은 이 세상에서 가장 따뜻한 시간이었습니다.
> 어느 날 내가 누군가의 모두를 이해하고 그 모습 그대로 받아들였다면
>   그 시간은 이 세상에서 가장 아름다운 시간이었습니다.
> 어느 날 내 마음이 누군가를 향한 그리움으로 가득했다면

그 시간은 이 세상에서 가장 애절한 시간이었습니다.
어느 날 내 마음이 샘물처럼 맑고 호수같이 잔잔했다면
그 시간은 이 세상에서 가장 평화로운 시간이었습니다. //
'마음이 쉬는 의자' 中에서

이름, 이해, 그리움, 내 마음이 바로 사랑이지요. 좋은 시간 되세요.

📧 0728 아침편지

그래도 밝은 아침이지요. 밤새 울던 매미도 아침에 다시 기지개 켜고 울 준비를 하는지 조용합니다. 여느 때보다 더 울림이 크군요. 일주일을 온 힘을 다하는가 봅니다.
무엇인가 제대로 하기 위해서는 온 힘을 다해야 하기 때문이지요. 살아간다는 것은 어느 한 부분을 소외시킬 수 없고, 합심해서 온 힘을 다하는 것 아닐까요? 나머지들도 온 힘을 다해 살아가는 것이지요. 아이들은 엄마가 아프면 철이 든다고 합니다. 우리는 이렇게 서로 아픔을 교환하며 사회로 나아가고 새로운 관계를 만들어 내는 것이지요. 웃고 울고 아리면서 가는 것! 아이들을 완전체로 양육하여 사회로 가기를 부모들은 바라지요. 환경을 너무 깨끗하게 해도 또 다른 것들이 우리들을 힘들게 하지요. '세균, 곰팡이와 자연스럽게 접촉해야 아이들의 면역체계가 강화된다.'라는 생물학자의 말도 있습니다. 적당한 어려움, 힘듦, 슬픔도 있듯이 감내할 수 있는 정도의 외적 압력은 더 힘이 되는 전진하는 동력이 되기도 합니다.
팔월이 멀지 않군요. 좋은 날 되세요.

📧 0804 아침편지

더위가 한풀 꺾인 아침입니다. 그래도 아직 열기는 많이 있습니다. 곧 환절기가 되나 봅니다. 쉼의 소중함을 느끼는 팔월이 되길 바랍니다.
추운 지방에 자라는 자작나무이지만 우리나라도 숲이 있습니다. 영양의 수

비면, 인제군 기린면 원대리, 양평군 서종면 서후리 숲 등이 이름 나 있는 곳이요. 소리 나는 그곳을 여유 있게 돌아보세요. 우리가 맛있는 음식을 먹으면 엄마의 손맛이 생각나지요. 아주 어릴 때부터 익숙해져온 탓이지요. 그런데 그것도 음식 맛이 아니라 냄새를 기억하는 것인지도 모릅니다. 그래서 더 맛나지요. 팔월이 되면 산에, 들에 칡꽃이 많이 피지요. 그 향기는 좋고 멀리 퍼지는데, 칡뿌리와 마찬가지로 다양한 효능이 있지요. 그 바람이 햇살 좋은 날이면 평소에 감춰둔 곳을 말린다는 擧風, 바람으로 머리를 빗는다는 櫛風도 있지만, 숲 바람은 우리를 하늘나라로 보내 주는 선녀바람이지요. 이 여름이 가기 전에 다녀오세요. 앞으로 2주 정도 후면 서늘한 아침, 저녁을 맞이할 것이니까요.

✉ 0806 아침편지

여름의 끝자락에 있는 듯합니다. 쇠털같이 많은 날을 보내며 매일 매일이 되기보다는 진일보한 날들이면 좋겠습니다.
몸과 마음이 아프다는 것은 어딘가에 대한 신호이지요. 아프다는 것은 내 몸이 열린다는 의미이지요. 무의식중에 갇혀 있던 몸이 아프면서 비로소 나를 향해 열리는 것이지요. 그 신호를 인지하여 알려고 해보아야 합니다. 그러니 내가 나를 알려하고 조용하고 깊이 살펴야 하는 것이지요. 걱정이 그중에 제일 아프게 하기도 합니다. 무슨 걱정이 그리 많은지 원! 하기도 하지만 그러한 걱정이 나를 아프게도 하지만 성장하는 동력이 되기도 합니다. 오늘만은 아픈 것을 잠시 잊고 좋은 것만 생각하는 하루가 되세요. 잊는다고 하여도 잊는 것이 아니라, 잠시 다른 곳에 집중하는 것이지요. 마음이 예쁘니까 다 잘될 것에요. 예쁜 마음은 꽃가루 같아서 어디든 날아가서 아름다운 꽃을 피웁니다.

✉ 0809 아침편지

주말 입추이었고, 어제는 천둥, 번개와 함께 요란한 비가 내리더니 아침에는 서늘한 기운이 돕니다. 그 열기 가득한 여름도 곧 내년을 기약하나 봅니다. 때를 알고 다가옴과 떠남이 자연의 이치라 할 것입니다. 그 속에서 우리는 할 수 있는 것을 찾고 조금 더 인간에게 이로운 것을 복되게 하는 것을 찾지요. '할 수 없는 것'을 찾고 있다면 할 수 없는 걸림돌만 쌓입니다. '할 수 있는 것'을 찾고 있다면 할 수 있는 디딤돌이 놓입니다. 단원 김홍도의 그림 중에 '秋聲賦圖'라는 그림이 있습니다. '별과 달은 희고 맑고 은하수는 하늘에 있는데, 사방에 사람 소리는 없습니다. 소리는 나뭇가지 사이에 있습니다.' 운치가 있지요. 이제 곧 가을이 됩니다. 할 수 있는 것을 이루는 때가 되었으면 합니다. 좋은 하루 되세요.

✉ 0811 아침편지

비가 내리려나 봅니다. 그 무덥던 날들은 어느새 내년에 다시 온다 하고 떠난대요. 그렇게 쉬이 갈 것을 왜 그리 못 살게 했는지 다음에 물어 보겠습니다. 시작의 계절인 봄과 결실의 가을을 생각해 왔는데 팔월이 되니 이 여름이 없다면 그들이 존재할 수 있을까 하는 확신이 듭니다. 장미꽃이 깔린 탄탄대로, 햇살을 가득 안고 익어가는 청포도가 그립기도 합니다. 마음의 가지를 풍성하게 만들어 보겠습니다. 주렁주렁. 19세기 옥스퍼드 대학 종교학 과목의 한 시험문제는 '물을 포도주로 바꾼 예수님의 기적에 대해 논하라'는 것이 있었지요. 다들 열심히 답안을 작성하는데 한 학생만이 창밖을 응시하고 있었지요. 시험 종료 시간이 얼마 남지 않았음에도 답을 작성하지 않다가 감독 교수에게 지적을 받기도 합니다. 그리고 달랑 한 줄. '물이 그 주인을 만나니 얼굴을 붉히더라.' 였지요. 대학 모든 신학교수로부터 올 하트를 받은 바이런이지요. 참 대단한 시인의 자질을 발휘한 것이지요. 우리에게도 이와 같은 위대한 자질은 조금 부족하더라도 누구라도 시인이 되기에는 충분하지요.

마음이 푸근하고 풍성하니까요.

✉ 0813 아침편지

입추 지나더니 쾌청한 날이 이어집니다. 기온도 낮시간은 곡식을 여물게 하듯 열기가 가득합니다.
한 주를 정리하면서 생각나는 많은 것들이 있지요. 기쁨, 안타까움, 아쉬움 등, 다 그리움으로 이어질 것입니다. 몇 년 전 영화 '클래식'에서 동일 배우가 엄마와 딸을 연기하면서, '조용한 태양이 바다에 미광을 비추면 나는 너를 생각한다. 희미한 달빛이 샘물 위에 떠 있으면 나는 너를 생각한다.'라는 OST 엔딩이 있지요. 이는 <태양이 바다에 미광을 비추면>이라는 괴테의 詩이지요. 사랑이 이어지는 것은 운명처럼 다가왔지요. 그들의 사랑은 '너무 아픈 사랑은 사랑이 아니었음을'인가요? 주말 진한 감동의 영화 하나 보시는 것은 어떤가요? 아! 네가 이곳에 있다면....
괴테의 詩 나머지 연은 다음과 같지요.

> 먼 길에 먼지가 일 때 깊은 밤 좁은 다리 위에서
> 방랑객이 비틀 거릴 때 나는 너를 본다.
> 희미한 소리의 파도가 일 때 이따금 모든 것이 침묵에 쌓인
> 조용한 숲 속에 가서 나는 너를 듣는다.
> 너와 멀리 있을 때에도 나는 너와 함께한다.
> 너는 나와 가까이 있기에 태양이 지고 별이 곧
> 나를 위해 반짝이겠지.
> 아, 네가 이곳에 있다면....//

✉ 0819 아침편지

제법 선선해졌습니다. 가을이 성큼 앞에 있습니다. 한여름의 인연들이 이제 내년을 기약하고 또 다른 가을 인연을 기다립니다.

우리는 살아가면서 무수한 인연을 맺고 살아갑니다. 거기에는 고운 사랑도 이어가지만 그렇지 않는 경우도 있지요. 그런데 한 번 만나고 나면 인간미 넘치는, 다시 만나고 싶은 사람이 되어야 하겠지요. 진솔하고 정성을 다하는 정겨운 마음으로 대한다면 곧 그렇게 될 것입니다. 언제든 만나도 반가운, 고마운, 사랑스러운 사람으로 만나 헤어져도 다시 만나고 싶은 사람이면 더 좋지요. 불가에서는 옷깃이 한 번 스치는 것도 500번의 만남이 있었다고 합니다. 인생 속에서 인연이 없다면 아마도 단조로워서 많이 힘들 것입니다. 그렇다고 한번 들어온 인연을 들어낼 수도 없지요. 그 인연이 없다면 그 시기에 나의 삶도 없는 것이지요. 오늘도 누군가에게 아름다운 인연이 되고 싶습니다.

✉ 0823 아침편지

오늘이 더위가 물러간다는 **處暑** 아침입니다. 곳곳의 은행나무 잎들이 푸른색이 조금 옅어졌습니다.
무엇이든지 우리 주변에 오래도록 머물지 않은 것이 있지요. 나무도, 사람도, 연기 같이 사라지는 때가 있지요. 세상 무엇도 우리 곁에 오래 머물지 않는다는 사실 역시 알아야 하지요. 때가 되면 우리 손을 펼쳐 의도가 제 운명을 따라가도록 놓아주어야 한다고 했습니다. 파울로 코엘료는 그의 소설 「아처」에서 '쏘아 보낸 화살은 제각기 다른 모양으로 날아간다. 천 발의 화살을 쏘면 천 발 모두 다른 궤적을 그린다. 그것이 바로 활의 길, 궁도이다.' 라고요. (Korean archer An San makes history with third gold medal.) 다른 사람을 판단하기 전에 먼저 그의 말을 귀 기울여 듣고 존중하는 법을 배워야 한다고도 했습니다. 힘찬, 좋은 한 주 시작합니다.

✉ 0824 아침편지

어제 밤비에 나무들이 잎들이 잔뜩 젖었습니다. 바람은 왜 이리도 흔들고 있는지. 뿌리가 단단하니 견디나 봅니다. 혹시나 바람이 전하고 싶은 말이 있을까요? 누굴 거세게 기다리고 있는 걸까요?

보통 때는 작은 신호를 보내지만 오늘 아침은 아주 큰 신호를 보내고 있습니다. 흔들리는 내 마음처럼, 그 心思마냥 크게 다가오지요. 몸도 우리에게 전하는 신호(말)가 있습니다. '힘들어', '목이 뻣뻣해', '피곤해', '목 말라', '어지러워', '힘이 없어', '손이 떨려', '목이 칼칼해', '발목이 아파' 등등 이는 좀 살펴보아 달라는 신호이지요. 아주 작은 소리로. 이를 잘 들어주어야 다음이 평안하지요. 바람이 전하는 말처럼, 몸도 내게 말을 걸어 온 것이지요. 남해안 섬에 '바람의 언덕'이 있지요. 오늘은 그냥 바람을 있는 그대로 보고 맞으며 돌아보는 시간인 것을. 잘 들어 주세요. 그리고 쉬어야 합니다.

✉ 0825 아침편지

늦은 장마인지 비가 계속 내리는 아침입니다. 걸어오는 발걸음에 빗방울이 열리면서 땀도 조금 납니다.

우리는 왜 일을 할까요? 생각에 따라 여러 가지 의미가 있을 것입니다. 자신의 의지 관철, 저기 있는 목표를 향해서인가요? 일이 거기 있으니, 내 삶이니까 열심히 하는 것일 수도 있지요.

문무학(1949~) 시인의 시 <바다>를 볼까요?

'바다'가 '바다'라는 이름을 갖게 된 것은/
이것저것 가리지 않고 다 '받아주기' 때문이다./
'괜찮다'/
그 말 한마디로/
어머닌 바다가 되었다./

그렇지요. 다 받아주면서 갈 길을 가야지요. 얼마나 긴 시간 동안이 될지는 모르나 한 방향으로 나아가는 것이지요. 이번 주말에는 가까운 '바다' 한 번 가 보시죠?

✉ 0826 아침편지

흐린 날씨지만 무엇인가 이루어질 것 같은 아침입니다.
나의 열정이 더하면 그 모습도 달라지지요. 누구나 살다 보면 감당하기 힘들고 괴로운 순간이 있기 마련이지요. 저도 참 그런 시간이 많았습니다. 오직 목표는 하나였는데 곁가지에 내가 치이지 않으려 애썼지요. 그럴 땐 너무 낙심하지 말고 스스로 다독이며 일어나야 하지요. 왜냐하면 내 인생이잖아요. 하늘이 무너져도 오를 공간은 있는 것이지요. 인내하고 꿋꿋이 이겨내야 할 마음이 중요하지요. 지금의 어려움, 고통은 잠시, 조금 후에는 눈부신 태양이 저편에서 기다리고 있지요. 좋은 날이 다시 기다리고 있는 것이지요. 그러니 뚝 끊고 전진해야 하지요. 열정과 정성이 쌓이는 날이 되면 좋겠습니다.

✉ 0830 아침편지

지난 주말 남부지역에 많은 비가 내렸습니다. 서울 지역은 가을 입구에서 서성거리고 있어서 씨방을 맺은 풀들이 다음을 준비하듯 잎들이 말라가고 있습니다. 자연의 식물들은 다음을 위한 씨방이 마련되면 거의 생을 마감하지요. 그것이 제일의 행복일 것입니다. 우리의 행복은 어떤가요? '천재는 스스로 행복할 줄 아는 사람이다.'라고 배철현 서울대 종교학과 교수는 말합니다. '내가 축하해야 할 대상은 나하고 상관없는 신이나 이데올로기가 아니라 내 자신이다. 자신을 가장 소중하게 생각하고 자신의 심연에서 우러나오는 자신만의 미션을 찾는 자가 가장 행복한 사람'이라고 말입니다. 행복의 크기는 서로 다르지요. 그런데 나이가 들수록, 경륜이 쌓일수록 외형적 크기는 그리 중요하지 않습니다. 자족의 마음이 더 행복에 가깝지요. 그 행복이 바로 옆에 있습니다. 지금 돌아보세요. 거기 있지요?

✉ 0902 아침편지

선선한 아침입니다. 한 달 정도는 이어지겠지요. 자연의 오묘함을 다시 한번 느낍니다.

「연금술사」의 저자 코엘료는 그의 책 「아쳐」에서 '눈이 아름다운 이유는 하나의 빛깔을 가졌기 때문이고, 바다가 아름다운 이유는 완전히 편평해 보이기 때문이다. 하지만, 바다도 눈도 그 속은 깊고 스스로 제 본성을 알고 있다.' 라 했습니다. 그 깊은 곳에 자기만의 정체성을 지니고 있는 것이지요. 네이밍이 중요하듯이 기업하는 것에도 브랜딩이 좌우한다고 하지요. 그리고 보이고 느껴지는 아름다움은 변하지 않고 그 자리에 항상 있는 것, 우리 마음이 변하는 것이지요. 사랑하는 그대를 바라보는 마음으로 지긋이 보는 것이지요. 이것과 잘 어울리는 용혜원의 <그대의 눈빛을>이라는 가을 詩가 있습니다.

> 이런 날에는/푸른 하늘에서 쏟아져 내리는/햇살도 좋지만//
> 그대의 눈빛을 바라보는 것이/더 행복합니다.//

그렇습니다. 이것이지요. 바라만 보아도 좋은 행복한 바로 당신입니다.

✉ 0903 아침편지

구월 시작인데 주말이군요. 이 주말은 비 내린 후 청명한 가을 하늘을 만나는 시간이면 좋겠습니다. 풀잎에 맺힌 이슬에서 가을이 묻어 왔나 봅니다. 계절의 변화처럼 우리 삶도 긍정적인 변화를 가져오는 것이지요. 지금까지도 앞으로도 그러할 것입니다.

현대를 살아가는데 더 필요한 것이 '변화'라고 합니다. 무엇이, 누가, 언제 변화일까요? 각자의 마음속 깊은 곳에서부터 출발하지요. 로마의 역사가 플루타르코스는 '우리가 내부에서 이룬 것으로 우리의 외부를 바꿀 것입니다.' 라 했지요. 나의 모습을 점검하고 변화해야 할 것을 찾는 것, 그리고 스스로 변하는 것이지요.

그리고 그것이 다른 사람에게 감동이 될 것이지요. 봄의 끝자락인 줄 알고 피어있는 몇 개의 소담한 장미를 보면서 흐뭇한 날, 함께 하는 이에게 미소가 전해지는 구월 어느 날 되길 바랍니다.

✉ 0907 아침편지

어제 밤부터 지금까지 비바람이 세차게 불고 있습니다. 마치 지난 여름 매년 오던 태풍이 지금 오는 듯합니다.
우리는 고귀한 분들의 자녀로 이 땅에 와서 또 귀한 자녀들을 갖지요. 그 가운데서 희로애락과 한없는 감사와 사명감을 느낍니다. 아마도 이 땅에 10억 명은 더 되겠지요. 우리는 母父로부터 많은 유산을 물려받는다고 하는 데, 그것은 지적 능력(학업, 성공의 바탕), 슬기로움(현실감각), 건강한 체질, 훌륭한 가치관(진실성, 성실, 긍정, 배려, 희생을 바탕으로 한 최선을 다하는 삶)이지요. 그 지적이고 슬기로움이 삶을 이어가는 유전자가 되어 온 것이지요. 퇴계 선생도 어머니(아버지를 일찍 여읨)의 영향이 가장 컸다고 하였지요. 관직은 고을원 이상은 하지 말고, 공부에 전념하라고 하신 것이지요. 400년이 지난 시점에 위대한 스승으로 있지요. 우리 직원들은 모두 그러한 인자와 자질을 충분히 가지고 있습니다. 실천을 더하여 빛나게 하는 것만 남는 것입니다.

✉ 0909 아침편지

선선한 가을날 아침입니다. 이런 날이 많아지면 좋겠습니다.
춘천에서 초등 5학년 때, 러시아의 첼리스트 므스티슬라프 로스트로비치의 음반 연주를 듣고 감동한 첼리스트 홍진호(36)는 '첼로로 감동을 줄 수만 있다면 어떤 도전도 마다하지 않겠다. 첼로 본연의 음색을 제대로 전하는 것이 내가 행복해지는 길이다.'라고 첼리스트의 온전한 모습을 그리고 있지요. 자기 본연의 모습을 잘 그리는 훌륭한 인격의 연주자이지요. 예술가는 타고난 재능과 자기만의 완고한 노력이 어우러져 경지에 다다른 것이지요. 그래서 사람들은 아름다운 연주에 감동하고 내게 부족한 재능, 달란트를 기대하는 것이지요. 그리고 요즈음 우리나라 청춘들이 너무 잘하고 있잖아요. 지난 해, '브람스를 아세요.'라는 드라마도 있었지요. 이 가을 연주회 한 번 가시죠?

✉ 0910 아침편지

구월 둘째 주 금요일 아침입니다. 다른 날보다 차량 소음 등이 적은 느낌입니다.
시작하더니 벌써 열흘이 지나고 있습니다. 일주일 후는 추석 휴일이 시작되기도 합니다. 아! 가을이군요. 그 열기 가득한 여름이 언제이던가 싶군요. 삶이 어렵고 힘들 때도 많은데 그래도 가을은 어김없이 우리 곁에 있습니다. 우리 삶의 고통이 때로는 절망적일 때도 있습니다. 솟아오를 곳이, 빛줄기조차 막막한 때가 있지요. 아마도 그 고통의 순간이 바로 낙도에 난파되어 구조선이 오고 있다는 신호가 아닐까 생각해 봅니다. 희망이라는 간절함이 함께하고 있으니 그리 되지요. 그 희망을 자신에게서 아이들에게서 이루어지는 일들을 생각하면서 찾기도 합니다. 크기 보다는 더 나은 모습의 희망이 보이지 않나요? 나를 위해 애써 주시는 많은 사람들이 있잖아요.

✉ 0916 아침편지

잎들은 아직 푸른데 은행은 벌써 떨구고 있습니다. 세월은 그렇게 가을을 앞서고 있습니다. 곧 추석이군요.
동서양의 문화는 차이와 공통점을 서로 가지고 있지요. 우리들은 틈을 즐기기도 합니다. 이 시대의 철학자이자 작가인 이어령 교수는 '서양인은 정확히 맞는 것을 추구하고 한국인은 틈과 여유를 사랑한다.'라고 하였습니다. 이는 한옥의 문틀과 문풍지를 통해서도 잘 알 수 있지요. * 문틀, 문풍지 vs 어물쩍 대충은?, 건축물에 빈틈은?
한가한 촌락의 골바람이 내려와 문풍지를 두드리는 바람이 그리울 때도 있습니다. 용혜원 시인은 <가을 길을 걷고 싶습니다>를 볼까요?

> 손톱 끝에 봉선화 물이 남아 있을 때/
> 가을은 점점 더 깊어만 갑니다.//
> 이 가을 길을 그대와 함께 걷고 싶습니다./
> 낙엽을 밟으면 사각거리는 소리가 들립니다.//

어떻습니까? 그 소리를 듣고 가을이 오고 있지요? 함께 걸을 그대는 옆에 있지요.

✉ 0923 아침편지

추석은 친지, 가족들과 좋은 시간을 보내자고 약속했지요? 당일에는 세찬 비바람이 시샘하듯 내렸습니다.
어제의 달은 '仲秋'임을 잘 알리는 그리운 달이기도 하였지요.
그리움의 눈물이 주르륵, 꼭 그 모습이었지요. '그의 눈물은 약한 것들에 대한 공감에서 나오는 인간의 한 지극한 표현이라는 것을 나는 마음으로 읽었다'는 어떤가요? 사람이 사람을 만난다는 것은 존재를 새로이 발견하는 것이지요. 그 사람의 진심을 알아차리는 것이지요. 그리고 내 이야기를 들어준다는 것은 고마운 일이지요. 세상에 들어줄 줄 아는 사람은 또 얼마나 귀하고 아름다운가요? 간이역을 주제로 한 영화 <기적>은 또 어떤가요? 경북 봉화와 울진 오지의 살아가는 사람들의 정이 느껴지지요. 그 속에서 정이 나고 그리움, 사무치는 사랑도 있지요. 더 나은, 밝은 내일이 또 우리에게 지나고 보면 그리움으로 다가올 것입니다. 그러니 추억을 많이 만들고 쌓아야 하지요. 은행나무, 벚나무, 단풍나무 등이 먼저 물들고 있습니다. 그 정취를 느끼는 멋진 가을날 되세요. '10월의 어느 멋진 날에'처럼.

✉ 0927 아침편지

공기가 많이 달라졌지요? 계절의 변화를 체감하는 때입니다. 이렇게 열매를 맺을 시간이 다가오고 있는 거지요.

자연히 규칙적으로 관리를 하듯이 우리 자기관리의 핵심은 규칙성이라고 합니다. 규칙적으로 밥 먹고, 운동하고, 명상하고, 잠자는 등이지요. 이 규칙성 하나만으로도 자기관리에 성공한 사람이지요. 서리 내리는 날도 멀지 않았군요. 이정보(1693~1766)의 시조를 볼까요?

> 국화야 너는 어이 三月東風 다 보내고/
> 落木寒天에 너 홀로 피었나니/
> 아마도 傲霜孤節은 너뿐인가 하노라//

지금 시기에 맞는 시조이지요? 사회가 전문화되고 분화되어서 규칙성은 더 요구되고 있습니다. 틀 속에 갇힌 듯하지만, 그것이 삶의 방향이라면 가야 하겠지요. 좋은 한 주 되세요.

✉ 0928 아침편지

비가 내릴 듯한, 우울하지는 않지만 그런 아침입니다. 가을비 내리는 날에는 빗소리 들리는 창가에서 멍하니 밖을 보는 것도 좋지요. 자신을 돌아볼 수 있는 관조의 시간. 그러면서도 행복감을 느끼기도 합니다. 우리는 조금 큰 행복과 만족감을 기대하지요.

사소한 것에서 오는 기쁨은 오히려 더 다가올 때가 있습니다. 커피 한잔에 짧은 대화, 가을날 신선한 바람, 친구에게서 오는 편지, 외로울 때 오는 반가운 전화 등이지요. 작은 것에서 행복감을 느끼는 것은 아마도 우리를 힘들게 하는 것들이 이것보다 더 사소한 것들이지요. 내 마음이 문제이지요. 그저 그런 문제에 내 생각을 너무 넘치게 만들어서 그러하지요. 고민 중에 96%는 이미 일어났거나 일어나지 않을 일, 어찌할 수 없는 일입니다. 兵書에도 신중한 것은 귀하나 속도를 무시하면 잃는다고도 했습니다. 너무 신중하지 않아도 됩니다. 마음을 잘 다스려 나타내는 그 마음으로 한결같이 가는 것이지요. 좋은 날 되세요.

✉ 1005 아침편지

가을비 내리니 산들의 잎들이 가을을 더 깊게 만들고 있습니다. 강가에 날리는 먼저 물든 녀석들이 먼저 둥둥 떠다닙니다.
도시 주변의 자락이나 가로수들도 변해가고 있습니다. 여름까지의 역할을 다한 것이지요. 고민스러운 일이 있을 때 결정은 어떻게 하나요? '갈까 말까? 할 때는 가라', '살까 말까? 할 때는 사지 마라'. '말할까 말까? 할 때는 말하지 마라', '줄까 말까? 할 때는 줘라', '먹을까 말까? 할 때는 먹지 마라', '가라!, 마라!, 줘라!' 어떤가요?
상대의 가슴에 씨앗을 뿌려보세요. 새로운 싹이 자라지요. 기다리던 문자나 편지, 저 너머의 목소리가 들리는 듯합니다. 시월 첫 주를 잘 출발해요.

✉ 1006 아침편지

가을비가 추적 추적입니다. 열매의 분화가 최촉되기도 합니다. 가을비는 우산 속에서가 제격이지요. ('가을비 우산속에' 노래도 있지요) 이 비 그치면 그 언저리에는 또 다른 시작을 알리는 활동이 있지요.
꽃이 분화되어 열매를 맺는 과일은 썩은 가지에서 달리지는 않지요. 특히 포도는 새로 난 가지에서 송이가 달립니다. 그래서 농부는 매년 가지치기를 합니다. 썩거나 말라버린 가지를 잘라주어 영양분이 불필요하게 가지 않게 하지요. 우리의 마음도 비슷하지요. 삐뚤, 부정적, 오만과 집착 등의 갈등은 가지치기 하듯이 해야 하지요. 빈틈이 있어서 새로운 싹이 돋아나게 해야 하지요. 지금 시절에 열매를 맺는 기대를 더 크게 가질 수 있지 않나요? 그리고 너무 많이 어떤 일에 집착하지 말고 '그러려니'하고 넘기는 삶의 지혜도 필요합니다. 자신만의 시간을 가져 보세요.

✉ 1008 아침편지

흐린 가을날 아침입니다. 주말이네요. 바람길 같은 곳에서 햇살 가득 받으면 책 읽기가 제격입니다.
언어와 말의 무게가 깊이 다가오지요. '언어는 영혼의 무늬이다.'라는 말이 있습니다. 말에 대한 여러 가지 속담들도 있지요. 언어라는 것은 인간만이 소리와 문자로 소통하는 수단이지요. 일본이 영화감독 고레에다 히로카즈(是枝裕和)는 '영화를 본 사람이 일상으로 돌아갈 때, 그 사람의 일상을 보는 방식이 변하거나 일상을 비평적으로 보는 계기가 되기를 언제나 바랍니다.'라 했습니다. 그의 따스한 영화 철학과 인생관을 볼 수 있지요. 사실이나 허구를 바탕으로 감동, 사회고발, 문제 해석 등 다양한 암시를 제시하는 것이 영화인데도 말입니다. 한가하면서도 호젓한 주말 되세요.

✉ 1012 아침편지

가을빛이 점점 붉어지고 있는 아침입니다. 저녁때는 조금은 서늘한 기운이 감돌기도 합니다. 가을인가 봅니다. 이렇게 우리 곁에서 가을은 제 역할을 서서히 하고 있지요. '가을엔 편지를 하겠어요. 누구라도 그대가 되어 받아주세요.' 딱 맞는 詩語와 노래가 됩니다.
'원하는 사람이 전혀 책을 읽지 않는 사람인가? 그렇다면 포기하라. 책을 읽지 않는 사람과 할 수 있는 일은 없다.'처럼 읽기를 권하고 그런 면에서는 놀기도 좋은 시기이지요. 영화 <벤허>를 알지요? 백마 4마리로 채찍질도 없이 우승하지요. 말의 특성을 고려한 배치, 전날 격려, 독려로 용기를 부여해 주는 것이었지요. 한때 삼성의 CEO가 성공 비결이라 제시한 적도 있지요. 그렇게 용기와 격려가 이루어 낸 것이지요.
다 함께 가서 목적지에 다다른다면 더 없이 행복이지요. 한 주 응원에 힘을 보탭니다.

✉ 1014 아침편지

가을날 가끔은 흐린 날도 있지요. 오늘이 그런 날인가 봅니다.
어제는 몇몇과 대화했지요. 살아가는 고민은 비슷한 듯합니다. 그런데 너무 고민하지 않아도 잘 되게 되어 있는 것이지요. '그러려니.'하고 넘기는 일도 많이 있지요. 실제로도 그렇기도 합니다. '이왕이면 품격 있는 삶을 살라. 고맙다고 말하고 누군가를 위해 돈과 마음을 들여 선물하고, 주변에 작은 배려와 친절을 베풀고, 힘들어하는 사람을 위해 마음을 쓰면, 우리 삶에는 품격과 향기가 따라온다.' 어떻습니까?
바라보는 시선과 마음, 태도가 모두 상대로 향해 있지요? 나이가 들어서도 잘 다루어 가야 할 것들이지요.
더 밝고 맑고 광채 나는 날들이 많으니까요. 나의 관계를 우선하다 보면 마음의 상처가 되기도 합니다. 그런데 지나고 보면 별것 아닌 것들이 더 많지요. 별것 아닙니다!

✉ 1018 아침편지

시월의 중순이 되니 아침 기온이 서늘합니다. 그래도 아침은 상쾌하지요. 우리들은 행복을 찾아서 이 땅의 밝음 속에 살아갑니다.
목표와 내용은 다 다르게 설계되지요. 그런데 그 행복한 처(處)는 있나요? 그곳이 어디쯤 어느 방향에 존재할까요? 다양하게 나타나는 것들 속에서 찾음이 있지 않을까요? 자연을 친구로 대하는 것도 좋은 방법이지요. 숲에서의 사색, 나뭇잎과 새소리, 바람소리, 흩날리는 솔잎에서도 느끼지요. 그러면서 드는 물음, '나는 누구인가?'이지요. 다 내게서 출발하는 물음입니다. 로버트 루이 스티븐슨은 '거둔 것으로 하루를 판단하지 말고 당신이 뿌린 것으로 판단하라.'라 하였습니다. 이 자리에 이 시기에 무엇을 뿌리고 담아낼 것인지가 중요한 것이지요. 기쁨으로 이루어진 하루하루가 행복의 시작임을 알지요.

✉ 1021 아침편지

이제 제법 나뭇잎들의 색깔이 달라졌습니다. 제가 사는 곳의 담쟁이, 가로의 은행나무, 단풍나무, 개나리 등은 녹색을 지나 떨어지려 합니다. 무덥던 그 시간이 이리 변하고 있지요.

우리 마음은 어떤가요? 꾸준한 마음은 간직하고 달라지고 있지요. 19세기 미국의 시인 월트 휘트먼은 '나는 내 자신을 축하하고 내 자신을 노래합니다. 내가 옳다고 생각하는 것을 당신도 옳다고 생각할 것입니다.'라고 했습니다. 올바른 생각으로 자신에 대한 강한 믿음이 그를 만든 것이지요. 불편부당한 가치 중립의 사고, 균형이 필요한 것입니다. 가치의 중심이 어디인가가 방향을 정하는 것이지요. 삶이 어려움이 많음에도 견디는 것은 살아낼 힘을 얻을 수 있기 때문이다. 누군가에게 필요한 존재가 된다는 것, 세상에 나 아니면 안 되는 일이 있다는 것. 그만큼 생의 가치를 갖게 하는 것이 또 있을까요. 그것이 사랑이지요. 좋은 날 보내세요. 주어지고 할 수 있잖아요.

✉ 1025 아침편지

선선한 가을날 아침입니다. 한 주 사이에 남산의 나무들은 옷을 여러 벌 갈아입었습니다. 안산도, 북한산 족두리봉도 그렇습니다. 깊이를 더하는 날들입니다.

청춘의 시간들이 무심히 가는 듯하지만 늘 함께 가지요. '청춘'의 시를 쓴 사무엘 울만은 '세월은 피부를 주름지게 하지만 삶에 대한 열정을 포기하는 것은 영혼 그 자체를 주름지게 한다.'고 했습니다. 삶을 대하는 태도로 힘들고 어려움이 있더라도 그럼에도 불구하고 '괜찮다.' '그러니' 하는 마음이 그를 다 이기지요. 그 영광, 기쁨, 행복은 다 내가 만들어 가는 것이지요. 영향을 미치기엔 자그마한 것들에 대범해 질 필요가 있습니다. 미래에 대한 불안감에서 벗어나는 유일한 방법은 오늘 하루 일과를 기쁘게 마주하고, 지금 할 수 있는 일에 온 마음으로 몰입하는 것뿐이다. 윤보영 시인의 <참 좋은 그대>를 볼까요?

> 잠들기 직전까지/생각나는 그대//
> 아침에/눈을 뜨자마자/생각나는 이름 하나//
> 그 이름 하나/당신입니다.//
> 당신 있어/오늘이 행복합니다.//
> 당신에게/오늘을 선물합니다.//
> 당신이 있어 행복합니다.//

좋은 한 주 되세요.

✉ 1026 아침편지

시월 하순이 되니 아침 이슬과 서리가 많아졌습니다. 지난 주말이 상강이었지요. 단풍과 국화 활짝, 농사를 마무리하는 시기이기도 합니다.
고향의 노래가 생각나기도 합니다. 문무학 시인은 이렇게 풀어내었습니다.

> 젊을 적 식탁에는/꽃병이 놓이더니/늙은 날 식탁에는/
> 약병만 늘어난다.//
> 아! 인생//
> 고작/꽃병과 약병/그 사이인 것을......

주변을 돌아보아야 하겠어요. 무수히 많은 가을 천사들을 만날 수 있지요. 모두 천사이지요. 천사가 열심히 선물 포장을 하고 있는데, 단단하고 튼튼하게 포장하지요. 그 단단한 것은 '고난'이라는 포장지이지요.
이를 벗기지 않으면 행복이란 선물을 받을 수 없지요. 감사하는 마음이 그 포장을 스스로 벗겨지고 선물을 받을 수 있지요. 이 가을이 다 가기 전에 마음의 천사를 만나러 갈까요?

✉ 1027 아침편지

안개꽃같이 한 점 한 점 안개 낀 가을날 아침입니다. 앞으로 조금 더 이런 날이 있지요.
우연이 다가오는 듯하지만 많은 경우의 수처럼 이미 예비 된 것인지도 모릅니다. 이렇게 안개 있는 날 말이지요. 그렇게 될 수밖에 없는 연들이 미리 짜여져 있었던 것이지요. '현실에서 일어나기 힘든 아주 낮은 확률을 100만분의 1이다'로 규정한 프랑스 수학자 에밀 보렐이 만든 보렐의 법칙이지요. 우연의 일치는 거의 없다는 것인지도 모릅니다. 정말 우연의 일치는 있는 걸까요? 다음 말은 어떻습니까? '이제 한 사람의 지도자가 된 당신은 잊지 말아라. 당신이 옛날 지도자들에게 의심을 품었기 때문에 당신이 지금 지도자가 되었다는 것을' 의심하고 고민한 결과이지요. 그렇지요. 우연의 일치는 없는 것이나 다름 아니지요. 요행이 아닌 나의 노력이 그를 만들어 가는 것은 아닐까요?
수요일입니다. 일찍 마치고 여유 있는 시간이 되기 바랍니다.

✉ 1028 아침편지

선선한 가을날 아침입니다. 누군가를 그리워하기에 좋은 날이지요.
시월의 하순! 아득하기만 하던 시월이 곁을 비우고 있습니다. 그만큼 열정을 다해서 살아왔다는 것 아닐까요? 또 다른 모습의 '나'가 나를 보고 있는 듯합니다. 자존감 → 자신감 → 자부심으로 이어지는 우리들의 모습이지요. 나태주의 <그리움>을 볼까요?

> 가지 말라는데 가고 싶은 길이 있다/
> 만나지 말자면서 만나고 싶은 사람이 있다/
> 하지 말라면 더욱 해보고 있는 일이 있다/
> 그것이 인생이고 그리움 바로 너다//

시월의 하순이 되니 더 그리워집니다. 오늘 퇴청하면서 '시월의 어느 멋진 날에'와 함께 하면 좋겠습니다. (저는 테너 김성록, 소프라노 양재경 님의 곡이 좋습니다만.)

✉ 1101 아침편지

안개가 많으니 천상 11월입니다. 어렵게 나타난 달이라서 더 애타는 듯합니다. 11월 되니 더 간절해지는 것들이 많이 있지요.
대부분 10대의 중요한 기점인 수능일도 곧 있지요. 울고 웃고 안타까워하고 축하해 주고 등등 가족이니 더 한 것이지요. 가족을 가늠하는 것은 하나이지요. 고통에 공감하고 이를 함께 짊어질 수 있는가? 어떤 이는 '단순한 연민을 넘어 그 불행이 가슴을 찌르는 존재가 가족이다.'라 했지요. 문제는 가족에 대한 선택권이 우리에게 없다는 것이지요.
나태주의 시 <11월>은 또 어떤가요?

> 돌아가기엔 이미 너무 많이 와버렸고/
> 버리기에는 차마 아까운 시간입니다//
> 어디선가 서리 맞은 어린 장미 한 송이/
> 피를 문 입술로 이쪽을 보고 있을 것만 같습니다//
> 낮이 조금 더 짧아졌습니다./더욱 그대를 사랑해야 하겠습니다.//

좋은 결실이 있는 날이면 더 좋겠습니다.

✉ 1103 아침편지

건물 사이로 떠오르는 햇살은 온 마음을 환히 비추고 있습니다. 항상 맑은 날이 될 수는 없지만 생각만은 맑음.
자신의 믿음에서 오는 확신이지요. 내가 그린 화폭의 너비처럼 말이지요. 스스로 한계를 지으면 그 속에 갇히게 되어 나아가지 못하고 제자리 맴돌고 말지요. 오프라 윈프리는 '스스로에게 한계를 두지마라'고 하면서 '당신이 바라거나 믿는 바를 말할 때마다 그것을 가장 먼저 듣는 사람은 당신이다. 그것은 당신이 가능하다고 믿는 것에 대해 당신과 다른 모든 사람을 향한 메시지다'라 했습니다. 스스로에 대한 믿음과 실천 가능한 나의 능력을 믿음에서 오는 것이지요. 예쁜 마음과 지혜는 샘물과 같아서 변치 않고 즐겁게 만들지요.
그래서 무엇보다도 나의 심지를 굳게 가져야 하는가 봅니다. 고난과 난관이 그를 지혜롭게 전지하게 만드는 요인이지요. 그 결과는 '잘 될 것이다.'라는 믿음으로 나아가는 날들이면 좋겠습니다. 그리고 알토스의 승리를 위해. 수요일, 장미 한 송이 가져가세요. 나를 위해!

✉ 1104 아침편지

밝은 아침입니다. 이 주 일요일이 겨울에 들어서는 입동이군요.
해야 할 과업은 널려 있고 해결되지 않을 때는 조금은 힘이 들지요. 그리고 내 옆에 아무도 없다는 생각이 들 때 '나는 무엇이지?'라 자괴감이 들기도 합니다. 요즈음은 금전적인 면에서 더 그런 것 같아요. 그래도 나를 항상 응원하고 '힘을 내어라.' 해 주는 지인이 있으니 앞으로 나아가 보아지요. 한때 최○○의 노래 '동행'을 많이 좋아한 적이 있었습니다.(여전히 좋아합니다만) 풀잎 같은 노랫말이 갈 곳 몰라 하는 내 마음 같았지요. 채워 줄 빈 가슴은 넓은 데 채워 줄 사람은 그 땐 보이지 않았지요. 흐르는 눈물을 주체할 수 없을 때도 있었지요. 가만히 돌아보니 많이 있더군요. 제게 우리 직원도 그 사람들이지요. 우리는 많은 사람들과 동행합니다. 같은 방향으로 같은 마음으로 한 곳을 향해 성실히 가는 곳이지요. 좋은 날 되세요.

✉ 1109 아침편지

어제 이어 비가 조금 내리는 가을날 아침입니다. 점점 깊어지는 가을, 밤새워 얘기한 그것들이 군고구마와 함께 하지요.
사람은 태어나면서부터 가정이라는 조직을 만납니다. 평생 관계 속에서 정해지는 조직과 틀은 주욱 지속되지요. 관계란 그래서 소중하면서도 어려운가 봅니다. 불편함도, 편안함도 함께 하지요. 누군가에게 불편함이 있다면 내 마음이 더 이상 반응하지 않도록 '적정한 거리를 유지하는 것'이 필요하다는 말이 있지요. 상대의 말에 화내거나 억울해한다면 내 마음이 반응했다는 의미입니다. 불필요한 다툼 없이 상대에게 신뢰를 얻는 것, 이때 필요한 것이 바로 '유연함'입니다. 그러려니 하면서 받아주는 것이지요. 조금은 수용해 주는 넉넉함, 여유가 있는 날이면 좋겠습니다.

✉ 1110 아침편지

겨울 들어 첫눈이 내렸습니다. 첫눈을 瑞雪이라 하여 좋은 일로 여겼지요. 마냥 좋은 일만 가득할 것 같은 날입니다.

그렇게 아침 발길이 향하는 곳은 '여기'이었지요. 우리에게 일이란 무엇일까요? 삶을 유지하는 근본적인 물음인가요? 가치가 중요하지 않나요? 일의 가치란 '무엇'이 아니라 '어떻게'의 문제이지요. 일은 밥 먹고 잠자는 것처럼 일상의 한 부분이 되어야 한다. 일을 대하는 마음도 중요하지요. 기쁜 마음이 시작이지요. 마음을 움직이는 일, 마음이 기뻐하는 일을 찾아 하는 것이지요. 그것이 죽는 날까지 건강할 수 있는 가장 좋은 비결이기도 합니다. 왜 일을 하는지 의문이 들 때는 그냥 '일 한다'하고 그러려니 해 보세요. 한때 유머도 있었지요. '엄마, 나 학교 가기 싫어요.' 좋은 일들이 막 쏟아지는 날이면 더 좋겠습니다.

✉ 1112 아침편지

아침 기온이 조금 싸늘해졌지요. 낮의 길이도 한 10여 일은 점점 짧아지지요. 그다음은 내년의 봄도 그리 멀지 않은 것 같아요. 먼 산, 가까운 산 할 것 없이 나무들이 잎을 떨구고 있지요.

연말이 되기 전에 한적한 자신만의 시간을 갖기를 바랍니다. 관조의 시간, 다시 나아갈 수 있는 힘을 얻는 것이지요. 나태주의 시 <선물>을 볼까요?

하늘 아래 내가 받은/가장 커다란 선물은/오늘입니다//

오늘 받은 선물 가운데서도/가장 아름다운 선물은/당신입니다//

당신 나지막한 목소리와/웃는 얼굴, 콧노래 한 구절이면/
한 아름 바다를 안은 듯한 기쁨이겠습니다.

그렇습니다. 바로 옆에 있지요. 해결의 실마리는 아주 가까운 곳에 있어서 소홀히 할 수 없는 것이지요. 좋은 휴일 되세요.

✉ 1117 아침편지

수요일 밝은 아침입니다.
이제는 거울 앞에서 나의 모습을 바라볼 만큼 여유가 있어야 하지요. 그래도 부족하다 싶으면 강가로 가서 떠오르는 태양, 지는 석양을 바라보면 내 삶의 방향을 잘 정리할 수 있지요. 서울은 그 어느 도시보다 좋은 곳입니다. 좋아하는 만큼 다가오지요. 사람도, 도시도, 공부도 어제 이어 나태주의 시 <내가 너를>를 볼까요?

내가 너를/얼마나 좋아하는지/너는 몰라도 된다//
너를 좋아하는 마음은/오로지 나의 것이오/
나의 그리움은/나 혼자만의 것으로도/차고 넘치니까...//
나는 이제/너 없이도 너를/좋아할 수 있다//

이렇게 좋을 수 있지요. 너 있으니 세상 편히 눈 감을 수 있으니. 바로 <그 한사람>이지요. 오늘 야근 없습니다.

✉ 1119 아침편지

조금 흐린 가을날 아침입니다. 어제 수고한 다음 세대의 수험생을 응원합니다. 어제 있은 수능시험의 필적 확인 문구가 아주 의미가 컸습니다. 이해인 시인의 시 <작은 노래>의 첫 연이지요. '어느 날 비로소/큰 숲을 이루게 될 묘목들/넓은 하늘로의 비상을 꿈꾸며/갓 태어난 어린 새들'
무엇이든지 이렇듯 작은 것부터 시작하지요. 지그 지글러는 "목표 없이 배회하다가 어느 날 갑자기 에베레스트 정상에 도착해 있는 사람은 없다."라고 했습니다. 자기 노력이 쌓여 그 보답을 자연이 하는 것이지요.
저는 단어 중에서 온축(蘊蓄)을 아주 의미 있게 봅니다. 켜켜이 쌓아 온 지식이나 학문, 지혜, 마음속 깊이 쌓아 놓은 것이라는 뜻이지요. 그러한 노력이 더 빛나게 되는 것이지요. 이 가을이 더 가기 전에 먼 산, 들길을 걸어보는 즐거움을 이 주말에 가져보기를 기대합니다.
좋은 날 되세요.

✉ 1122 아침편지

어제 밤비에 나뭇잎들이 많이 떨어져 내년을 준비하고 있습니다. 또 다른 날들이 있어서 변화를 묵상 속에서 가지는 듯합니다. 11월 말의 서늘한 날들이어서 감기에 유념해야 하겠어요.
거절 의사를 잘 표현하는 것도 인간관계에서 중요한 하나로 차지합니다. 거절 의사를 표한다고 망가질 관계라면 애초부터 당신이 생각하는 가까운 관계가 아닌 것이지요. 거절을 잘하는 사람의 특징은 그 중심에 항상 자신이 있다는 것이지요. 생각하기에 타당하고 보람 있어야 하고, 단호하지만 부드럽게, 변명 대신 솔직한 마음을 담아 거절하면 상대도 받아들이지요. 바쁜 가운데서도 자신을 돌아보는 시간이 되면 더 좋겠습니다. 좋은 한 주 되세요.

✉ 1124 아침편지

가을이 '나 좀 잡아줘!'하는 날 아침입니다. 그렇게 곧 나아가고 또 다시 다가오는 날들입니다. 다시 올 수 없는 오늘이지요.
다 바쁘게 살아가고 있지요. 뭘 그리 쫓기듯 말입니다. 나 자신도 아니다 하면서도 거기에 있습니다.
이럴 때 중심이 중요하지요. 오프라 윈프리는 '내가 하루 종일 열심히 일하는 것은 책 읽을 시간을 마련하기 위해서이다.' 라 했습니다. 독서를 가장 사랑하는 이유는, 책 읽기를 통해 더 높은 곳으로 향할 수 있는 능력을 얻을 수 있기 때문이지요. 독서는 우리를 계속 위로 올라갈 수 있는 디딤돌이 되어준다는 것입니다. 이 가을이 다 가기 전에 가을 시 하나 읽어 보는 것은 어떤가요?
그리고 편지 한 장!

✉ 1125 아침편지

기온이 영하는 아니지만 차가운 머리를 가진 아침입니다.
우리는 누군가를 그리워하는 마음을 저 밑바닥에서부터 가지고 있지요. 세월이 많이 지날수록 더 많아지는 것은 가지는 마음이 단단해서이겠지요. 그만큼 사랑한다는 마음이 가득한 것이기도 합니다. 옛 선인들은 인편으로 보내는 서신에 精勵한 글로 표했지요. 그가 그리운 시간입니다.
김남조 시인의 시 <편지>를 볼까요?

> 그대만큼 사랑스러운 사람을 본 일이 없다/
> 그대만큼 나를 외롭게 한 이도 없었다/
> 이 생각을 하면 내가 꼭 울게 된다//
> 그대만큼 나를 정직하게 해 준 이가 없었다/
> 내 안을 비추는 그대는 제일로 영롱한 거울,/
> 그대의 깊이를 다 지나가면/글썽이는 눈매의 내가 있다/
> 나의 시작이다//
> 그대에게 매일 편지를 쓴다//
> 한 구절을 쓰면 한 구절을 와서 읽는 그대, /그래서 이 편지는/
> 한 번도 부치지 않는다//

그래서 더 그리운 이가 많았으면 합니다. 이 아침 우리 실 직원 모두 노고 많았습니다.

✉ 1130 아침편지

비 내리는 11월의 마지막 날 아침입니다. 이 비 그치면 추위가 성큼 우리 앞에 와 있겠지요. 이야기거리가 많은 달이면 더 좋겠습니다.
그래도 겨울은 영하의 기온과 눈, 바람이 있어야 겨울이지요. 지난 주말 스키장 개장 소식이 있었습니다. 누군가는 이 계절을 기다리는 때이기도 하지요. 자신이 정말 원하는 삶, 누군가를 이기기 위해 살고 싶다면 그것은 개인 선택의 영역이다. 이 흐름에서 벗어나고 싶다면, 심리학자인 허지원 교수는 자기 삶에서 '천 개의 이야기'를 발견해 보라고 조언합니다. 과연 몇 개나 있을까요? 몇 개가 무너지더라도 900개 이상의 이야기가 있는 것이지요. 수많은 이야기를 발견하고 의미를 부여하는 것이지요. 이를 통해 나를 만족하고 지탱하고 나아갈 수 있는 이야기 말이지요. 오늘도 그 천 개의 이야기 중에 하나가 되지요.
좋은 날 되세요.

✉ 1202 아침편지

나무들이 무성한 잎들을 다 떨구고 나목이 되었습니다. 7~8개월간을 위해 4~5개월을 준비한 것이지요.
바람이 그렇게 했군요. 한여름 태풍과 비바람이 없었다면 늦은 가을 붉게 물들은 잎들을 보지는 못하지요.
어느 시인은 대추 하나에도 수많은 시련이 있었음을 읊었지요. 사회가 전문화, 핵 가족화가 되면서 가져오는 변화가 있지요. 그 중에서 친구(friend)와 가족(family)의 합성어(framily)어인 프래밀리는 가족 같은 친구를 의미한다고 합니다. 혈연, 법적 관계가 아니더라도 식구처럼 함께 생활하는 사람들이지요. 상대에게 경제적 부담을 주지 않고 덜 끈끈하고 덜 외롭게 사는 미래형 대안이기도 하다 하네요. 가까이 있는 가족들로 해서 훈훈하면서도 인정 넘치기도 하지만, 마음 아파한 적도 가끔은 있지요. 그래서 더 가족이지요.
날이 많이 서늘해졌습니다. 감기 조심하세요.

✉ 1207 아침편지

새벽달을 본 적이 있지요? 달무리 진 초승달이 떨리듯 가늘게 동쪽 하늘에 걸린 모습이 꽉 찬 보름달보다 정이 가기도 합니다.
달은 陰晴圓缺이 있지요. (*흐리고 맑고 둥글고 이지러짐) 이 나라 어려운 시절에 그달을 기준 삼아 달린 선구자가 오늘의 우리를 있게 한 원력이 되었지요. '백마 탄 초인'은 과연 없는 걸까요? '同心萬里'처럼 마음만 같이 한다면 만리길도 함께 할 수 있지요. 金蘭之交처럼 말이지요. '이인이 같은 마음이면 단단한 쇠도 자를 수 있고, 같은 마음으로 말하면 그 향기가 난초와 같다.'이지요. (二人同心 其利斷金, 同心一言 其臭如蘭 - 晏子列傳) 겨울 창가의 난이 그 향을 발하는 모양이 그리워집니다.
좋은 향기를 쭈욱 함께하면 좋겠습니다.

✉ 1208 아침편지

조금은 서늘한 아침, 동쪽의 먼동은 어김없이 붉습니다.
어제가 大雪이었는데 눈 소식은 없군요. 한때는 전우들이 '눈'을 쓰레기라 한 적도 있었지요. 너무 많이 내려 치워야 할 대상으로 본 것이지요. 실제로 1미터 넘게 쌓인 눈을 보면 이제 그만! 이었지요. 그래도 어느새 그 많던 것을 다 치우고 공놀이하는 것을 보면 인간 능력의 무한함을 느끼고 전진했지요. 퍼낸 눈삽에 고민은 다 날려버리고. 누구나 우울한 시기가 있지요. 어느 순간 마음 안에는 햇살이 비춰들기도 합니다. 저도 가끔은 그것이 쌓여 흐르는 눈물을 아내가 볼까 봐서 '헛헛'하기도 했지요. 우울감은 '자신을 두려워하지 않는 사람 곁에는 머물지 않는다'고 합니다. '아 오늘은 좀 우울하네, 어쩔 수 없지 뭐.' 이럴 수도 있잖아요. 자신만의 내면을 바라는 대로 이끌어 가게 돌아보는 계기가 되기도 합니다. 나의 앞날은 더 나을 것이니까!

✉ 1209 아침편지

먼동이 조금 보이는 겨울의 아침입니다.

삶이 결코 그냥 두는 법이 없지요. 무엇인가 하게 만들지요. 그래서 견디어 내는 것, 忍耐(참고 견디어 내는 것)이지요. 여기에 '견디다'란 단어가 있지요. 사전에는 '살림살이에 곤란 없이 유지하여 지내다', '쉽게 헤어지거나 닳지 않고 오래 유지하다'이지요. 어떤 시인은 이를 이렇게 해석, 의미를 부여했지요.

'사람이나 생물이 일정한 시간 동안 어려운 환경에 굴복하거나 죽지 않고 계속해서 버티면서 살아 나가는 상태', '물건이 열이나 압력 따위와 같은 외부의 작용을 받으면서도 원래의 상태나 형태를 유지하는 것'이라고 말입니다. 제게는 첫 번째 의미가 많았습니다. 그래도 시간이 지나면서 보면 두 번째 의미가 더 다가옵니다. 유지하려고 애쓴 모습이지요. 아주 많게는 '그러려니'하고 넘기는 것도 견디는 것의 하나이기도 합니다. 그 열매가 더 단단해지는 것이지요. 좋은 날 되세요.

1214 아침편지

12월 중순의 상쾌한 아침입니다. 우리 삶의 풍부한 방향성을 생각해 보는 아침이면 좋겠습니다. 매일 맞이하는 아침이지만 매일 다 다르지요. 그저 주어지는 것이 아닌 내가 만들어 가는 것이지요.

세상에 공짜, 비밀, 정답이 없다고 하지요. 자신만의 답을 찾아가는 것이니까요. 그러면서도 아득히 그리움이 쌓이는 것은 인간이기에 그 외로움을 함께하는 이를 찾는 것이 아닐까요? 이백의 시 <長相思>에 末句가 '長相思, 催心肝'인데요. '하염없이 그리다 애간장이 끊어지네.'이지요. 험준한 산에 막혀 꿈에서라도 못 만나는 안타까움을 그렸지요. 그래도 그리움이, 사랑이 남아서 못 내 말 못하고 자신을 다잡는 굳은 신념을 갖게 하는 것이지요. 올해도 그리 많이 남지 않았군요.

✉ 1215 아침편지

가을비인지, 겨울비인지 어찌하였던 비가 내립니다. 내일이면 기온이 조금은 내려가 옷깃을 더 여미게 하겠지요. 종종걸음이 많이 보일 때입니다.
독일의 사회심리학자인 프랑크 나우만은 그의 책「호감의 법칙」에서 '호감은 후천적으로 습득하는 사회적 능력이다.'라 하면서 '호감을 얻는 방법으로 화가 나더라도 객관성을 유지하고, 역지사지로 상대를 공감하며, 생각과 말, 행동이 조화를 이뤄 신뢰감을 줘야 한다.'라고 조언했습니다. 저는 그 호감이 첫인상으로 나타난다고 보는데요, 상당히 오래 가지요. 한 번 인식된 인상은 쉬이 지워지지 않는다고 합니다. 그래서 시간이 지나면서 내 생각을 빨리 변경해야 하지요. 익숙한 것으로부터 벗어나 새로운 것에 대한 공감이 필요한 것이지요. 비 내리는 날 조금은 멀리 있는, 만나려면 시간이 필요한 벗이 온다면 좋겠고, 여건이 된다면 그러한 벗을 찾아가는 것은 어떤가요?
긴 시간은 아닐지라도....

✉ 1220 아침편지

눈 내린 다음의 맑은 아침입니다. 서울의 첫눈치고는 조금 많이 내렸지요. 최근의 서울 최고량은 2009년 1월 30센티미터가 넘게 쌓였지요.
우리는 언제 '공감'하나요?「공감 연습」의 저자 레슬리 제이미슨은 공감이란 추임새로 이루어지는 것이 아니라 타인의 과거를 상상하는 것으로부터 시작된다고 말합니다. "자기 시야 너머로 끊임없이 뻗어간 맥락의 지평선을 인정하면서, 내가 아무것도 모른다는 사실을 알면서" 타인이 어찌하여 그런 상태에 도달했는지에 대해 관심을 갖고 구체적으로 상상할 때 비로소 공감이 이루어진다는 것이지요. "그랬구나", "맞아", "아 그래서" 등이 공감을 표시하는 말들이지요. 잘 들어주는 것만으로도 공감을 이끌어내는 것이기도 합니다. 2주 남은 올해의 날들이 행복과 편안함이 있는 날이기를 기원합니다.

✉ 1222 아침편지

겨울의 초입에서 만나는 아침이 상쾌합니다. 저는 많은 시간 속에서 아침 시간이 참 행복합니다. 매일 만날 수 있으니 새로움이 넘치지요.
그 시간이 다하는 날, 언젠가 인지는 모르지만 그래도 그날이지요. 그리스 철학자 테오프라토스는 '시간은 인간이 쓸 수 있는 가장 값진 것이다'라 했습니다. 이 시간을 누구를 위해, 어떤 목적으로, 성과는 무엇인지를 돌아보는 시간이 되면 좋겠습니다. 그러면서 행복이 넘쳐 다른이에게 전해지는 기쁨이 많으면 더 좋겠습니다. 풀꽃의 시인 나태주의 <행복>이라는 시는 이렇습니다.

저녁 때/돌아갈 집이 있다는 것//

힘들 때/마음속으로 생각할 사람 있다는 것//

외로울 때/혼자서 부를 노래 있다는 것//

작지만 많은 생각을 하게 하는 행복이지요. 다들 행복 합시다.

✉ 1223 아침편지

도시의 소음이 조금은 낮게 들리는 아침입니다. 연말 분위기가 한창이어야 하는 때인데 코로나 상황이 허하지 않네요. 그래도 이 시기를 잘 견디어 나가고 있습니다. '우리는 이 모든 것을 함께하고 있습니다. (We're all in this together)' 이러한 격려가 필요한 것이지요.
어려움을 함께 극복하고 나아가기 위한 힘이 되지요. 거기에는 사람을 대하는 무한한 사랑이 바탕이 되는 것이라서, 링컨의 경쟁자이자 국방장관으로 기용된 에드윈 스탠턴은 '사랑은 사람을 변화시키는 힘이 있다. 그는 이 시대의 위대한 창조자다.'라 하며 링컨의 죽음을 안타까워했지요. 주말 동안 많은 일들이 아닐지라도 자신과 가족, 주변을 돌아보는 시간이면 좋겠습니다. 더불어 함께 살아가는 세상이잖아요. 누군가에게 힘이 된다는 것은 무한한 긍정과 함께한다는 공감 하나로도 충분합니다.

있다는 것 자체가 행복 아닐까요? 오늘도 좋은 일들이 그득하길 기대해 봅니다.

✉ 1227 아침편지

기온이 많이 내려갔습니다. 겨울의 한가운데 있는 듯합니다. 손발이 차지 않게 꽁꽁 싸매고 다녀야겠어요. 연말이 되었는데도 마음은 아직입니다. 그저 고요한 시간이지요.
헬렌 켈러는 "인격은 평안하고 고요한 환경에서는 성장하지 않는다. 시행착오와 고통을 통해서 영혼이 강해지고 패기가 생기며 어떤 상황에서든 이겨낼 힘을 갖는다."라고 했습니다. 가장 치열하게 자신의 현재를 산 강호 무림 고수의 말처럼 생각됩니다. 꽁꽁 언 날씨와 땅일수록 봄향기는 짙어지지요. 외부의 영향이 있더라도 푸근한 생각과 신실한 마음으로 대하여 따뜻한 온기가 전해지는 한 주, 연말이 되길 바라봅니다. 더 나은 내 삶이 꾸려지는 그날이 성큼성큼 다가오고 있잖아요. 좋은 시간 되세요.

✉ 1228 아침편지

온몸을 움츠러들게 한 추위가 조금 누그러졌습니다.
외부의 요인에 나 자신이 영향을 받는 것이 인간이지요. 나 홀로 독야청청은 과거의 시대 속에나 있었던 것이 되었습니다. 함께 하는 삶의 공유가 점점 더 커지고 있지요. 물론 그 전시대에도 없었던 것은 아니지만 전문화, 분화된 사회에서는 더 한 것입니다. 그러다 보니 좌절도 어려움도 더 많이 느낍니다. 해결 방법은 무엇일까요? 그것은 그 틀에서 자신을 해방시키는 것이라 합니다. 마음의 문을 열고 밀고 나가면 해결되는 경우가 많지요. 어렵다, 힘들다, 하지 말고 자신의 마음을 활짝 열어보는 것이지요. 아래 시처럼은 어떻습니까? 김현미의 시 <바람세월>입니다.

아무것도 아닌 것에 맘 두지 말자/

아무 일도 아닌 일에 맘 아파하지 말자//
별일 아닌 큰일 아닌 일들에 나를 흔들지 말자//
조용히 다져가며 조용히 다독이며/그렇게 나를 내려놓자//
큰바람 없이 큰 폭풍 없이/실려 가는 지금에 감사하자//
하루하루 무사히/그렇게 잔잔하게 흘러감에 감사하며/
그 흐름에 그 바람에 또 나를 실어보자//

바람이 될 수 있을까요?

📩 1229 아침편지

아침 서설이 조금 내렸습니다. 겨울이 점점 한가운데로 향하고 있는 연말이라 마음의 정리가 필요한 때입니다. 내일 또 아침을 맞겠지만 왠지 오늘만은 특별한 날이면 좋겠습니다.
영화 '와일드'에서 주인공 셰릴에게 엄마 보비가 건넨 말. "해가 뜨고 지는 것은 매일 있는 거란다. 네가 마음만 먹는다면 언제나 볼 수 있고, 언제든 그 아름다움 속으로 들어갈 수 있단다." 그렇지요. 결심! 선택지가 되는 것이지요. 나의 선택지가 많을수록 결심하는데, 실행하는데 조금 더 다가갈 수 있지요. 언제든 할 수 있는 것이.

📩 1230 아침편지

참 고마운 날 아침입니다. 이렇게 좋은 날, 자체가 참 행복한 날입니다. 앞으로도 쭈욱 이어가야지요. 안상학의 시 <이화령>을 볼까요?

그 맑은 그곳으로 흘러갔어요//
사랑은 산정에서 구름을 기다리는 것이 아니라/
산을 내려가는 물의 마음이라는 것을 깨달은/
뒤늦은 소식 하나 안고/나 이제서야 물처럼 살고 싶어서//

그대에게 흘러 흘러 흘러갔어요//

그 마음이 이 마음인 것이지요. 내 마음이 네 마음이고 네 마음이 내 마음이지요. 물처럼 흘러 돌고 돌아 바로 그대에게 달려가는 것 그 마음입니다. 하루 남은 올해 좋은 결실들이 그득할 것입니다.

✉ 1231 아침편지

올해의 마지막 날 아침입니다. 상쾌하지요. 한 해 동안 노고가 많았습니다. 콩나물이 자라듯 노력한 결과가 켜켜이 쌓여 인생의 아름다운 자국이 될 것입니다. 그것이 인생이지요. 자신만의 기록된 역사를 보는 것, 나 자신이 중심인 것입니다. 해는 밝게 다시 떠오릅니다. 그를 맞이하러 가야지요. 이해인의 시 <해를 보는 기쁨>을 볼까요?

> 바다 위로 둥근 해가 서서히 떠오르는 아침/
> 나는 아무리 힘들어도/살고 싶고 또 살고 싶고/
> 웃고 싶고 또 웃고 싶고//

그러한 날들이 계속되어 이루어지는 작은 것들이 모여 삶의 큰 조각으로 빛날 것입니다.

을지로의
　　　아침

3년

花!

✉ 220103 아침편지

해 첫 근무일 아침입니다. 많은 설계와 다짐을 했겠지요. 그 다짐을 글로 남기면 실천력을 더합니다. 자! 이제 실천입니다.

너무 많은 것보다는 할 수 있는 것만이라도 최선을 다하는 시간이면 더 좋겠습니다. 오롯이 자신만의 시간이 되게 잘 정리가 필요합니다. 그러면서 인간에 대한 깊은 이해와 나의 관점을 확장하는 것도 이 시대를 살아가는 삶의 지혜라 할 것입니다. 세상의 아름다움을 찬양하는 시를 쓰면서 소박한 삶을 산 미국의 시인 메리 올리버(1935~2019)는 그의 시 <블랙 워터 숲에서>에서

이 세상에서 살아가려면/세 가지를 할 수 있어야만 하지./
유한한 생명(죽을 수밖에 없는 것들을)을 사랑하기/
자신의 삶이 그것에 달려 있음을 /알고 그걸 가슴 깊이 끌어안기/
그리고 놓아줄 때가 되면/놓아주기

올해는 더 많이 사랑하고 이해하는 시간이면 좋겠습니다.

✉ 0104 아침편지

1월 초의 선선한 아침입니다. 이제 또 다른 시작임을 알고 나아가는 모습이 아름답습니다.

무엇이든지 해 보고자 하는 마음과 첫발을 디디는 것이 중요합니다. 그 시작을 막 한 상태에서 오로지 전진만이 갈 길인 것입니다. 희망이 보이는 그곳을 찾아 갑시다. 미국의 배우 덴젤 워싱턴(67세)의 2011년 5월 펜실베이니아대 졸업식 연설 내용입니다. "당신이 실패하지 않는다면 당신은 시도조차 하지 않은 겁니다. 제 아내가 이런 멋진 말을 해줬는데요. 당신이 결코 가져본 적 없는 것을 얻으려면, 결코 해 본 적 없는 일을 해야 합니다."(If you don't fail. you're not even trying. My wife told me this great expression. To get something you never had, you to do something you never did.) 청춘들에게 필요한 조언을 했습니다. 청춘은 위로받아야 하지만 위로만으로는 현실이 바뀌지 않지요. 현실을 바꾸려면 행동해야 한다는 것이지요. 내 삶의 주체는 나이고 대신할 수 없으니까 더 그렇습니다. 이제 준비는 되었으니 실천하면 변화하고 이루어질 수 있습니다.

✉ 0105 아침편지

小寒이라 하는 절기 아침, 조금은 서늘합니다. 아직은 어둠이 남아있는 도시의 아침은 누군가에게는 그리움이 전해지고 있을 것입니다. 햇살과 함께 또 다른 희망의 열기가 오를 것입니다.
그래도 어떤 이는 수요일에 빨간 장미, 그리고 조금은 외롭나요? 정호승 시인의 <수선화>를 볼까요?

> 울지 마라/외로우니까 사람이다/
> 살아간다는 것은 외로움을 견디는 일이다/
> 공연히 오지 않는 전화를 기다리지 마라/
> 눈이 오면 눈길을 걸어가고/비가 오면 빗길을 걸어가라/
> 갈대숲에서 가슴 검은 도요새도 너를 보고 있다/
> 가끔은 하느님도 외로워서 눈물을 흘리신다/
> 새들이 나뭇가지에 앉아 있는 것도 외로움 때문이고/
> 네가 물가에 앉아 있는 것도 외로움 때문이다/
> 산 그림자도 외로워서 하루에 한 번씩 마을로 내려온다/
> 종소리도 외로워서 울려 퍼진다//

사람은 원래 외로운 존재인가 봅니다. 그래서 함께 하는 것! 좋은 하루 되세요.

✉ 0107 아침편지

1월 첫 주말을 앞둔 아침입니다. 겨울은 겨울인가 봅니다. 서늘한 기운이 가득합니다.

첫 한 주간 연간 설계는 잘 준비하였지요? 시작이 반이라 했는데 반은 지나고 있으니 거의 다 한 것이나 진배없습니다. 현재에 만족과 행복감이 더 나은 내일을 이어가는 힘이 되지요. 지금의 시대에 항상 불만족스럽지요. 그래서 현자는 "현재란 그런 거에요. 늘 불만족스럽지요." 라고요. 그런데 여기에만 머무른다면 어떻게 되나요? 그래서 현재를 최선의 황금기를 만들어 가야 하지요. 뉴욕 맨하탄의 120층 건물 옆 록펠러 센터를 구상, 실현한 존 록펠러는 "좋음을 포기하고 위대함으로 향해 나아가기를 두려워하지 말라."고 했습니다. (Don't be afraid to give up the good to go for the great) 그 위대함이 앞에 우리에게 열려 있으니 전진합시다.

✉ 0110 아침편지

옅은 안개가 함께하는 1월 둘째 주 아침입니다. 자연의 모습은 매양이 다 달라서 우리에게 많은 변화를 감지하게 하지요.

뜻 한 바가 이루어지게 노력하는 것도 인간만이 할 수 있는 일이지요. 지각하고 실천하는 그 모습이 내 인생의 그림으로 남으니까요. 그러면서도 자신을 갈고 닦는 삶의 참 모습으로 다가섭니다. 스티븐 스필버그 감독은 변화에 대해 이렇게 말했지요. "매년 우리는 다른(변화한) 사람이다. 일생동안 같은 자리에서 머무르는 사람은 없다." (Every single year, we're a different person, I don't think we're the same person all of our lives) 같은 일인 듯하지만 다르고 변화합니다. 여건이 조건이 상황이 다르므로 같은 일은 없는 것이지요. 선순환 변화가 확연히 나타나지는 않지만 이루어지고 있습니다.

밝고 좋은 한 주 되세요.

✉ 0112 아침편지

1월 둘째 주 수요일 아침입니다. 저는 수요일 참 좋습니다. 주의 중간이고 주

전반을 잘 살아왔다는 것이니까요. 이 주도 바람은 차지만 마음은 따뜻한 이들을 많이 보았지요.

함께 한 사람들 마음속에 남아있을 것이니 더 좋습니다. 누군가에 선한 영향력을 느낀다면 그 자체가 즐거움이지요. "우리는 사랑하는 사람을 위해 뭔가를 해 줄 수 있는 기회가 언제나 충분히 남아 있다고 생각한다. ~ 문득 '마지막 기회'를 맞이하는 순간 비로소 깨닫는다. 인생은 셀 수 없을 만큼 '사랑할 수 있는 기회'로 이루어져 있다는 사실을...."- <오늘 내가 살아가는 이유, 此生未完成> 중에서 32살의 나이로 생을 마감한 30대에 중국 푸단(復旦)대 교수를 한 위지안(于娟)의 말입니다. 많은 사람들에게 희망과 자기 의미를 남겼지요. 사랑할 수 있는 기회는 아주 많습니다.

그 누군가가 되어 사랑을 받는, 사랑을 하는 남은 주가 되면 좋겠습니다.
문화일보 '별들 사이에 엄마가 있을까.. 꿈에서라도 한 번만 안아줘'라는 글이 있었는데 그냥 눈물이 납니다.

✉ 0114 아침편지

서늘한 기온이 지속되는 날 아침입니다. 그래도 매일 아침을 맞이하는 것은 기쁜 일입니다. 그리고 이렇게 사무실에서 또 보니 어떻습니까? 아마도 사랑이 넘치고 마음의 여유가 우리 삶을 더 풍부하게 합니다.

인간은 지금까지 적자생존(survival of the fittest)의 종에서 다정생존(survival of the friendliest)의 종으로 진화해 왔다고 합니다. 이는 협력적 소통으로 살아남은 種, 타인의 생각에 반응하여 얼굴을 붉힐 줄 아는 유일 種이었지요. 또한 흰 눈자위를 지닌 유일 種으로 눈빛만으로도 사랑할 수 있다는 것입니다.

이제 내 마음속의 그들을 잘 보살피고 알아주는 섬세한 배려가 더 필요한 시기이기도 합니다.

✉ 0117 아침편지

아침 기온이 많이 내려간 아침입니다. 학교 가기가 가끔은 싫은 적도 있지만 친구들과 얼음지치기는 코가 빨개지도록 한 것은 왜 그리 좋은지 그리운 시절도 있습니다.

새로운 한 주를 시작하며 기대되는 날들이길 바랍니다. 내 삶의 보람이 가득한 시간을 채워 지금도 나중도 기쁨이 흐르는 시간이 될 것입니다. 생텍쥐페리는 "완벽하다는 건 무엇 하나 덧붙일 수 없는 상태가 아니라, 더 이상 뺄 것이 없을 때 이루어지는 것이다." 라 했습니다. 우리 인생에 완벽한 사람은 없지만 자신이 삶에 대한 자부심은 항상 있는 것이지요. 곧 월말과 설이 되는 겨울의 한가운데서 더 나음이 함께 할 것이니 기쁜 마음으로 오늘을 그 누군가가 그렇게 주어지길 바라는 그날을 잘 보냅시다.

✉ 0119 아침편지

한 주의 가운데 날 아침입니다. 들리는 차량의 소음이 약간은 정겹기도 합니다. 이 소리들이 지금을 있게 한 동력이기도 했지요. 싸늘함이 더해져 송곳으로 찌르는 듯 한 찬 기운이 많아졌습니다. 다 들 따뜻하게 온기 유지가 필요합니다.

그래도 매일 매일 꿈을 꾸면서 방향성 있는 삶이 되어야 하지요. 세기의 복서 무함마드 알리는 꿈에 대해 이렇게 말했지요. "당신의 꿈이 당신을 두렵게 하지 않는다면, 그 꿈은 충분히 크지 않은 것이다."라고요.

이 아침 설레고 가슴 뛰는 일은 무엇인가요? 20대 청춘이 아니라서 그러한 일은 적은가요? 청춘은 항상 어느 나이대에서나 생각하기에 달린 것이지요. 더 좋은, 아름다운, 기쁘고 설레는 일들이 앞에 있습니다. 다가서고 잡기만 하면 됩니다. 오늘 집으로 향할 때 아름다운 향기를 가져가세요.

✉ 0121 아침편지

해를 시작한 지 3주가 지나고 있습니다. 다음 주면 설 휴일이 시작되고요. 눈 내린 후 기온이 싸늘합니다. 건강에 더 유념해야 하겠습니다. 그래도 겨울은 꽁꽁 추워야 봄의 향기와 움트는 소리가 더 들리지요.
살아가는 방식이 다르긴 하지만 거의 비슷하지요. 적은 것에 기뻐하고 애타고 그리워하고 애절하기도 하고... 휴일 간 자신을 돌아보는 자기만의 시간을 가져보는 것도 어떻습니까? 두물머리! 강이 얼고 그 위에 쌓인 눈은 더 아스라하게 느껴질 것입니다. 오늘 저녁에는 송창식의 <밤 눈> 같은 눈이 가득 내렸으면 좋겠습니다.

> 한밤중에 눈이 내리네 소리도 없이/가만히 눈 감고 귀 기울이면/
> 까마득히 먼 데서 눈 맞는 소리/흰 벌판 언덕에 눈 쌓이는 소리.//
> 당신은 못 듣는가. 저 흐느낌 소릴/흰 벌판 언덕에 내 우는 소리/
> 잠만 들면 나는 거기엘 가네/눈송이 어지러운 거기엘 가네//
> 눈발을 훑이고 옛 얘길 꺼내/아직 얼지 않았거덩 들고 오다/
> 아니면 다시는 오지도 않지/한밤중에 눈이 나리네 소리도 없이//
> 눈 내리는 밤이 이어질수록/한 발짝 두 발짝 멀리도 왔네/
> 한 발짝 두 발짝 멀리도 왔네//

✉ 0124 아침편지

1월 하순의 선선한 아침입니다. 1월의 아침은 춥기도 하면서 손을 호호 부는 정도는 되어야 하는데....
그래도 땅 아래는 냉동의 시간이 더 길어지고 있는 것은 다가올 봄을 준비하는 것이지요. 누구나 밥 먹을 땐 고개를 숙입니다. 밥에 대한 공경이라 할까요. 그래서 우리 인사도 '밥은 먹었니?'라고 묻지요. 거기에 모든 것이 다 내포하고 있지요. 경북 북부지역에 인사에 '아젠교!'라는 한 마디에 아제(叔父)가 진지는 드셨는지, 그간 평안했는지, 불편한 것은 없는지, 필요한 것은 없는지 등등 함축된 단어이지요. 누구에게나 밥은 중요하지요. 밥값은 하고 있는 것인지? 누군가에게 밥 한 번 제대로 대접한 것은 있는지? 이 주에는 그 누군가가 되어 보는 것은 어떤가요?

✉ 0126 아침편지

1월의 하순으로 가는 중간쯤 있습니다.
창밖으로 들리는 도시 소음이 낮은 안개(미세먼지?)로 인해 바닥으로 들립니다. 이런 날에는 겨울 나그네가 되어 보는 것도 좋습니다.
빌헬름 뮐러의 시에 프란츠 슈베르트가 작곡한 <겨울 나그네>가 제격이지요.

성문 앞 우물곁에 서 있는 보리수/나는 그 그늘 아래 단꿈을 보았네/
가지에 희망의 말 새기어 놓고서/기쁘나 슬플 때나 찾아온 나무 밑//
오늘 밤도 지났네 그 보리수 곁으로/깜깜한 어둠 속에 눈 감아 보았네/
가지는 산들 흔들려 내게 말해주는 것 같네/
'이리 내 곁으로 오라 여기서 안식을 찾으라'고/
찬 바람 세차게 불어와 얼굴을 매섭게 스치고/
모자가 바람에 날려도 나는 꿈쩍도 않았네/
그곳을 떠나 오랫동안 이곳저곳 헤매도/아직도 속삭이는 소리는/
여기 와서 안식을 찾으라//

한 참 전 동명의 영화에서도 이 곡이 아주 낮은 소리로 울리기도 하였지요.

✉ 0127 아침편지

아침 시간이 조용합니다. 도시의 소음도 작군요. 설 휴일을 앞둔 때에 설레는 마음이 있는 것은 우리 민족만이 가지는 정서라 할 수 있지요. 만날 수 있는 가족이 있고, 보고 싶은 지인 있음이 또한 즐거움 아닐까요?
회한보다는 작은 일이지만 그때의 추억이 나를 지탱하는 힘이 되기도 합니다. 가족이라는 이름으로 하나 되기도 하고 마음 상하기도 했지만, 삶의 과정이라 보면 그리 나쁜 기억만은 아니지요. 그리고 잘해주지 못했음에 눈물이 나기도 합니다. 모든 인간은 눈물로 인생을 시작하고 눈물 한 방울로 마치는 삶이라고 합니다. 이어령 선생님도 생애 마지막에 남는 것이 '눈물'일 것이라 했지요. 박경리의 장편 <토지>의 마지막 장면에도 눈물과 회한의 환희도 있습니다. "외치고 외치며, 춤을 추고, 두 팔을 번쩍번쩍 쳐들어, 눈물을 흘리다가는 소리 내어 웃고, 푸른 하늘에는 실구름이 흐르고 있었다."이지요. (1945. 8. 15. 광복을 묘사한 장면으로 마감합니다.) 이제 지난 일들에서 벗어나 환하고 밝은 생각으로 대하는 날들이면 좋겠습니다.

✉ 0128 아침편지

설 휴일을 앞둔 날 아침입니다.
건강에 관심이 많아졌고 주변에 심신이 아픈 이들이 많이 보입니다. 건강관리, 몸 관리에 관심이 필요합니다. 몸이 아프거나 무너지면 별 소용이 없지요. 박완서는 노년에 '젊었을 때 내 몸은 나하고 가장 친하고 만만한 벗이더니, 나이 들면서 차차 내 몸은 나에게 삐치기 시작했고, 늘그막의 내 몸은 내가 한평생 모시고 길들여 온 나의 가장 무서운 상전이 되었다.' 라고요. 부모님들의 건강도 한 번 확인해야 하겠지요?
설에는 떡국을 먹는데요. 가래떡은 길어서 '장수'를, 납작하고 둥그렇게 썬 것은 옛 엽전 모양으로 '부'를 상징합니다. 오복이라 하는 것은 이렇습니다. 집을 건축하고 상량할 때 대들보에 '年月日時, 應天上之三光, 備人間之五福'라 썼지요. 五福은 書經 洪範篇에는 壽, 富, 康寧, 攸好德, 考終命이고, 通俗篇에는 壽, 富, 貴, 康寧, 子孫衆多로 일반적으로 대부분이 바라는 五福이지요. 내일부터 설 휴일이 됩니다. 건강 유지 잘하면서 가족들과 유쾌한 시간, 보람 있는 시간 되세요.

✉ 0204 아침편지

도심의 건물 사이로 붉은 해의 기운이 밝은 아침입니다. 그 빛은 내일도 모레도 계속 이어지지요. 우리는 그 속에서 나의 전진할 힘도 용기도 추억도 다져가고 있지요. 모든 이에게 그 빛이 방향이 되어 비추어질 것입니다.

저도 누군가에게 힘이 되는 삶이 되게 할 것입니다. 정릉시장에서 '청년문간'을 운영하고 있는 신부 이문수는 그의 책 <누구도 벼랑 끝에 서지 않도록>에서 '비바람과 눈보라 속에서도 푸르름을 잃지 않는 상록수처럼 청년들의 어깨 위로 불안과 서투름이 휘몰아쳐도 그들의 푸르름을 앗아갈 수 없도록 제 어깨를 내어 주고 싶습니다.

거대한 바다도 새 세상을 향해 떠나는 모험가들을 가로막을 수 없었던 것처럼 청년들이 두려움을 극복하고 각자의 모험을 떠날 수 있도록 바람이 되어 그들의 배가 바다를 가로질러 나아가도록 격려하고 싶습니다.'라고 썼습니다.

범인으로서 그분의 마음을 조금은 이해할 수 있겠습니다. 자기 노력 없이 이루어지는 보람은 허영이지요. 주말입니다. 더 편안한 휴식이 있으면 좋겠습니다.

✉ 0208 아침편지

한겨울을 지나고 있는 2월의 아침입니다. 꽃샘추위가 몇 번 더 있겠지만 겨울은 거의 다음을 기약하고 있습니다.

올 대입 정시 발표를 거의 다 했는데요. 야구선수로 졸업을 앞두고 프로 지명을 받지 못하자 학업에 1년간 매진한 학생 얘기가 있습니다. 하루 14시간 이상 정진한 결과 수학 만점 등 전 과목 1등급으로 수시가 아닌 정시에 최초로 합격한 것이지요. 자기 노력과 집중이 뛰어난 것이지요. 축하합니다. 꿈이 이루어지길 기원합니다.

황창원 시인의 <빈방 - 꽃과 나비>를 볼까요?

내가 고요를 주마/너의 빈방 허허롭지 않게/필 데 없는 꽃들 들르거든/
갈 데 없는 나비들 들르거든/돌멩이 단단하듯 사랑하고 살아라/
더 비워져도 좋으니 고요하게 살아라/사랑도 고요가 필요할 때가 있더라//

사랑도 고요가 필요한가 봅니다. 꽃과 나비가 친구이듯이 세상이 아름다운 것은 사랑이 있어서이지요. 삶이 아름다운 것은 꽃에 나비 같은 친구가 있어서이기도 합니다. 그런 친구가 즐겁고 행복과 기쁨을 주는 존재이기도 합니다. 그 학생도 삶에 대한 애착과 즐거움이 친구를 만나는 기쁨이 함께 할 것입니다.

✉ 0209 아침편지

그래도 아침 기온이 많이 내려가지는 않지요. 수요일 아침은 대체로 소음도 적은 듯 합니다.

켜켜이 쌓여 온 지혜를 '온축(蘊蓄)'이라 합니다. 우리 삶의 지혜가 온축되어 아이들에게 후손들에게 전해지지요. 자신 삶의 노력이 쌓인 것이지요. 사람을 보는 관점이 따라 노력형이냐 천재형이냐에 대한 대화가 많지요. 그중에 달을 좋아했던 당나라 詩仙 이태백을 빼놓을 수 없지요. 1,100여 편의 시를 남겼으니 말입니다. 피아니스트 겸 지휘자인 한예종 총장은 '20대 줄리아드 음대 유학 시절 아예 연습실에 살면서 온종일 연습만 하는 외톨이였다'라고 했지요. 성공했다고 평가받은 수많은 사람들의 공통점은 탁월한 노력이었지요. 이태백도 뛰어난 시를 남길 수 있었던 것은 수천 권의 고전과 선인들의 시집을 열독한 결과이지요. 그릇의 물을 넘치게 하는 것은 많은 물이 아닌 한 방울의 물입니다. 바위 구멍을 내는 것도 방울 방울이 오랜 시간 만들어 낸 것이지요. 우리들이 대하는 모든 이는 자기만의 노력이라는 물방울을 수없이 담고 있는 소중한 사람들입니다. 좋아해 주세요. 저도 그렇게 하겠습니다.

✉ 0210 아침편지

아침 바쁘게 걸어가는 행복한 사람들의 발걸음 소리가 경쾌합니다. 그 수많은 걸음 속에 지켜야 할 가족이 있고 삶의 힘겨움에도 견디어 내는 내적 용기와 다짐이 가득합니다.

자신이 가지는 행복의 가치는 다르지만 그 가치를 추구하는 마음은 한결같습니다. 그로 인하여 다른 사람에게 또 그 향기가 전해지지요. 영국의 경영 전문가이자 철학가인 찰스 핸디(Charles Handy, 1932~)는 '진정한 만족감은 너희에게 영향을 받는 사람들이 만족하는 모습을 보는 데서 비롯된다.'고 했지요. 좋은 영향은 좋은 순환을 가져오는 것이지요. 역경을 이겨내고 피어나는 꽃은 더 아름답지요. 세상의 모든 꽃은 아름답습니다. 자연이 내놓은 최상의 완성품입니다. 세상이 어렵거나 그렇지 않거나 계절은 변함없이 꽃을 피우지요. 그를 닮았다면 이 또한 얼마나 아름답나요? 어렵지 않은 때는 아마도 없지 않을까요? 그래서 사람이 사는 세상이 더 아름다운 것입니다. 얘기가 있는 목요일 되세요.

✉ 0216 아침편지

2월의 중순으로 가는 때에 싸늘한 기운이지만 봄은 우리 곁에 온 느낌입니다. 따스한 기운이 나는 날이 그리 멀지 않은 듯합니다.

어제보다는 더 나은 오늘이듯이 우리는 내일로 갈 수는 있어도 어제로는 갈 수 없지요. 자연의 섭리와 과학인 것이 분명한 것이지요. 그러면서도 함께 하는 사람들에게 힘이 되고 동반하는 날이면 더 좋지요. 누군가에게 위로가 되는 일은 쉽지는 않지요. 말로 위로는 진심이 덜 담긴 듯하기도 하고, 무어라 할 말도 쉬이 떠오르지 않는 경우도 있지요. 어찌해야 할지 망설여지기도 하고요. 상대의 마음을 알아주는 진실한 한마디와 정서적 공감의 마음인데 말이지요. 그래도 서로 통하는 마음 한 줄기로 상대는 알겠지요? 나의 희망만은 아닐 것이니, 그래도 무어라 전해야지요. '그래도라는 섬'도 있잖아요?(김승희 시인의 시 '그래도')

누군가엔가 힘이 되는 하루 되세요. 자신이 물론 힘이 되는 것은 당연하지요.

✉ 0217 아침편지

해가 동트기 전에 가장 어둡다고 하지요. 그것은 달과 별들이 다음날을 준비하는 태양에 밀려 아무 빛도 남아있지 않은 때라서 가장 어두운 것이지요. 우리가 볼 때 빛을 내는 세 가지인 해, 달, 별이 아니 보이는 때이기도 합니다. (이 세 가지를 三精이라 하고, 장군에게 주는 검이 三精劍(四寅劍)이라 합니다.) 이 아침 바람이 비록 차지만 마음속의 삼정은 반짝이면 좋겠습니다. 스티브 잡스(1955~2011)는 2005년 미 서부 명문대 스탠퍼드대 졸업식 연설에서 세 가지를 PT 없이 했는데요. 인생의 전환점, 사랑과 상실, 죽음 등이었지요. '과거는 어떻게든 미래와 연결된다.'는 것과 '신념을 잃지 말라. 자신이 정말 좋아하고 사랑하는 일을 찾으라.', '하루를 살아도 마지막인 듯 살아라.'가 핵심 문장이지요. 연설의 마지막 말은 Stay Hungry, Stay Foolish. (늘 갈망하고 우직하게 나아가라.)이었습니다. 최선을 다하는 삶을 강조한 것이기도 합니다. 그 빛이 내적 마음으로부터 빛을 내어 곧 나타날 것입니다. 그리 멀지 않았습니다. 그러면서도 마음의 여유가 있는 날 되세요.

✉ 0218 아침편지

2월 셋째 주 금요일, 주말을 앞둔 아침입니다. 이 주말 좋은 일들이 많을 것입니다.
우리는 매일 문자를 대합니다. 요즈음 문자는 축약, 은어적 표현 등이 많지요. 무슨 의미인지 한참을 들여다보거나 물어보아야 하지요. 익히 알고 있는 문해력(literacy)과는 또 다른 현상이네요. 존 F. 케네디는 '배움이 없는 자유는 언제나 위험하며 자유가 없는 배움은 언제나 헛된 일이다.'라 했습니다. 배움과 자유에서 둘 다 없어서는 안 될 것이라 본 것이지요. 우리는 그 배움의 자유가 없기도 하였고, 자유가 없기도 했지요. 다시는 그러한 상황이 되지 않게 절치부심해야 하지요.
김경후(1971~)의 '문자'라는 詩입니다.

> 다음 생애/있어도/없어도/지금 다 지워져도//
> 나는/너의 문자/너의 모국어로 태어날 것이다//

문자가 가진 의미가 와 닿습니다. 이렇듯 문자에 대한 사랑과 정성을 간절하게 표현한 것은 없을 것입니다. 조용한 휴식이 있는 주말 되세요.

✉ 0223 아침편지

해 뜨는 시간이 점점 당겨지고 있습니다. 도시의 건물 사이로 붉은 기운이 번질 때는 많은 이의 삶이 함께 깨어나고 있습니다. 밝은 미래를 예고하듯이 전날 준비되었지요. 정월 대보름이 지나니 밤하늘엔 별들만 가득합니다.
이재무 시인은 이렇게 표현했지요. "문득 고개 들어 하늘을 바라보았다. 밤의 상점에 하나둘씩 별들이 켜지기 시작했다.~~ <중략> " - 수필 <첫사랑> 중에서 참 아름다운 표현이지요. 우리는 다가올 미래에 대해 부정적, 비판적으로 보는 경향이 있지요. '잘 될까?', '병이 심각해지면 어쩌지?'' '이번 시험에 망치면 어쩌지?' 등등 그런데 그것은 아직 오지 않았고 내 노력의 정도도 평가받지 않은 것이니 걱정 안 해도 됩니다.
해 보다가 안 되거나 덜 되면 '어쩔 수 없지. 다음이 있잖아!'라고 하면 어떨까요? 오늘 최선을 다한 시간이 미래를 보장하는 주춧돌이 됩니다. 오늘 하루도 좋은 추억이 많은 시간 되세요.

✉ 0224 아침편지

조용한 2월 하순의 아침입니다. 아파트 조경목인 목련이 꽃망울을 움트는 것이 조금 보입니다. 봄이 되려나 봅니다. 봄 봄 봄 말입니다. 다정하게 우리에게 한 걸음 한 걸음 다가오고 있는 것이 느껴지지요?

얼마 전 브라이언 헤어와 버네사 우즈의 <다정한 것이 살아 남는다>는 책을 읽었습니다. 우리 인류가 이렇게 오랫동안 살아남은 비밀은 '다정한 인간'이기 때문이라고 했지요. 인류의 진화 과정에서 호모 사피엔스가 번성할 수 있었던 것은 '협력'에 뛰어났다는 것이죠. 가족으로 결속하는 포용력은 아주 오래전부터 있었다는 것입니다. 이제 그것이 더 발휘하게 해야 할 시점이 된 것입니다. 인간이 이룰 수 있는 최상의 조직이 가정이라는 조직인 것이지요. 힘들어도 어려워도 즐거워도 함께 하는 것이 가족입니다. 직장 일로 가족과 떨어져 있는 직원들도 있지요. 이번 주는 더 선한 관계의 가정이 되면 좋겠습니다.

📧 0228 아침편지

어느덧 2월 마지막 근무일 아침입니다. 봄소리가 많이 들립니다. 보이지는 않지만 준비된 힘을 발산하고 있지요. 그렇게 봄은 우리 곁에 와 있습니다. 산자락에도 사람들의 옷에도 얼굴에도 아침 기온에도 전해집니다. 이제 다 가온 봄에게도 칭찬의 좋은 말이 필요하지요.
"칭찬 한마디로 두 달을 행복하게 산다."는 마크 트웨인의 말처럼 "추위에 많이 힘들었지요?"와 같이 좋은 말은 멋진 말이기도 하지만 마음을 움직이는 말이다. 또 "당신이 정말 잘 됐으면 좋겠습니다." 이런 인사는 어떤가요? 우리는 함께하는 일정한 기간 동안 내 인생에 들어와 있는 아름다운 사람들이니까요. 지울 수 없지요. 3월을 잘 시작하는 시간이 되면 더 좋겠습니다.

📧 0302 아침편지

3월 첫 근무일 아침 출근길 구두발 소리가 경쾌합니다. 또각 또각, 뚜걱 뚜걱 각자의 삶의 방향을 보는 것이라 생각됩니다.
3월은 봄의 전령이 옆에 와 있는 때입니다. 봄의 교향악이 들리지요. 그렇게 몰래 내 옆에 다가선 그를 잘 맞이해야 하지요. 내 마음의 강물처럼 흐르는 시간의 모습을 찾아가는 것입니다. 주체적 시간이 되는게 나를 이끌어 주는 매개가 될 것입니다. 생텍쥐페리는 <어린왕자> 중, 여우와 대화에서 이렇게 쓰고 있습니다.
'사막이 아름다운 것은 그것이 어딘가에 우물을 감추고 있기 때문이야 눈으로는 찾을 수 없어 오직 마음으로 찾아야 해... 여기는 보이는 건 껍데기에 지나지 않아.... 가장 중요한 것은 눈에 보이지 않지.'라고요.
지난 주부터 오늘까지 각급학교의 정문, 캠퍼스에는 졸업과 입학을 알리는 걸게 그림과 환영의 표식들이 나부끼고 있는 걸 보면 가슴이 설레기도 합니다. 다 그들을 응원하고 그리는 꿈들이 잘 그려가길 기원해 봅니다. 3월의 아지랑이들이 기다리고 있잖아요. 진심으로 축하합니다.

✉ 0304 아침편지

아침 공기가 많이 달라졌습니다. 서늘한 기운은 어느새 윗쪽으로 갔군요. 바람도 나와 함께 이 마음을 안다는 것처럼 그렇게 봄에게 자리를 물려주었습니다. 그 칼바람이 그립기도 합니다.
'그대가 해 준 하나를 바라보고 고마워하고 그 하나에 만족하고 소중함을 표현해 주는 그런 나이이고 싶습니다.' 김지훈은 <당신의 마음을 안아 줄게요>에서 이렇게 표현했지요. 내일이 경칩 절기라 제방에, 논둑에, 밭둑에 피어나는 쑥과 달래가 정겹습니다.
주말을 앞두고 이해인의 시 <3월의 바람>입니다.

> 필까 말까/아직도 망설이는/꽃의 문을 열고 싶어/바람이 부네/
> 열까 말까/망설이며/굳게 닫힌/ 내 마음의 문을 열고 싶어/
> 바람이 부네/쌀쌀하고도/어여쁜 3월의 바람/바람과 함께/
> 나도 다시 일어서야지/앞으로 나아가야지//

3월의 바람이지요. 좋은 휴식의 시간 되세요.

✉ 0311 아침편지

3월 둘째 주 주말을 앞둔 금요일입니다. 건물 사이로 붉은 해가 세상의 어둠을 밀어내고 떠올라 있습니다. 어둠이 없다면 이 빛도 그 찬란함이 없겠지요. 양면성을 부정적으로 보는 것도 있지만 어둠, 빛이 대비되는 것처럼 경우도 많이 있습니다.

알베르트 아인슈타인은 천재성을 발휘한 과학자이지요. 그는 '모든 사람은 천재다. 그러나 나무를 얼마나 잘 타고 오르는 지로 물고기의 능력을 판단한다면, 물고기는 자신을 평생 어리석다고 믿으며 보낼 것이다.'라고 했지요. 다양한 분야의 자기만의 천재성을 가지고 있다는 것, 그것이 세상을 다양성이 존재하는 더 살기 좋게 의미 있게 만드는 요소가 아닐까요? 한 부모 아래의 형제들도 다 다르지요. 하물며 역사와 전설이 서로 다른 더 많은 이들은 당연히 다양성이 다양하여 그 융합이 더 큰 미래를 이루어가는 원동력이 되는 것이라 봅니다. 이 봄! 더 가기 전에 쑥, 냉이, 얕은 개울의 미나리를 보는 즐거움이 있기를 소망합니다. 잘 보내세요.

✉ 0322 아침편지

조금은 쌀쌀하지만 상쾌한 3월 하순 아침입니다.

지난 주 터키에서 아주 의미 있는 건설 준공식이 있었습니다. 우리 기업이 우리 기술로 차낙칼레 대교를 완성한 것이지요.(현수교로서 최장, 2,023미터, 남해 이순신대교의 기술을 적용한 것) 참여한 우리 기업 모두의 성과라 하겠습니다. 또한 이달 초 울진, 동해지역의 산불이 아주 많은 영향을 주었지요. 그중에서도 주민과 삼림에 화마가 스쳐 상심과 많이 훼손되었습니다. 우리나라 사람들에게는 소나무가 최고로 사랑하는 나무이지요. 퇴계 이황선생은 소나무에 대해서 '돌 위에 자란 천년 묵은 불로송/검푸른 비늘같이 쭈글쭈글한 껍질/마치 날아 뛰는 용의 기세로다.//'라 했습니다. 소나무는 우리나라가 원산지이고 매화, 대나무와 함께 歲寒三友이지요. 그런데 이 소나무가 산불을 확산하는 근원이 되기도 합니다. 양면성이 여기에도 있나 봅니다. 안전한

산하를 이루는데 더 깊은 고민이 필요한 것이지요.

✉ 0324 아침편지

점점 봄이 다가오는 소리가 들리는 3월 하순의 아침입니다. 그 소리는 조금씩 조금씩 그러다가 어느 순간 옆에 와 있지요. 그렇게 또 추억이 쌓이고 삶이 익어가는 것입니다.
'인생에서 지나가버린 과거는 언제나 변치 않는 아름다움이다.'라는 표현이 있습니다. 그렇지요. 과거는 변경할 수 없는 자신만의 기록이고 추억입니다. 그 속에는 많은 연민과 七情이 다 들어 있는 것이니까요. 17세기 경 스페인의 라만차 마을에 사는 인물을 중심으로 쓴 세르반테스(1547~1616)의 소설, <돈키호테(Don Quixote)>에서 "세월과 함께 잊히지 않는 기억은 없고 죽음과 함께 끝나지 않는 고통은 없다."라고 말하지요. 비록 잊혀지더라도 그 사람(가족)에게는 추억으로 남아 있지요. 고매한 인격이 그를 대변하듯 남아 후세에 전해지기도 합니다. 오늘 우리는 또 어떤 추억이 쌓여 아름다움으로 자리하게 될까요? 좋은 날 되세요.

✉ 0328 아침편지

봄이 우리 곁에 가까이 와 있습니다. 아파트 조경목인 목련의 꽃망울이, 개나리의 어린 노란 꽃이 피기 시작했습니다. 벚꽃도 붉은 꽃받침이 터지기 직전입니다. 이렇듯 봄은 대지의 힘을 밀어 올려 생동하게 합니다.
우리의 마음이 한 것 부풀어 올라 꽃구름 속에 있을 날도 멀지 않은 듯 합니다. '모든 위대한 업적은 한때 불가능한 것으로 생각되었다.'라는 말이 있습니다. (Every great achievement was once considered impossible) 자연의 이치가 그러하듯이 그를 발견해 내고 이로운 것을 찾아내는 것은 꾸준한 탐구와 자세히 보려하는 것에서부터 창의는 시작됩니다. 3월 마지막 주가 지나가고 있습니다. 나는 무엇을 하였는가? 희망했던 것이 어느 정도 달성되었는가를 돌이켜보는 시간이 되면 좋겠습니다. 중간평가이지요. 업무도 가정사도 청춘사업, 친구 관계 등등 좋은 시간이 켜켜이 쌓이는 즐거움이 가득하길 바랍니다.

✉ 0329 아침편지

아침 바람결에 조그마한 목련꽃잎이 새초롬이 나타났습니다. 자목련이 먼저 나타나는 것은 더 예뻐 보이는 자랑인가요. 주변의 건축물과 어울리게 나타나는 것은 더 조화롭습니다.

프리츠커상은 매년 건축 예술을 통해 재능과 비전, 책임의 결합을 보여주어 인류와 건축 환경에 일관적이고 중요한 기여를 한 생존 건축가에게 수여하는 상으로써 건축계의 노벨상(매년 5월)이라고도 합니다.

하얏트 호텔 창업주 제이 A. 프리츠커와 신디 프리츠커 부부가 제정한 것으로 올해는 '교육이 없으면 개발은 하나의 꿈이다.'라고 한 서아프리카 부르키나파소의 디베도 프란시스 케레('22년)가 수상하였습니다. (국가명도 생소하지만 인구 2,210만여 명이 빈국, 나이지리아, 코트디부아르 경계국가) 흙과 벽돌로 지은 학교 건물을 시작한 것이지요. '빛의 시적 표현'이라 하면서 척박한 아프리카에 미래를 짓고 희망을 나타내는 것이기도 합니다. 그렇게 한 사람의 삶의 궤적이 희망이 되어 더 많은 이야기를 만들어 갑니다. 켜켜이 쌓이는 것이지요. 삶이란 것도 마찬가지 아닌가요? 한 켜 한 켜가 축적되는 온축인 것입니다. 좋은 하루가 당연히 되어야 합니다.

✉ 0331 아침편지

춘삼월 마지막 날 아침입니다. 내일이 4월이라 목련꽃 그늘 아래서 연인의 편지를 읽을 시간이군요. 아파트 한 켠에 일찍 핀 살구꽃, 복사꽃에서 향기가 아주 많았습니다.

'봄의 향기는 멀리 갈수록 맑아진다.'는 香遠益淸처럼 말입니다. 그 향기는 人香만큼은 아닐지라도 이 아침 신선했습니다. 오래도록 곁에 있어서 마음의 안정을 도와주면 좋겠습니다. 우리 주변에서 불가능한 일이 이루어지는 것을 보지요. 그 기적 같은 일에는 숨은 노력의 결과이기도 하고 삶의 온 열정을 쏟아 부은 결과이기도 합니다. 기적을 만드는 일만 시간을 들여 보았을 것입니다. 삶의 향기가 전해지는 4월이 되면 좋겠습니다. 그대의 편지를 읽은 시간이니까요.

✉ 0401 아침편지

4월의 첫 근무일 아침입니다. 3월과는 하루 차이인데 아침 햇살이 아주 밝고 힘찹니다. 감사와 보람의 3월이 되었을 줄로 압니다. 이제 새 달을 맞으면서 다짐도, 결산도 마음정리도 필요하지요.

치열하게 자신의 삶을 살아가는 사람들이 많습니다. 새날이 열리기를 기다리며 이른 시각부터 행동을 실천하지요. 영국의 정신분석학자인 멜라니 클라인(1882~1960/오스트리아 빈 출생)는 '삶을 즐길 수 있는데 필요한 것을 감사와 운명을 인정하는 것'이라고 했습니다. 이 두 가지는 좌절하지 않고 삶을 즐길 줄 아는 것이라 한 것이지요. 저도 두 번째 것은 어려운 것 중의 하나이지요. 운명에 너무 맡기는 것 같기도 하고 진취적이지 않은 느낌도 들고요. 그 사람의 운명은 어느 정도 정해져 있다는 생각도 해 봅니다. 어떻게 하면 그를 더 튼실한 단단한 동아줄로 만드는 것이냐에 달려 있다고 봅니다. 거기에 '건강'이라는 것도 필수적이지요. 건강하지 않으면 감사도 운명도 의미가 없어지는 것이니까요. 4월 첫 주말 또 다른 전진을 위한 휴식이 되면 좋겠습니다.

그 옆에 나무. 休는 人과 木이니까요.

✉ 0404 아침편지

온 산이 노랗게 환하게 서서히 물들고 있습니다. 봄의 전령사가 이렇게 밝게 나타나서 흐뭇한 미소를 짓게 합니다. 개나리는 병아리와 같이 사랑을 독차지하듯이 자랑합니다.
그를 보는 마음 또한 주욱 이어지는 연속선상의 기쁨입니다. 그 길을 발이 아프도록 걸어 저 하늘 끝까지 닿고 싶습니다.
이해인의 <사월의 시>를 볼까요?

> 두 발 부르트도록/꽃길을 걸어 봅니다.//
> 내일도 내 것이 아닌데/내년 봄은 너무 멀지요//
> 오늘도 이 봄을 사랑합니다//
> 오늘 곁에 있는 모두를/진심으로 사랑합니다.//
> 4월이 문을 엽니다.//

눈이 시리게 아지랑이 피어올라 전해지는 향기를 느껴보아요. 4월 첫 주 훨훨 날아다니는 향기처럼 되세요.

✉ 0406 아침편지

목련이 절정입니다.
벚꽃은 아직인 데 이 주말이면 다 터뜨릴 듯합니다. 이렇게 자연은 소리 없이 다가와 기쁨으로 전해지고 있습니다. 우리들 마음도 활짝 개화되는 때입니다.
리더십과 자기개발 분야의 전문가인 스탠 톨러(Stamley Toler)는 <행운의 절반 친구>에서 "자신을 사랑하는 법을 익히기도 전에 경쟁하고 이기는 법만 배우니까 세상에 외롭고 불행한 사람들이 넘쳐나는 것이다."
남다른 성취를 이룬 사람들을 자세히 보면, 그들이 언제나 마음의 문을 열어놓고 있다는 사실을 발견할 수 있지요. 마음의 문으로 들어오게 하는 친구의 소중함을 강조한 것 말입니다. 우리는 가끔은 친구를 내 가족보다도 더 중하게 여기는 일들이 많이 있지요. 나의 얘기를 들어주는 '경청'의 마음이 동급의 관점에서 보아주니까요. 바람결에 실려 오는 꽃들의 향기에 흠뻑 적셔지는 시간이 되면 좋겠습니다.

✉ 0407 아침편지

흐리지만 밝은 아침입니다. 가족과 가정을 생각하게 날 같습니다.
소중함은 천천히 잘 보이지 않게 나타나는 경우가 많지요. 헨리 데이비드 소로는 "가족은 하늘이 정해준 인연, 친구는 내가 선택한 가족"이라 했지요. 친구에 대해서 말한 날도 있지만 가족은 많은 것들을 포함하는 의미이지요. 삶을 고해(苦海)라고 말하지요. 고통의 바다 세상에서 어려운 일이 생기는 것은 당연하다 할 수 있지요. 그러한 근심, 걱정은 삶의 과정이고 헤쳐 나가야 할 과제이기도 합니다. 그러니 가족과 친구가 있어서 잘 견디어 내는 것이지요. 잊고 있던 조금 멀리 있는 그리운 친구에게 전화라도 한 번 하는 것이 어울리는 좋은 날입니다. 콜러링도 근사한 것으로 연결해 놓고....

✉ 0408 아침편지

4월 첫 주말을 앞둔 금요일 아침입니다. 시내, 산과 들 곳곳에 꽃 잔치가 열리고 있습니다. 목련은 향기만 남기고 가녀리지만 뭉턱한 잎들을 떨구고 있지요. 다른 꽃들에게 자리를 내어 주는 미덕이라 할 수 있습니다. 그들만의 인연인 것이지요.
좋은 인연은 있는 그대로의 모습으로 섰을 때 상대에게 기쁨이 되는 것이라 하지요. 내 것이 아니면 상대에게 변화를 요구한다면 그것은 인연이 아닌 것이지요. 옷깃 한 번에 전생에서 500번 이상 만남이 있었다 하잖아요? 순간의 선택이 10년을 좌우한다는 전자제품 광고가 있었지요. 참 선택은 어려운 것 같아요.
음식도, 옷도, 책 등 물건들, 사람은 더 어렵지요. 장고 끝에 악수 둔다는 속담도 있지요. 잘 모르면 주변의 조언 듣고 선택하면 중간은 간다고 하네요. 그래서 인연은 선택이 아니고 그저 내게 다가오는 것이라 봅니다. 이 주말 좋은 인연의 사람들과 또 다른 인연을 이어가는 날이면 좋겠습니다. Bye!

📧 0411 아침편지

온 산이 공원이 가로가 꽃향기에 가득, 흠뻑 적셔져 있습니다. 이렇게 좋은 날이 있으려고 겨우내 추웠나 봅니다. 본점 주변이나 여러 곳에 작은 잎과 라일락 향기가 가득합니다. 우리 전래의 라일락은 수수꽃다리이고 중국명 丁香, 紫丁香입니다. 본점 북측 조형물 주변에 미스킴라일락이라는 키 낮은 꽃이 수북하게 됩니다. 광복후 미군정시기 농무성 소속 엘윈 미더(Elwin Meader) 식물육종전문가가 북한산 백운대 부근 바위틈에 핀 털개회나무꽃을 발견해 씨앗을 채취, 미국에서 대량 증식 성공해 국내로 들어온 꽃이지요. (Miss kim Lilac의 이름은 자료 정리에 도움 준 타이피스트 김씨 성을 붙임) 요즈음 자연이 인간에게 주는 가장 큰 선물들이 많이 있습니다. 각종이 꽃무리들도 그중의 하나이지요. 하늘 아래 내가 받은 가장 큰 선물은 꽃과 오늘입니다. 오늘 받은 선물 가운데서 가장 아름다운 선물은 당신입니다. 좋은 한 주 되세요.

📧 0413 아침편지

어제 밤비에 꽃들이 졌습니다. 옛 사람들은 '어제 밤 비에 꽃이 피었다(花開昨夜雨)'했는데. 花落昨夜雨이네요. 길에도 차 위에도 풀 위에도 그대의 머리 위에도 꽃잎들이 뚝뚝뚝. 좋은 말과 글이 넘쳐나는 요즈음이지요. 마음이든 물건이든 주변인에게 주고자하는 마음이 가득합니다. 그러면 비워진 만큼 또 채워지는 이치이지요. 1년 내 한 번도 입지 않은 옷은 입을 기회가 거의 없다는 것이기도 합니다. 근래에 '당근 마켓'이 그러한 기회비용을 줄이거나 나눔의 형태로 이루진 것도 비우는 방법입니다. 저는 꼭 필요한 것이 아니면 옷을 거의 사지 않지요. 그런데 책은 어쩔 수 없이 쌓여가고 있습니다. 비 내린 다음 날 기쁨이 가득하길 바랍니다.

✉ 0415 아침편지

청초한 봄날 아침입니다. 본점 주변의 라일락 향기가 사랑하는 '당신의 이야기'처럼 달려옵니다. 영산홍이며 을지로 셔터 갤러리 건물 틈새에 쑥 자란 민들레는 신선함을 더 합니다.

20대 초반 아직은 성근 생각으로 무작정 달려간 그 사람이 생각납니다. 왜 그리 안절부절 못했는지? 그이의 편지만을 기다리기도 하고 어쩌다 늦게 귀가하면 그이의 예쁜 글씨는 내게 와 있었지요. 많은 것이 채워지고 비워지기 전이라 있는 그대로 다가와 아파하기도, 자주 볼 수 없음에 안타까워하기도 했지요.

'결국은 읽혀지지 못해 힘들었던 수북이 쌓인 먼지 아래 외로이 놓여있던 당신이라는 책을 이제는 내가 읽어갈게요.'처럼. 조금 더 성숙했더라면 위처럼 했을 텐데도 그저 나만 바라봐 주길 기대했지요. 세 번째 스무살인 지금에 만났던 많은 사람들이 모두 인연이었던 것입니다. 이제는 그 인연들을 더 소중히 가꾸며 인연이라는 당신이라는 책을 천천히 읽어 함께 할 것입니다. 주말 그 인연의 끈을 잘 이어가는 날들이길 바랍니다. Bye.

✉ 0419 아침편지

아침 햇살이 찬란합니다. 바다에서보다 더 빛을 발하는 듯합니다. 매일 아침 들리는 새소리는 참 마음을 맑게 합니다. 아마도 더 관심이 있었다면 소리만 듣고도 무슨 새인지를 알겠지요.

아직은 연구가 관찰이 부족한가 봅니다. 벌써 틈새의 민들레나 콩과의 식물들은 30센티가 넘게 자란 것도 있습니다. 우리는 자기가 마련한 또는 선물 받은 물건에 애착을 많이 가지고 있지요. 더욱이 그것이 작은 것, 의미가 많이 있는 것이라면 더 하지요. 하루 종일 찾기도 합니다. 그것을 놓을 때는 잊지 않을 곳에, 잘 찾을 수 있는 곳에 두었는데도 말입니다. 저는 깨진 찻잔은 버려야 하는데 그러지 못하는 고약한 습관이 있기도 합니다. 그런데 깨어진 것을 버리지 못하면 다치기도 하고 붙여 쓸 수도 없는데. 그것은 이미 역할을 다한 것이지요. 내 손을 떠난 것들에 미련을 갖기보다는 새롭게 시작하는 것이 더 나을 수 있습니다. 이제 봄날이 이어지는 삶 속에서 과감하게 정리가 필요한 것은 하고 남겨야 할 것은 추억으로 잘 찾을 수 있게(?) 해야 하겠어요. 4월이니까요.

✉ 0420 아침편지

4월 중순인데 벌써 나뭇잎들은 무성해지고 있습니다. 빌딩 사이로 비치는 햇살에 그 여린 잎들이 하늘거리는 것이 자신을 뽐내고 향기를 발하고 있습니다. 사랑스럽지 않을 수가 없네요.
사람처럼 자신을 온전히 들어내고자 헌신하는 모습입니다. 사람은 누구나 사랑의 대상, 헌신의 대상이 필요하다고 합니다. 그 대상을 위하여 모든 것을 던질 수 있지요. 그것은 나를 비워야 가능하지요. 그것이 없이는 사랑에 속박되는 것이기도 합니다. 그 사랑은 아주 가까이 가끔씩은 멀리 있기도 하여 조심스럽게 다가가고 정성어린 손길이 필요한 것이기도 합니다. 환한 모습으로 다가서서 '힘 들었지?'라는 말보다는 그저 꼭 안아 주는 마음일 것입니다. 그 누군가를 항상 그리고 나 또한 그 누군가가 되는 날이면 좋겠습니다. 아마도 셀 수 없을 정도로 많을 것입니다. 그대가 있어 나 있으니…

✉ 0421 아침편지

상쾌한 목요일 아침입니다.
삶의 모습이 참으로 다양합니다. 어제 어느 TV 프로그램에 자작곡까지 하면서 노래한 가수(키친, 닮았잖아 등)가 미국으로 로스쿨 유학하여 미국 변호사가 되어 뉴욕에서 국제중재, 인권, 난민 관련 변호를 하는 이소은의 얘기가 있었습니다. 시험에 꼴찌가 되어 낙담 중에 그이의 아버지가 쓴 편지가 참와 닿았습니다.
'아빠는 너의 전부를 사랑해, 너가 잘할 때만 사랑하는 게 아니다.'였지요. 용기 내어 변호사가 된 후 자신의 역할을 재정리하는 기회가 되었다는 것이지요. '3년의 로스쿨 공부로 한 사람의 변호를 통해 그 인생 전체가 변화된다는 것이구나.'라는 것이었습니다. 아주 감동적이었습니다. 왜 어려움이 없었겠습니까?
저도 자신을 돌아보는 계기가 충분히 되었습니다. 저이도 저렇게 간난신고의 시간을 목표에 이루고 있으니 말입니다. 더 많은 노력이 지속되어야 하겠습니다. 인생의 의미는 다양하니까요.

ps. 길거리 토크에서 지금의 프로그램으로 성장하게 한 은행원. 가수의 백 댄서였다가 프랑스로 가 디올의 세계적 디자이너 된 사람 등이 출연

✉ 0422 아침편지

선선한 아침, 조금 걸으면 땀이 날 정도입니다.
을지로 소나무의 송화가 노랗게 머금고 곧 비에 그 농도를 달리하겠지요. 본점 주변의 라일락은 그 끝의 향기를 가득 채우고 있지요. 이 주말 봄의 정취를 웅혼함을 느끼는 시간이 되면 좋겠습니다. 이제 봄꽃들이 하나둘 지고 여름꽃들이 채워질 것입니다. 이 즈음에 딱 맞는 시가 조지훈(1920~1968)의 <낙화>이지요.

꽃이 지기로소니/바람을 탓하랴// 주렴 밖에 성긴 별이/
하나 둘 스러지고//
귀촉도 울음 뒤에/머언 산이 다가서다// 촛불을 꺼야하리/꽃이 지는데//
꽃 지는 그림자/뜰에 어리어//하이얀 미닫이가/우련 붉어라//
묻혀서 사는 이의/고운 마음을//
아는 이 있을까/저어하노니//꽃이 지는 아침은 울고 싶어라//

또 이형기 시인의 시 <낙화>는 꽃 지는 서정을 표했습니다.

가야 할 때가 언제인가를/분명히 알고 가는 이의/
뒷모습은 얼마나 아름다운가// 이하 생략

그 시절입니다.

* 내일은 1995년 유네스코에서 정한 '세계 책의 날'(World Book and Copyright Day)입니다. 이는 책을 사는 사람에게 꽃을 선물하는 스페인 까달루니아 지방 축제일인 '세인트 조지의 날'과 1616년 세르반테스와 셰익스피어가 동시 사망한 날에서 유래.

✉ 0426 아침편지

느티나무 가로수의 잎이 아주 커졌습니다. 한 달 정도 만에. 어제 밤비에 젖은 자연이 우리에게 주는 기쁨이 이렇게 좋습니다. 마음마저 푸근해지는 날이 될 것입니다.
세상에서 지혜로운 사람은 배우는 사람이고, 가장 행복한 사람은 감사하는 사람이라 합니다. 한 켤레의 고무신에도 고마워서, 아까워서 신지 못하고 선반에 고이 올려놓은 할머니의 마음이 세상 사람들에게 뿌릴 수 있는 사랑입니다. 애써 찾지 않아도 지천에 널린 풀처럼 사랑거리는 많이 있습니다. 고맙고 감사한 사랑의 마음, 노래이지요. 때로는 그저 그렇게 보내지만 힘들 때나 외로울 때, 괴로움이 한 가득일 때는 채워주는 것은 사랑이지요. 주변에 나에게 그 사랑을 채워 보세요. 언제부터인가 매일 '사랑해'라고 아내에게 하는 횟수가 줄었지만, 오늘 저녁에는 진심을 담아 작은 소리로 '사랑해' 해 볼랍니다. 멋진 5월이 곧 다가옵니다. 여왕이잖아요. 영접 준비도 해야 하지요.

✉ 0427 아침편지

이 아침 아주 신선합니다.
봄꽃들이 거의 위를 보고 피는데 아래로 마치 포도송이처럼 피는 꽃이 있지요. 오늘 아침 조금 돌아서 걷다 보니 등나무 보라색 꽃들이 주렁 주렁이더군요. 먼저 핀 꽃들의 자리를 차지한 것입니다. 어쩌면 자연(스스로 그러함) 이치가 이토록 질서 정연할까요? 나름의 탁월함이 나타난 것입니다. <엑셀런

스>의 저자 도리스 메르틴은 '탁월함이란 무엇인가?'라는 질문에 '탁월함은 어제보다 오늘 더 나아지려는 투지와 습관이다'라 정의합니다. '탁월함은 재능인가? 성실인가?'라는 질문에 도리스는 '탁월함의 시작은 호기심, 과정은 성실이다. 성실을 시스템화한 것이 좋은 습관이다. 우리의 일상을 잘라보면, 삶에서 이루는 것은 많은 소소한 습관들의 영수증이다.'라고. 내가 반복하는 행동이 바로 나 자신인 것이지요. 호기심과 성실은 무한한 가능성을 가진 성장 달란트입니다. 다름의 나가 되는 것이라 봅니다. 이제 4월을 마무리할 즈음입니다. 좋은 4월이 되었을 것이라 믿습니다.

📨 0428 아침편지

아침 공기가 많이 가벼워졌습니다. 청계천의 조팝나무꽃이 화사합니다. 그 옆 회화나무도 좋습니다.
오늘은 우리 모두의 성웅인 충무공 이순신이 탄신한 날입니다. 많은 역사연구자, 사회지도자들이 본이 되는 역사 인물로 정하지요. 영화 '명량'으로 더 깊이 인간애와 전투준비 등을 이해하는 계기가 되었습니다.
광화문 광장의 동상은 68년 4월 27일 건립되었는데요, 서울대 미대 조각가인 김세중이 만든 것입니다. (김남조 시인의 夫君) 동상의 특징 중 劍을 오른손에 집고 서있는데 이는 승자를 새긴 것입니다. (물론 왼손잡이는 더더욱 아님) 시선 방향과 눈은 아주 부리부리한데 이는 일본 침략을 응징하여 '다시는 이 땅을 넘보지 말라'는 의미로 방향도 물론 일본의 수도방향으로 만든 것입니다. 경부고속도로의 총거리를 428km로 한 것도 탄신일을 고려한 것이기도 합니다. 당시 지도자는 그만큼 나라사랑과 선열의 충정을 기리고자 하였지요. 광장을 지날 때 이런 것도 알고 보면 의미가 있지요. 그 뒤의 세종대왕상은 세계 유일의 책을 들고 있는 동상이기도 합니다.
오늘, 또는 주말 광화문 광장을 지나보는 것도 좋겠습니다.

✉ 0429 아침편지

오랜만에 비가 내리고 있습니다. 나뭇잎의 하늘거림이, 연녹색의 떨림이 아름답게 느껴집니다.
이렇게 또 한 시절이 지나고 새로움이 다가오고 있습니다. 이르러 여러 번의 천둥과 번개가 열매가 되는 것이지요.
상처받지 않은 영혼이 어디 있으며, 설렘과 그리움이 없는 삶이 어디 있겠습니까? 김종해의 시 <그대 앞에 봄이 있다>를 볼까요?

우리 살아가는 일 속에/파도치는 날 바람 부는 날이/어디 한두 번이랴/
그런 날은 조용히 닻을 내리고/오늘 일을 잠시라도/
낮은 곳에 묻어 두어야 한다/
우리 사랑하는 일 또한 그 같아서/파도치는 날 바람 부는 날은/
높은 파도를 타지 않고/낮게 앉게 밀물져야 한다/사랑하는 이여/
상처받지 않은 사랑이 어디 있으랴/
추운 겨울 다 지내고/꽃 필 차례가 바로 그대 앞에 있다//

차마 피지 못한 꽃들도 내년을 기약하지요. 철쭉과 영산홍이 한창입니다. 이 주말 '숲'으로 다녀오세요.

✉ 0502 아침편지

5월 첫 근무일 화사한 아침입니다. 지난 주말은 바람과 기운이 서늘한 날들이었습니다.
숲으로 다녀오니 어떻습니까? 상쾌함과 넉넉함이 함께 했을 줄 압니다. 마음의 여유와 풍요가 행복의 근원이 되기도 합니다. 항상심을 갖기는 참 어렵지요. 칠정에 흔들리는 것이 인간이라서 그런가 봅니다. 고요의 상태가 마음의 평정을 갖는 것도 행복일 수 있습니다. 17세기 스페인의 철학자이자 신부인 발타자르 그라시안은 그의 책 <사람을 얻는 지혜>에서 '얼마나 많은 재화를 소유하는가 하는 것은 조금도 중요하지 않다. 그대가 얼마나 더 풍요로운 영혼을 가질 수 있는가 하는 점이 중요하다.'라 했습니다.
그런데 현대를 살아가는 사람들은 쉽지는 않은가 봅니다. 재화를 찾는 이들이 많지요. 주변에 선한 영향력이 얼마 지나지 않아 내게 다시 돌아오는 것이지요. 5월이 되니 마음도 생각도 더 풍성해지는 날들이면 좋겠습니다. 파릇한 아이들의 모습은 또 어떻습니까?

✉ 0503 아침편지

오늘 아침 해 뜨는 시각이 05:35경이었으니 하지까지는 매일 1~2분 정도 당겨지지요. 아침 기온이 9도였으니 서늘한 기운이 전해집니다.
우리의 인연은 어디까지일까요? 부모 자식간의 인연을 불가에서는 만겁이라 하지요. (1겁에 대한 정의는 조금씩 다르긴 합니다만 가로 세로 높이 1km의 바위에 선녀가 백 년에 한 번 내려와 옷깃이 스쳐서 다 닳아 없어지는 시간을 말하기도 합니다.) 끊어지지 않는 것이지요. 그러한 인연이 여기에 있습니다. 우단사련(藕斷絲連)이라는 성어가 있습니다. (*우는 연뿌리 藕) '연뿌리는 절단하여도 그 가운데에 있는 실은 끊어지지 아니한다'는 뜻으로 부부의 관계를 끊고서도 남편에게 미련을 가지는 아내의 마음을 나타내거나 칼과 돈을 한꺼번에 써도 끊을래야 끊을 수 없는 남녀간 정분이 연뿌리 실처럼 지속되는 것을 말합니다. 그래서 한 번 맺은 인연은 쉬이 어찌할 수 없는 것인지도 모릅니다. 가까이 어린 사람 날과 부처님 오신 날도 있습니다. 중한 인연 속에 있습니다. 그 사랑을 전면적으로 실천해야 할 때입니다. 좋은 날입니다. 마음껏 펼치세요.

✉ 0504 아침편지

조용한 5월 초의 아침입니다. 도시의 느낌이 전해집니다.
오늘을 사는 것이 내일이고 미래를 보려면 과거로 돌아가 보라는 말도 있습니다. 나의 오늘이 과거부터 이루어져 온 것에서 답을 찾는 것이라서지요.

거기에 우리가 있고 함께하고 있습니다. 눈맞춤은 당신의 말을 들을 준비가 되어 있다는 뜻이지요. 상대에게 말할 용기를 주고 입을 열게 하는 것인데, 다 들 그렇게 하고 있지요? 마침 내일이 어린이날입니다. 100년 전 정한 날이지요. 눈 맞춤, 미소 띤 얼굴과 대면은 푸근함과 안정감을 주어 말의 신뢰를 더하지요. 아이는 그 자체가 아름다움입니다. 어쩌면 그리 예쁘고 순수한지. 아이의 성취 욕구는 어떻게 해야 할까요? 승리의 기회를 자주, 많이 경험하게 하는 것이지요.

예로써 태권도의 품새 승급, 한자 급수, 어휘력 늘리기 등등 그렇게 하여 자신감을 갖게 하는 것이 시작입니다. 자존감 → 자신감 → 자부심으로 이어지는 것입니다. 이 땅의 모든 어른 사람인 어린이에게 축복이 함께 할 것입니다. 우리들의 다음, 미래이잖아요.

✉ 0509 아침편지

모처럼 만에 새벽비가 조금 내렸습니다.
창창한 날들이 이어지고 두 달이 채 안 되었는데 나뭇잎들이 한창입니다. 청계천의 이팝나무도 철이 조금 지난 듯합니다. 하얀 쌀밥을 소복이 담은 듯 꽃을 피워서 '이팝나무'라 했지요. 원산지는 물론 한국이지요. 지금인 5월에 꽃 피우지요. 남부지방에 자생하는 나무인데 서울에서도 봅니다. 배곯아 죽은 넋을 위로하기 위해 무덤가에 심었다는 서글픔도 있는 나무입니다. 어제는 어버이날, 부처님 오신 날이었는데, 조금 지난 영화 <밥정>을 보게 되었습니다. 이 나무가 생각나고 세 분의 어머니를 그리는 그이의 품성이 그리워지는 시간이었지요. 관계한 적은 없지만 내 마음 한 켠이 비어 있어서인가 봅니다. 우리가 누리는 이 평안이, 풍요가 다 감사해야 할 일입니다. 오늘 오후 퇴근길에 자세히 보세요.

✉ 0510 아침편지

다종의 꽃들이 피고 지더니 오늘 아침에는 작은 장미꽃 하나가 피었습니다. 아마도 어젯밤 그 이전부터 쏙 내밀고 있었지요. 이렇게 자연은 우리에게 없는 듯 불쑥 나타나서 자신이 모습을 보여주고 있습니다.

그 내부에서는 수많은 날들을 오롯이 홀로 보내며 인고의 시간이었을 것입니다. 이처럼 우리는 살아가면서 많은 도전과 응전의 시간을 보냅니다. 청소년에서 청년, 장년으로 성장하면서 경험하는 삶의 모습이기도 합니다. 무수한 실패의 이력을 갖기도 하고 성공의 기쁨도 가집니다. 내 실패의 이력은 실패가 아닌 다음에 또 도전하는 도전 리스트이기도 하지요. 그것이 나의 커리어, 카테고리를 자신이 만들어지는 것입니다.

청춘의 가장 심오한 정의는 '비극에 노출되지 않은 상태'라고 화이트헤드는 설파했지요.

인간 감정의 칠정에 노출되지 않은 상태이기에 무엇이든지 다 받아들여지는 것이지요. 오늘 잠시 힘든가요? 그러니 '그저 그러려니.' 하고 넘기세요. 누구나 다 어렵거든요. 그렇게 보낸 날들이 영광으로 다가오는 날이 꼭 있으니까요. 자신을 꼭 안아 주세요.

✉ 0511 아침편지

산 위에 있는 아까시향이 도시의 내 곁에 내려왔습니다. 아마도 아까시도 사람이 그리웠나 봅니다. (아까시나무는 북아메리카가 원산지) 여러 나무의 향기와 더불어 어울리는 것이라 봅니다. 어릴 적에는 그 꽃을 먹기도 하고 쌍떡잎을 가위바위보로 하여 손가락으로 떼어내기도 하였지요. 인생 공부가 그렇게 시작되었습니다.

<대통령 글쓰기>의 저자 강원국은 '공부에는 다섯 가지 마음이 필요하다. 관심, 호기심, 욕심, 의심, 변심이다. 관심을 갖고 흥미를 느껴야 한다. 주의를 기울이게 되고 궁금해진다. 탐구욕이 타오르게 된다. 의문이 생기고 반문하게 된다. 의심하게 된다. 이를 통해 생각이 한 자리에 머물지 않고 변화 발

전한다. 공부하기 전과 후의 생각이 달라지고 사람이 달라진다. 사람에 대한 애정도 필요하다.' 라 했습니다. 역시 공부는 참 어렵나 봅니다. 그런데 한 번 하면 그것보다 쉬운 것은 없다 하지요. 우리 인간은 평생 공부의 길, 공부하는 시간으로 보내고 있으니까요. 오늘 일찍 퇴청하여 좋아하는 사람들과 시간 보내세요.

📩 0512 아침편지

도시의 아침이 환합니다. 이처럼 밝은 날이 많았으면 합니다. 비도 가끔은 내리고.
과학과 기술, 혁신을 삶의 변화를 가져올 수 있는 방향이라고 국가에서 제시하였지요. 인간 문명의 발달이 선구자적 생각과 능력을 가진 소수의 연구결과로 오늘에 이르지요. 물론 그에 따른 또 다른 문명의 손실도 감수할 수밖에 없는 것도 있습니다. 최근 미국에서 있은 '세계백신회의'에서 '마이크로 니들 패치'란 기술이 소개되었습니다. '주사기 없는 주사'인 것이지요. 우리나라 연세대 벤처회사 연구원이 의료봉사중 만난 주사 바늘 자국 가득한 아이들의 팔뚝을 본 것이 연구의 시작이라 했습니다. 패치형은 상온 유지가 가능해 보급이 용이하고 적은 량으로 효과를 높일 수 있다고 하니 어른이나 어린이에게 주사기에 대한 짧은 고통과 흔적이 없는 날도 멀지 않은 듯 합니다. 상처를 꿰매는 봉합사가 본드형으로도 발전되고 있지요. 50년쯤 후 미래에는 인간의 장기를 대부분 복제를 통해 교체할 수 있다고 하니 신이 참 많은 것을 인간에게 능력으로 준 것 같아요. 그런데 인간이 어찌할 수 없는 것이 '뇌'인데 이만은 신의 영역으로 남아있지요. 70억 명의 생각이 다양한 것도 이와 같은 원리가 아닐까 합니다. 다양한 생각이 더 많은 상상의 나래를 펼쳐 홍익인간으로 나타나나 봅니다. 그리고 아이들의 생각과 말은 어른과는 많이 다른데 의외의 경우도 있습니다. 그의 삶의 전체가 들어 있는 것이지요. 그 아이들 많이 사랑해 줍시다.

✉ 0513 아침편지

5월 중순의 푸르른 날 아침입니다. 그제 몇 송이의 덩굴장미가 보이더니 오늘 아침에는 소복이 보입니다. 코를 찌르는 듯한 흰 찔레꽃이 그 옆에 한자리하여 다른 것을 대신하고 있어서 '역시 자연이구나.' 했습니다.

어느 글에서, 결혼식 축사를 한 신랑 아버지가 신부를 두 번째 만나고 나서 편지를 받고 감동했다는 얘기입니다. 그중에 '혹시 신랑이 예민해져서 화를 내더라도 저를 보살피는 마음이 커서일 거라고 생각할게요.'라는 것이었지요. 마음이 참 예쁘지요. 감동하지 않을 신랑 부모가 있을까요? 돌아오는 일요일이 스승의 날입니다. (우리 민족의 스승인 세종대왕의 탄신일을 정함, 논산의 강경여고 학생들이 '58년부터 현직, 병환의 은사님을 찾아뵌 것이 시작입니다. 미국은 5월 첫 주(주간 전체, 선물은 사과), 중국은 새 학기 시작하는 날(9.10.일), 대만은 공자 탄신일(9.28) 등)

세종은 소통과 사랑의 달인이었지요. 윤대, 경연, 인견 등으로 이루어진 통치 기간, 한글이라는 위대한 문자를 구상하여 완성한 일은 백성과 통하는 최고의 소통이었지요. (몇 년 전 영화 <나랏말싸미>에서의 스님이 조언하고 창제에 직접 참여하였다는 내용은 허구이며(영화는 픽션임.) 한글 창제는 세종 혼자서 했다는 것이 국어학계의 정설)

살아오면서 많은 스승을 만나지요. 그중에서도 생각나는 스승님이 있지요. 자주는 아니지만 이즈음 연락드리면 무척 좋아하실 것입니다. 저도 퇴청 후 선생님 몇 분께 전화드리렵니다.

✉ 0516 아침편지

지난 주말은 바람이 아주 많았습니다. 곳불이라도 들지 않았지요? 5월의 중순을 지나고 있는데 기온과 바람은 서늘합니다. 곧 좋은 날들이 더 이어지리라 봅니다.

여러분은 어떠한 사람이 마음에 끌립니까? '나의 빈자리가 느껴져서 마음이 허전해지는 소중함을 아는 사람이 좋다.' 이런 사람은 어떻습니까? 이렇게 말하는 이가 있었습니다. 그러려면 자신을 가능한 한 많이 노출하고 상대가 알도록 무언 또는 행동으로 나타내어야 한다는 것입니다. '나를 보여주는 데 필요한 것이 용기인 줄 알았는데 여유더라'고 한 것도 보면 삶에 대한 넉넉한 관용의 마음이 기초가 된 것이겠지요. 여유가 삶의 행복을 더하는, 조금은 부족하더라도 채울 수 있다는 빈 공간이 있어 더 나을 수 있지 않을까요? 한 주 잘 시작하세요.

✉ 0517 아침편지

5월 중순의 화창한 아침입니다.
어떤 이에게는 이 아침이 희망에 찬 아침이기도 하고, 그렇지 못한 이도 있습니다. 내 삶의 빛이 환히 비치는 날이면 좋겠습니다. 하고자 하는 의욕과 활기가 넘치는 날이면 더 좋고요. 혹여 아니더라도 내 삶의 한가운데 내가 있잖아요. 여하튼 내가 처리해 나가야 할 일들이니 정성을 다해야지요.
프랑스의 소설가이자 철학자인 파스칼 브뤼크네르는 사랑을 '욕망만이 우리의 영혼과 마음을 도로 젊게 한다. 끊임없이 우리를 다시 태어나게 하는 욕망의 끈을 놓지 마라.'라고 전합니다. 욕망이라 하지만 이는 자아실현 욕구라 봅니다. 하고자 하는 마음이 가득 차 타인에게까지 영향을 미치는 것이면 더 좋겠습니다. 많은 일들이 주변에서 일어나고 있지만 직접 상관관계가 이루어지는 것은 그리 많지 않습니다. 내 고민의 4% 정도만이 내가 관여할 수 있는 것들이지요. 힘든 일이 있어도 그저 '그러려니' 하고 넘기는 것도 삶을 복되게 하는 것입니다. 물론 저도 잘 되지 않습니다만… 아무튼 좋은 날 되세요.

✉ 0518 아침편지

햇살이 아주 밝은 아침을 맞이하였습니다. 이토록 눈부신 날이 많았으면 좋겠습니다. 가끔은 비도 내려야 하지만, 이 아침을 맞는 우리이지만, 어제 저녁 간절히 이 아침을 기다린 사람들도 있지요.

유한한 삶을 살면서 아주 오래도록 살 것이라 생각하고 살지요. 올 2월에 조 바이든 미 대통령이 향후 25년 동안 암 사망률을 50% 이상 낮추겠다는 Cancer Moonshot 프로젝트를 시행하겠다고 발표하였습니다. (moonshot 은 달 탐사선을 쏘아 올린다는 의미) 세계 최고의 의료 시스템을 갖춘 우리나라에도 많은 분야 연구가 이루어지고 있지요. 아프지 않고 살 수는 없으니까 조기 진단, 치료 등 시스템이 정상적으로 작동하여 개인적, 사회적 비용을 줄일 수 있다고 봅니다. 나이 들어 커지는 비용은 당사자도 사회도 큰 고민거리임에 틀림이 없는 듯합니다.

그래서 공자는 '효'가 무엇인지 묻는 제자에게 '부모는 그 자식이 병들까를 걱정한다.'(孟武伯問孝, 父母 唯其疾之憂)라 했습니다. 건강한 삶이 전제되어야 생각, 활동, 역량 발휘가 가능한 것입니다. 건강하고 활기찬 날들이길 바랍니다.

✉ 0519 아침편지

조용한 도심의 아침, 곧 무엇인가 반짝거림이 크게 올 것 같습니다.
곳곳에 줄장미들이 빼곡히 나타나서 자신을 뽐내고 있습니다. 천상의 화원보다는 인간 세상의 화원이 더 아름답다 느껴집니다. KAIST 뇌과학과 인공지능 김대식 교수는 짧은 인생을 더 풍성하게 살아가는 비결로 "같은 시간에 더 많은 것을 보면 된다."라 하면서, 나이가 들수록 시간이 더 빨리 흐르는 듯 느끼는 것도 인생을 '띄엄띄엄' 보기 때문이라고 합니다. 그러므로 같은 사건과 시간의 흐름에 있더라도 문제를 다른 방식으로 보게 해주는 인문학적 통찰이 가미된다면 삶은 실제로 풍성해진다는 것입니다. 참 이공계의 취업이 많아졌지만, 입사 이후에는 인문학적 소양이 요구되는 것은 아이러니하기도 합니다. 더 많이 보기 위해 오늘도 많이 돌아보아야 하겠습니다. 이 주말이 부부의 날, 월 말일이 바다의 날입니다. 함께 손잡고 바다에 가 보는 것은 어떤가요?

📩 0520 아침편지

햇살이 비춰 물오른 푸른 잎들이 반짝이는 아침입니다. 이토록 고운 날, 흥얼거리는 마음이 일렁이기 좋은 날입니다.

빛이 있어서 지구상의 많은 생물들이 생존에 필요한 것을 제공받지요. 발견이란 참 자세히 보아야 한다는 것을, 그것이 창의의 시작입니다. 그래서 시인은 '자세히 보아야 한다'고 노래합니다.

시 <가지 않은 길>로 알려진 로버트 프로스트의 다른 시 <어떤 금빛도 머무를 수 없다네>를 볼까요?

> 자연의 첫 푸르름은 금빛, /간직하기 가장 어려운 빛/
> 자연의 이른 이파리는 꽃,/허나 단 한 시간 그러할 뿐/
> 잎은 곧 잎으로 사그라들고/그렇게 낙원은 슬픔에 빠지고/
> 그렇게 새벽은 낮으로 내려앉네/어떤 금빛도 머무를 수 없다네.//

찬란함은 영원히 지속되기는 어렵지요. 그 찬란한 금빛도 오래 머무를 수 없다는 시인의 언어가 참 와 닿습니다. 금요일! 여유와 휴식, 마음의 열림이 좋은 날입니다. 좋은 주말 보내세요. 내일은 부부의 날!

📩 0523 아침편지

흐린 오월 마지막 주 아침입니다.

주말 동안은 편안한 음악과 차가 있는 날들이었기를 기억합니다. 글로벌 시대의 외교의 역할을 다시 한번 생각하게 하는 시간이었습니다. 국민 모두의 미래가 지금 우리 세대에 역할이 부여되어 있지요. 화합, 단결된 노력과 인성의 통합으로 더 밝은 더 나은 미래가 되었으면 합니다. 지난달까지 우리 주변에서 많이 보였던 연산홍, 철쭉, 라일락 등이 새로운 것으로 대체 되었습니다. 이제 여름꽃들이지요. 최근 본 것 중에 우리나라에서 가장 오래된 철쭉은 국립백두대간수목원이 자리 잡은 봉화군 우구치리 옥석산 정상 아래에 있다 하네요. 높이 5m, 뿌리 부근 둘레 1m, 가지의 폭은 15m나 되는 아주 큰 '오백 오십 년 철쭉'이라 부른답니다. 낮은 키의 나무라고 하기에는 상당한 크기입니다. 기회가 되면 한번 가보고 싶은 리스트에 올렸습니다. 좋은 한 주 되세요.

✉ 0524 아침편지

5월 하순의 화요일, 청순한 아침입니다.
그저께 아주 기쁜 소식이 있었지요. 영국 축구 리그의 손흥민 선수이지요. 참 대단하다, 자기 노력의 결정체가 나타난 것이라 봅니다. 그의 아버지도 참 대단하지요. '팀 동료들의 헌신이 너의 발끝에서 살아난다'는 것, 이것이 위대한 선수를 만든 것이라 봅니다. 서른 살 손 선수는 자기 삶의 전체를 관통하는 헌신과 희생, 팀워크를 일찍부터 익힌 것입니다. '누구라도 옆에 있어 준다면 아이는 대체로 잘 자란다'라고 말도 있지요. 결혼하지 않고 낳은 엄마의 아이로서 성장 후에 쓴 글 내용입니다. 아무도 자신을 봐 주지 않는 상황이라면 헤쳐 나오기란 참 많이 힘들지요. 옆에 있어 준다면 그 하나만으로도 성장할 수 있는 커다란 힘이 됩니다. 아무도 없다고 생각하지만 나타나지는 않지만 내 주변에 많은 이들이 나를 응원하고 잘 자랄 수 있게 한 이들이 많아서 지금의 내가 되는 것은 자명합니다. 타고 난 연탄재처럼, 장작 숯처럼 누군가에게 자기를 불살라진 것입니다. 그 누군가가 된다면 감사한 일이 쌓이는 삶이지요. 좋은 하루 되세요.

✉ 0525 아침편지

기온이 많이 올라간 것이 느껴지는 아침입니다.
우리 모두는 역량을 무한히 가지고 있음을 최근 일로 보면 딱 맞는 얘기입니다. 삶의 모습이 열정으로 이어지는 것이라 봅니다. 존 펜버티는 그의 책 <인생, To Bee or Not To Bee> 중에서 '인생이란 '나'에게서 시작되어 '우리'로 가는 여정'이라 했습니다. 행복은 부차적으로 따라오는 선물 같은 것,

가장 위대한 선물은 오늘. 이와 같은 인생의 조언이 즐비합니다. 그래서 고릴라를 제외한 인간만이 음식을 함께 먹고, 얘기하지요. '먹는다'는 것이 '함께'가 전제된 것인데 우리는 많은 곳에 '먹는다'를 쓰지요. '골 먹었다', '욕 먹었다', '한방 먹었다' 등등 이 오늘이 '야! 언제 밥 한 번 먹자'가 인사가 되기도 합니다. 이 오늘 잘 보냅시다.

ps. 수학시간에 선생님이 '사과 5개가 있는데 2개를 먹으면 몇 개가 남나요?' 라 물으니, 어떤 학생이 '2개 남아요.' '왜?', '우리 엄마가요 먹는 게 남는 것이라 했어요.'

✉ 0526 아침편지

어제 밤에 약한 비가 내려 아침 하늘이 청명합니다. 가끔은 비도 내려야 하는데 하늘이 무심하기도 합니다. 그거야 하늘이 무슨 마음이 있는 것도 없는 것도 모르지만 말입니다.
그대 왜 사니? 라는 질문을 받기도 하고 스스로 해 보기도 합니다. 답은 없지요. 아이들이나 청소년들이 물으면 무어라 답하기 곤란한 면도 있지요. 그래서 찾아보니, 파블로 피카소는 '삶의 의미는 자신의 재능을 발견하는 것이고 삶의 목적은 그 재능으로 누군가의 삶이 더 나아지게 돕는 것이다.'라고 삶의 의미를 부여하였지요. 답이 된 것 같기도 하고 아닌 것도 같고, 여하튼 복잡합니다. 그런데 우리는 스스로 생각하는 것보다 준비가 훨씬 잘 되어 있다는 것이지요. 자신에 대한 믿음이 가져도 충분하다 할 것입니다. 좋은 하루 보내세요.

✉ 0527 아침편지

조용한 금요일 아침입니다.
금요일쯤 되면 외로움을 느끼는 경우가 가끔 있습니다. 그렇게 바쁘게 돌아가던 시간들이 잠시 느릿해지면서 퇴청 시에 또 다른 모습으로 다가오니 그런가 봅니다. 힘들다고 느껴지는 면도 있지요. 다 들 그렇게 살아가는 데도 말입니다. 구글 수석디자이너인 김은주는 <생각이 너무 많은 서른살에게>에서 '혼자가 아니다. 나만 아등바등하는 게 아니다. 나만 힘든 게 아니라는 사실을 알게 되는 것만으로도 엄청난 위로가 된다. 모두 함께 힘내자.' 라 하면서 자신의 구직과 퇴직의 길을 걸으며 지금의 삶에 대한 평가를 하였습니다. 우리는 지금 최선을 다해 살아남으려고 애쓰는 것이다. 스스로에게 조금 관대해져도 괜찮은 것이지요. '왜 나만 이러지?'가 아닌 내적 긍정을 지니는 것이 더 낫지 않을까요? '에잇, 하지 뭐.', '그러려니' 하고 책 한 쪽을 넘기듯이 넘기는 것도 마음의 평안을 가져옵니다. 좋은 주말 되세요.

✉ 0531 아침편지

오늘은 5월 마지막 날이자 바다의 날입니다. 왠지 바다가 보고 싶은 마음이 한 것입니다.
토양은 흙과 식물이 만들어간다고 하지요. 바다는 그 흙과 온갖 것들을 다 받아 주지요.(海不讓水) 그곳에 다다르면 무엇인가 간절한 어떤 것이 존재하는 듯 합니다. 탁 트인 곳에서 느껴지는 快함이랄까요. 현재의 나의 존재를 다시금 느끼는 것이기도 합니다. 틱낫한 스님은 그의 책 <평화로움>에서 '꽃이 시들어 떨어져도 나는 슬퍼하지 않는다. 영원한 것은 없음을 잘 알고 있기 때문이다. 이러한 자연의 본질을 자각할 때 우리는 슬픔에서 벗어나 기쁘게 살아갈 수 있다. 영원한 것이 없다는 것을 깨닫는 순간, 그대는 현재의 일을 보다 소중히 여기게 될 것이다.'라 했습니다. 현재가 있어서 미래가 있듯이 오늘에 최선을 다하는 일이 소중하게 다가옵니다.
편안한 휴식의 시간이 되길 기대합니다.

✉ 0602 아침편지

6월의 첫 근무일 아침입니다. 바람이 선선하니 곧 여름이 됩니다.
6월 장미의 향기와 붉은색 꽃들이 아파트 담, 정원, 길가에 흐드러지듯이 피어 볼수록 흐뭇합니다. 가시가 있지요. 이문재 시인의 <꽃말>을 볼까요.

나를 잊지 마세요/꽃말을 만든 첫 마음을 생각한다/
꽃 속에 말을 넣어 건네는 마음/
꽃말은 못 보고 꽃만 보는 마음도 생각한다/나를 잊지 마세요/
아예 꽃을 못 보는 마음/마음 안에 꽃이 살지 않아/
꽃을 못 보는 마음도 생각한다/
나를 잊지 마세요/꽃말을 처음 만든 마음도 생각한다/
꽃을 전했으되 꽃말은 전해지지 않은/꽃조차 전하지 못한 수많은 마음/
마음들 사이에서 시든 꽃도 생각한다//

이렇습니다.
들판에 많이 피어있는 엉겅퀴 꽃말은 '나를 건드리지 마세요.', 봄철 냉이는 '나의 모든 것을 바칩니다.' 여름꽃인 닭벼슬 모양의 맨드라미는 '시들지 않는 사랑'을 나타낸다지요. 이 세상에 꽃이 없다면 인간은 쓸쓸하기 짝이 없을 것입니다. 화원의 근무하는 사람은 퇴청할 때 이것저것과 마지막으로 향기를 가져가지요. 힘 찬 한 달 출발합니다.

📩 0607 아침편지

어제는 현충일이었습니다. 생명을 초개와 같이 바친 님들의 나라사랑과 헌신을 다시 한번 생각해 봅니다.
그 헌신이 오늘을 있게 했으며, 회한과 지금 우리들을 보는 기쁨의 눈물이 어제 비로 내렸습니다. 그러더니 오후부터 아침까지 선명 그 자체를 주었습니다.
베트남 스님 틱낫한은 '삶은 고통으로 가득 차 있지만 푸른 하늘, 아이의 눈과 같은 경이로움도 가득하다. 고통만이 전부는 아니다. 우리는 삶의 수많은 경이로움과도 만나야 한다. 그것들은 그대 안에, 그대 주위의 모든 곳에, 그리고 언제 어디에나 존재한다.'라고 했습니다. 그 경이로움이 이 땅에 빛나

수많은 이들의 마음속에 기쁨의 환희와 열락이 가득한 날들이 되었습니다. 6월이지만 서늘한 바람과 하늘이 함께 하고 있습니다. 지내는 날들이 항상 그득하길 소망해 봅니다. 70여 년 전 그 무덥던 날들의 희생이 오늘 빛나고 있으니 감사와 이어가야 할 역사가 되었습니다. 좋은 날들 되세요.

0608 아침편지

지난 6일에 칠레와 축구 친선경기가 있었지요. 월드 클래스의 손 선수를 보게 되어 아주 좋았습니다.
하루 1,000개의 슈팅 연습의 결과물이기도 하니 존경 그 자체입니다. '골든 슈'도 페널티킥 하나 없는 필드 골이라니 경이롭습니다. 더 많은 열정, 노력의 선수들이 나올 것이라 봅니다. 여름으로 시작하는 길목인데 기온은 조금 서늘하지요? 이 좋은 시절에 더 많이 보고 생각하고 대화하고 사랑하는 때이면 좋겠습니다.
이채(1961~ /본명 정순희) 시인의 <6월에 꿈꾸는 사랑>을 볼까요?

> 사는 일이 너무 바빠/봄이 간 후에야/봄이 온 줄 알았네/
> 청춘도 이와 같아/꽃만 꽃이 아니고/나 또한 꽃이었음을/
> 젊음이 지난 후에야/젊음인 줄 알았네...//
> 인생이 길다 한들/천년만년 살 것이며/
> 인생이 짧다 한들/가는 세월 어찌 막으리//
> 봄은 늦고 여름은 이른/6월 같은 사람들아/피고 지는 이치가/
> 어디 꽃뿐이라 할까//

아름다움이 이어지는 소중한 날 되세요.

0609 아침편지

비가 조금 날리는 목요일 아침입니다.

휴일 주말을 기다리는 사람들이 많이 있습니다. 휴식과 부모님 찾아뵙기, 데이트하기, 도서관 가기, 바닷가에서 시골 마을에서 한적한 마음의 여유를 가지기 등등 이지요. 가끔은 천천히 기다림의 미도 존재합니다. 여유! 2004년 영화로 톰 행크스, 캐서린 제타존스의 <터미널> 아시지요? 크라코지아(가상 국가) 국적의 빅터가 겪는 뉴욕의 JFK 공항 내에서의 일들이지요. 인생의 축소판 같은 일정, 환경이기도 하고요. 재즈를 좋아한 아버지의 마지막 컬렉션을 완성하는 것이 그의 목적이었지요. 당시 위대한 거장 57명 중 56명은 사인을 얻지만, 최고의 재즈 섹소폰 연주자 베니 골슨의 사인만 얻지 못했던 것이지요. 우여곡절 끝에 공항을 벗어나 베니 골슨을 찾아가 사인을 받고 고국으로 돌아가는 모습. (베니 골슨은 실제 영화에 뮤지션으로 출연도 합니다. 1929년생) 이는 '기다림'이라 이름할 수 있는 그리움이었던 것이지요. 그리움을 꺼내어 현실화하는 데는 모습이 더 그리울지도 모릅니다. 좋은 시간 되세요.

✉ 0610 아침편지

6월 두 번째 주말을 앞둔 금요일, 찬란한 아침입니다.
시간이 이렇게 우리 곁을 훌쩍 지나고 있습니다. 이어령 선생님은 인생을 '지우개 달린 연필'이라 하면서 기억하고자 하는 것과 지우는 것이 연결되어 있다고 했지요. 그렇게 쌓여 인생의 한길이 되나 봅니다.
광화문 교보문고에 올 여름 글자판이 게시되어 있는데요. (다른 교보 건물도 같습니다만)

우리들 두 눈에/그윽히 물결치는/
시작도 끝도 없는/바다가 있다//

김춘수 시인(1922~2004)의 시로써
그는 그리움에 산다/그리움은 익어서/
스스로도 견디기 어려운/빛깔이 되고 향기가 된다//로 시작하는 <능금>의 마지막 구절이지요. 능금은 한반도 자생종 사과인데요. 대구 경북지역에서는 사과를 능금이라 불렀지요. 우리가 아는 사과나무와 능금나무는 종이 다른 것이기도 합니다. (능금, Korean Apple) 내 마음속의 능금은 항상 붉게 남아 있지요. 좋은 주말 되세요.

✉ 0613 아침편지

새벽에 비가 조금 내리더니 아침까지 이어지고 있습니다. 나무들이 잔뜩 물기를 물고, 연녹색의 올해 새로 난 가지는 바람에 흔들리는 것이 태풍을 어이 견딜까하는 생각도 듭니다. 그렇게 열매를 맺는 식물들은 한여름을 견디어 내는 것이지요.
오직 목표에 다다르고자 감내하며 그 자리에 꿋꿋이 서 있지요. 명심보감에 '直內外方'란 말이 있습니다. 敬以直內 義以方外를 말하는데요, '공경으로 마음을 바르게 하고 의로움은 행동을 바르게 한다.'는 뜻이지요. '心淸事達'이라는 말은 '마음이 맑으면 밖으로는 일을 매끄럽게 처리한다.' 는 의미입니다.
다 마음에 달려있는 선인들의 지혜입니다. 오늘 수요일 조금 일찍 업무를 마무리하고 초여름의 정취를 느끼는 날이 되길 바랍니다.

✉ 0617 아침편지

비 온 뒤 하늘이 맑은 금요일 아침입니다. 풍성해진 나무들과 우리들 마음이 들어 찬 느낌입니다.
'이 비 그치면 강나루 긴 언덕에 서러운 풀빛이 짙어 오것다' 들어보았던 시 구절. 이수복의 <봄비>입니다. 이선희의 노래 중 <이 비 그치면>라는 게 있습니다. '이 비 그치면 당신께 갈게요. 그대여 조금만 더 기다려주세요. 안개 걷히면 내가 보일 거에요. 그대여 조금만 더 머물러주세요.'
'윤슬'이란 낱말을 들어본 적이 있지요? 햇빛이나 달빛에 비치어 반짝이는 잔물결로 순우리말이지요. 참 아름답기도 합니다. 반짝반짝. 우리가 만나는 모든 사람들이 윤슬입니다. 좋은 휴식의 날 되세요.

✉ 0620 아침편지

주말을 잘 보내고 월요일 맞는 아침은 흐립니다. 비 소식은 없는데...
매일을 하루같이 사는 것은 어려운 일 중에 하나입니다. 그래도 더 밝은 내일이 있으니 오늘을 한결같이 살아내야 하는 것이 현대인들의 삶의 양식이 된 지 오래입니다. 매일이 새롭게 다가가고자 하나 그리 쉬 되지는 않습니다. 어제와 다른 내가 되기 위한 5가지 결심이란 칼럼을 보았습니다. '힘차게 일어나라. 365번의 기회가 있다. 0.1초라도 빠르게. 당당하게 걸어라. 목표를 향하여 당당하게, 가슴을 펴고 당당하게. 오늘 일은 오늘로 끝내라. 미루는 것은 죽음에 이르는 병이다. 시간을 정해 놓고 책을 읽어라. 사회에서는 살아남기 위해 책을 읽어야 한다. 웃는 훈련을 반복하라' 등인데요, 공감되는 내용입니다. 무한 긍정의 삶을 살아가는 많은 사람들이 있습니다. 남의 일이라고만 생각하기에는 내 그릇이 작은 것입니다.
잘 될 수 있다는 강한 긍정으로 이 주도 힘차게 출발입니다.

✉ 0621 아침편지

6월 하순이 시작되는 날의 밝은 아침입니다. 마침 하지이군요. 이 주부터 기온이 올라 더위를 느껴지기 시작하니 건강관리에 유념해야 하겠습니다.
가장 가까이 있는 사람들에게 그리 친절하지 못한 것이 사실이었습니다. 가족이기에 아무렇게나 대하고 '이해하겠지' 하며 내 뜻대로 한 언행이 매일 있기도 했습니다. 배려한다고 하나 전해지지 못하는 것은 전적으로 나의 실수이지요. 사회문화평론가인 김민섭은 강원도 지역 고교 교사가 '같이 책을 내고 싶다.'고 하니 '왜 나와 함께 책을 내고 싶은지?'라고 물었지요. 그 교사가 식사 자리에서 '형은 건배를 하면서도 손이 내 앞까지 와있잖아요.'라 했습니다. 뜨거운 불판을 지나 자기 앞에 오게 한 것을 알아봐 준 것이지요. 물론 작가는 다른 사람이 불판을 지나 손이 오게 한 적이 없었던 것이지요. 이것이 태도의 중요성을 알리는 사례가 될 것입니다. 크거나 내가 감내하지 못하고 불편해지는 것은 아니지요? 그릇에 물을 넘치게 하는 것은 많은 물이 아니라 한 방울의 아주 작은 물방울입니다.
오늘 하루도 넘치는 역량이 모두에게 있습니다. 좋은 시간 보내세요.

✉ 0622 아침편지

어제 오후에 우리나라는 '누리호' 발사에 성공하여 우주의 문을 열었습니다. 280t 액체 발사체로 30년 만에 이룬 꿈이었습니다. ('57년 소련, '58년 미국, '70년 중국, 일본, '80년 인도, 다음으로) 그간 노력한 과학기술의 성과라 자축해도 좋습니다.
우리 미래가 한 층 더 나아질 것이라 생각합니다. 그러한 미래인 우리 아이들은 요즈음 많이 힘들어하지요. 아주 관심을 많이 받고 또 알고 있는 정신건강의학과 전문의가 있지요. 아이를 훈육하는 데 실패하는 이유를 정리하였습니다. '부모의 마음이 불편하면 실패한다. 화를 내고 강압적이면 실패한다. 아이에게 선택권을 주면 실패한다. 아이와 힘 겨루기를 하면 실패한다. 빨리 하려는 마음이 들수록 실패한다. 남발하면 실패한다.' 등 인데요. 타협안을 내어도 받아주면 안되고 '그냥 안 되는 거야!'라고 가르쳐야 한다는 것입니다. 전문가의 시각, 진단이니 한 번 적용해 보는 게 선택인 듯 합니다. 그래서 '易子敎之'라 했나 봅니다.
좋은 시간들이 켜켜이 쌓여 만들어지는 것이니 기다려 보고, 지켜보아 주는 것도 있습니다.

✉ 0623 아침편지

기온이 많이 올라간 初夏의 아침입니다. 점점 더 더위가 열기가 올라 동식물들의 변화가 많아지고 있습니다. 그렇게 시간이 채워져 결실의 시기로 다가

가고 있습니다.

미국의 사상가 겸 문학자인 헨리 데이비드 소로(Thoreau, 1817~1862)는 그의 책 <월든>에서 '언제든 숲에서 길을 잃는 것은 놀랍고도 기억할 만한 경험인 동시에 소중한 경험이기도 하다. 우리는 길을 잃은 뒤에야, 바꿔 말하면 세상을 잃은 뒤에야 비로소 자신을 찾기 시작하고, 우리가 지금 어디쯤 있는지, 세상과의 관계는 얼마나 무한한지를 깨닫기 시작한다.'라고 자연과 교감하면서 소박하고 단순한 삶을 산 경험을 전하고 있습니다. (여기서 월든 (Walden)은 매사추세츠 주 콩코드 마을 근처의 호수) 우리는 언제쯤 이처럼 단순하고 소박한 삶을 살 수 있을까요? 삶은 그리 단순하지 않다고 하지요. 정리할 게 많은가 봅니다. 그리고 현대를 살아가는 사람은 단순하게 그리 쉽게 현실을 떠나는 것에 불안과 두려움을 가지고 있습니다. 그래도 마음의 평안을 가지는 주변의 자연과 친숙해지는 시간이 필요하다고 봅니다. 이 주말 온통 다가서는 산, 들, 강의 조화를 느끼는 시간이 되면 좋겠습니다.

✉ 0627 아침편지

장마가 본격적으로 시작되는 때입니다. 5, 6월 중순까지 그렇게 내리지 않더니 이주부터 주욱 예보되었습니다. 건강관리, 집안 습도관리에 유념해야 하겠습니다.

우리는 많은 시간 동안 생각의 틀 속에서 짧지 않은 기간을 보냅니다. 무얼 할까? 누굴 만나지? 어딜 가야지? 어떻게 하지? 등등 6하 원칙에 따른 생각들입니다. 거기에서 지혜로운 방향을 찾기는 쉬운 일은 아니라 봅니다. 추구하는 목표는 아름다운 사람, 행복한, 평화로운, 자유로운 삶이겠지요.

시인이자 소설가인 김연수(1970~)는 '아름다운 문장을 읽으면 당신은 어쩔 수 없이 아름다운 사람이 된다.'라고 자신의 글에서 언급했습니다. 그렇군요. 내 자신이 아름다운 사람이 되려는 마음과 실천이 있어야 합니다. 6월 마지막 주 그 아름다움이 더 풍성해지는 날들이길 바랍니다.

곧 칠월입니다.

✉ 0628 아침편지

어제부터 내리던 비는 약했지만 밤새 바람이 세찼습니다. 바람에 흔들리는 나무들이 견디어 내는 것은 바람의 흐름에 자기 몸을 맡긴 것이니 그리된 것이지요.

바람도 나와 함께 이 흔들림을 안다는 것일까!처럼. 그렇게 견디어 낸 나무들은 연약한 잎들은 떨어졌지만 아직도 더 많은 잎들을 달고 있습니다. 마치 비바람이 그렇게 흔들 것이란 것을 알고 있는 것이라 하겠습니다. 마크 트웨인은 '뭔가를 잘 모르는 것보다 사실과 다르게 알고 있는 것이 더 문제다.'라 했습니다.

그래서 수많은 流言蜚語(통상, 흐르는 말, 메뚜기 같은 말)가 난무하여 사람들을 혼란케 하는 것입니다.

사실에 기초하지 않고 무한 재생산되는, 찢어진 신문 붙여 놓은 꼴이 됩니다. 바람에 흔들리나 꿋꿋이 제 자리에 있는 나무들처럼 든든한 뿌리가 기둥이 되면 좋겠습니다.

힘들어도 바람에 날려가지는 마세요.

✉ 0629 아침편지

비 내리는 여름날의 아침입니다. 그리 많이 젖지는 않았지요? 이 비 내려 가득히 남긴 저수지, 강, 논들이 눈에 쑥 들어옵니다. 많이 흔들리는 나무들이 애처롭기도 합니다. 바람에 흔들리는 마음처럼 그렇게 흔들려도 그 자리에 있습니다. 사람이 참 소중하지요. 이사라(1953~) 시인의 <사람 하나>를 볼까요?

　　　　단 한 사람이면/되는 일이었지요//
　　그대가 살아가는 오늘/겹겹이 쌓이는 구름 사이로/언뜻/
　　　　사람 하나가 어른거립니다//
　　　　마치 천 만 년을 기다린 듯이//

달콤한 기운으로/빙하가 녹듯이//
사람 따라서/사람이 그렇게 오나보네요//

온전히 그 사람 삶 전체가 다가오는 것이 보입니까? 우리는 그 사람 하나이기도 합니다.

✉ 0630 아침편지

6월 마지막 근무일 아침 비가 아주 많아졌습니다. 구두와 옷들이 젖기도 했을 것입니다. 혹 양말 필요하세요? 세차게 내리는 빗줄기에 많은 것들이 씻겨 나가는 듯 합니다.

비명이라도 할까 봅니다. 창가를 따라 흐르는 주루룩! 이렇게 비가 내리면 그 사람 생각이 나지요. 그래도 일하러 오늘도 각자의 자리에 있습니다. 컨설턴트인 로버트 래버링은 <훌륭한 일터>에서 행복한 일터의 조건을 '신뢰, 재미, 자부심'이라 했는데요, 나와 상사의 신뢰, 동료와 재미, 나와 내가 하는 일과의 관계에서 자부심'을 들었습니다. 우리는 시대의 쾌속적 발전 속에서 이러한 조건에 충족되어 일터에 있나요? 가치와 생각이 다양하고 성장 환경, 배경이 달라서 다양성을 바탕으로 나타나는 산물들은 여러 가지를 생각나게 합니다. 다양성이 개인, 가정, 회사, 사회를 더 복되게 할 것입니다.

7월을 앞두고 여름 휴가 계획도 알차게 준비하면 더 좋겠습니다.

✉ 0704 아침편지

칠월 들어 더위가 기승입니다. 서울 서북부지역은 러브버그가 엄청나게 날아다니고 있습니다.

지난 주말은 코로나 상황 이후 처음으로 영화관에 갔습니다. 탑건-메버릭('86년 첫 번째 영화였으니 36년이란 시간 여행을 한 듯)은 시간을 초월한 군인들의 우정, 임무에 대한 자부심이 넘치는 얘기에 전직 군인으로서 애뜻함이 쌓였습니다. 미국의 작가이자 변화심리학자인 토니 로빈스(1960~)는 '세상에서 가장 어려운 일은 매일 첫걸음을 떼는 것이다. 한 걸음을 떼고 나면 다음 걸음부터는 가벼워지고 빨라진다. 성공은 머릿속에 존재하지 않는다. 성공은 한 걸음과 한 걸음 사이에 존재하는 것이다.' (<내 안의 잠든 거인을 깨워라(Awaken the Giant Within)>의 저자) 동기부여, 긍정심리학으로 매사를 보는 것입니다. 긴급한 공중전투 상황에서 '생각하지 말고 보이는 대로 행동하라.'라는 교관의 말은 그 전에 그만큼 완전하게 숙달되어야 한다는 것입니다. 매사가 행동으로 실천하는 데 결과가 따라오는 것이라 봅니다.
더위와 비가 있을 한 주 잘 출발합시다.

📧 0705 아침편지

기온이 많이 올라가서 다니는데 땀방울 가득합니다.
한여름을 향해 가니 곧 가을이 올 것입니다. 자연이 우리 인간에게 주는 선물들이 이렇게 계절마다 한 상입니다. 조금 나아진, 밝아진 모습의 세상이 되면 좋겠습니다. '선물'을 어떻게 생각하나요? 선물한 이의 마음이 전해오지요. '선물은 어떤 면에서 보면 부드러운 어루만짐이다. 망설임과 신중함과 애틋함이 모퉁이를 돌아 시간이 걸려서 날아오는 곡선과 같다'라고 한 어느 출판사 편집장의 표현이 생각납니다. 거기에 포함된 맑은 마음이 다 보이는 듯 합니다. 좋아하는, 좋아할 것만 같은 것들을 준비하는 데, 먼저 내 마음에 들어야 상대도 기뻐할 것이지요. 축하할 자리나 오랜만에 만나는 지인, 조문이나 성묘, 현충원 갈 때 카네이션이나 장미 한 송이는 어떤가요? 받아 줄 그 사람을 생각하면 내게 기쁨이 먼저 옵니다.
건강관리에 유의하세요. 과도한 음주는 '글쎄'입니다.

📧 0706 아침편지

바람이 살랑살랑 일렁이는 여름날의 아침입니다.
어제는 아주 대단한, 한가득, 엄청난, 어마어마한 소식 들려왔습니다. 세계

수학대회에서 우리나라 허준이(83년생) 교수가(서울대 물리천문학부, 수리과학부 석사과정을 마친 후 미국 미시간애 수학과 박사후에 현 프린스턴대 교수이자 한국고등과학원 수학부 연구교수) 40세 이하 수학자 연구에 기여한 사람에게 수여하는 필즈상(Fields Medal)을 공동수상하였습니다. 최초이기도 합니다. '수포자'란 말이 무색할 정도입니다.

지난 달까지 우리나라 청춘, 열정들이 참 큰일을 해 내었지요. 75회 칸 영화제, '헤어질 결심'으로 감독상 박찬욱, '브로커'로 남우주연상 송강호, LPGA 투어 우승 지은희(3년 4개월 만에, 최고령 우승자(86년생)), 헬싱키 장 시벨리우스 국제바이올린 콩쿠르 우승 양인모, 세계육상연맹(WA) 다이아몬드리그 높이뛰기 우승 우상혁, 영국 부커상 본선 '저주토끼'의 정보라, 아동문학의 노벨상이라 하는 안데르센상 이수지, 미국 밴 클라이언트 피아노 콩쿠르 임윤찬(18세), 손흥민은 말 할 것도 없지요. 축하합니다. 모두! 모두 다 자기 열정과 신념, 삶의 아름다움을 관철한 노력의 결과라 봅니다. 더 많은 우리나라 뿐 아니라 지구인들에게 삶의 희망이 되기에 충분하다고 봅니다.

힘내어 전진해 봅시다.

✉ 0707 아침편지

어제 밤에는 비바람이 요란하게 들이쳤습니다. 나뭇잎과 대추 몇 알이 떨어졌습니다. 이럴 때 어머니가 생각나는 시간입니다.

어떤 시인은 "아무리 약을 먹고 주사를 맞아도 낫지 않는 병이 있었다. 아픈 곳도, 아픈 일도 점점 많아지는 병, 나는 그 병을 '엄마 병'이라 불렀다."라 하였습니다. 이 병을 우리는 모두는 오래도록 가져갑니다.

누구나 엄마는 있으니까요. 남성이 강하다 하지만 엄마에게는 비교도 되지 않지요. 또 '사랑은 세상에 나만큼 귀한 사람이 있다는 사실을 새로 배우는 일이다.' 라 하지요. 내 사랑의 실천이 '엄마 병'으로, 귀함을 대하는 것으로 상승하나 봅니다. 거기에서 내가 시작되고 우리는 또 그렇게 거부할 수 없는 엄마(아빠)가 됩니다. 그것도 잘되어야 합니다. '어머니가 해 주신 상추쌈이

먹고 싶습니다.'

✉ 0708 아침편지

기온이 올라가면서 간헐적 비가 자주 내립니다. 가방에 우산은 당분간 가지고 다녀야 하겠습니다.

가족이란 것을 생각하면 안쓰럽기도 하고 참 씩씩하다, 더 해 줄 수 있는 것은, 다해주지 못해 안타깝기도 합니다. 가정을 이룬다는 것은 인간이 세상에서 가질 수 있는 최상의 아름다운 조직이지요. 이 주말 가족을 한 번 더 생각하는 시간이면 좋겠습니다.

당송시대 백거이는 <아내에게, 贈內>라는 시를 남겼는데요, 그 마지막 구절이 '나 또한 정절을 지키는 근면한 선비로서 我亦貞苦士(아역정고사) 그대와 새로 부부가 되었으니 興君新結婚(여군신결혼) 모쪼록 소박함을 지키며 庶保貧與素(서보빈여소) 기쁜 마음으로 해로하길 바라네. 偕老同欣欣(해로동흔흔)' 입니다.

가난하지만 소박하게 사랑의 마음을 표현한 것입니다. 좋은 주말 되세요.

✉ 0711 아침편지

지난 주말에는 지인이 하는 텃밭에서 감자를 캤습니다. 두어 달 동안 가뭄을 뚫고 싹을 피우고 알을 키워 온 시간의 결실이었습니다. 쭈그리고 앉아서 하는 작업이라 힘은 조금 들었지만 감자의 생존을 보았습니다. 그 텃밭에는 고구마, 고추 등 또 다른 작물들이 한여름을 견디어 내고 있지요.

지난 달 16일 미국 텍사스 보스워스에서 열린 반 클라이번 콩쿠르에서 우승한 피아니스트 임윤찬(18세)의 수상 소감은 많은 것을 생각케 합니다. '잘 나가는 피아니스트로 사는 것은 싫다. 관객의 가슴에 내 음악의 진심이 가 닿으면 그걸로 만족한다'고 했습니다. 그 나이에 이렇게 원숙하게 말할 수 있는 것은 음악에 대한 열정과 진지함, 삶에 대한 겸손함과 진성성이라 할 수 있습니다. 훌륭한 인격과 인성, 적극적인 지원이 그를 만들어 낸 것입니다. 인터뷰 내용도 가슴에 와 닿는 말만 하니 좋아하지 않을 수 없었습니다. 참 위대한 성과를 이룬 것이고, 앞으로도 우리나라뿐 아니라 인류의 슬픔을 잘 어루만져 주리라 봅니다.
이 주 기온은 점점 올라가겠지만 시원한 마음으로 보냈으면 좋겠습니다.

✉ 0712 아침편지

기온이 점점 올라 조금만 걸어도 땀방울 송글송글합니다.
'송글송글(송골송골)'은 영 단어 'bead'라 하는데요, 구슬, 염주, (구슬 같은) 방울입니다. 그래도 '송글송글'만큼에는 조금 부족해 보입니다. 현상을 표현할 수 있는 의미와 꼭 맞는 말은 우리 말이 제격입니다.
헤르만 헤세는 그의 시 <행복해진다는 것>에서
사랑하는 능력이 살아 있는/한 세상은 순수한 영혼의 화음을 울렸고/ 언제나 좋은 세상, 옳은 세상이었다네.//라 하였습니다.
사랑의 능력은 참으로 위대하고 전지전능합니다. 'Love'를 '사랑'으로 번역한 선인들의 지혜가 아름답습니다. 오늘 그대의 사랑이 전해지는 날이면 더 좋겠습니다.

✉ 0713 아침편지

비가 내리는 수요일 아침입니다. 바쁘게 아침 시간을 맞이하는 도시인들이 많습니다. 구두보다는 편안한 운동화나 컴포트화가 많이 보입니다. 또각또각 소리를 듣는 것은 어려운 일이 되었습니다.
시인인 박준은 <운다고 달라지는 것은 아무것도 없겠지만>에서 '우리는 모두 고아가 되고 있거나 이미 고아입니다. 운다고 달라지는 일은 아무것도 없겠지만 그래도 같이 울면 덜 창피하고 조금 힘도 되고 그러겠습니다.'라고 의미를 부여했습니다. 눈물은 아무것도 할 수 없다고, 누군가도 없다고, 슬픔이 극에 달할 때, 기쁨이 넘쳐, 성령이 가득 와 닿을 때 등에서 나옵니다. 다 없어지고 나면 마지막 남는 것은 '눈물 한 방울'이라고 이어령은 만년에 말하였지요. 울음이, 눈물이 많은 적은 어릴 적 시절과 나이 들어서이지요. 감성에 좌우되는 것은 아니지만 왠지 그저 눈물이 납니다. 나이가 들었다는 것이겠지요. 내 눈의 눈물은 감사, 깨달음의 그것이 되면 좋겠습니다. 커피향 나는 오늘, 한 방울의 눈물이 흐르는 저녁 시간 되세요.

✉ 0718 아침편지

지난 주말 동안 국지성 소나기가 군데군데 내렸습니다. 도심지역은 쏴악, 외곽지역은 맑음. 온대기후에서 변화가 있음을 알 수 있습니다.
삶의 지혜가 이루어지는 것은 천천히 다가오는 듯 합니다. 스웨덴의 승려 비욘 나티코는 "우리 각자의 내면에는 정교하게 연마된 '지혜'라는 나침반이 있습니다. 그 지혜의 소리는 은은해서 일부러 관심을 기울이지 않으면 들을 수 없습니다."란 것입니다.
참으로 지혜란 익혀 이루기 어려운 것이지요. 생텍쥐페리의 지혜는 또 어떻습니까? '배를 만들고 싶다면 저 넓고 끝없는 바다를 보여주며 동경심을 가르치라.' 한 것 말입니다.
온축된 지식이 지혜가 되듯이 이 한 주 지혜가 풍성해지는 날 되세요.

✉ 0719 아침편지

여름날 아침의 바람에 살랑이는 나뭇잎들이 낮에는 햇빛을 받는 아침입니다.
많은 사람들이 이 삶을 떠날 때 참 많은 생각하게 만듭니다. 고귀한 삶의 궤적은 고스란히 남아 있는 이들의 몫이지요. 지난 주 50대 허00 님은 저녁 식사 후 갑자기 쓰러져 병원으로 이송, 치료받았지만 뇌사상태가 되었습니다. 3년여 전 장기기증 희망 등록한 것을 가족이 동의하여 3명을 살리고 하늘의 별이 되었다는 뉴스를 접했습니다. 그녀의 막내딸은 '엄마, 우리 삼남매 잘 키워주셔서 감사해요. 하늘나라에 가서는 아무 걱정 없이 마음 편하게 쉬세요. 아빠랑 언니랑 오빠랑 서로 보살피며 사이좋게 잘 지낼게요. 그러니까 꿈에 자주 나타나서 예쁜 모습 많이 보여주셔야 돼요. 진심으로 사랑합니다.'의 편지... 왜 그리 눈물이 흐르는지 주체하기 어려웠습니다. 그래서 그 어머니는 가끔은 하늘나라에서 휴가 나오시겠죠?
부모님께 연락 한 번 하면 좋겠습니다.

✉ 0721 아침편지

새벽부터 내린 비는 점점 많아지고 있는 목요일 아침입니다.
오늘 몇 명의 직원은 새로운 자리에서 다소 생소한 업무가 '어서 오세요.'라며 반기고 있을 것입니다. 저도 30여 회의 보직 이동 간에 항상 새로운 것들이 기다리고 있어서 어쩌면 설레는 마음으로 부임했습니다. 거기서도 '그래, 해 보자.'하며 고민했던 기억이 새롭습니다. 길이 보이지 않는 막막할 때도, 이러한 방법밖에 없는가? 이것이 시행되면 그에 따른 영향은 무엇인가? 조직과 구성원에게 어떠한 선한 영향과 그에 따른 감수할 수 있는 리스크는 무엇인가? 등등 고민되는 일들만 내게 있는가? 하는 것이 많았습니다.
그런데 어쩌면 그 모두가 내게 부여된 사명(calling man)이었지요. 미국의 조지 워싱턴의 리더십을 볼까요. 독립전쟁을 치루던 군사령관 시절, 군인들이 보수와 연금을 받지 못해 쿠데타를 기도할 때 "조국을 위해 봉사하는 동안 머리도 희고 이제 눈도 제대로 보이지 않는다. 저를 용서해 달라."라고 설득했지요. 우리들이 하는 일도 우선 나부터 설득되는가에서 출발하면 좋겠습니다. 새로 우리의 구성원이 된 고객(!)에게 환영을, 기성 직원은 많이 알려주고 도와주는 멋진 '참 좋은 회사'가 되면 더 좋겠습니다.

✉ 0722 아침편지

흐린 7월의 금요일 아침입니다.
무엇인가 반짝하고 나타날 것만 같은 분위기이기도 합니다. 아마도 좋은 일들이 있을라나 봅니다.
우리는 주변에 예민하다고 느껴지거나 자신이 그렇게 느끼는 경우가 가끔 있습니다. '너 왜 그리 예민하니?' 이렇듯 예민한 사람(High Sensitive Person)에 대해 들어보았을 것입니다. 일레인 아론이 만든 용어인데요, 이를 내려놓기 위한 방법들을 많이 제시하고 있습니다. 그중에서도 자기중심성을 버리고 객관적으로 사안을 바라보는 지혜가 필요하다고 봅니다. 가장 효과적인 방법은 마음 챙김이지요. (코로나에 마음챙김 연수도 있었지요) 그런데, 이는 감성이 뛰어난 사람만이 가질 수 있는 정서이기도 합니다. 사랑받는 마음(욕구)을 조금 낮추는 것도 하나의 방법입니다. 그러다 보면 화가 나기도 하고 실제 그렇게 표출되기도 합니다. 화난 사람에게 절대 내려놓으라고 하면 안 되지요. 오히려 화만 돋울 뿐이지요. 잠시 기다리는 것이 마음 챙김입니다.
나 자신부터 너무 예민하지 않게 하겠습니다.

✉ 0725 아침편지

여름날이지만 조금은 선선한 7월의 아침입니다. 여름철 꽃은 그리 많지 않지만 배롱나무, 꽃봉오리를 통째로 뭉텅 떨구는 능소화 등이 있습니다.
그보다 더 맑은 것이 매일을 대하는 사람들입니다. 그 삶 전체가 내게 다가온 것이니 더 한 것입니다. 아마 그 자체만으로도 '와! 예술이다.'가 되기에 충분합니다. 뉴욕 맨해튼 미국문학예술아카데미(AAAL)의 청동 문에 새겨진 글은 예술. '모든 것은 지나간다. 오직 예술만이 지치지 않고 우리와 함께 머문다. 예술의 문을 통해 우리는 행복한 신전으로 들어간다.'라고 되어 있습니다. 그 예술도 자신이 작가가 되면 더 의미가 크겠지요. 삶에 있어서 우리는 작가이고 내가 쓴 시나리오대로 이루려 하는 진정한 사명의 작가인 것입니다. 7월 마무리와 8월의 설계를 잘하길 기대합니다.
좋은 날 되세요.

✉ 0726 아침편지

7월의 아침 햇살이 반짝이는 아침입니다.
우리는 관습(성)이라는 것에 항상 익숙해져 있습니다. 창의는 무엇이 문제인지, 더 개선할 것은 없는지 등을 자세히 관찰하는 것에서부터 출발합니다. 모든 것을 문제의 시각에서 보는 것이 아니라 발전적이고 긍정적인 면을 보는 것입니다. 그래서 고민과 고심의 과정이 필요한 것이기도 하고요. 그런데 언제나 방향은 긍정적이어야 하지요.
지금은 사라진 나라인 트란실바니아(현재의 루마니아의 일부) 출생의 102세 벤자민 페렌츠는 <101살 할아버지의 마지막 인사>에서 '최첨단의 시대인 요즘에도, 나는 젊은 연인들을 보면 꼭 서로에게 편지나 카드 혹은 쪽지를 쓰라고 권한다. 그것이 시간 흐를수록 보물이 될 것이다.', '인간으로서 최고의 자질은 진심과 배려와 관용이다. 절대 부끄러운 짓을 해서는 안 된다.'라고 조언했습니다. 그러면서도 긍정적으로 생각하면 지금보다 더 열악한 상황에서도 살아남을 것이란 거죠. 1세기의 삶을 살아온 것은 쉬운 것이 아니라 그 삶 전체가 긍정, 사랑으로 가득 차 있어야 가능한 것 아닐까요? 익숙한 것으로부터 결별이란 말도 있듯이 무한 긍정의 마음은 또 어떤가요?
더운 날 건강관리에 유념하면 좋겠습니다.

✉ 0727 아침편지

오늘은 참 의미 있는 날 아침입니다. 이 땅에 선혈로 물든 6·25전쟁이 멈춘 지 69년이 되는 날입니다.
저도 그 기간을 책, 사진, 노래, 다큐멘터리 등을 통해 알 수 있었던 슬픈 분노가 치미는 역사적 사실입니다.

우리가 이렇게 평안을 느끼는 자유는 그때 그렇게 얻어진 것입니다. (Freedom is not free) 6·25전쟁에 참전하여 우수, 우족을 잃고 대령으로 봉사한 후 올 4월 작고한 미군 윌리엄 빌 웨버 대령은 인터뷰한 한국 기자에게 "너희가 빚진 것은 없다. 자유 없는 북녘과 세계에 자유를 찾아주고 지키는 것이 이제 대한민국의 의무이다."라 했습니다. 우리의 자유를 위한 헌신에 미국 바이든 대통령은 지난 5월 메모리얼 데이를 맞아 '우리가 그들의 희생을 잊는다면, 우리의 오늘을 잊는 것' (If we forget what they sacrificed, then we forget who we are)라 말한 것 같이 잊을 수 없는 것입니다. 서울현충원의 현충탑에는 '여기는 민족의 얼이 서린 곳 조국과 함께 영원히 가는 이들 해와 달이 이 언덕을 보호하리라.'가 새겨져 있습니다.

용서는 할 수 있으나 잊을 수는 없는 것이기에 더 애뜻합니다. 참전한 모든 선열과 선배 전우님들의 영생을 기원합니다.

✉ 0728 아침편지

새벽부터 아침까지 여름날 같지 않은 바람이 세차게 불었습니다. 마치 한 낮의 더위를 밀어내듯이 가지들이 흔들거려 의아하기도 했습니다. 자연은 이렇게 매일을 치열하게 살아내고 있음을 느낍니다.

자연을 바라보는 나의 마음에 달린 것이라 봅니다. 내 마음이 아무리 흔들거려도 나무는 항상 거기 있습니다. 그 떨림에 내가 화답하는 것인가 봅니다. 미시시피강 부근에 살았던 오지브웨이족 인디언의 기도문 중에 '나뭇잎 하나하나 바람 하나하나에 숨기고 계신 모든 가르침들을 이해할 수 있게 해 주십시오. (Let me learn the lessens you have hidden in every leaf and rock.) 순수한 생각들을 추구하고 이웃들을 돕는 뜻에서 행할 수 있도록 도와주십시오.' (Help me seek pure thought and act with the intention of helping others.)가 있습니다. 참 순수하지요. 바쁜 현대를 살아가는 우리들에게는 조금은 먼 듯이 느껴집니다만, 누구나 그리는 마음 아닐까요?

✉ 0729 아침편지

아침 기온이 많이 올라가서 땀이 쫄쫄입니다. 새벽부터 애쓰신 많은 님들 덕분에 이 아침이 우리에게 왔습니다. 매일을 충실히 살아가는, 살아내는 성실인의 것이기에 더 와 닿습니다.
최근 개봉한 영화 <탑건-메버릭>을 보신 직원들이 많이 있을 것입니다. 거기에서 톰은 '무인전투기 시대가 오면 조종사는 사라질 수밖에 없어.'라는 상관의 경고에 '그럴지도 모르죠. 하지만 오늘은 아닙니다. (Maybe so, sir. But not today)'라 답합니다. 오늘에 최선을 다한다는 것을 나타내는 말입니다. 최선을 다한 삶의 의지를 간명하게 나타낸 것입니다. 시대를 살아가는 많은 거인들이 있습니다. 거인들의 충실한 오늘이, 당신의 오늘은 어땠느냐고 묻고 있습니다.

✉ 0802 아침편지

본격적인 한여름이 되었나 봅니다. 비에다가 열기가 만만치 않습니다.
현대에 들어와 인간의 생명을 연구하는 의학에서는 정신건강 분야도 빠질 수 없는데요, 최근에는 그 찾는 빈도가 많아지거나, 권유받기도 합니다. 어딘가에서 실타래가 엉켜버린 것이지요. 그래서 마음수련, 명상 등이 더 필요한 때입니다. 나의 마음은 수시로 변하여 항상심을 유지하는 데 상당한 노력이 필요합니다.
무엇 때문인지도 모르게 화가 나거나 눈물이 흐르는 경우도 있습니다. 엉클어진 마음속의 실이 엉켜버린 것이지요. 그래서 그 모습 그대로를 받아들이는 것이 필요하고 사랑한다면 그래도 조금은 푸근한 마음이 되지 않을까요? 내 마음이 편안해야 주변도 보이는 것이니 나의 상태부터 자세히 들여다보는 시간이 되면 좋겠습니다. 좋은 하루 보내세요.

✉ 0803 아침편지

8월을 시작하고서 벌써 첫 수요일 아침입니다.
변화의 정도가 급격하여 정신을 차릴 수 없는 지경이 되면 어떤가요? 혼란의 상태가 지속되기도 하고, 내가 하는 것이 과연 타당한가?, 이 선택이 내게 맞는 걸까? 등등 의문이 많아지고 가끔은 결정장애를 겪기도 합니다.
인내의 과정이 있어야 하는 것도 그 때문인가 봅니다. 바닷가재는 5년간의 성장기 동안 25번의 탈피 과정을 거쳐 단단한 갑질을 만들어 갑니다. 매미가 단 7일의 생명을 위해 7년을 인고한 것과 비슷합니다. 에드먼드 버크는 '힘보다는 인내심으로 더 큰 일을 이룰 수 있다.' 라 했습니다.
더위는 푹푹, 일은 더디더디, 상급자는 빨리빨리, 벗들은 '뭐하니?' 그러는데, 오늘은 다 접고 17:00 시 기준 마감하고 청계천 호프라도 하세요.

✉ 0804 아침편지

이제 비가 그치려나 봅니다. 한 2주간은 따가울 정도로 더위가 이어질 것입니다. 건강관리에 유념해야 하겠습니다. 몸이 건강하지 않으면 마음도 일도 삶도 제대로 되지 않습니다. 예기치 않은 일로 해서 삶의 큰 영향을 미치는 건강상의 모습을 우리는 왕왕 봅니다. 당사자라면 더 심적 영향이 큽니다.
지난 달 미국의 한 천재 소녀의 기사가 있었습니다. 13세의 이 소녀는 '24년도 앨라배마대 의과대학원에 입학 자격을 얻었다는 것입니다. 현재 애리조나주립대와 오크우드대에서 생물학을 전공하고 있는데요, 비결을 묻는 인터뷰에서 '나는 시간 관리를 아주 잘하고 부지런하다. 나이는 숫자에 불과하다. 어리다고 못할 일은 없다. 온 힘을 쏟으면 어떤 일도 할 수 있다.'라 하였습니다. 이미 3세 때 책을 통째로 읽었다는 것을 보면 천재성은 예견되었다고 볼 수 있습니다. 인터뷰 내용에서 천재성도 천부적이지만 '온 힘을 쏟으면 할 수 있다.'고 한 당찬 모습이 더 돋보여집니다. 아마도 큰 기대가 기다려집니다. 우리나라에도 이와 같은 후손들이 아주 많이 나오고 있고 앞으로 더 나올 것입니다.

더운 날 건강관리에 조금 더 관심이 필요합니다.

✉ 0805 아침편지

간헐적으로 비가 내리더니 습도가 아주 높아졌습니다. 비 내리는 날은 강가에서 흐르는 강물 위로 떨어지는 세찬 빗줄기를 보고 싶을 때가 있습니다. 바람에 날리는 빗방울이 무언가를 날려 버리듯 하지요. 내 마음의 단면을 보는 것일 수도 있습니다.

 스웨덴 승려 비욘 나티코 린데블라느는 <내가 틀릴 수도 있습니다>에서 '우리에게 관심을 기울이고 호기심 어린 눈빛으로 귀를 기울이는 사람에게 마음을 터놓을 땐 얼마나 좋은가'라고 하였습니다. 이 얼마나 인간적인 면을 본 것인가요? 그리고 그 끝부분에 '내 눈을 바라봐요. 내가 이생에서 마지막으로 보는 게 당신의 눈이었으면 좋겠습니다.'라고도 했습니다. 이렇게 진솔하게 사랑하는 이를 표현한 것은 지고지순한 사랑이 아니면 나타내기 어려운 것 또한 아닐까요? 내 삶을 마감하는 그날 내 곁에 있는 당신이 많이 그리울 것입니다. 아직도 청춘인 마음과 눈을 보는 이, 오래 동안이면 더 좋겠습니다.
휴식과 평안이 있는 주말 되세요.

✉ 0808 아침편지

늦은 여름비가 이번 주에 이어지고 있습니다. 등나무의 보랏빛 꽃이 비에 젖어 안타까워 보입니다.
어제가 가을에 들어선다는 입추였는데요, 아침저녁 시간대는 조금 서늘해진 것 같이 느껴집니다. 어느 날, 이렇듯 성큼 우리 앞에 다가선 것입니다. 을지연습을 준비하는 이 시기와 연습이 끝난 시점에는 가을의 문 앞에 있는 때가 대부분이었습니다. 한 문이 닫히면 또 다른 문이 열리는 것과 같습니다. 거기에는 항상 자기 사랑과 희생이 있었던 것이지요.

도스토예프스키는 '사랑은 자기희생 없이는 생각할 수 없는 것이다.'라고 그의 말에서, 책에서 나타내었습니다.
사랑 가득한 마음이 전해지는 人香萬里의 한 주 되길 바랍니다.

✉ 0809 아침편지

어제 장마 지난 많은 비로 피해가 일부 있습니다. 잠수교 통제는 올 들어 처음인 듯 하고 지점 3 군데가 침수, 누수가 있어 관련 부서에서 조치 중에 있습니다. 자연의 힘을 어찌할 수 없음을 느낍니다. 여러 군데가 이른 시일 내 복구가 되어야 하겠습니다.
 말하기와 글쓰기로 인해 장점도 많이 발현되지만 시의에 맞지 않는 말 때문에 곤란을 겪는 사람들이 종종 있습니다. 어려운 시기에 총리를 두 번 (1940~45, 1951~55) 수행한 처칠은 전쟁을 치르면서도 명연설과 명문장으로 유명합니다. (전쟁 경험을 바탕으로 쓴 <제2차 세계 대전>으로 노벨문학상 수상) 저도 단문으로 말하고 쓰는 데 노력하는데 쉽지가 않습니다. 그의 표현에 따르면, '짧은 표현이 최상이며, 익숙한 표현이면 금상첨화 (Short words are best and the old words when short are best of all)'라 한 것을 보면 대단한 생각을 담아낸 것으로 보입니다. 사랑하는 사람에게, 지인에게 자신의 뜻을 담은 편지라도 보내고 싶은 화요일입니다.

✉ 0810 아침편지

세차게 내리던 비가 오늘 아침 소강상태입니다. 강남지역이 큰 재해를 겪고 있습니다. 기상의 영향이 아주 큽니다. 조기에 복구와 추가 피해가 없어야 할텐데... 몇몇 기사에 불편한 것도 있지만, 배수구 하나 정리로 더 큰 피해를 막은 사례가 있는 것은 우리 사회가 아직도 건강하다는 것이겠지요.
 사랑의 마음이 철철 넘치는 상태일 것입니다. 살아가는 동안에 감동할 일들이 많아지면 좋겠습니다.

눈물이 핑, 가슴이 쿵쾅, 얼굴엔 미소가 한 그득한 일들이 말입니다. 나태주 시인의 시 <세상을 사랑하는 법>에서 이렇게 읊습니다.

> 세상의 모든 것들은/바라보아 주는 사람의 것이다/
> 바라보는 사람이 주인이다/나아가 생각해 주는 사람의 것이며/
> 사랑해 주는 사람의 것이다// (이하 생략)

어떻게 바라보느냐가 중요한 것입니다. 사랑의 눈으로 환희의 마음으로 오늘 하루도 되었으면 좋겠습니다.

📩 0811 아침편지

어제는 햇살이 빼꼼이 나타나더니 오늘 새벽 다시 비가 되었습니다. 내일쯤에는 남부지역으로 오르락내리락 한다니 이동에 유의해야 하겠습니다. 날씨가 이러니 밤 별의 반짝임을 본 지도 꽤나 되었습니다.
밤하늘의 산책이라는 카리브해 산 커피도 있는데 말입니다. 별을 따라 걷는 이슬이 조금 내리는 밤의 풍경은 정겹기도 하지요. 지금은 글쎄? 입니다. 미국 시인 월트 휘트먼은 그의 시 <밤의 해변에서>에서 다음과 같이 노래했습니다.

> 그들은 영원하다/저 모든 별들은/은빛으로 금빛으로/다시 빛나리니,/
> 저 대단한 별들과 작은 별들은/다시 빛나리니,/별들은 참고 견디고/
> 저 광대한 영원 태양들,/저토록 오래 참는 묵묵한 달들은/다시 빛나리니//

어떻습니까? 시인의 마음이 조금 보이지요? 영원한데 인간들만이 유한해서 더 오만해지는 것 아닌지 하는 생각이 듭니다. 비 내리는 날은 더 여유가 필요합니다.

✉ 0812 아침편지

이틀 동안 비 없는 날 아침입니다. 햇빛이 반가운 것도 그 많던 비가 있어서 덥지만 반기는 것입니다.
8월의 중순이니 이제 더위도 다음 주면 내년을 기약하고 안녕!
나이가 들어가면서 현재에 충실하면서 앞을 바라다보는 것이 익숙해져 있습니다. 그러다가 한가한 시간이 되면 지나 온 시간들을 반추해보기도 합니다. 아하! 그때는 그랬지. 하면서. 미국 오하이오주립대 에밀리 노스네글 교수팀은 최근 '어린 시절 축구, 하키 등 단체 스포츠를 경험하는 것이 GRIT 발달에 영향을 준다.'라고 연구 결과를 발표하였습니다. * GRIT, Growth(성장), Resilience(회복력), Intrinsic motivation(내재적 동기), Tenacity(끈기) 성취를 끌어내는 데 결정적 역할을 하는 투지 또는 용기 등을 뜻하는데, '스포츠에 참여하는 이들은 새로운 기술을 배우고, 도전을 극복하고, 다시 시도하기 위해 실패에서 회복하면서 투쟁이 어떤 것인지를 배운다.'라고 분석하였습니다. 함께하는 그 친구가 있어서 오늘의 내가 된 것을 부정할 수 없습니다. 많은 이의 도움이 나를 있게 한 것이니까요.
3일간의 휴일 간 좋은 휴식 되세요.

✉ 0817 아침편지

8월 중순이 되니 아침저녁으로 조금 서늘해졌습니다. 한낮의 햇살은 만곡을 익게 만드는 이제 가을의 시간이 된 듯합니다.
 자연은 이렇게 우리에게 많은 것을 가르쳐 주는 선지자라 할 수 있습니다. 극한의 북극에서도 생존의 길을 가는 이들을 보면 자연에 순응해 살아가는 모습이 영상으로 보여집니다. 미국의 시인 랠프 월도 에머슨은 <자기신뢰>에서 '자연은 인간에게 이해(understanding)와 이성(reason)을 동시에 훈련하는 학습장'이라 했습니다. 온 동리마다 수호신처럼 지킨 나무들, 느티나무, 버드나무, 팽나무, 회화나무 등등이 있었습니다. 이것으로 인하여 서로를 이해하고 나의 기원을 담아내기도 했습니다. 최근 어떤 드라마로 ○○지역의 팽나무 얘기와 닮은 것이기도 합니다. 소원주, 기대주가 된 것처럼 우리는 누군가엔가 기댈 수 있는 나무처럼 언제나 푸근했으면 좋겠습니다. 그리고 그 자리에 항상 있으면 더 좋겠습니다.

✉ 0818 아침편지

아침 시간이 활기찬 모습이 보입니다. 이 주부터 기온이, 바람이 많이 달라졌습니다. 쾌청한 날들이 이어져 눅눅한 것들이 보송보송해지는 듯 합니다. 현업과 다음 주 있을 을지연습 준비에 최선을 다하는 모두의 마음이 환해지면 좋겠습니다. 바지랑대를 아시나요? 마당에 빨랫줄을 바람이나 빨래 무게에 눌려 바닥에 닿지 않게 중간에 받치는 데 그 장대를 바지랑대라 하지요. 한승수 시인의 <바지랑대>를 볼까요?

> 헛간 서까래와 감나무 가지 사이/긴 빨랫줄에/휜칠한 바지랑대/
> 비스듬히 몸을 기대고/젖은 빨래를 떠받치고 있다//
> 사는 품이 점점 모질어져서/젖은 나날들을 무겁게 매달고/
> 우리 마음의 수평이 늘어지고 처질 때//
> 남을 지그시 밀어올리고서야/비로소 제 몸 세우는//
> 나는 당신에게/당신은 나에게/든든한 바지랑대였으면//

시골의 마당 또는 도시 옥상에서도 바지랑대를 세우고 거기에 그날그날 최선을 다한 옷가지들을 널어 훌훌 털어버리기도 합니다. 마음의 보송보송한 촉감을 느끼는 하루 되면 좋겠습니다.

✉ 0819 아침편지

8월의 중순이 지나고 있는 흐린 날 아침입니다.
주말을 앞두고 조금은 휴식하면서 다음 일을 도모해야 하겠습니다. 제법 선선해지고 한낮에는 따가울 정도로 햇빛이 있는 것은 이제 가을이 그리 멀지 않았다는 것이기도 합니다. '눈물로 눈이 흐려져 있을 때는 어느 것도 똑똑히 보지 못한다.'라는 말이 있습니다.
영국의 작가 C. S. 루이스(1898~1963)의 <헤아려 본 슬픔>에서 쓴 글입니다. 루이스는 세계 3대 판타지 소설 중 <나니아 연대기> 작가이기도 합니다.

* 3대 판타지 소설 : 나니아 연대기(7권), 어스시의 마법사(4권/어슬나 르귄), 반지의 제왕(3부, 톨킨)

내적으로 산적한 일들을 하나씩 풀어가다 보면 어느새 종점에 와 있습니다. 어려움도 곧 없어집니다. 때로는 그러려니. 하고 넘기는 것도 필요합니다.
좋은 휴식이 있는 휴일 되세요.

📩 0825 아침편지

8월의 하순 서늘한 아침입니다. 그 더웠던 날들이 언제였던가 싶습니다. 곧 가을임을 온몸으로 느껴지기도 할 것입니다.
얼마 전까지 의학 드라마가 여러 개 있었습니다. 생명을 다루는 업을 가진 분들의 학습, 연구, 생명 연구 등에 존경이 묻어납니다. 히포크라테스 선서를 실천한 분들이지요. 흉부외과 의사를 'Eagle's eye, lion's heart, lady's hand'라 비유합니다. 참 아주 딱 맞게 표현한 것이라 봅니다. 그런데 이 흉부외과 의사 숫자가 적다고 합니다. 연 2~30명 정도. 자신을 사랑하는 마음이 우선 그득해야(물론 다른 의사들이 그렇지 않다는 것은 아닙니다.) 할 것 같습니다.
이 주말은 늦더위가 더 가기 전에 한적한 강나루 긴 언덕을 가보는 것은 어떤가요?

📩 0826 아침편지

서늘한 기온이 된 8월 마지막 주 금요일 아침입니다. 비와 아무리 더워도 절기를 이기지 못하고 자리를 비켜 주었습니다. 차량 소음이 활기찬 아침을 내어 준 듯 합니다.

 무엇을 결정하는 데 어려움을 겪은 경험이 있을 것입니다. 정하고 보면 별 것 아닌 것도 막상 정할 때는 많은 고민이 생기기 마련입니다. 사람을 만나는 것도 물건을 사는 것도 나름의 기준을 가진다고 하나 결정할 때는 신중해지기도 합니다. 제 경우엔 어떤 것을 선택하든 크게 영향받지 않는 경우가 더 많았던 것 같습니다. 누구나 선택은 어려운 것들 중의 하나입니다. (Life is Choice Between Birth and Death -장 폴 사르트르) 선택의 기로에 놓여 고민하지 말고 가지 않은 길을 갈 수도 있습니다. 100가지 고민 중에 내가 할 수 있는 것은 네 가지 정도라 하니 크게 고민하지 않고 마음 방향으로 가는 것도 좋습니다.

📩 0829 아침편지

여름의 끝에 비 내리는 아침입니다. 기온이 제법 서늘해졌습니다. 휴일 낮의 하늘은 천고임을 잘 보여주었습니다. 가로수 은행나무 잎들이 노랗게 물 들을 날이 멀지 않습니다. 가을꽃들의 세계로 다가가는 것이 절기의 모습입니다. 여름꽃들은 많지 않습니다. 은행 주변에 배롱나무꽃이 지난달부터 10월 초까지 피어 있어서 그나마 꽃 그림자를 볼 수 있습니다. 로버트 크릴리의 <꽃>을 볼까요.

나는 긴장을 기르나 보다/아무도 가지 않은/어느 숲속의/꽃들처럼.//
상처는 저마다 완전하여/눈에 뛸까 말까 한/
조그만 꽃에 울을 만들고/아파한다.//
아픔은 저 꽃과도 같아/이 꽃과도 같고/저 꽃과도 같고/이 꽃과도 같아.//

어떻습니까? 꽃과 같아졌습니까? 힘찬 한 주 출발하세요.

✉ 0830 아침편지

비 내리는 화요일 아침입니다. 이 비는 여름비인가요? 가을비인가요? 이 비에 피곤한 일들이 다 씻겨 내려가 마음의 평안이 있을 것입니다.

참 피곤한 일들이 많이 있습니다. 아마도 살아가는 동안 피곤한 일은 항상 있겠지요. 일에 대한 즐거움이 있다면 그 피곤함이 덜 할 것입니다. 이와 관련한 글들을 보겠습니다. 후한의 광무제 유수는 "이 일을 즐기니 피곤하지 않다(락차불피(樂此不疲)"라 했습니다. <논어>에도 "벗이 멀리에서 찾아오면 또한 즐겁지 아니한가!(有朋自遠方來, 不亦樂乎)", "분발하여 식사를 잊고 즐거움으로 근심을 잊는다.(發憤忘食, 樂以忘憂)", "아는 것보다는 좋아하는 것이 낫고, 좋아하는 것보다는 즐기는 것이 낫다.(知之者不如好之者, 好之者不如樂之者)" 여기에서도 '락'입니다. 공자 스스로도 "배우는 일에 싫증을 낸 적이 없었고, 가르치는 일에 피곤을 느껴본 적이 없다(學而不厭, 敎而不倦)"했지요. 노자 <도덕경> 44편에 "만족할 줄 안다면 곤욕을 당하지 않을 것이고, 그칠 줄 안다면 위태로움에 빠지지 않을 것이니, 오랫동안 평안함과 즐거움을 누리게 될 것이다.(知足不辱, 知止不殆, 可以長久)" 즉, "만족할 줄 알면 항상 즐겁다.(지족상락(知足常樂)"입니다. 어떻습니까? 무리하지 않고 일에 집중하여 즐기면서 하게 되니, 조금도 피곤할 것이 없다는 것입니다.

오늘은 조금 일찍 퇴청하여 마음의 여유가 있는 날이길 바랍니다.

✉ 0831 아침편지

어제 내린 비가 이 아침 운무를 이뤄 북한산 정상으로 올라가고 있습니다. 그 모습을 靑嵐이라 하지요.
그 위를 내 자신이 같이 가고 있는 모습은 옛 선인들은 신선 같다고도 했습니다.

아우를 그리는 동파는 '水調歌頭'라는 시에서 '그곳이 높고 추운 곳이라' 나타냈습니다. 멀기도 하지요. 우리는 너무 멀리, 미래를 생각하는 경향이 있습니다.
인도의 수도자 에크낫 이스워런은 <인생이 내게 말을 걸어왔다>에서 '우리도 너무 먼 곳을 바라보지 말자. 곁에 있는 가족과 친구, 이웃, 심지어 적을 바라보면서도 얼마든지 그들처럼 할 수 있다.' 작은 것에서 느끼는 만족감에서부터 행복은 출발하는 것이라고. 거기에서 가장 중요한 것은 나 자신의 자신감, 행복감이 아닐까요? 자기 자신을 가장 사랑하고 사랑해 줄 사람은 바로 나 자신이잖아요. 수요일입니다. 빨간 장미는 있겠지요?

✉ 0901 아침편지

9월의 첫날 밝은 아침입니다.
어제는 빨간 장미를 들고 갔지요? 아침에 걸어오는데 어떤 이가 계속 따라왔습니다. 돌아보니 아무도. 10미터도 넘는 긴 그림자를 보니 가을이 된 듯합니다. 비와 무더위가 언제였던가 싶습니다.
자연은 우리에게 이렇게 멋진 날들을 선사하고 있습니다. 곧 추석이기도 합니다. 나태주 시인의 <9월이>를 볼까요?

> 9월이/지구의 북반구 위에/머물러 있는 동안/
> 사과는 사과나무 가지 위에서 익고/
> 대추는 대추나무 가지 위에서 익고/너는/내 가슴속에 들어와 익는다//
> 9월이/지구의 북반구 위에서/서서히 물러가는 동안/사과는/
> 사과나무 가지를 떠나야 하고/너는/내 가슴속을 떠나야 한다//

그 역할이 있는 것은 기쁨이기도 합니다. 떠나오고 나서의 그 자리는 항상 아름답습니다. 나의 자리, 우리들의 자리도 마찬가지입니다. 9월! 담박한 일정들이 잘 정했으면 좋겠습니다.

✉ 0902 아침편지

9월의 첫 주말 아침입니다. 약간은 여름이 된 듯합니다.
 지금도 그렇지만 한때 '소확행'이란 말이 있었지요. 그 소소함을 어디에서 찾을 것인가가 주제였지요. 현실을 벗어난 것에 주안을 둔 것이 아닌가 하는 생각도 들었습니다. 우리 삶은 현실을 벗어나서 존재하기 어려운 것인데 또 그리고 그리 쉽게 되는 것도 아닌데 말이지요. 그 아파한 현실을 조금이나마 위로받고 싶은 것일지도 모릅니다.
일본의 작가 무라카미 하루키는 행복에 대해 '큰 꿈을 꾸며, 이루어가며 만난 일상의 작은 것에서 느끼는 행복'이라 말합니다. 일상의 행복이 어느 정도인지는 자신이 판단, 평가하는 것인데... 그리 쉽지는 않은 듯 합니다. 김승희 시인의 '그래도'라는 시가 있습니다. 그래도 나의 삶이니 헤쳐가야 하지요. 이 주말 가을바람 부는 언덕에서 '그래도'를 생각해 보면 좋겠습니다.

✉ 0905 아침편지

주말, 내일까지 태풍의 영향으로 많은 비가 내리고 있습니다. 기후 위기가 심각하게 다가오고 있습니다.
수도권 국민의 매서운 눈초리를 그 눈에 보내야 하겠습니다. '가랏!'
 이 비 그치면 풍성한 가을이 시작되겠지요. 이즈음이면 생각나게 하는 것들이 여럿 있습니다. 장석주 시인의 <대추 한 알>을 보았을 것입니다.

> 저게 저절로 붉어질 리는 없다./저 안에 태풍 몇 개/
> 저 안에 천둥 몇 개/저 안에 벼락 몇 개//
> 저게 저 혼자 둥글어질 리는 없다/저 안에 무서리 내리는 몇 밤/
> 저 안에 땡볕 두어 달/저 안에 초승달 몇 날//

어쩌면 우리네 인생도 이와 같지요. 수많은 태풍, 천둥에서도 오늘에 이르고 있잖아요. 추석 휴일 간에 시간 내어 인왕산 숲속 쉼터에 다녀올까 합니다. 거기에도 자연의 모습이 오롯이 담겨있겠지요. 출·퇴근 간, 멀리 있는 친척

들에게도 이 태풍이 피해가 없었으면 좋겠습니다.

✉ 0907 아침편지

9월이 되더니 밤 기온이 조금 떨어졌습니다. 바닥엔 이슬이 맺히기도 하였네요. 가을이 되었나 봅니다. 이름을 '가을'로 정한 이들도 꽤 있지요.
 참 좋은가 봅니다. 가을이! 그 만남이 여기 있습니다. 우리는 무수한 만남을 가집니다. '만나다'의 뜻은 '산이나 길, 강 따위가 서로 마주 닿다', '어떤 사실이나 사물을 눈앞에 대하다'와 '누군가 가거나 와서 둘이 서로 마주 보다'인데, 세 번째가 제격입니다. 마주 보는 것이 와 닿습니다. '내일은 아주 행복할 겁니다. 그것으로 나는 갈 수 있는 데까지 가보려 합니다.' <방랑기>의 글귀처럼 그 만남이 거기 있으니 가 보아야 하지요. 이제 또 다른 만남이 모레쯤 있지요. 3년 만에 가족들이 볼 수 있는 그리움이 쌓인 그 만남 말입니다. 기대되지요? 그 만남! 그리움과 짝이기도 합니다.

✉ 0908 아침편지

추석 휴일을 앞둔 날 아침입니다. 이제 제법 기온이 서늘해짐을 느낍니다. 이슬도 보이고.
긴 시간이 흐른 뒤에 가족들을 만나는 기쁜 일들이길 바랍니다. 기다림의 시간이 그리움으로 바뀌어 이제는 그저 보기만 해도 좋은 시간이 되었습니다. 물어보고 싶은 것도 많지요. 어떻게 지냈는지? 아픈 데는 없는지? 만나는 사람들은 누구인지? 등등 온통 궁금하지요. 그럼에도 꾹 참고 말할 때까지 기다리는 것이 부모의 마음 아닐까요?
질문(question)이라는 단어 속에는 다른 뜻의 단어가 들어 있다고 합니다. '찾아서 추구함(quest)'이란 아름다운 말이지요. 그래서 누구이든지 질문하고 싶어 하는지 모릅니다. 공자도 不恥下問이라고도 했지요. 의문의 대한 답을 구하고자 하는 노력의 일부이기도 합니다. 그래서 얻은 지혜, 나 자신이 한 편의 시가 되고 싶기도 하고. 효에 대해 공자는 '부모는 오직 그 자식이 병들까(아프지 않을까) 걱정하는 것이다.'라고 했습니다. 좋은 추석 보내세요.

✉ 0913 아침편지

중추가절을 잘 보냈지요? 큰일 없이 오랜만에 가족, 친지들을 만나는 시간이 되었습니다. 온축된 시간들이 한 번에 나타나 많은 변화를 느끼는, 계절의 변화도 보고, 느끼는 시간이 되었기를 기대합니다.

최근 US오픈 테니스 대회에서 낙수(落穗, 떨어질 락, 이삭 수)들이 있습니다. 19살의 알카라스가 첫 출전에 우승한 것, 그러면서 세계 1위까지. 참 대단했습니다. 그리고 지난 3일 시즌 마지막 그랜드슬램 대회인 이 대회 3회전에 져 긴 27년의 테니스 여정을 마무리한 세리나 윌리엄스 선수를 알 것입니다. 그의 은퇴 아닌 '마침'에 깊은 찬사를 보냅니다. (우승컵, 그랜드슬램 등을 떠나서) 그녀는 "선수로 뛰면서 한 번도 포기한 적이 없었고, 마지막 경기도 마찬가지였다."라고 했습니다. 용기와 의지, 노력이 기적과 미래라는 가치를 준 것이라 봅니다. 꾸준함이 성실함이 긴 시간을 버텨낸 바탕이라 생각됩니다. 힘찬 한 주 잘 출발!

✉ 0914 아침편지

푸르른 나뭇잎들이 점점 엷어지고 있음을 느낍니다. 제일 먼저 오는 신호가 은행나무가 아닌가 생각됩니다.

어제는 우리 문화의 강점이 잘 나타내어 주는 일이 있었지요. 73년 만에 비영어권에서 최초로 에미상에서 6개 상을 받은 사실입니다. 참 대단하고 역량이 출중하면서도 더 나은 결과물을 내고자 하는 의지도 나타내었습니다. '시즌 2로 돌아오겠다.'라고.

누군가를 데리러 가는 설렘처럼 곧 그(녀)가 올 것입니다.

임곤택(1968~) 시인의 <데리러 온다는 말>을 볼까요?

맑은 날이면/데리러 온다는 말이/떠오릅니다//
아이와 엄마/강아지와 주인/밝아진다는 창문//
일요일입니다/사람들 지나갑니다/데리러 가는 길이면 좋겠습니다/
맞으러 가는 길이어도/좋겠습니다//
두 곳이어서/이곳과 다를 거라서/믿게 됩니다//

누군가를 '데리러 간다'는 것은 마음이 거기 가 있다는 것이지요. 오늘은 '데리러' 가면, 또 만나서 같이 가는 날이면 좋겠습니다.

✉ 0915 아침편지

아침 바람이 제법 서늘해졌습니다. 이 차이가 열매를 더 단단하게 만들어지기도 합니다.

약 6개월 전 먼 산에 진달래, 개나리가 한창이더니 이제 그 잎들이 붉게 변해가는 때가 되었습니다. 바람과 햇빛과 비가 그리고 그 스스로 그렇게 되어가는 모습이 자연(스스로 그러함)이지요.

홍사성 시인의 <바람의 힘>을 볼까요?

바람이 불었다//어느 날 갑자기/더위가 사라졌다//언제 그랬냐는 듯//
사는 일 다 그렇다 기쁨도 슬픔도//

참 그런 것입니다. 별것 아닌 일에도 온 마음을 다 뺏기기도 하니 말입니다. <패랭이꽃>은 어떤가요?

툰드라 얼음장 그 추운 다람쥐 굴에서/
삼만 년을 견딘 끝에 꽃 피운 패랭이꽃//
눈 감고/기다린 사랑!//내 사랑이 그렇다//

사랑이 넘치는 것이 그 툰드라도 열게 만드는 것이기도 합니다. 이제는 조금 더 여유 있는 시간이 되었으면 좋겠습니다. 마음도, 사람도, 일도!

✉ 0916 아침편지

어제 밤에는 바람이 아주 많이 불었습니다. 태풍전야인 듯 했습니다. 바람도 내 마음과 같이 흔들리고 있는 것이 외로움인지 그리움의 표현인지 알 길이 없습니다.
 바람이 불어 나뭇잎이 흔들리는 것은 나무가 흔들리는 것인지, 바람이 흔들리는 것인지 알기가 쉽지는 않습니다. 달빛에 흔들리는 나뭇가지, 바람 소리가 밤새 그리움의 소리를 내어 알아주기를 기다리는 것 같습니다. 추석이 지나 달은 조금 이지러졌지만 그래도 가을달입니다. 당나라 시기에 詩들이 많이 남아 있는데 그중에서 왕건(767~830)의 <十五夜望月>를 볼까요?

中庭地白樹棲鴉(중정지백수서아)정원 마당에 쏟아지고 둥지에 새 돌아올 때
冷露無聲濕桂花(냉로무성습계화)찬 이슬 소리 없이 꽃을 적시네/
今夜月明人盡望(금야월명인진망)세상 사람들 모두 보름달을 바라보겠지만
不知秋思在誰家(부지추사재수가)가을밤 시름에 잠기는 이 누구일까 모르겠네//

그리움이 그 달을 보며 쌓이는 것이지요. 이 주말 누구를 그리는 시간이 되면 좋겠습니다.

✉ 0919 아침편지

오늘 아침 일출 시간이 06:17분, 한 달 전 강릉 앞바다 일출 시간이 05:43. 9월이 되니 일출·몰 시간이 전 달보다 약 30분 넘게 차이가 납니다. 하루에 1~2분씩 늦어지고 있습니다.
 이를 음청원결(陰晴圓缺, 맑고 흐리고 둥글고 이지러지는 것)의 과정이지요. 그러한 가운데 오늘을 살아가고 있습니다. 바다가 보고 싶은 것은 그 흔들림과 지구의 떨림을 고스란히 보여주어서 그런가 봅니다.
김연수(1970~)는 <파도가 바다의 일이라면> 소설에서

> 바다 앞에 서면 알게 된다. 우주 전체가 떨고 있다는 것을.

파도가 바다의 일이라면 사랑은 사람의 일이라는 것을

작가의 관찰력과 혜안이 부러울 따름입니다. 사람의 일인 '사랑'을 마음껏 해 보면 좋겠습니다. 좋은 한 주 되세요.

✉ 0920 아침편지

아침 기온이 많이 서늘해졌습니다. 새벽을 헤치고 나타난 혜성처럼 빛나는 많은 일들이 있을 것입니다.

　열정을 다해 살아가는 살아내는 이들이 있어 더 밝은 것이라 봅니다. 그리고 참 성실하게 살아가는 사람들이 아주 많이 있습니다. 중용 제이십장에 성실에 대하여 '誠者 天之道也, 誠之者는 人之道也.(성실 그 자체는 하늘의 도, 그 성실함을 위한 노력은 인간의 도) 誠之者 擇善而固執之者也(선을 택하여 이를 고집스럽게 이어가야 하는 성실함.)'라 설명합니다. 성실함을 위한 노력이 인간이 하는 것이기도 합니다. 참 꾸준하게 하는 것은 더 어려운 일이기도 합니다. 그래서 많은 글귀들이 있지요. '初志一貫, 終愼如始, 首尾相應, 한결같이' 등등 무언가를 이루기 위해 전념하는 것이 그것이 一家를 이루는 것입니다. 좋은 화요일 되세요.

✉ 0921 아침편지

아침 햇살이 이슬에 비치어 반짝이는 것이 영롱한 아침입니다. 이렇게 가을이 우리 곁에 슬쩍 와 있습니다. 계절은 그렇게 자기 역할을 충실히 해내고 있는 것이 경이 그 자체입니다.

다음에 무엇을 할 것인가를 미리 짜 놓은 것처럼 촘촘하게 되어 있습니다. 올해 반 클라이번 콩쿠르에서 우승한 피아니스트 임윤찬을 알 것입니다. 그가 올 8월 롯데콘서트홀에서 연주회가 있었는데, 리허설곡으로 하농(Hanon)을 연주하고 있었다고 롯데 문화재단 홍보책임자가 전합니다. 콩쿠르 기간 내내 새벽 4시까지 연습하였다 하니 그의 집념과 연주, 관객을 사랑하는 마음이 보입니다. "달라진 것은 없다. 우승했다고 실력이 느는 건 아니다." 참 대견하기도 합니다. 그 탄탄한 기본기가 그를 있게 한 것이라 봅니다. 마음의 평정과 균형을 가지고 삶을 대하면 명성과 환희는 따라오는 것 같습니다.
좋은 수요일, 야근 없는 수요일, 차가 있는 시간이 되면 좋겠습니다.

✉ 0927 아침편지

광화문 거리의 가로수 잎들의 색이 노랗게 변해가고 있습니다. 을지로는 소나무라 항상 같습니다. 이는 우리와 닮은꼴입니다.
 삶이 항상 어렵게만 하는 것은 아니지만 아주 힘들게 한 적이 있지요. 저도 많이 힘들다고 느낀 적이 있었습니다. 우리는 살아가면서 喜怒愛懼哀惡欲을 다 느끼며 보냅니다.
그리고 우리를 아주 힘들게 서 있기도 어렵게 주저앉게 만드는 순간이 있지요. 오프라 윈프리는 그것을 '그 순간은 반대로 우리에게 자리에서 일어나 자신의 중심에 서서 자신이 어떤 사람인지 깨달으라고 촉구한다.'라고 용기를 주었지요. 이제 가을임을 조석으로 느낍니다.
그리 길지 않은 삶을 산 설악의 시인인 이성선(1941~2001)의 <가을편지>입니다.

잎이 떨어지고 있습니다/원고지처럼 하늘이 한 칸씩/비어가고 있습니다/
그 빈 곳에 맑은 영혼의 잉크물로/편지를 써서 당신에게 보냅니다/
사랑함으로 오히려/
아무런 말 못하고 돌려보낸 어제/다시 이르려 해도/
그르칠까 차마 또 말 못한 오늘/
가슴에 고인 말을 이 깊은 시간/한 칸씩 비어가는 하늘 백지에 적어/
당신에게 전해 달라/나무에게 줍니다//

이 가을 그 누군가가 되었든 편지를 써 보내야만 하는 때입니다. 좋은 날 보내세요.

✉ 0928 아침편지

9월 하순의 어느 밝은 아침입니다. 차량 등 도시 소음이 조금은 적은 듯 합니다.
 이른 새벽별들이 초롱초롱 빛 나 있어서 누군가는 이 시간에 다른 이를 위한 준비를 하는 별빛 같은 사람들에게 빛이 됩니다. 우리는 가끔은 아주 견뎌내기 힘든 어려움에 처하기도 합니다. '당신이 어려움에 있을 때 당신을 염려하고 있다는 사실을 잊지 말자. 그게 바로 사랑이다. 당신 인생의 단 한 번의 기도가 '감사합니다.'라면 그것으로 충분하다'라고 독일 신비주의 사상가 마이스터 에크하르트는 말합니다. 어디에도 있는 사랑이 그를 잘 견뎌내게 만드는 것이지요. 누군가를 위해 온기와 빛을 발하는 연탄이나 별처럼 포근히 다가오는 사람이면 더 좋겠습니다. 오늘 수요일. 야근 없는 날 되세요.

✉ 0929 아침편지

가을이 되었나 봅니다. 아침 안개가 점점 많아지고 있습니다.
 삶에 대한 지신감이 떨어져서 헤어 나오기 어려울 때도 가끔 있습니다. 왜 내게만 이러한 일이 있을까 하는 자괴감마저 들기도 합니다. 어찌 보면 그렇게 되어갈 것이라고 예비한 것과 같기도 하고요. 미국의 경제학자 제임스 헤크먼(1944~)은 '삶이란 할 수 있다는 자신감을 향상시키는 과정. 수학 문제를 풀고 음악을 즐기고 사람들과 제대로 교제하기 위해 분노를 조절할 수 있는 그런 지적, 사회 정서적 능력을 종합적으로 향상시키는 데, 삶의 의미, 양심과 동기부여 역시 인생을 멋지게 사는 데 중요한 역할을 한다.'라고 했습니다. 나의 의미를 부여하고 살아가는 과정에 괴롭고, 힘들고 어렵지 않는 사람은 없습니다. 나의 삶의 일부이기에 더 그러하다고 할 것입니다. 나의 인생은 참으로 멋지고 활기가 넘치는 날들이어야 하고.

나 자신을 많이 사랑해 주어야 하는 것은 중요합니다. 내가 나를 사랑하지 않는데 누가 사랑해 줄까요? 사랑이 넘치는 날들이면 더 좋겠습니다. 그것이 나를 넘어 주변에 퍼지는 人香萬里!

✉ 0930 아침편지

9월의 마지막 근무일 밝은 아침입니다. 여느 때보다는 도시 소음이 잦아들은 듯 합니다.
 조금 후 도시 삶의 전형으로 곧 변하겠지요. 아주 조금씩 변해가는 시간 속에서 무한 날이 지속될 것으로 생각합니다. 80년을 살아도 30,000일 채 되지 않는데 치열하게 살아내는 것이지요. 거기에는 꿈이 있어서입니다. '진짜 꿈은 중력보다 강하다. 일어나기 싫은 아침에도 우리가 지쳐서 쓰러져도 언제나 우리를 벌떡 일으킨다. 그게 진짜 꿈의 힘이다'라고. 미래를 향해 갈 수밖에 없는 인간의 삶인지라 더 할 것입니다.
 내일은 제74주년 국군의 날입니다. 주변에 군인이었거나 현직 군인에게 존경의 마음을 가져 그분들이 자기 역할을 충실히 한 것에 대해 또는 하는데 정성의 응원을 보내면 좋겠습니다. 마침 충남 계룡시 계룡대 일원에서는 10.7.~10.23.일까지 2주간 세계 군문화엑스포가 열립니다.(최초 계획은 '20년이었으나 코로나로 연기) 한 번 방문, 동참해 보면 많은 것들을 느낄 수 있습니다. 내일부터 이어지는 3일간 편안한 가을날 휴식이 되면 더 좋겠습니다. 오늘은 야근, 잔무, 잡무 없습니다!

✉ 1004 아침편지

3일간의 휴일을. 사흘째 초가을비가 내리는 날 아침입니다.
10월 되니 여러 가지 생각들이 들 것으로 봅니다. 이 가을이 성큼 다가선 것을 보면 계절의 영민함을 알게 합니다. 자연은 그렇게 제 본새를 잘 이끌어 가고 있는 모양입니다. 얼마 전 우리나라 월드컵 팀은 출전 전 마지막 카메

론과 경기를 하였습니다. 역시 Son 7이었지요. 그의 아버지는 "손이 데뷔골을 넣었을 때 사람들은 '혜성'처럼 나타난 선수"라 표현했지만 그 누구도 그 어떤 분야에서도 '혜성은 없다'라고 말하고 싶다. 이 세상에 혜성같이 나타난 선수 같은 건 존재하지 않고, 차곡차곡 쌓아 올린 기본기가 그때 비로소 발현된 것일 뿐이다."라 했습니다. 기본기가 그 바탕이 된 것이지요. 허상이 아니라 진상이 보이는 것은 그 노력, 아버지의 가르침, 시스템, 인성, 의연함 등이 그를 만든 것이니까요. 온축된 기본기가 힘이 되는 것. 그 분야의 쌓인 것들이 드디어 발현되는 것이지요. 가을 분위기를 한껏 느끼는 한 주 되세요.

✉ 1005 아침편지

어제 이어서 이른 시간에 비가 조금 내리는 아침입니다. 이 비 그치면 가을이 성큼 우리 곁에 다가와 있겠지요. 이래저래 마음이 스산해지는 것은 가을을 타는 걸까요?

그래도 무언가 기다려지는 것은 그리움이 있어서일까요? 심신이 건강하니 이것저것 생각나나 봅니다. 많은 프로그램에서 건강과 행복, '금쪽이' 같은 아이, 사랑에 대한 내용이 많이 있습니다. 그중에서도 장수에 대한 관심이 많습니다. 이에 50여 권의 전문서적을 출간하기도 한 김형국('42년생, 서울대 환경대학원 명예교수)은 "'말'은 바람이나 물과 같고, '글'은 바위와 같다. 인문주의자의 다른 말은 문필가(man of letters)이다."하면서 건강 수명의 최상은 운동, 식사가 아니라 독서라고 하였습니다. 身보다는 心에 더 주안을 둔 것이기도 합니다.

오늘 수요일 야근 없이 기다림의 카페에서 독서는 어떤가요?

✉ 1006 아침편지

10월의 첫 주말이 되는 목요일 아침입니다. 신선합니다. 이러한 날들이 당분간은 지속되어 상쾌함이 더해지는 날이 될 것입니다.

우리 마음 또한 선선함이 더해져 안을 품이 더 넓어지면 좋겠습니다. 일에 대한 즐거움도 보람도 나의 태도에 달려 있는 것이니, 여하튼 할 바를 해 보아야 하지요. 우리가 일을 하거나 대화할 때 '개념' 얘기를 합니다. 이 '개념(concept)'의 con은 '여럿을 하나로', cept '꿰뚫는 것, 이어 주는 것'라 인데, 숲이 con이고 나무가 cept인 것입니다. 하나로 꿰뚫는 것, '일이관지(一以貫之)'라 하겠습니다. (일이관지는 공자가 '도를 하나로 꿰었다' 한 것에서 유래) 그것은 仁., 참 어려운 것이기도 하고요 어느 순간 통하는 그 무엇이 '道'가 되어 도통하는 것이라 봅니다. '通'하는 시간이 되면 일이관지할 것입니다. 내일은 창원에서 전합니다.

1007 아침편지

오늘 아침은 남부지역 창원의 바닷가에서 맞이했습니다. 더 좋은 가을날 주말을 앞두고 선선한 날들이 이어집니다.

풍성한 과일은 더욱 깊은 맛이 익어가서 좋은 때이기도 합니다. 이 가을, 사과는 빼놓을 수 없는 결실입니다. 많은 사과가 지금까지 있었습니다. 중앙아시아가 원산지, 종류는 약 7,500 여 종, 세계 연간 8,600만 t이 생산되고 있습니다. 이러한 사과는 기독교 문명의 탄생을 알린 아담과 이브의 사과, 수많은 문학작품의 모티브가 된 트로이 전쟁의 원인이 된 황금 사과, 아들의 머리 위에 올려놓은 사과를 명중시킨 후 스위스 건국의 계기 된 빌헬름 텔의 사과, 만유인력에 대한 힌트를 제공함으로써 근대 과학의 시대를 연 아이작 뉴턴의 사과, 사과로 파리를 지배하겠다고 선언하며 현대 미술의 시작을 알린 폴 세잔의 사과, 백설 공주와 일곱 난장이의 사과, 스티브 잡스의 사과, 일본 태풍에도 떨어지지 않은 아오모리 사과, 장영희 교수에게 제자들이 준 애플 등 참 많이 있습니다.

저는 신체적 불편함에도 열정을 다한 장영희 교수에게 준 애플(A+의미)이 제일 감동입니다. 농부님들의 노고를 생각하며 아삭한 그 맛을 잊지 못하는 시간이 되면 좋겠습니다. 좋은 기쁜 휴일 되세요.

✉ 1011 아침편지

3일간. 비가 온 뒤에 기온이 많이 내려가 선선함을 지나고 있는 아침입니다. 바람도 많이 있었던 주말이 바람 맞기 좋은 날이기도 했습니다.
  그간 시행하지 못했던 지역별 가을 축제들이 한창입니다. 그저께는 한글 반포 576번째 되는 날이었지요. 인간이 만든 디자인 문명 중에 세계 최고의 디자인으로 인정받은 바 있습니다. 세종 혼자서 만들었음을 문헌을 통해 알 수 있습니다. 해례본은 집현전 학사들이 만들어 널리 알리도록 하였지요. 10월은 문화의 달임을 실감합니다. 고래로 문화가 있어 왔습니다. 문화란, '신이 불완전하게 만든 세상을 인간의 힘으로 완성하려는 노력 가운데서 얻어진 결과이자 그 빛이다.'라 합니다. 이 시월에 마음의 한 곳을 풍성하게 채워줄 문화의 공간으로 나아가는 것은 어떨까요? 벗과 함께. 좋은 한 주 되세요.

✉ 1012 아침편지

전형적인 가을날 아침 시간입니다. 서늘한 기온이 오늘은 조금 올라, 조금씩 변화가 있습니다.
  간절히 바라는 마음으로 이 가을날을 대하면 좋은 일들이 많아질 것입니다. 왜냐고요! 그냥 가을이니까요. 시월 첫 주에 소개하고 싶었는데 조금 늦었습니다. 용혜원 시인의 <가을을 파는 꽃집>을 볼까요?

꽃집에서/가을을 팔고 있습니다/
가을 연인같은 갈대와 마른 나뭇가지/그리고 가을꽃들/
가을이 다 모여 있습니다/하지만 가을바람은 준비하지 못했습니다/
거리에서 가슴으로 느껴보세요/사람들 속에서도 불어 오니까요//
어느 사이에/그대 가슴에 불고 있지 않나요/가을을 느끼고 싶은 사람들/
가을과 함께 하고 싶은 사람들은/가을 파는 꽃집으로 다 찾아오세요//
가을을 팝니다/원하는 만큼 팔고 있습니다/고독은 덤으로 드리겠습니다//

가을이 우리 앞에 와 있음을 느껴지나요? 지난 여름 모진 태풍, 비바람에도 견디어 낸 자신의 열매들을 주렁주렁 달고 있지요. 삶이란 그런가 봅니다. 좋은 날, 수요일이잖아요 잘 보내세요.

✉ 1013 아침편지

아침 시간이 참 여유 있게 느껴지는 때가 가끔 있습니다. 오늘이 그 하나이기도 합니다. 일찍부터 일터로 향하는 사람들의 표정이 환하게 느껴지기도 합니다.

자신의 존재감이 언제인가는 모르지만 때때로 발현되는 것을 봅니다. 자신이 거기에 존재함으로 세상이 다 존재하는 것이기도 합니다. 미국의 사상가이자 시인인 랄프 왈도 에머슨(1803~1882)은 그의 책 <자연>에서 "모든 영혼은 그 이면에 스스로 하나의 집을 짓고, 그 집 너머에는 하나의 세상이 있고, 그 세상 너머에 천국이 있다. 그렇다면 이제 세상이 당신을 위해 존재함을 알아야 한다. 당신을 위해 현상들은 완벽한 상태로 존재한다. 당신만의 집을 만들어라."라고 전합니다. 세상이 나를 위해 존재함을 얼마나 인식하고 있을까요? 모든 것이 나를 위해 존재하고 있는데도 몰라 본 것은 아닐까요? 이 글을 읽는 모든 이는 소중하며 대단한 존재이기도 합니다. 자신을 가져도 됩니다. 희망의 파아란 날개들이 송송 솟아나고 있잖아요. 그 자신이, 시간이 그렇게 알알이 삶의 한 톨이 되고 있습니다. 좋은 목요일 되세요.

✉ 1014 아침편지

시월 중순의 주말 앞둔 금요일 아침입니다. 선선합니다.

그제 먼 곳에서 소식이 전해졌습니다. 창의적 연구 결과와 잠재력을 지닌 미국인에게 주는 상인 맥아더 재단의 '펠로십賞'입니다. 매년 25명 내외로 선정하는 데 올해 한국계 3인이 선정된 뉴스입니다. 스탠퍼드 수학 교수인 허준이, AI 과학자인 시애틀 워싱턴대 최예진 교수, 역사학자인 위스콘신대 교수 모니카 김 등입니다. 그 선정 과정이 신비주의에 싸여 있다고 하는데요, 익명의 인재 풀에서 비공개로 추천받은 후 익명의 12명의 심사위원이 심사한다고 합니다. 한국계는 '03년 김용 WB 총재, 지난해 시인인 최돈미 교포가 수상한 바 있습니다. (상금은 5년간 조건 없이 약 11억 3천만 원, 노벨상 약 13억 원, 필즈상 1,500만 원) 참 대단한 정성과 노력으로 연구의 매진한 결과입니다. 존경스럽습니다. 아마도 기쁘게 자기 연구를 한 것이겠지요. 우리는 매일 '일'을 합니다. 생업(job), 직업(career), 소명(calling)으로 말이지요. 미 사회심리학자 배리 슈워츠는 '일에서 가장 만족감을 느끼는 사람들은 일을 '소명'으로 여기는 사람이다. (중략) 그 일을 하는 것 자체로 기뻐한다. 일은 자신의 정체성을 형성하는데 필수적인 부분이며, 자신이 하는 일이 세상을 더 나은 것으로 만든다고 믿는다.'라고 <우리는 왜 일하는가?>에 적시했습니다. 쉽지 않은 얘기라 생각되기도 합니다. 얼마나 소명으로 생각할까요? 이 아침 조금 길었습니다. 좋은 휴일 되세요.

✉ 1017 아침편지

가로수의 은행나무 잎들이 하나둘 떨어지고 있는 가을날 아침입니다. 지난 주말은 기온이 평온하여 삶이 활력이 되는 날이기도 했습니다.
 자신을 돌아보고, 삶의 의미도 많이 주는 시간이었을 것입니다. 휴일 점심때쯤에 삼청공원 지역을 가 보았습니다. 등산, 산책, 데이트하는 사람들이 가을 정취를 만끽하고 있어서 좋았습니다. 다른 사람에게 줄 수 있는 최고의 선물은 다름 아닌 '자기 자신'이라고 믿는 것이지요. 나눔을 이어가는 것은 '우리가 여기 있는 이유'이기도 합니다. 지금의 자기 상황이 만들어진 데 큰 역할을 한 것은 바로 자기 자신인 것이지요. 그래서 인생에서 다른 아무것도 가르쳐주지 않는다 해도 기회가 오면 그것을 잡으라는 것입니다. 그 기회는 나 자신이 만들어 가는 것이니까요. 삶의 목표이든 방법이든 선택과 달성하고자 하는 노력의 결과인 것입니다. 10월의 하순으로 가는 좋은 한 주 되세요.

✉ 1018 아침편지

기온이 조금 내려간 서늘한 가을날 아침입니다. 사랑의 힘이 발휘되어야 하는 때이기도 합니다. 가을이니까요. 새벽에 떠 있던 달도 사그라질 무렵 햇살이 반짝여서 더 빛나는 것은 어두운 밤이 있어서이지요.
陰陽寒暑, 달이 차고 기우는 것처럼 그 질서가 잘 유지되는 것을 온전하다 할 것입니다.
인간이 감히 다가설 수 없는 섭리에 그저 감탄일 뿐입니다. 약하지만 무한한 가능성이 열려 있는 것 또한 사람의 몫이기도 합니다. 그것은 무한한 사랑! 「마이너리티 디자인」의 저자 사와다 도모히로는 '사람의 약점은 새로운 가능성이다. 약점은 포용하는 것이 아니다. 약점이 지닌 강력한 힘을 인지하는 것이다.'라 했지요. 그렇게 발전된 것이 안경, 휠체어 등이지요. 항상 부족할 것만 같은 자신이 어느 순간 거기에 있는 것처럼 그가 잘 관리한 것 아닐까요? 이 가을 누군가에게 부족한 것이 되어 그의 힘이 된다면 기쁘겠습니다. 오늘은 36년 만에 옛 벗을 만날 것입니다. (가끔씩 통화는 하지만) 기대됩니다. 다 들 좋은 날, 추억거리가 많은 시간이 되면 더 좋겠습니다.

✉ 1019 아침편지

가을날 아침 햇살이 맑습니다.
치열하게 준비해야 할 때입니다. 어렵게 이어 온 사람일수록 난관을 헤쳐 나가는 정도가 다릅니다. 그러한 사례를 많이 보기도 합니다. 경탄을 금하지 못하는 경우도 많지요. 아마도 많은 생각과 치열한 삶의 양태가 그렇게 나타나나 봅니다. '포기하지 않고 매 순간 치열하게 살아온 당신은 이미 훌륭히 준비된 사람입니다.'라는 말이 있습니다. 이는 무언가를 추구해 온, 나약하지만 그래도 끈질기게 살아온 사람이, 무수한 다른 이들의 삶을 관찰하고 관찰한 후 들려주는 확실한 조언이기도 합니다. 어찌 보면 살아가는 것과 살아내는 것이 함께 있는 것이기도 합니다. 그저 앞이 보이지 않을 것 같은 것도 자그마한 빛 한 줄기가 힘이 되기도 합니다. 그이에게 신이 준 선물 아닐까요?

좋은 날 되세요. 그 선물이 앞에 있습니다.

✉ 1021 아침편지

이제 시월의 하순으로 가는 길목에서 앞에 보이는 남산의 나무들의 변화가 꽤나 보입니다. 고개들어 바라 봐 보세요. 거선의 기관처럼 힘 있게 내닫는 서울의 모습이 고스란히 안고 있듯이 그 자리에서 노란, 빨간 무늬로 채워지고 있습니다. 마치 인간의 무늬처럼 밭이지요. 산도 좋고 바다에 떠 있듯이 있는 섬도 좋다고 생각됩니다. 우리나라 섬은 몇 개나 될까요? 3,348개 (무인 2,876, 유인 472개)로 세계 4위 多島國입니다. 이렇게 많다고는 생각하지 못했지요. (인도네시아, 필리핀, 일본, 한국 順) 그리고 동해안에도 30개의 섬이 있습니다. 지경학적으로 중요한 섬들도 있고, 살아보고 싶은 섬들도 있지요. 한때(지금도 있지만) '○○섬 한 달 살아보기'가 있기도 했습니다. 이 주말은 이들 섬 중에서 만나보는 것은 어떤가요? 모든 섬은 다 좋습니다.

ps. 국제해양법상 섬의 조건은 식수, 나무가 자라야 하고, 24시간 해면 위에 노출되어 있어야 합니다. 유인도는 이 조건에 2인 이상 거주하는 것이 기준입니다. 그래서 한때 독도에 기존 수림에 더하여 '나무 심기'를 전개한 적도 있습니다.

✉ 1024 아침편지

9월의 그믐이라 새벽달이 실눈처럼 동쪽 산에 걸려 있는 아침입니다. 내일부터는 시월 상달이군요. 아침 시간이 밝은 것은 그 저녁이 어둠을 헤쳐 나오는 힘찬 모습입니다. 삶의 아침이 시작된 것입니다. 우리들처럼 시작하는 것. 시작을 시작하는 것이니 더 와 닿습니다.

세상과 잠시 차단된 생활을 숲속에서 하면서 삶의 관조를 보여준 헨리 데이비드 소로를 기억할 것입니다. 그가 머물렀던 월든 호숫가 숲. "나는 삶이 너무 소중하여 삶이 아닌 삶을 살고 싶지 않았다. 한순간이라도 깊이 있게 살면서 삶의 정수를 고스란히 흡수하고 싶었다." 어느 정도의 수양이 아니면 하기 힘든 말이라 생각됩니다. 현대를 살아가는 우리는 매사가 쉽지 않은 일로 가끔은 채워지기도 합니다. 어찌할 수 없는 것들도 많습니다. (40:30:26:4) 그런데 온전히 나의 삶이니 헤쳐 나오는 것입니다. 헤쳐 나온 날들을 잘 보내길 바랍니다.
저도 그러겠습니다.

✉ 1025 아침편지

사람 말소리보다는 차량 소음이 더 크게 많이 들리는 화요일 아침입니다.
 우리는 무엇을 위해 아침부터 이렇게 부지런히 움직이는 걸까요? 삶의 방향성이나 목표가 있지요. 분명하지는 않을지라도 작은 빛 하나라도 있다면 어린왕자가 여우와의 새벽달을 기다리는 마음처럼 나아갈 수 있는 힘이 생기기도 합니다. 프랑스의 소설가이자 평론가인 마르셀 프루스트(Marcel Proust, 1871~1922)는 (『잃어버린 시간을 찾아서』의(12권) 저자, 4,000페이지의 대작, 14년간 저술) '진정한 여행은 새로운 풍경을 보는 것이 아니라 새로운 시각을 가지는 것이다.' 우리가 알고 있는 '마들렌 효과' 또는 '프루스트 효과'의 용어가 이 소설의 한 구절에서 비롯된 것이기도 합니다. 만나고 이야기하고 보고 촉감으로 나의 새로운 감각을 마들렌처럼 깨울 수 있습니다. 숨겨진 듯한 것에 미처 알아차리기도 전에 사라지는 것도 있습니다. 이제는 하나씩 보면서 그 추억, 그 기억 속의 선함이 내게 오는 열락을 느끼는 날이면 더 좋겠습니다. 저는 군불 땔때 타닥타닥 소리 내며 타는 나무 냄새가 참 좋습니다.

✉ 1026 아침편지

10월이 하순으로 향하는 때입니다.
 오늘은 299일째이자 역사적으로 큰 계기가 된 일들이 여럿 있었습니다. 1597년 이순신 장군이 명량 바다에서 기적 같은 승리를 거둔 명량해전, 1909년 하얼빈에서 안중근 장군이 이토를 사살한 날(1910. 3. 26. 순국), 1920

년 김좌진, 홍범도 장군 등이 청산리대첩을 승리한 날 등입니다. 얼마나 많은 풍찬노숙의 날들을 보내었는지 그려집니다. 이 위인들이 있기에 오늘의 우리가 있는 것이기도 합니다. 많은 시간이 흘러 그분들의 삶이 시로 남았습니다.

정재찬(한양대 국어교육과 교수)작가는 「시를 잊은 그대에게」라는 에세이로 많은 울림을 주기도 했습니다. '인생의 무게 앞에 내 삶이 초라해질 때, 그때야말로 詩가 필요한 순간이다.'이라고 詩 예찬을 하였습니다. 이 가을 더 가기 전에 가을 시를 읽어 정취에 푹 적셔지는 것도 좋습니다.

당의 시인 王維는 '山居秋明' 이라는 시에서

空山新雨後(텅 빈 산에 비가 갠 뒤)
天氣晚來秋(저녁 되자 가을 날씨)
明月松間照(달빛 내린 소나무 숲)
清泉石上流(샘 흐르는 너럭바위).

이렇게 가을빛을 담아내었습니다. 지금이 그 위인들의 삶이 바탕이 되었듯이, 미래는 현재의 삶을 살아가고 있는 우리 모두의 삶입니다. 좋은 날 되세요.

✉ 1028 아침편지

사람과 사물들이 미명의 바람에 눈을 뜨는 아침 시간입니다. 영롱한 햇살이 가득한 날에 기쁨이 더 많아지는 날입니다.

우리는 살아가면서 많은 난관과 곤란함에 처하기도 합니다. 그러면서도 나은 서광이 비쳐 전진할 수 있는 힘을 얻기도 하고 또 다른 발전적 변화의 모습에 감탄하기도 합니다. 때론 벗이 아름답게 멋진 행동이 결과에 축하를 보내기도 합니다. 도달하기 어려운 일을 해내었을 때 그 기쁨과 열락은 셈이 어렵지요.

로버트 브라우닝(1812~1889, 영국 시인)은 '사람은 반드시 잡을 수 없는 것을 향해 손을 뻗어야 한다.'라고 했습니다. 나날이 삶의 기적이라는 무한 긍정이 일으킨 낙관적인 감정이 행복 아닐까요? 먹고 사랑하여 말하는 나날들 속에서 아이들은 저절로 자라나고, 강물은 바다를 향해 흐르고, 계절은 영원히 순환하는 것이기도 합니다.
이게 기적이 아니라면 무엇이라 할까요! 참 그렇습니다. 오늘 내가 여기에 있는 것도 기적이 아니라면 무엇일까요? 그 기적이 여러 곳에서 나타날 것입니다. 삶 자체가 기적의 연속이기도 합니다.
이제 실천만이 남은 것이지요. 편안한 휴일 되세요. 다음 주는 겨울의 시작인 11월입니다.

✉ 1031 아침편지

시월의 마지막 날입니다. 어느 가수의 노래는 이 한 곡으로 그 해 가수왕이 되었다 하지요. 많이들 들리고 지나는 시간을 잡아두려는 마음이 가득한 시간인데... 요즈음은 정말 빨리 시간이, 삶이, 만남이 지나갑니다. 5G 시대가 아니라도 되는데 말이지요.
5G는 또 '누룽지, 묵은 지, 콩비지, 짠지, 우거지'의 다섯 가지 '지'를 나타낸다고 시대의 문화가인 이어령 교수는 유작 「작별」에서 말합니다. '버려둔' 문화의 총합이기도 하고 우리 문화의 본질적 접근이라고도 합니다. 또 무엇을 정할 때 우리는 '가위바위보'를 하지요. 이것은 '지는 방향'을 나타낸 것이라는 것. 반면 일본도 이것이 있는데 '바위가위보'라 합니다. 이는 '이기는 방향'을 지향합니다. 참 분석이 문화학자의 전형입니다. 좋은 시간들을 잘 마무리되는 날이면 좋겠습니다.

✉ 1101 아침편지

11월의 첫날 아침입니다. 그리고 낮이 많아 짧아졌습니다.
사랑해야 할 시간이 더 많아져야 하겠습니다. 곧 서늘해지기 전에 그 사랑이 펼쳐져서 향기가 그득하게 만들어야 하나 봅니다. 이제 그 길에 들어선 현재를 사는 삶이 더 평안과 행복이 되는 날들일 것입니다.
김용택 시인의 <11월> 시입니다. 조금 깁니다만,

해 넘어가면/당신이 그리워집니다./잎을 떨구며/피를 말리며/
가을은 자꾸 가고/당신이 그리워/마을 앞에 나와/
산그늘 내린 동구길 하염없이 바라보다/
산그늘도 가버린 강물을 건넙니다.//
내 키를 넘는 마른 풀밭들을 헤치고/강을 건너/강가에 앉아/
헌 옷에 붙은 풀씨들을 떼어내며/
당신 그리워 눈물 납니다//
못 견디겠어요/아무도 닿지 못할/세상의 외로움이/
마른 풀잎 끝처럼 뼈에 스칩니다//
가을은 자꾸 가고/당신에게 가 닿고 싶은/
내 마음은 저문 강물처럼 바삐 흐르지만/
나는 물 가버린 물소리처럼 허망하게/빈 산에 남아/
억새꽃만 허옇게 흔듭니다//
해 지고/가을은 가고/당신도 가지만/
서리 녹던 내 마음의 당신 자리는/식지 않고 김납니다//

가을날이 길게 가면 좋겠습니다. 그대와 같이 이 정취를 느낄 수 있으니까요. 그 자리에 그대가 사뿐히 앉아 있어 좋습니다. 좋은 날 되세요.

✉ 1102 아침편지

11월 첫 수요일 나뭇잎들이 자기 역할을 다하고 조용히 잎을 떨구는 아침입니다. 세상의 소리들이 각각의 음으로 낮게 또는 겨우 들릴 정도로 전합니다. 전해져 오는 모양이 모든 아픔을 떨쳐버리는 소리가 되면 좋겠습니다.
 그래도 우리에게는 그를 표현할 수 있는 표정과 말과 글이 있어 조금은 위안이 되고 삶의 활력을 다시금 다지기도 합니다. 인간만이 문자로 상통할 수 있는 존재이기도 하지요. 현대는 컴퓨터, 스마트폰 등의 기기 발달로 글씨 쓰는 일이 많이 줄었습니다. 올해 손글씨 대회 최우수상인 '으뜸상'을 받으신 김혜남 할머니의 '글씨는 사람의 마음이고, 글쓰기는 상대방에게 내 마음을 담는 연습'이라는 소감이 있었습니다.

글을 쓴다는 것은 인간만이 가지는 자산입니다. 사물이나 문자를 이해하고 해독하여 자기만의 유일한 독특한 생각을 밖으로 끌어내어 나타나게 하는 것입니다. 이 땅의 위대한 스승인 세종대왕의 천재성, 애민의 산물인 한글이 있어(스승의 날은 세종대왕의 탄신일을 기준으로 정함) 행복한 나라의 구성원이 된 것은 축복이라 할 것입니다. 좋은 글, 말로 주변을 위무하고 평안이 함께 하면 좋겠습니다. 그보다 먼저 나 자신에게 용기와 힘을 주는 다짐이 우선되어야 하겠지요.

✉ 1103 아침편지

11월의 첫 주가 주말을 향합니다. 전형적인 가을날들이 이어지고 있는데 마음은 풍성 그 자체입니다.

진실도 있지만 우리에겐 진심이 더 필요한 때이기도 합니다. 외피를 보는 견(見), 꿰뚫어 보는 관(觀), 그에 맞는 처방을 하는 진(診)으로 나아가는 혜안이 가득하면 좋겠습니다. 세 글자 모두 '본다'는 뜻이지요.

단풍이 절정을 지나고 있습니다. 당나라 시기에 시인들이 남긴 시들이 많이 있습니다. 그 중 두목(803~852추정)의 <山行>입니다.

> 遠上寒山石徑斜(멀리 가을 산 길 오르다 보니)
> 白雲生處有人家(흰 구름 이는 곳에 인가가 있다)
> 停車坐愛楓林晚(잠시 서서 감상하는 단풍나무 숲)
> 霜葉紅於二月花(물든 잎은 봄꽃보다 아름답구나)

여유로운 모습의 단풍을 잘 그려 남긴 것을 후대의 다른 나라 사람이 보고 있군요. 이 주는 여유 있는 모습으로 자신을 바라보는 시간이 되면 좋겠습니다.

📧 1104 아침편지

서울의 기온이 0도인 11월 첫 주말을 앞둔 아침입니다. 겨울이 되려나 봅니다. 0도!
 남산의 단풍은 아직 많이 남았는데, 다음을 준비하는 나무의 지혜가 잘 견디어 내라고 합니다. 너무 쓸쓸해하지 말라고 하네요. 나중의 풀빛을 도모하려 누렇게 말라가는 모습이 생존의 본양인 것입니다.
얼마 전에 설악의 시인 이성선 시인의 <가을편지>를 보내드렸는데, 이것은 어떤가요? <사랑은 별 하나>입니다.

> 나도 별과 같은 사람이/될 수 있을까/외로워 쳐다보면/
> 눈 마주쳐 마음 비쳐주는/그런 사람이 될 수 있을까//
> 나도 꽃이 될 수 있을까/세상 일이 괴로워 쓸쓸히 밖으로 나서는 날에/
> 가슴에 화안히 안기어/눈물짓듯 웃어 주는/하얀 들꽃이 될 수 있을까//
> 가슴에 사랑하는 별 하나를 갖고 싶다/외로울 때 부르면 다가오는/
> 별 하나를 갖고 싶다//마음 어두운 밤 깊을수록/우러러 쳐다보면/
> 반짝이는 그 맑은 눈빛으로 나를 씻어/길을 비추어 주는/
> 그런 사람 하나 갖고 싶다//

누군가에게 처진 어깨를 뒤로 하고 가는 그 길을 비추어 주는 그런 사람! 참 그립기도 하고 정이 담뿍 가는 정겨운 그림입니다. 좋은 휴식의 주말 보내세요.

📧 1107 아침편지

월요일 아침 도시의 차량 소음이 그 시작을 알립니다. 이 소리는 행복의 길을 여는 기쁨으로 다가오는 방향타 역할이지요.
 우리는 매일 활자화된(전자로 된 것) 글을 읽고 이해하고 나의 지향점을 설정합니다. 그 글에서, 말에서 웃고 울고 가슴 진한 감동을 내어 영상으로 다가오기도 합니다. 지난해인가 자연요리연구가 임OO 의 '밥정'이라는 다큐멘터리 영화가 있었지요. 왠지 모르게 눈물이 흐르는 장면이 거의 대부분이었습니다. 어제 오후에도 그랬습니다. 행복학교장이자 심리상담가인 최경규는 책을 내고 싶은 이에게 전합니다. "책이라는 그릇을 만드는 것은 그리 어렵지 않아요. 그릇을 만드는데 도와주는 학원도, 출판사도 있으니까요. 하지만 정말 중요한 것은 무엇을 어떻게 담을 것인지가 중요하지요. 무엇을 담을 수 있는지는 어디에도 가르쳐 주지도, 만들어 줄 수 없어요. 본인의 삶을 녹여야 글이 되니까요." 참 그런가 봅니다. 자기만의 삶이 오롯이 들어있는 글이 감동을 불러옵니다. 우리가 아는 많은 작가들은 그 고뇌를 한껏 끌어올려 오늘의 산물을 만들어 낸 것이지요. 인간이 만들어 내는 무늬, 그것인 인문입니다.

11월 중순으로 가는 한 주, 삶의 무늬가 넘치는 시간이면 좋겠습니다.

✉ 1108 아침편지

참 조용한 화요일 아침입니다. 그 속에서도 많은 사람들이 기능유지를 위한 애쓰고 있지요. 그분들의 존재는 잘 보이지 않은 곳에서 역할이 우리 사회를 더 활력 넘치게 만들고 있습니다. 아주 낮은 곳에서 보일 듯 말 듯 나타납니다. 겸손에 대해서 참 많습니다. 일전에 프란치스코 교황이 그 선출 소감 일부를 읽은 적이 있습니다. "저같이 모자라는 사람을 교황으로 뽑아준 분들을 주님께서 용서해 주시기 바랍니다." 참 딱 적절한 말씀에 존경을 표합니다. 자연의 겸손은 또 어떻습니까? 이제 가을이 조금씩 멀어지고 있습니다. 나태주 시인의 <멀리서 빈다>입니다.

> 어딘가 내가 모르는 곳에/보이지 않는 꽃처럼 웃고 있는/
> 너 한 사람으로 하여 세상은/다시 한번 눈부신 아침이 되고//
> 어딘가 네가 모르는 곳에/보이지 않는 풀잎처럼 숨 쉬고 있는/
> 나 한 사람으로 하여 세상은/다시 한번 고요한 저녁이 온다//
> 가을이다, 부디 아프지 마라//

좋은 날들이니 잘 만들어 가면 좋겠습니다.

📧 1109 아침편지

가을날 전형의 흐릿한 안개 낀 듯한 수요일 아침입니다. 이런 날이 가끔은 좋게도 느껴집니다. 왜냐고요, 그저 조용하니까요. 남산의 단풍도 이제 그 빛깔을 지나 말라가고 있는 시절이어서 더 조용하게 다가옵니다. 그리고 이 단풍도 남도로 내려간 지 꽤 되어 단풍이 절정을 지나 가고 있습니다.
그 붉음을 표현하는 단어가 참 많습니다. 울긋불긋(짙고 옅은 여러 가지 빛깔들이 야단스럽게 한데 뒤섞여 있는 모양), 불긋하다, 볼긋하다, 발긋하다, 벌긋하다, 뽈긋하다, 뿔긋하다, 불긋불긋하다, 새붉다, 연붉다, 옅붉다. 짙붉다 등인데요, 의미의 차이가 조금씩 느껴지나요? 왠지 눈물이 날 것 같은 단어들이라서 그 울긋불긋한 모습이 계속되어야 할 것 같습니다. <어린 왕자>의 생텍쥐페리는 '슬픔을 느끼는 것이야말로 살아 있다는 증거이고, 남을 위해 흘리는 눈물은 모든 사람들의 가슴속에 숨어 있는 보석'이라고 했지요. 어릴 때 눈물과 성인이 되고 나서의 눈물의 차이가 있나요? 삶의 결정이 눈물로 나타나는 것은 아닐까요? 좋은 날 보내세요.

📧 1110 아침편지

시월의 보름이 지나 새벽달이 서쪽으로 기우는 그래도 어느 정도 밝음을 나타내고 있는 아침입니다. 月有陰晴圓缺(달은 맑고 흐리고 둥글고 이지러짐) 이라 하지요.
아우 소철을 그리는 東坡 蘇軾의 그리는 그 달인 듯합니다. (우리가 아는 중국 음식 중에 동파육이 소식이 아호인 동파를 딴 것) 겨울로 가는 길에 벗을 그리는 마음으로 달을 보면 좋겠습니다. 그리 어렵지 않은 것에서 그리움, 사랑은 시작되니까요. 경영의 신이라는 이나모리 카즈오는 「도덕 경영의 교훈」에서 '敬天愛人'의 신념으로 살아오면서 "인간으로서 올바르게 사는 법은 고매한 철학과 종교에서만 배우는 것이 아니라, 어린 시절부터 부모와 스승으로부터 '욕심 부리지 말라, 남을 속이지 말라, 정직하라' 등의 가장 기본적 규범을 가르침 받고 있다는 것이 핵심이다"라고 강조했습니다. 나보다 더 나은 삶을 살길 바라는 부모, 스승의 마음이 아닐까요? 심신의 건강에 유념하는 목요일 되세요.

✉ 1111 아침편지

도심이든 주변이든 거리마다 가로수가 내려놓는 잎들이 아름다운 아침입니다. 그 많던 파아란 잎들이 노랗게 물들어 가는 바람에도 날리는 모습이 사각사각.
오늘 날짜 숫자가 참 하나입니다. ○○○날이라고도 하지요.(긍정하진 않지만) 그리고 매일 대하는 음식 재료들을 가꾸는 농업인의 날이기도 합니다. (十一十 一> 土, 두 개 土土) 한겨울부터 싸늘한 봄, 한여름을 지나 지금에 이르러 내년을 준비하는 농부. 우리 선대의 모습이었지요. 그 속에 나의 삶이 녹아들어 더 나은 세상을 영위하고 있습니다. 이제 그 진상을 내게로 침잠(沈潛)하는 시간이기도 합니다.
유치환의 시 <그리움>이 생각납니다.

> 파도야 어쩌란 말이냐, 임은 뭍같이 까닥않는데
> 파도야 어쩌란 말이야, 날 어쩌란 말이냐.

통영이라는 곳에서 이○○이라는 여 시인을 그리는 마음이지요. 다음 주는 우리 아이들이 애쓴 결과를 쏟아내는 수능일입니다. 다 같이 응원해 주어 그들이 제 꿈을 잘 펼쳐가게 했으면 합니다.

✉ 1114 아침편지

11월 3주 월요일 아침입니다. 지난 주말에 비가 조금 내려 촉촉한 가을날이 되었습니다. 십여 년 전보다 겨울이 오는 소리가 늦어 단풍도 아직 잎들을 다 떨구지 못하고 있습니다. 지난 여름 바람과 비에 긴 잎들을 달고 있는 것을 보면 우리의 삶처럼 안타까운 마음도 있습니다. 그 상처가 남긴 삶의 흔적인 것이지요.

 미국 토크쇼의 권위자인 오프라 윈프리는 그의 책 「내가 확실히 아는 것들」에서 "과거의 상처를 치유하는 것은 삶에 존재하는 가장 거대하고 가치 있는 도전 중의 하나라는 것을 확실히 안다."라 했습니다. 과거의 상처가 많기도 한 오프라이지요. 우리는 그 상처 속에서 나의 삶의 가치를 부여하고 더 나은 내일에 대한 희망도 갖게 됩니다. 마치 대추 한 알처럼 말이지요. 외부, 내부에서의 바람이 자신을 더 단단하게 만드는 것 아닐까요? 비가 내려야 생동하듯이, 만약 이 땅에 비가 없다면 곧 사막이 될 것이니까요. 삶의 단비가 되는 날이면 좋겠습니다.

📧 1115 아침편지

달그림자가 아쉬운 듯 조금 남아 있는 아침입니다. 예년보다 늦게 노란 은행잎들이 가로를 채우고 있습니다.
 내년이면 이 땅에 전쟁이 멈춘 지 70년이 됩니다. 자유와 평화를 수호하기 위해 먼 나라에서 이름 모를 나라, 사람들을 보호하고자 생명을 던진 도움으로 우리는 지금의 모습이 되었습니다. 그중에서 6·25전쟁 시 프랑스군 대대를 지휘한 랄프 몽클라르(가명, 1892~1964)장군에게 국가에서 지휘봉 등채를 전달한다는 보도가 얼마 전 있었습니다.(본명은 라울 샤를 마그랭 베르느레, 이미 중장(4성)으로 예편한 상태에서 파견부대를 지휘하고자 중령으로 계급을 낮춰 현역복귀) 그가 생후 11개월 된 아들(롤랑 몽클라르)에게 글을 깨우친 후 읽으라며 보낸 편지는 한국의 미래 세대를 지키고자 참전했다고 쓰고 이해를 당부, 인류애로 무장한 군인 아버지의 모습을 드러나는 내용입니다.
"사랑하는 아들아. 언젠가는 너는 내가 (한국으로) 떠나야 했던 이유를 물을 것이다. ~ 너와 같은 어린 한국의 아이들이 길에서, 물속에서, 진흙 속에서, 눈속에서 헤매지 않도록 하기 위해 아버지는 여기 왔다"입니다. 부정과 자유, 인류애를 느낄 수 듬뿍 느낄 수 있지요. 다시는 이 땅에 비참함이 없게 지금의 세대가 집중해 주어야 합니다. 좋은 날 되세요.

✉ 1116 아침편지

어제 밤비에 낙엽들이 거리에, 골목에 많이 쌓였습니다. 조금 더 쌀쌀해지는 날이 되겠지요.
 우리 주변에는 안타까운 일, 좋은 일들이 많이 일어나고 있습니다. 보기에 따라서 마음 한 켠이 텅 빈 듯 공허함이 있습니다. '그래도'라는 섬처럼 그래도 이겨내고 살아내어야 하는 것이지요. 잎들이 내년에 더 밝은 푸르름을 낼 것이라 약속하고 땅으로 돌아가듯이 우리의 다음 날은 더 밝을 것입니다. 우리들의 다음 세대는 더 안전하고 평화로움이 더해지게 해야 하지요. 그러면서도 마음의 여유를 가지고 다사롭게 다가가는 그 마음이 이 마음처럼 되면 더 좋지요. 노장사상의 철학자 최진석 기본학교장은 글로써 생각을 부단히 알리려는 까닭은 "사람들이 수준 높은 생각을 할수록 세상은 좋아질 것이기 때문"이라고 전합니다.
생각의 깊이가 더해지는 아름다움이 미래를 더 맑고, 밝게 할 것입니다. 오늘 저녁때는 좀 쌀쌀해 질 듯합니다.
옷깃을 여며 바람이 조금 덜 들어오게 해야 하겠습니다.

✉ 1117 아침편지

올 수능일 아침입니다. 덜 추워서 그나마 다행입니다. 얼마나 긴장할까요? 우리 실 직원 중에도 한 명 있습니다. 희망하는 점수와 대학에 꼭 합격을 기원해 봅니다. 저도 큰 아이가 10년 전에 이 시험을 이어서 둘째가 다음 해. 참 많이 긴장하였지요. 성실이 그 열매를 잘 가져오리라 봅니다.
이제 가을이 중반 이후가 되니 **빠르게 지나갑니다**. 미국 저널리스트인 핼 블랜드는 그의 수필에서, "가을은 이해를 위한 계절이다(Autumn is for understanding)"라 썼습니다. 어쩜 이렇게 가을 잘 나타내는 언어를 구사할 수 있을까요? 봄은 새로움에 대한 설렘과 희망의 시간, 여름은 삶에 한껏 부대끼며 죽도록 사랑하고 미워하며 지내는 치열한 대결의 시기이고, 가을은 지나간 나날을 뒤돌아보고 반추하며 드디어 진정한 삶의 의미를 이해하는 시기라는 뜻일 것입니다. 시작과 마침은 쭉 연결되었듯이 또 다른 좋은 날들이 이어질 것입니다.

✉ 1118 아침편지

11월 하순으로 가는 주말을 앞둔 금요일 아침입니다. 어제 우리 아이들이 수능시험을 장하게 잘 치렀기를 밤새 기원한 아침입니다.
필적 확인 문구는 한용운의 <나의 꿈>의 구절이었지요. ('06학년도부터 시행)

> 당신이 맑은 새벽에 나무 그늘 사이에서 산보할 때에 나의 꿈은 작은 별이 되어서 당신의 머리 위에 지키고 있겠습니다/
> 당신이 여름날에 더위를 못 이기어 낮잠을 자거든, 나의 꿈은 맑은 바람이 되어서 당신의 주위에 떠돌겠습니다/
> 당신이 고요한 가을밤에 그윽이 앉아서 글을 볼 때에 나의 꿈은 귀뚜라미가 되어서 책상 밑에서 '귀뚤귀뚤' 울겠습니다//

그윽한 시이지만 편지이었다면 사랑하는 님의 눈에 흐르는 것을 주체할 수 없었겠지요. 편지(便紙)! 참 정겨운 단어이지요. 괴테는 편지를 "가장 아름답고 가장 가까운 삶의 숨결(The most beautiful, the most immediate breath of life)"라는 말로 표현합니다. 영국 시인인 존 던은 "편지는 키스보다 더 강하게 두 영혼을 결합해 준다. (More than kisses, letters mingle souls)"라하고, 선조들은 千里面目(천리 밖에서도 얼굴 보듯 한다), 순우리말은 '글월'이라고 합니다. 이 주말 누구라도 그대가 되어 따뜻함이 담겨있는 편지를 써보면 좋겠습니다.

✉ 1121 아침편지

가을이 깊어 가는 주말을 잘 보내었지요? 낙엽들이 구석에 많이 쌓여서 사각사각 소리가, 바람에 날리는 소리가 곱습니다. 내년을 기약하는 모습이 우리의 삶과도 많이 닮아 있습니다.

 바람이 햇빛이 지어내는 詩語임에 틀림이 없습니다. 또 다른 모습의 그림이 잘 그려지길 기원해 봅니다.

아리스토텔레스는 시를 예술의 기본 원리로 보았지요. 나무와 이파리, 세상 만물들이 다 시어가 되어 생명력을 더 가지는 것이지요. 그래서 시인은 젊은 이들도 있지만 원숙미가 드러내려면 대체로 연륜이 있어야 하나 봅니다. 이번 주부터 월드컵 축구가 시작되어 한동안의 열기가 이어져서 우리 팀이 컨디션을 잘 유지하여 좋은 경기를 했으면 합니다.

11월 하순으로 지나가는 시간이 아쉬움이 덜 하게 채워 가면 좋겠습니다. 또 다른 열정으로 이어지기를 기대해 봅니다.

<매직 오브 벨 아일>에서 몬티는 '문 하나가 닫히면 또 다른 문이 열린다.'라며 핀과 플로라, 윌로우 자매를 격려해 주지요. (벨 아일(Belle Isle), 디트로이트의 호수) 그리고 핀에게는 '안 보이는 것을 찾는 것을 멈추어서는 안 된다'라고 용기를 듬뿍 주지요. 좋은 한 주 되세요.

✉ 1122 아침편지

오늘은 김치의 날이라 합니다. 11개의 재료가 섞이어 22가지 효능을 나타내는 의미로 '00년부터이지요. 중국에서 파오차이란 이름을 우리의 김치라 하지만 결이 다른 것입니다. 때마침 김장철이기도 하고요. 우리 집은 다음 달 셋째 주 정도에 준비합니다. 함께하며 얘기도 하면서 버무리지요. 수육은 덤이기도 합니다.

일전에 이어령 교수의 5G 얘기를 했었습니다. 버려지는 것들이지요. 누룽지, 묵은지, 짠지, 우거지, 콩비지. 이런 것들이 먹을거리가 된 것. 삶 자체가 매우 어려웠던 시절에 지혜가 아닌가 생각해 봅니다. 어쩌면 우리 삶 자체가 시험이고 문제이지요. 매일이. 우리 모두 삶이라는 시험지를 두고 정답을 찾으려고 애쓰고 애타합니다. 이를 두고 장영희 교수는 "그것은 용기의 시험이고, 인내와 사랑의 시험이다. 얼마만큼의 성적을 내는가는 우리들의 몫이다"라고 했습니다. 매일에 충실하여 보다 가치 있는 삶이 꼭 될 것입니다. 좋은 하루 되세요. 응원합니다. 그리고 응원받겠습니다.

✉ 1123 아침편지

　아침에 가는 비가 조금 날리고 있었습니다. 적은 비이지만 가을이 더 깊어져 갈 것입니다. 그리운 사람들이 더 많아지는 때이기도 합니다.
　수능 이후 우리들의 미래들은 또 다른 도전에 다가서고 있습니다. 연내에 또는 연초에 기쁜 소식도 전하고 한편으로는 안타까운 사연도 있을 것입니다. 모두 좋은 소식들이 그들의 삶의 희망이 되는 일이면 좋겠습니다. 헤밍웨이는 많은 고전을 남겼지요. 그중에서「노인과 바다」는 한 번 이상 읽은 책이기도 합니다. "인간은 파괴될지언정 패배하지 않는다. (Man can be destroyed but not defeat.)", "희망을 갖지 않는 것은 어리석다. 희망을 버리는 것은 최악이다. (It is silly not to hope. It is sin)" 등등 명 구절이 많이 있습니다. 어떻게 하면 상어 떼처럼 살아가지 않을 수 있을까? 김남조 시인의 시 '편지'가 생각납니다.

　　　그대만큼 사랑스러운 사람을 본 일이 없다/ <이하 중략>
　　　그대에게 매일 편지를 쓴다/한 구절 쓰면 한 구절 와서 읽은 그대./
　　　그래서 이 편지는 한 번도 부치지 않는다.//

✉ 1124 아침편지

　구름이 하늘의 한 켠을 채우고 있는 목요일 아침입니다. 어제는 우리 옆에서 승진한 장○○ 과장이 연수 후에 잠시 들렀습니다. 4개월여 간의 근무가 익숙해져 보였습니다. 연수 기간에 또 다른 삶의 충실도를 더한다고 하니 좋았습니다. 공부(금융, 삶에 대한)를 계속하라고 조언했습니다. 잘 할 것입니다. 주초에는 옛 전우가 찾아와 담소를 나누고 책 두 권을 전해 주었습니다. 한 권은 900여 쪽으로 상당한 인내가 필요한 책이기도 했습니다.

생각해 주는 이 있어 기쁩니다. 혼자라면 많이 외로울 것입니다. 인간의 개념이 생존과 번영(행복, 성공)을 추구하는 '사회적 모듬 생활을 하는 역사성 있는 동물'이라 합니다. 소크라테스, "잘 사는 것과 아름답게 사는 것, 의롭게 사는 것은 모두 매한가지 (Living well and beautifully and justly are all one thing)"라 했지요. 아름답게 살아가는 모두가 고맙습니다. 언젠가 이 아침편지도 멈추겠지만 함께 한 그 시간이 좋습니다. 다음 주이면 12월입니다. 좋은 것들로만 채워 가면 좋겠습니다.

✉ 1125 아침편지

어젯밤은 참 좋았습니다. 승리는 아니지만 우리 선수들이 참 잘 했지요? 예측은 패였는데 무승부!
기계가 인간의 능력까지는 아직은 아닌 듯합니다. 참 대단한 한국인이지요. 몇 년 전 알파고 인공지능과 바둑 대결이 있었지요. 알파고를 이긴 유일한 사람도 한국인이지요.(이세돌) 그 능력과 인자가 우수하니 무엇을 해도 잘할 수 있을 것입니다. 그리고 마음의 여유를 갖는 것은 더 중요합니다. 이 주말 시를 읽으면서 들길을 걸으면 좋겠습니다.
오늘 전할 시는 나태주 시인의 <들길을 걸으며>입니다.

세상에 와 그대를 만난 건/내게 얼마나 행운이었나/
그대 생각 내게 머물므로/
많고 많은 사람 중에 그대 한 사람/그대 생각 내게 머물므로/
나의 세상은 따뜻한 세상이 됩니다//
어제도 들길을 걸으며/당신을 생각했습니다/
오늘도 들길을 걸으며/당신을 생각했습니다/
어제 내 발에 밟힌 풀잎이/오늘 새롭게 일어나/
바람에 떨고 있는 것/나는 봅니다/
나도 당신 발에 밟히면서/새로워지는 풀잎이면 합니다/

당신 앞에 여리게 떠는/풀잎이면 합니다//

그러면서 김효근 작사, 작곡의 '첫사랑'을 같이 들으면 더 좋습니다.
(대학 3학년 때 작사, 작곡했다고 전합니다.) 여유 있는 휴일 되세요.

✉ 1128 아침편지

빗방울이 떨어지는 월요일 아침입니다. 내일까지 비 소식이 오랜만입니다. 지난 주말은 배구와 함께했습니다.
 작은 것들이 쌓여서 산이 되고, 강이 됩니다. 뜻한 바가 있으면 이루어지게 되어 있는 것이지요. 有志竟成인 것입니다. 이번 주는 시 한 편을 보내는 週로 하려 합니다. 11월과 12월의 가운데이니까요.
이문재 시인의 시 <어떤 경우>를 볼까요?

어떤 경우에는/내가 세상 앞에서/그저 한 삶에 불과하지만//
어떤 경우에는/내가 어느 한 사람에게/세상 전부가 될 때가 있다//
어떤 경우에도/우리는 한 사람이고/한 세상이다//

한 사람이면서 한 세상이라 한 시인의 마음이 선합니다. 세상의 전부가 되는 한 주 되세요.

✉ 1130 아침편지

11월 마지막 근무일 아침, 기온이 영하 10도 정도 되는 쌀쌀한 날입니다. 그래도 마음만은 온기가 가득한 날이 될 것입니다.
 이제 많은 날들을 열정으로 달려와 한 달의 시간을 남기고 있습니다. 저는 시속 한 30킬로미터 수준이었는데 어느 순간 100킬로미터 속도입니다. 성찰과 생각의 시간을 가지려면 너무 바쁘게 시간을 보내면 거기에 온 정신이 가 있어서 곁을 볼 겨를이 없지요. 마음의 평안이 항상 있는 날이길 기대해 봅니다. 쉼도 꼭 필요한 것 중의 하나입니다. 남아 있는 휴가도 마찬가지입니다.
초등학교 선생님인 정채봉 시인의 <엄마가 휴가를 나온다면>입니다.

하늘나라에 가 계시는/엄마가/하루 휴가를 얻어 오신다면/
아니 아니 아니 아니/
반나절 반시간도 안 된다면/단 5분/그래, 5분만 온대도 나는/원이 없겠다//
얼른 엄마 품속에 들어가/엄마와 눈맞춤을 하고/젖가슴을 만지고/
그리고 한 번만이라도/엄마!/하고 소리내어 불러보고/숨겨놓은 세상사 중/
딱 한 가지 억울했던 그 일을 일러바치고/엉엉 울겠다//

(* 이 시는 '22.12.2일자 농민신문의 [시인의 시 읽기]에도 인용되었음. [이문재 시인의 글])

저도 딱 한 가지를 일러바치고 싶습니다. 수요일 야근 없이 마무리되는 날 되세요.

✉ 1201 아침편지

12월 첫 근무일 아침입니다. 눈이라도 내려 12월을 축하해 주면 좋겠습니다. 아침에 검진을 다녀오느라 편지가 지연되었습니다.
 마지막 달이니 정리, 결산해야 할 일들도 여럿 있을 것입니다. 다 좋은 성과와 소식, 건강한 삶이 되면 좋겠습니다. 주말 월드컵 축구가 잘 되면 더 좋겠습니다. 그제 세계 미인대회 중 하나인 미스 어스에 우리 국민이 선정되었다는 뉴스가 있었습니다. 물론 미의 상품화란 비난도 있지만, 그래도 좋은 소식이라 생각됩니다. * 세계 4대 미인대회 : 미스 월드, 미스 유니버스, 미스 인터내셔널, 미스 어스

윤동주 시인의 <편지>를 전합니다.

그립다고 써보니 차라리 말을 말자/그냥 긴 세월이 지났노라고만 쓰자/
긴긴 사연을 줄줄이 이어/진정 못 잊는다는 말을 말고/
어쩌다 생각이 났었노라고만 쓰자//

그립다고 써보니 차라리 말을 말자/그냥 긴 세월이 지났노라고만 쓰자/
긴긴 잠 못 이루는 밤이면/행여 울었다는 말을 말고/
가다가 그리울 때도 있었노라고만 쓰자//

편지 쓰고 받는 것이 그리워지는 때입니다.

✉ 1202 아침편지

12월 첫 주말을 앞둔 금요일 아침입니다.
 오래 전 입시 후 인터뷰 한 기사를 신문사별로 많이 하였는데, 절치부심 노력해서, 가정형편이 어려움에도 불구하고, 다양한 재능을 가지고 최선을 다한 등등의 이야기 거리가 많이 포함된 적이 있었습니다. 그중에서 헤드라인이 "정리를 잘해야 공부도 잘해요."라는 학생의 말이 생각납니다. 저도 정리가 잘 안되는 경우가 많았지요. 자기 나름의 정리 방법을 잘 가져가서 머리를 맑게 했으면 좋겠습니다. 시간은 유한하니까요.
시를 읽은 한 주간의 마지막 시는 시간입니다. 유안진 시인의 짧은 시 <시간>입니다.

    현재는/가지 않고 여기 있는데/나만 변해서 과거가 되어가네//

나만 이렇게 덩그러니 있는 모양새가 안타깝기 그지 없습니다. 이제 12월이 시작되니 마음이 더 급해지는 것은 인지상정이니 '그래도' 차분히 휴식과 안정, 그리고 정리되는 시간이 되길 바랍니다.

✉ 1206 아침편지

눈발이 조금 날리는 화요일 아침입니다.
 김용택 시인은 첫눈을 '까마득하게 잊어버렸던 이름 하나가 시린 허공을 건너와 메마른 내 손등을 적신다.'라고. 또 최영미 시인은 '당신은 나의 첫 입맞춤'이라 표현했습니다. 첫눈이 지난 주말에 내리긴 했습니다만. 작가 마르셀 프루스트는 「잃어버린 시간을 찾아서」에서 "진정한 발견을 하는 항해는 새로운 땅을 찾는 것이 아니라 새로운 눈을 갖는 것이다"라 했습니다. 진정한 발견이 희망으로 이어져 삶의 보람이 큰일이 되게 범인이 근접하기 어려운 새로운 혜안을 가졌으면 좋겠습니다.

기온이 내려가 옷깃을 가지런히 하여 보온이 더 필요한 때가 되었습니다. 좋은 한 주 되세요.

✉ 1207 아침편지

새벽에 비가 조금 내렸습니다. 눈에 이어서 비라 이 주말부터는 추위가 더 세기를 자랑하겠어요. 그래도 봄은 오고 있지요. 무한한 가능성을 보여주는 것들이 주변에 많이 있습니다. 우리들의 아이들에게도 꿈과 희망, 좋은 일들이 많이 있을 것이고, 그에 다다르려는 노력 또한 대단한 용기와 끈기가 필요한 것입니다. 연간 출판되는 도서 권수가 17,000여 권이라는 기사를 본 적이 있습니다. 현대의 작가 중에서 가장 많은 글을 남긴 이병주(1921~1992) 작가가 있습니다. 아호가 나림(那林) '어떤 숲', '가없이 너른 숲'의 의미입니다. 그는 "어느 한 권 내 손으로 만져보지 않은 책은 없지만 읽지 못한 책이 적잖이 있다. 읽지 못한 책을 두고 세상을 떠난다는 것도 슬픈 일이다."라 했습니다.

책 바보로 本입니다. 이를 간서치(看書痴)라는 즐거움으로 대치되곤 하였지요. 흐린 겨울의 어느 날 창가에서 느끼는 고즈넉함을 책과 함께 하면 분위기는 더 어울리지 않을까요?

✉ 1208 아침편지

차량 소음이 도시임을 알리는 흐린 날 목요일 아침입니다. 우리는 많은 일들 속에서 삶을 살아갑니다. 내일이 어떻게 될지 모르는 상태에서 그저 '잘 될 것이다.'라는 희망과 기대에 매일을 하루같이 열정으로 보내지요. 그러면서 '이 마음'이야 하면서 나와 같은 생각, 마음 쓰는 친구를 만나면 기쁘기 그지없지요. 소통을 잘하는 사람도 150여 명 정도가 마음속의 대화가 가능하다고 합니다. 우리는 수많은 사람들을 살아가면서 만나고 헤어지고 또 만나고 합니다. 그 인연 속에서 평생을 보내는데 매번 만나는 인연을 소중히 해야 함은 그 모두가 내 인생 속에 들어온 사람들이니 더 소중합니다.

최근 LG생활건강의 최장 CEO에서 물러난 차석용 대표는 "치열함이란 내가 추구하고자 하는 것들에 대해 남들보다 더 많은 열정과 사명감을 갖는 것이다."라 하면서 역사학자 아놀드 토인비의 '성공의 반은 죽을지 모른다는 절박한 상황에서 비롯되고, 실패의 반은 잘 나가던 때의 향수에서 비롯된다.'를 인용했습니다. 간절함과 진실함이 그 사람을 견디게 해 주는 역량이라고 봅니다.

연말이 얼마 남지 않은데 다 들 좋은 시간, 좋은 정리의 기회가 되기 바랍니다.

✉ 1209 아침편지

비가 조금 내리는 흐린 날, 금요일 아침입니다. 도심의 소음이 여기가 도시의 한 가운데임을 새삼 느끼게 합니다.

 이제 연말이 다가오니 정리해야 할 일들과 내년 설계, 삶의 방향성을 잘 정하고 달려가는 때이기도 합니다. 그리고 나서 조금 마음의 여유를 갖고 예전 일들을 떠 올려 보게 됩니다. 좋은 일, 아주 좋은 일, 기쁜 일, 조금은 아쉬웠던 일 등등이 주마등처럼 스쳐 또 다른 내일을 가다듬게 합니다.

 이 주말 지인, 연인, 아니면 혼자라도 영화는 어떤가요? '18년 영화 <리틀 포레스트>를 아시지요? 이는 일본의 만화 원작(이라가시 다이스케)을 '14년에 영화 <리틀 포레스트(모리 준이치)> '여름과 가을', 그 다음해 '겨울과 봄', '17년 두 편 묶어서 '사계절'로 만들어졌습니다. 엄마와 살던 코모리 산골 분지의 외딴집에서 작물과 요리, 먹는 방법 등을 보여줍니다. 우리나라에서는 '18년에 김태리 주연으로 '리틀 포레스트'가 있습니다. 군위군 우보면 미

성리의 전형적 농촌, 친구와 유대, 환경을 더 친밀하게 그리고 있지요. (혜원, 재하, 은숙 등 초등 친구와의 관계 속에서 무척 큰 자기를 발견하고 다시 도시로 떠나는...)

아련하기도 하고, 떠나간 엄마는 언제 돌아올지 먹먹해지기도 합니다. 마지막 장면, 닫혔던 문이 열려 있음을 보고 돌아온 엄마임을 직감하는. 진한 감동이지요.(촬영 현장에 '혜원의 집'으로 남아 있습니다.) 주말 잘 보내세요.

✉ 1212 아침편지

12월 중순의 월요일 아침입니다. 기온이 많이 내려가 옷깃을 여미고 움츠러들게 하는 때입니다. 저는 어제 김장을 아내와 같이 하였습니다. 매년 하면서도 새로운 무엇이 있을까 장도 보고 비축되는 것을 보면서 든든한 마음도 생기고 잘 먹는 아이들을 보면 뿌듯하기도 합니다. 연말이 되니 결산해야 할, 만나서 정을 나누어야 할 이들도 많이 있을 것입니다. 시간을 내어 꼭 정을 이어가야 하는 경우라면 긍정으로 접근하는 것도 좋습니다. 하고 싶은 말보다는 서운한 마음을 잘 들어 주는게 좋을 듯합니다. 올리버 웬델 홈즈(1809~1894, 미 의학자, 문필가, 하버드대 의학 교수, '직업계관시인')는 '말하는 것은 지식의 영역이고, 듣는 것은 지혜의 영역이다.'이라 했습니다.
(아들 홈즈는 남북전쟁시 북군에 종군, 1902~32년, 30년간 연방 최고재판소 판사, 자유주의자로 법학, 헌법해석에 큰 기여)
또, '남자는 마음먹은 것을 주장하고, 여자는 마음먹은 것을 행한다.' 등도 있습니다. 참 그렇지요. 남자는 말로만 하는 경우가 더 많은 것 같습니다. 좋은 한 주 보내세요.

✉ 1213 아침편지

어젯밤 겨울비가 내리더니 아침 기온이 떨어졌습니다. 눈 소식도 있다고 하니 다닐 때 유의해야 하겠습니다. 겨울이 점점 깊어 가는 것을 느낍니다. 이

겨울이 지나면 또 다른 봄소식이 전하고 전해지는 날들이 될 것입니다. 행복 속에 삶의 답을 찾고자 하는데 그 범주가 폭이 커서 느껴지는 바가 서로 다르게 나타납니다.

자신에게 정직하고 진실한 삶이 행복 아닐까요? 강준민 목사(1956~)는 그의 책 「성품 속에 담긴 축복」에서 "행복한 사람은 정직한 사람이다. 정직은 솔직하다는 것, 진실하다는 것, 투명하다는 것이다." 라 했습니다. 한 번 고정된 생각은 쉽게 바꾸지 않는 것은 저만 느끼는 것일까요? 나이와 전문지식이 많을수록 강하게 나타난다니 저부터 성찰해 보겠습니다. 살아가면서 행복의 날들이, 그 집에 깃듦이 충만한 시간이면 좋겠습니다. 내일이 수요일입니다. 좋은 시간 되세요.

✉ 1214 아침편지

어제 오후부터 눈발이 날리더니 올 겨울 들어 제일 추운 날 아침입니다. 북한산에, 동네 뒷산에 가느다란 눈길이 만들어졌습니다. (영하 12도 정도, 어허 추워. 병태 양말 빵꾸났네. 섬진강 동요) 그래도 너무 움츠러들지 말고 어깨 펴고 걸어보세요. 걸을 만합니다. 마음만은 푸근하게 가지면 추위가 썩 도망갈까요? 아마도 사라지지는 않겠지만 내 주위에서는 1미터 이상 물러나 있을 겁니다.

김효근 작사, 작곡 <눈>이 딱 맞는 날입니다.

> 조그만 산길에 흰 눈이 곱게 쌓이면/
> 내 작은 발자욱을 영원히 남기고 싶소//
> 내 작은 마음이 하얗게 물들 때까지/새하얀 산길을 헤매이고 싶소//
> 외로운 겨울새 소리 멀리서 들려오면/
> 내 공상에 파문이 일어 갈 길을 잊어버리오//
> 가슴에 새겨보리라 순결한 님의 목소리/
> 바람결에 실려 오는가 흰 눈 되어 온다오//

저 멀리 숲 사이로 내 마음 달려가나/
아 겨울새 보이지 않고 흰 여운만 남아있다오/
눈감고 들어보리라 끝없는 님의 노래여/
나 어느새 흰 눈 되어 산길 걸어간다오//

이는 대학 3학년 때('81년) 작사, 작곡한 것으로 대학가곡제에서 성악과 1학년 메조 소프라노 조미경이 불러 최우수상을 수상한 곡입니다. (소프라노 조수미는 수석 입학, 동기생) 경제학을 공부하는 학생이 작사, 작곡이라니 음악적 재능과 관심이 대단하지요. 현재는 E대 경영학과 교수로 재직중입니다. 그 성악가는 현재 남예종학교장이시니 참 열정이 있었던 것입니다.
수요일! 눈길을 보거나 걸어보는 것은 어떤가요?

✉ 1215 아침편지

기온이 연일 영하를 기록하여 '強'을 넘어 '猛'으로 가고 있습니다. 넘어지지 않게 유념해야 하겠습니다.
12월에 이렇게 추운 걸 보니 내년 봄은 더 많이 화창할 것으로 보입니다. 아마도 잘될 것이고 또 그리 될 수밖에 없는 것이기도 합니다. 왜냐고요. 희망이잖아요. 희망은 일종의 '자기실현적 예언'이라 합니다.
어떤 일이 발생하리라고 예측하고 기대했기 때문에 바로 그런 일이 진짜 일어나는 것이다. 그러면 왜 희망을 바라는가요? 뭔가 결핍되어 있기 때문이라고도 합니다. 결핍에 안주하고 있어도 희망이 없는 것이기도 합니다. 자아실현 욕구가 충분히 발현되는 것이니 더 그러합니다. 오늘 보다는 내일이 더 나을 것이라는 기대, 희망이 우리를 오늘 살아가게 하는 동력이 되는 것입니다. 수요일을 지나 주말로 가는 이 주 좋은 결실들이 가득하길 기대하며 내게 주어진 모든 것을 사랑하면서 보냈으면 합니다.
더 좋은 일들이 내일 또 있을 것을 믿습니다.

✉ 1219 아침편지

주말을 그래도 조금은 따뜻하게 보냈지요? 집 주변에만 보낸 주말이었습니다. 아침 기온이 보통이 아닙니다. 영하 12도. 오래 전 철원에서 영하 23~24도에서도 야외에서 보냈는데. 그래도 춥습니다.

헌신하는 지금 전우들의 노고가 많음을 전합니다. 그리 길지 않은 기간이니 잘 견디어 내길 바라봅니다. 겨울은 땡땡 추워야 봄의 향기가 더 짙어진다는 말이 있습니다. 이제 한 겨울 속에서 움트는 싹들이 잘 다져지기를 기대합니다.

인생 전체로 보면 '찰나'라 하니 기다림과 견딤의 시간이 되어야 할 듯합니다. 찰나(刹那), 산스크리트어 크샤나(ksana)에서 차음한 것인데, 양쪽으로 잡아당겨진 명주실을 칼로 자를 때 64 찰나의 시간이라 하니 참 짧은 순간입니다. 1 찰나는 75분의 1초(약 0.013초)에 해당하니 셈이 어렵습니다. 이제 이 해도 2주 남은 시간 동안 정리해야 할 일과 마음을 잘 갈무리되면 좋겠습니다. 남도의 따뜻한 기운이 모두에게 전해지면 더 좋겠습니다.

✉ 1220 아침편지

새벽 하현달이 조그마하게 세상을 비추는 아침입니다. 기온이 여전히 쌀쌀합니다. 내일 눈 내린 이후는 기온이 조금 오른다 하니 기다려봅니다. 곧 봄이 오는 소리가 들려올 것입니다. 봄이면 온 천지에 많이 새싹들이 많습니다. 쑥, 달래, 고비, 취, 냉이, 미나리 등등 그중에 민들레도 많이 있습니다. 마당에 핀 민들레를 밤하늘의 별처럼 아름다워 '땅의 별'이라는 뜻인데, 옛날에 평생 단 한 번의 명령밖에 내릴 수 없는 운명을 가진 왕이 별들을 원망하며 그 복수로 밤하늘을 향해 "모두 하늘에서 떨어져 땅에서 꽃으로 피어나라"라고 명령해서 민들레가 되었다는 전설. 포공영(蒲公英)이라고도 합니다. 토종 민들레는 양성화이지만 다른 꽃의 수분을 받아야 씨앗을 맺습니다. (서양 민들레는 다른 종을 받아들이기도 하고 여의치 않으면 자가 수분함)

꽃말은 '감사하는 마음', '내 사랑 그대에게 드려요'입니다. 봄이면 그 잎을 따 쌉싸름한 맛으로 먹기도 합니다. 왠지 봄이 그리워지는 날이기도 합니다. 포천 소흘리에 '400 야외 카페' 이름인데, 포(4)공(0)영(0)! 좋은 하루 되세요. 봄 같은 그대에게!

✉ 1223 아침편지

 아침 기온이 눈 내린 후 상당합니다. 스치는 바람이 칼 같습니다. 그래도 아침 일어나 올 수 있는 직장이 있는 것은 행복의 시작이라 봅니다. 이불 속에 쌓여 있어 있다면 그것을 행복이라 하기엔 좀 그렇지요?
앤드류 매튜스는 행복에 대해 "우리는 목적지에 다다라야 비로소 행복해지는 것이 아니라 여행하는 과정에서 행복을 느낀다."라고 했습니다. 일전에 희망과 행복에 대해 전한 것처럼 가치관이 조금 다르지만 비슷하다고 봅니다. 섬진강 선생님이자 시인인 김용택은 자신의 행복과 기쁨을 글에서 온다고 하면서 "처음에는 나도 모르는 글을 쓰다가 어느 날은 나만 아는 글을 쓰고 어느 날 나는 드디어 남도 이해하는 시를 썼습니다." 와 닿습니까?
 내일이 성탄절 전날입니다. '행복하다고 말하는 동안은 나도 정말 행복해서 마음에서 맑은 샘이 흐르고'(이해인) 가족, 지인, 전우들, 그리고 행복을 나누는 많은 사람들과 좋은 시간 되세요. 성탄전야잖아요.

✉ 1226 아침편지

성탄절이 지난 월요일 아침입니다. 모처럼 맞은 휴일을 잘 보내었습니까? 거리마다 캐럴송은 그리 많이 들리지는 않은 듯합니다. 이제 한 주 남은 올해를 잘 정리해야 할 시간이 되었습니다. 마음도 일도 사람과의 관계도 진행한 공부도. 또 다른 새로운 길을 향해 가는 많은 청춘들과 직장을 마무리하는 중년들에게도 기쁨이 늘 함께하는 시간이면 더 좋겠습니다. 이제 나뭇잎들도 거의 없어 나목이 되었습니다. 송귀영 시인의 <낙엽 지다>를 볼까요?

 황금빛/숲과 들은 가을을 전송하고/단풍잎 떨군 자리/

옹색하게 남긴 흉터/노란색 바늘 잎사귀/물이 들어 낙엽 진다//
무거운/산 뿌리에 가을이 박힐 즈음/황량한 계곡 사이/물소리도 시려워서/
낙엽을 굴리는 바람/초겨울로 넘어간다//

초겨울을 지나 한참으로 가니 그 낙엽조차도 그리워집니다. 또 그리운 날들이 내 앞에 와 있을 시간입니다. 좋은 한 주 되세요. 의미가 더 한 날들이 될 것입니다.

✉ 1227 아침편지

지난 주 땡땡 춥더니 이 주는 그래도 조금 낫습니다.
숲의 명상가인 헨리 데이비드 소로는 "인간에게는 의식적인 노력으로 자신의 삶을 높일 능력이 분명히 있다는 것보다 더 용기를 주는 사실은 없다."라 합니다. 나의 역할은 나 자신이 만들어 놓은 것이고 애초부터 그렇게 가지고 태어난 것은 아니니 더 다가오는 말이기도 합니다. '나의 삶'이니까요. 그러면서도 솔직함이 최상이요, 질문을 잘 만들어 내어야 합니다.
테클라 메를로의 <고요히 머물러 사랑하기>를 볼까요?

누구나 잘못을 저지를 순 있지만/누구나 솔직할 수 있는 것은 아니다/
진실한 사람의 아름다움은 무엇과도 비길 수가 없다/
솔직함은 겸손이고 두려움 없는 용기다//

그러한가 봅니다.
오늘은 그 누군가가 되어 솔직함과 함께 행복, 사랑을 나누는 시간이면 좋겠습니다.

✉ 1228 아침편지

지난밤에 눈이 고양이 눈꼽만큼 조금 내렸습니다. 기온이 그리 낮지 않아서 체감은 보통이네요.(순전히 제 느낌!)

들리는 아름다운 감동의 소식도, 가족 간의 사랑이 넘치는 하하 호호도 많이 있을 때이기도 합니다.

진학, 취업, 또 다른 방향으로의 전환 등 그리고 연말이 되니 공감되는 부분이 많아졌을 것입니다. 오바마는 "공감한다는 것은 다른 누군가의 처지가 되어 보는 것이다. 우리와 다른 사람의 눈으로, 배고픈 아이의 눈으로, 해고된 철강노동자의 눈으로, 기숙사를 청소하는 이민노동자의 눈으로 세상을 보는 일이다."라 강조했습니다. 최근의 우리나라 엘리트 계층의 공감 능력 부족은 과잉경쟁의 결과이며, 학습경험의 결핍, 개인의 오만한 이기주의 등이 그 원인의 하나라고 분석됩니다. 유네스코에서는 '함께 살아가는 능력을 학습하는 일(to learn to live together)'을 학교교육과 평생학습의 핵심으로 제시한 바 있습니다.

이제 우리는 주변을 돌아보고 나 자신의 의미가 확산할 수 있는 가치는 충분히 확보되었다고 봅니다. 마음과 마음이 이어지는 좋은 시간 되세요.

✉ 1229 아침편지

지난주와 이 주 초에 매서운 기운이 조금은 누그러들었습니다. 올해를 며칠 앞둔 시점에 여러 가지 생각이 차지하는 아침입니다.

좋은 일, 조금은 서운한 일, 아쉬운 일, 딱 한 가지 일러바칠 그것도 있지요. 그래도 우리에겐 사랑, 희망, 가족이라는 말이 있어 행복한 시간이었다고 봅니다. 그리고 보고 들은 것에 대한 감동과 울컥하는 마음도 있었습니다. 우리는 짧든 길든 시 구절 하나에도 잔잔한 감동이 밀려옴을 느낄 때도 있습니다. 詩語의 의미가 그 순간에 나의 감정과 딱 일치, 하나 되어 나타나는 것이라 봅니다. 시대의 아픔과 감성을 아름다운 시어로 지어낸 정호승 시인은 "모든 사람은 시인이다. 사람들이 자기 생업 때문에 시를 쓰지 않아서 시인이 대신 시를 쓴다고 생각한다. 사람들이 시를 읽을 때 좀 행복해졌으면 좋겠다. 시인이 무슨 의도로 시를 썼을까를 생각하지 말았으면 한다. 시를 읽는 나의 마음, 나의 생각이 중요하기 때문이다."라고 모두가 시인임을 알림니다.
연말 조금 시간 내어 어느 것이든 시와 차와 음악과 함께 하는 시간이 되면 좋겠습니다. 그게 나 자신 아닐까요!

✉ 1230 아침편지

새벽에 약간의 눈이 내려 포근한 아침이 되었습니다. 한 해 동안 많은 노고가 쌓여 오늘이 되었습니다. 그 노고가 삶의 바탕이요 활력, 보람, 환희로 이어져 행복 열매가 가득합니다.

우리가 매일 쓰는 한글! 그 한글의 표현은 무엇이든지 가능한 세계 어디에도 없는 문자이지요.「한글의 탄생」의 저자 일본의 언어학자인 노마 히데키(1953~)는 한글에 대해 "천년의 시간을 겪으며 한자, 한문에 가려졌던 이 땅의 가장 깊은 곳에서 샘물과 같이 넘쳐 솟아나는 이 땅의 말" 이라 하면서 "한글이 만들어진 것을 이 세상 어디에도 없는 문자의 기적이다. 조선의 용비어천가를 읽으면 뿌리 깊은 나무와 샘이 깊은 물의 비유에 감탄했다. 한국어의 청초하고도 힘이 넘치는 선율"이라 찬사를 남겼습니다. 그러한 한글을 우리는 매일 공기처럼 대하고 있는 것은 크나큰 행운입니다. 무엇이라도 어떤 것이라도 해낼 수 있는 창의와 자부심으로 나타납니다.

을지로의
　　아침

4년

實!

✉ 230102 아침편지

새해 첫 날입니다. 소망을 그려보았지요?
새해 첫날이 창창하기 그지없는 아침입니다. 새벽달이 보이지 않으니 곧 보름이 되려 하나 봅니다. 지난해의 미심쩍은 조금 부족한 것들은 다 사라지고 첫 햇살처럼 만사가 다 잘 이루어지기를 기원해 봅니다. 희망과 사랑이 넘치는 한 해가 될 것임을 믿습니다.
카릴 제미슨의 <한 모금 이론>이 있습니다. "한 아이가 백사장에 모래를 가지고 놀고 있습니다. 모래를 두 손 가득히 쥔 것은 사랑, 손을 들자 흘러내리는 것은 이별, 흐르는 모래를 멈추려하지만 멈추지 않은 것은 미련, 손 안에 남아 있는 것은 그리움, 탁탁 털고도 남아있는 모래가 금빛으로 빛나는 것은 추억. 아무리 털어도 털리지 않는 모래는 은은한 사랑의 여운이다. 아이는 손을 씻지 않기로 했다."입니다.
영원한 사랑을 간직하고 싶었기에. 그 사랑이 모두에게 간직되는 한 해 되세요.

✉ 0103 아침편지

기온이 많이 내려갈 것이라는 예보와 조금 다른 쾌청한 아침입니다.
'잘 될 수 있는' 믿음으로 나아가는 것이기도 합니다.
미국 스포츠 심리학자 스탠 비첨(Stan Beecham), 「엘리트 마인드」에서 "흔히 운이 좋다고 생각하는 것, 일이 잘 될거라 생각하는 것은 결국 미래에 대한 자산의 신념이다"고 말했다. 미래가 잘 될거라고 믿는 것만으로 우리의 현재는 변화하는 것입니다. 그것을 믿고 나를 더 단련하는 것이 잘 되는 길로 안내되는 것이기도 합니다. 그래서 나를 바꾸는 유일한 방법은 공부하는 것이고, 공부하는 사람에게는 어떤 변화든 가능하다는 것이지요.
시작이 좋으니 끝도 다 좋을 것입니다. 좋은 날 되세요.

✉ 0104 아침편지

겨울이지만 조금은 봄날 같은 아침입니다. 한 해를 시작하며 여러 가지 결심, 선택을 하게 됩니다. 사회적 문제로 대두된 것들에 대한 고민이 생기고 앞으로 일들은 또 어떨지? 그런 걱정거리 중 96개는 내게는 일어나지도 않을 일이고 겨우 4개만 내가 할 수 있는 것이기에 그리 큰 고민은 안 해도 될 겁니다.

잘 버티어내는 것, 바람을 맞으면서도 앞으로 나아가는 힘이 필요합니다. 버티어낸다는 것은 그래도 희망이 있다는 것이지요. 공부의 기본은 버티는 것이고, 포기는 끝끝내 버텨 본 다음에 해도 늦지 않는 것입니다. 정호승 시인은 "견딤이 쓰임을 결정한다"라고. 고통의 시간은 결국은 지나가며, 버팀의 시간은 결코 배신하지 않는다는 것을 표현했습니다. 할 수 있는 것과 할 수 없는 것에 대한 정확한 통찰과 빠른 방향 전환이 미로 같은 우리 인생에서 빠르게 출구를 찾는 방법입니다. 새로운 만남을 기대하기도 하고 지금까지의 만남을 더 돈독히 하는 것도 다 버팀의 시간이 만들어 주는 선물이라 봅니다. 그 만남이 내게 준 것 그것이지요.

법정 스님은 "만남은 눈뜸이다."라 그의 책에서 언급했습니다. 내게 준 것은 그 선물만 아니라 새로운 시각으로 바라볼 수 있는 눈도 같이 준 것입니다. 그러니 앞으로 나아가 보지요. 함께!

✉ 0105 아침편지

조용한 1월 첫 주 목요일 신선한 아침입니다. 그리 큰 변화가 없는 듯하지만 인식하지도 못하는 사이에 변화는 이어지고 있습니다. 지양 발전적으로 이루어져 더 나은 사회, 조직과 널리 인간을 이롭게 하는 변화가 이루어지고 있다고 봅니다.

요즈음은 봄 방학 없이 종업식으로 학년을 마치고 다음 학년을 준비하는 학교가 대부분입니다. 최근 어느 유치원 외부 게시판에 있는 글입니다. "우리도 형님들처럼 동생들을 잘 가르칠게요. 형님들을 잊지 않을게요." "누리

반 형님들. 그동안 우리를 잘 챙겨주고 도와줘서 고마워요. 그 덕분에 저희도 멋진 형님이 되었어요. 사랑해요." 꾹꾹 눌러서 그림처럼 크게 그린 글귀에 참 마음이 선해집니다. 그 마음이 이 마음이야 하는 어른이의 마음이 전해 옵니다. 이러한 것에서도 우리 아이들의 미래 무한한 가능성을 볼 수 있지 않나요? 좋은 날 되세요.

✉ 0106 아침편지

새해 첫 주말을 앞둔 금요일입니다. 시간이 정말 쏜살같이 곁을 지나고 있습니다.

세상을 돌다가 어느 순간 돌아보면 나 자신은 한정 없이 바쁘게 다녔는데, 변한 것은 거의 없고 내게 남은 것이 없다고 느껴질 때 허탈해지기도 합니다. 그런데요, 없는 것이 아니라 내게 남은 것을 잘 느끼지 못하는 것도 많습니다. 콩나물을 키울 때 물은 빠져 내려가지만 콩나물은 쑥쑥 자라지요. (제가 명명하길 '콩나물이론') 거기에는 가족 간의 사랑, 나를 언제나 지지해 주는 지인, 내가 사랑하는 많은 것들이 있어서 입니다. 그렇게 보면 그리 서운한 것도 아닌 듯합니다. 예로써 결혼 전에는 어머니가 차려 준 밥상이 제일 좋았지요. 그런데 이제는 아내가 해 준 밥이 더 입맛에 맞게 됩니다. 그것은 아내 역시 누군가의 어머니가 되었기 때문이지요. 그러면서 아내에게 고맙다는 말조차도 하지 못하는 것은 너무 익숙해진 탓일까요? 오늘 저녁에는 아내에게 사랑한다는 말과 함께 고맙다는 말도 함께 해야 하겠습니다.

좋은 휴일 되세요.

✉ 0110 아침편지

화요일! 봄기운이 조금씩 들려오는 조용한 아침을 맞이합니다. 보름이 지나도 하늘이 청명하니 새벽 달빛이 皎皎합니다. 마치 자기의 이야기를 조근조근 들려주듯 낮게 비추고 있습니다.

'듣고 말하기'와 '말하고 듣기'가 있습니다. 두 단어가 교차되지만 의미는 많이 다릅니다. 말하기 전에 누군가의 이야기를 들어주는것이 힘든 것이기도 합니다. '누군가의 이야기를 마음으로 들어주는 것은 우리가 상대방에게 보여줄 수 있는 최고의 찬사'라 합니다. 들어준다는 것은 마음의 한 켠을 내어주고 꼭 안아준다는 것입니다. 밤하늘의 수많은 별은 얼핏 비슷해 보여도 각자 자신만의 고유한 역사를 지녀 반짝이고 있잖아요. 나의 이야기가 상대에게 별이 되듯이 상대의 이야기도 나에게 별이 되고 내 이야기가 풍성해지기도 합니다. 경험을 공유하여 확장되는 것이 내 인식의 지평을 넓혀 가는 것입니다. 좋은 날 되세요.

✉ 0111 아침편지

도시 소음이 있는 수요일 아침입니다.그리고 을지로 가로수 소나무에 걸린 달도 운치가 있습니다. 이런 것들이 조화를 이뤄 도시의 아름다움을 나타내어 줍니다. 비록 먼지 쌓인 골목길, 거리이지만.
경영의 신, 교세라의 창업주인 이나모리 가즈오(稻盛和夫, 1932~2022)는 「왜 리더인가」에서 "좋은 마음이 좋은 결과를 불러온다. 이는 조화를 유지하려는 마음, 투지를 굽히지 않으려는 마음, 언제 어디서나 도리를 지키려는 마음이다"라면서 "아름다운 마음이 모이면 아름다운 인생이 펼쳐지고, 추악한 마음이 모이면 괴롭고 외로운 삶이 앞에 놓인다."라고 했습니다. 일체유심조인 것이지요. 흔들리지 않는 마음이 평상을 유지하고 이루려고 하는 목표를 향해 일관성 있게 나아가게 하는 것입니다.
다 좋은 마음의 과정과 결과가 아닐까요?

✉ 0113 아침편지

1월 둘째 주 금요일, 여름 장마처럼 비가 아주 많이 내립니다. 어제 밤부터 내리더니 아침 길이 질어졌습니다. 봄비인가요? 과학기술이 기후변화까지도 예측하나 그로 인한 피해도 만만치 않습니다.

지금은 5G 시대, 광속의 시대에 살고 있지만 20년 전에 이러한 시대를 예상하고 글로 남긴 사람들의 창의성과 고민을 새삼 느끼게 합니다. 그러면서도 휴머니즘을 잃지 않은 예도 있습니다. 최초로 인터넷을 사회문화적 환경으로 다룬 「가상공동체, '93」를 저술한 미국 과학저술가 하워드 라인골드(Howard Rheingold, 1947~)는 「스마트 몹스」서문에 (똑똑한 군중, '02. 10월 출간, 단일 지도자 없이 인터넷·휴대폰 등 디지털 네트워크를 활용해 스스로 조직화하는 새로운 유형의 사회집단을 가리킨다.) "색칠 그림에 칠을 할 때 그 선을 멋대로 벗어나도 야단치지 않으셨던 어머니에게 이 책을 바친다. 어머니 감사합니다."라고 썼습니다. 저자의 어머니 모습이 그리워집니다.

삶의 방향도 잘 정하고 우리들의 미래인 아이들의 성장에 도움이 주는 '어른'의 모습과 실천이 더 필요해 보이는 때입니다. 좋은 주말 되세요.

✉ 0116 아침편지

주말 동안 내린 눈과 비가 상고대처럼 나무에, 바위에 앉아 있는 월요일 아침입니다.

모든 것들이 제 자리를 찾아가는 것처럼 새로운 하루가 시작됨을 알립니다. 비슷한 시간대에 그 일이 항상 이루어지듯이 우리는 매일 비슷한 습관으로 더 나은 방향으로 진화를 도모합니다. 사람이 습관은 참 이상하기도 하고 중요하다고 합니다. 부자의 습관 중에 아침에 일어나자마자 잠자리를 정리하는 것, 끊임없이 공부하는 것, giver의 습관이 있다는 것이 있습니다. 정리는 앞으로 나가는 힘을 선물하는데 어지럽혀 있다면 절대 그날의 능률이 오를 수 없는 것이지요. 하나를 매듭짓고 다음 일에 들어가야 능률이 올라가는 것입니다. 자투리 시간을 아껴 공부에 매진하는 것과 먼저 주어야 받을 수 있다는 것을 명확히 아는 습관이 그것입니다. 반면, 빈자는 늘 정리되지 않는 환경 속에서 생활하고 호기심이 없으며 taker의 습관이 지배적입니다.

흐뭇한 한 주가 되면 좋겠습니다.

✉ 0117 아침편지

새벽달이 흐린 하늘을 조금이라도 비추고자 애쓰고 있는 아침입니다. 새해가 된 지 2주일이 지나니 어제의 그날이 그날인 듯합니다. 곧 봄이 우리 곁에 모르는 듯 와 있을 것입니다. 살아있다는 존재감이 있어서 삶이 더 풍성해지는 날들이면 좋겠습니다.

지구라는 아름다운 이 별에서 말입니다. 다 잘 될거라 생각하지만 조금은 힘들었다고 딱 한 사람에게 말하고 싶습니다. 셀 수 없는 별과 은하가 존재하지만 아주 작은 지구에서 살고 있으니 그 자체가 행복이 아닐까요? 영국 출생, 미 뉴욕대 의과대 교수, 의학계 계관시인인 올리버 색스(1933~2015)는 그의 책 「이 아름다운 별에서」, "무엇보다 이 아름다운 별에서 나는 지각력을 갖춘 존재였고 생각하는 동물로 한평생을 살았으니, 그 사실만으로도 대단한 특혜를 누리고 모험을 즐겼습니다."라 썼습니다. 존경의 마음이 절로 생기는 글입니다.

오늘 좋은 소식들로 가득한 날과 축하와 격려의 시간이 되었으면 합니다.
Good luck to you!

✉ 0118 아침편지

차량 소음만 들리는 조용한 수요일 아침입니다.

그런 것을 보면 조직과 사회에서의 승진과 이동은 항상 있었고 또 유한하기도 합니다. 결국은 나 자신에 대한 믿음과 서로에게 갖는 신뢰가 큰 바탕이 됩니다. 너무 낙관적인 것도 TPO에 따라 아닐 때도 있습니다.

'스톡데일 패러독스'라는 것이 있습니다. 막연한 낙관적인 생각이 오히려 독이 된다는 것인데, 이는 '65년 베트남전에 미 해군 전투기 조종사로 참전, 적 지역에 추락하여 8년간 악명 높은 '호아 로' 수용소에서 가혹한 포로 생활을 한 제임스 스톡데일 장군의 이름에 시작되었는데요. "곧 풀려날 거라고 섣불리 낙관만하는 포로들은 금세 좌절해서 죽었다. 하지만 나는 쉽게 풀려나지 못할 것임을 깨닫고, 장기간 버텨야 한다는 각오로 하루하루를 보냈다.

그 덕분에 이렇게 돌아올 수 있었다."라고 말했습니다. "당신이 절대 잃을 수 없는 마침내 이기겠다는 믿음과 그것들이 무엇이든지 지금 현실의 가장 가혹한 사실들을 직시하는 훈련을 당신이 절대로 혼동하면 안 됩니다." 위기상황에서는 오히려 현실을 직시하고 정면 대응해야 한다는 것을 알려줍니다. 또 다른 희망이 곧 다가올 것입니다. 무한한 신뢰와 자부심이 그를 함께 할 것입니다.

✉ 0119 아침편지

설을 앞둔 목요일 아침입니다. 도시 소음이 많아졌습니다. 기온도 많이 내려가 있고...
사랑과 감동이 날들이 되면 좋겠습니다. 행동이 마음 씀씀이가 있어서 더 나은 환경이 될 것이라 봅니다. 어떤 경영인이 밝은 마음을 강조하면서 '마음이 밝게 빛나면 깜깜한 밤에도 맑은 하늘이 보인다.'라고 했습니다. 참 그렇군요. 내 마음이 밝으면 보인 것 모두 밝게 빛납니다. 그런 것들이 감동으로 다가오기도 하고 눈물 한 방울 똑 떨어뜨리기도 합니다. 언제나 감동은 예상치 못한 응대와 환대에서 비롯되지요. 이러한 마음도 표현하지 않으면 드러나지 않는다는 것이지요. 이제 설도 가까워지니 마음껏 표현해 보세요. 세상이 달리 보이니까요.

> 사람 그리워 당신을 품에 안았더니/
> 당신의 심장은 나의 오른쪽 가슴에서 뛰고/
> 끝내 심장을 포갤 수 없는/우리 선천성 그리움이여//
>
> 함민복 '선천성 그리움' 中에서

✉ 0120 아침편지

어젯밤 눈비가 조금 날리더니 흐린, 설 연휴를 앞둔 금요일 아침입니다.
설렘이 가까이 들리지요? 무언가 좋은 일이 많이 있을 것 같은, 기다려지는 날일 것입니다. 차분하게 가족들과 옛 얘기 나누면서 앞날을 설계하는 의미 있는 시간이 되길 기대해 봅니다. 저는 한양에서 북한산과 시내의 야경을 보면서 보낼 예정입니다. 인생은 만남의 축적이라 하는데, '순수하고 아름다운 마음을 품고 한결같이 일에 매진한다면 어떤 일이든 이룰 것이다. 오직 성공만 생각하고, 성공할 것처럼 행동하라. 마음이 무너지지 않으면 그 무엇도 무너지지 않는다.'와 함께 다짐이 필요합니다. 그리하면 더 나은 삶이 진화되어 나타날 것입니다.
이해인 시인의 <설날 아침> 시를 전합니다.

햇빛 한 접시/떡국 한 그릇에/나이 한 살 더 먹고//
나는 이제/어디로 가는 것일까요//
아빠도 엄마도/하늘에 가고/안 계신 이 세상/우리 집은 어디일까요//
일 년 내내 꼬까옷 입고 살 줄 알았던/
어린 시절 그 집으로 다시 가고 싶네요/
식구들 모두 패랭이꽃처럼 환히 웃던/그 시간 속으로 들어가고 싶네요/

좋은 설 명절 되세요.

✉ 0125 아침편지

기온이 보통이 아니군요. 영하 18도. 옷깃을 잘 여미고 다녀야 하겠습니다. 모처럼 가족들과 화한 분위기가 이어지는 시간이 되었으리라 봅니다. 정이란 산에 난 길과 같아서 서로 오가지 않으면 없어지듯이 서로 오가는 정리를 가지는 시간이었으리라 생각됩니다. 이제 새로이 마음을 다지고 전진해야 하는 때입니다.
우리 농촌이나 화원을 가꿀 때 쓰는 호미가 미국에서 아주 인기라는 것은 알려진 사실이지요. '19년 미국 온라인 쇼핑에서 호미가 1만 6천~2만 8천 원에 2,000개 이상 주문으로 원예부문 TOP 10을 기록하였지요. 미국의 주부, 정원사들은 "30도 휘어진 날은 미국 어디에도 찾을 수 없다. 호미를 쓰기 전에 정원을 어떻게 가꿨는지 의문"이라고 극찬하였지요. 크기도 다양하고 대장장이의 손길이 닿아야 만들어지는 물건이지요. 경북 영주, 동두천 등지의 남아 있는 대장간이 그 역할을 한 것입니다. 선조들의 지혜가 참 새롭습니다. 어디에서든 그 필요가 무언가를 만들어 내는 결과를 가져오는 것이기도 합니다.
좋은 날 되세요. 수요일입니다.

✉ 0126 아침편지

한 사흘 맹추위를 나타내더니 영하 8도에 눈 내리는 아침입니다. 마치 사랑하는 가족들과 사람들의 사랑을 시샘하는 듯합니다.
사랑이 바탕이 되어서 나타나는 것인데 그를 잘 표현하지 못하는 것이 아니라 안 하는 것이겠지요. 저도 그렇습니다만. 가득한 마음을 잘 표현하지 못하고 그저 이해해 주기를 바라고 기다리고 있습니다. 시간 지나면 후회할 일인데 말이지요. 우리 마음에 무엇이 있어서 사람들을 만나고 일을 하고 가족과의 관계를 잘 이어갈까요? 그것은 사랑! 톨스토이는 "사람으로 있을 때 제가 살아갈 수 있었던 것은 스스로 계획해서가 아니라, 지나가던 사람과 그의 마음에 있는 사랑 덕분이었습니다. 모든 사람이 스스로 계획해서가 아니라, 사람 안에 있는 사랑 때문에 살아가고 있는 것입니다. 저는 사람들이 자신에 대한 염려로 살아가는 것처럼 보이지만, 사실은 사랑 하나만으로 살고 있다는 것을 이제 깨닫게 되었습니다."라 하였습니다. 위대한 대문호도 사랑이 간절함인데 더 공감됩니다. 오후 퇴근길 조심하셔요.

✉ 0127 아침편지

맹추위와 눈 내린 이후의 아침은 조용합니다. 당분간은 보통이 겨울날이 될 것이란 예보입니다. 원상을 회복하듯 다음주 초에는 마스크 착용도 조정된다고 하니 조금 더 활력이 넘치는 날들이 될 것입니다.

우리가 삶을 영위하고 있는 이 지구라는 별은 참 독특합니다. 은하에는 3,000억 개의 별 있고, 우주에는 2조 개의 은하계가 있다고 분석합니다. 그중의 하나인 지구라는 별이지요. 지구만이 꽃이 피고 나비와 벌이 꽃을 찾아 생명을 이어갑니다. 대우주에 생명이 있는 별은 물이 있는 지구뿐이라는 것이지요. 그래서 여기 별이 있는 모두는 소중한 이들이며 그 삶 또한 소중하고 높은 가치를 가지고 있습니다. 그 선한 사랑의 마음이 가득한 것도 그 것입니다. 더 많은 날들을 잘 영위하면 좋겠습니다.

2남 4녀의 엄마로 참 열정적 생을 마감하신 엄마를 추억하는 막내딸의 글이 체읍(涕泣)입니다. "지금이라도 친정에 가면 볼 수 있을 것 같은 엄마. 언제나 엄마의 모든 삶을 존경했습니다. 엄마에게 부끄럽지 않은 딸로 살아가겠습니다. 엄마, 너무너무 보고 싶어요. 진심으로 사랑합니다."(홍○○, <그립습니다> 문화일보, 11.19.) 흐려지는 눈을 감출 수 없습니다. 좋은 주말 보내세요. 이 아름다운 지구 별에서!

✉ 0130 아침편지

새해의 첫 햇살이 비췬 지 한 달이 되었습니다. 그 간의 시간들이 사랑과 열정으로 쌓여 오늘에 이르렀을 것입니다. 그렇게 우리 곁을 지나는 시간은 다 우리의 것이기도 합니다. 뜻 한 바가 잘 이뤄지는 날들이길 바랍니다. 내 삶의 하루이니까요.

지난해 칠곡 할매들의 글꼴에 대해 들었을 것입니다. 어렵게 한글 쓰기를 하여 새로운 눈뜨임에 감사한 할매들의 글자와 말들에 뭉클했습니다.(2,000장 이상 쓰고 나서 정함.) 그중에서 강금연(86세) 할매가 쓴 시입니다.

야야 와 그래 차를 세우노/
엄마요 앞에 더디 걷는 할매 보이 엄마 생각이 나네/
우리 엄마도 저래 걸어가겠지 싶어서 빵빵 거리도 몬하고/
딸이 그 말을 하니 내 눈에 눈물이 난다//

참 정겹기도 하고 사랑이 넘치는 마음이 보입니다.

좋은 한 주 되세요.

📨 0131 아침편지

1월의 마지막 근무일 참 밝은 아침입니다. 한 달간 노고가 많았습니다. 기온도 강추위, 눈도 많이 내리고 움츠러드는 마음을 다잡느라 애쓴 흔적도 역력합니다. 2월을 향해 순항이 될 것임을 믿습니다.
소유와 행운에 대해 생각해 보겠습니다. 주변에 참 많은 물건들이 채워지고 자리하고 있습니다. 한두 번 쓸 것 같은 것도 있고 일 년 내내 한 번도 아니 쓰거나 입은 옷들도 있지요. 그것이 내게 올 때는 많은 의미를 담아 준비했는데 말입니다. 경영의 신 이나모리 가즈오는 '우리가 자신의 소유라고 생각하는 것은 모두 현세에 일시적으로 맡은 누군가의 물건에 불과하다.'라 말하였습니다. 우리는 '꼭 이것을 가져야 해'라고 하면서 필요 이상의 물건들을 구매하기도 합니다. 그러다 보니 주변에 참 많은 물건들이 있습니다. 행운은 마찬가지가 아닐까요? 내 것이 아니라 그저 잠시 빌린 것뿐이지요. 그러므로 언제나 행운을 신중히 받아들이고 접근해야 나의 또 다른 행운이 오지 않을까요? 아마도 그 행운이 우리 곁에 다가오고 있거나 와 있는 것일지도 모릅니다. (언제 오는지, 그것이 무엇인지 알려주는 이가 있으면 좋겠습니다. 그런데 없지요.)잠시 왔다가 또 다른 이에게 가는 그것. 잠시, 아주 잠시!

📨 0201 아침편지

2월 첫 근무일 아침입니다. 2월이 되니 맹추위가 언제였나 싶습니다. 많이 달라진 수요일 아침입니다. 그렇게 봄이 우리 곁에 다가오고 있는 날. 맞이를 가야 할 때가 되었습니다. 곧 남도의 산수유, 매화향기가 절정에 이를 것입니다. 광양, 구례의 온 들이 하얗게, 노오랗게 변하는 때 남도 여행을 하면 더 많은 기운들을 받을 것이라 봅니다.

성공의 반대말은 실패인가요? 성공하지 못하면 다 실패? 인 것은 아니잖아요. 남는 것이 많이 있잖아요. 그래서 성공의 반대말은 실패는 아닌 것 같아요. 실패는 언젠가는 성공할 수 있는 토양이 될 수 있으니까. 그러면 성공하지 못하면 실패? 다시 보아야 할 말입니다. 그래서 반대말은 성공을 아예 시도하지도 않는 '포기'인 것입니다. 된다고 믿으면 이미 된 것이지요. 미래를 가장 정확히 예측하는 방법은 미래를 창조하는 것이다. 그 미래가 바로 앞에 있으니 나아가 보면 될 것이니 전진! 또 전진. 멋진 수요일 되세요.

✉ 0202 아침편지

2월 첫 주 조용한 목요일 아침입니다. 차량 바퀴 소음이 아침을 깨우고 먼 데 하늘이 동 터 오는 자연은 아름답습니다. 에구 피곤하여라! 라는 느낌도 들기도 합니다만.
(수년전 발간 책 중에 '나도 수학이 어렵습니다만', '나도 의학이 어렵습니다만') 그래도 아침이 신선합니다.
매일을 하루같이 살아가는 현대인들에게 필요한 정서적 안정이 영향이 많다고 하니 스스로 잘 찾는 길이 필요한 때입니다. 어제보다는 오늘이, 오늘보다는 내일이 더 활기차고 밝아야 하는 것은 역사의 수레바퀴의 증거이기도 합니다. '나를 바꾸는 유일한 방법은 공부하는 것이다. 공부하는 사람에게는 어떤 변화든 가능하다.'는 말도 있습니다. '잠시 멈추고 생각하자(Stop, Think, Choose)'을 해보면 보이지 않나요?
그 작은 불빛이 나를 인도하는 향도 역할을 하게 될 것입니다. 간절한 사랑의 힘으로 이루어질 것입니다.

✉ 0206 아침편지

어제가 정월 대보름이었는데 오곡밥은 드셨지요? 저녁 보름달이 동쪽 족두리봉을 뚫고 올라와 비추고 서녘 하늘은 해 진 후 붉게 불들은 날, 마음속에 있는 애기하기 좋은 날이었습니다.
2월은 학창시절에는 졸업과 승급, 또 다른 사회로의 출발을 하는 날들이 많았습니다. 그 많던 추억들이 삶의 방향을 동아줄을 튼튼하게 만들어가는 것이기에더 많이 다가올 것입니다. 이제 곧 3월이 됩니다. 봄이 오고 있습니다. 윤동주의 시 <봄>입니다.

> 봄이 혈관 속에 시내처럼 흘러/돌, 돌, 시내 차가운 언덕에/
> 개나리, 진달래, 노오란 배추꽃,/삼동을 참아온 나는/
> 풀포기처럼 피어난다./즐거운 종달새야/
> 어느 이랑에서나 즐거웁게 솟쳐라/
> 푸르른 하늘은/아른아른 높기도 한데...//

(시인의 순국 전 마지막 詩입니다.)봄이 보이지요?

✉ 0207 아침편지

한 주 중에 제일 조용한 아침은 화요일 아침이라 생각됩니다. 도시 소음이 제일 작게 들리거든요. 한 주를 시작하고 하루를 지나니 조금 편안해졌다고 할까요, 그렇게 들리고 보입니다. 밤에는 보름달 사이로 별이 참 많이 보였습니다.
캐나다 서북부지역 오로라를 관측할 수 있는 북위 62도 정도 되는 곳이 방송에 나온 적이 있었습니다. 쌓인 눈 위로 오후 네 시부터 밤이 되니 참 별들이 많이 보였습니다. (낮의 시간은 겨우 여섯 시간 정도)
떨어지는 유성에 사랑의 확인을 받고 싶은 인간의 마음이 태양에 닿아 이 땅에 선물처럼 다가오는 것이라 봅니다. '사랑의 원천은 새벽에도 깨어서 유성을 기다리는 눈동자 같은 것이라고.' 한 것처럼 그 새벽이 오늘 아침도 왔습니다. 별을 기다리는 윤동주 시인 같이, 사막에서 별을 보는 어린 왕자처럼 순수하고 기다림이 있는 마음이면 좋겠습니다.

✉ 0208 아침편지

입춘이 며칠 지나니 아침 공기가 많이 달라졌습니다. 물론 시샘 추위는 있겠지만 아침이 신선함이 다가옵니다. 이제 곧 봄이라는 것을 조금씩 조금씩 다가가서 느낄 때가 된 것이지요. 북한산 자락에 잔설이 쌓이긴 했지만 서서히 봄은 우리 곁에 오고 있습니다. 23년 한 번뿐인 봄을 잘 맞이합시다.

인간은 누구나 한 번의 리허설도 없이 인생이라는 무대에 올라섭니다. 모든 것이 처음이고 정해진 대본도 없는 것이지요. 그래서 힘들더라도 전진하는 것이고 실수도 있게 마련입니다. 정해진 대본이 없다 보니 과정과 결말이 언제 어떻게 나타날지도 정작 자신은 모르는 것이 됩니다. 잘 될 거라고 믿는 마음에서 과정에서의 기쁨과 열락, 도달하는 곳에서 느끼는 보람이 함께하는 것이라 봅니다. 좋은 수요일 되세요.

✉ 0210 아침편지

2월의 중순으로 가는 때에 봄을 재촉하는 비가 조금 내립니다. 이 주에 제주의 유채는 노오란 꽃을 잘 피우고 있습니다. 곧 남도의 도다리쑥국이 상에 올라 봄맛과 향취를 더할 날이 멀지 않았습니다. 자연의 흐름이 이와 같아서 더불어 그 속에서 살아가는 우리들의 모습도 한껏 부풀어 올라 마음의 사랑이 넘치는 날들이 될 것입니다.

각자의 흐름과 생각대로 이루어지는 삶의 규칙은 없습니다. 인생을 글로 쓰는 일에 정해진 규칙은 없다고 합니다. 나와 똑같은 삶을 산 사람은 단 한 명도 없기에 그 삶이 더 빛날 것입니다. '나는 할 수 있어. 그 삶에 대한 강한 믿음에서 오는 자유'가 온전히 자리하고 있는 이상 항상 잘 될 수밖에 없는 것이지요.그 믿음을 가지고 전장에 나가는 용사같이 전진하는 날들이길 바랍니다. 그 끝은(End State) 항상 잘 될 수밖에 없습니다. 왜냐고요. 좋은 시나리오를 내가 작성하니까요. 좋은 주말이 기다리고 있습니다.

✉ 0213 아침편지

다들 잘 쉬었나요?
2월 중순의 어느 때보다 도시 소음이 많이 들리는 월요일 아침입니다. 지난 주말은 어떠했나요? 야외 나들이라도, 지인과 차 한잔, 산사를 찾기도 했지요? 살아가는 모습은 다 비슷한 것 같지만 서로 다르게 나타납니다. 방향성을 가지고 꾸준히 노력하는 이에게는 언젠가는 그 보상이 자연히 따라오게 되어있습니다. 콩나물이 자라는 것처럼 자양분이 남아 그를 키우고 있는 것이지요. 설혹 그 대가 아니더라도 그다음, 그다음 세대에 나타나기도 합니다. 그 속에서 행복과 작은 것에서도 기쁨이 항상 있는 것이기에 그러할 것입니다. 구본형, 홍승완의「마음편지」에서 모두 행복을 추구하지만 행복은 추구의 대상이 아니라 '무언가에 열심히 몰두할 때 생겨나는 부산물 같은 것', '작은 기쁨과 감탄이 일상에 흐르는 삶'을 살라고 제시합니다. 나의 삶은 어떤가요?
의미의 날들이면 더 좋겠습니다.

✉ 0215 아침편지

수요일 아침 바람이 상쾌합니다. '언제 적에 매서운 바람이 있었느냐?' 하고 되묻듯이.
우리가 나무라면 각자 어떤 나무일까요? 열매를 보고 우리는 아무 이름을 정하여 부릅니다. 감이 달리면 감나무, 사과가 달리면 사과나무, 포도면 포도나무 등등이지요. 한 곳에 뿌리내려 꿋꿋이 서 있는 나무를 보면 참 대단하단 생각이 듭니다. 존경이 자연 뿜어져 나오는 듯 감탄과 경탄입니다.
우리는 누군가와 비교 대상이 되는 것에 수용하지 못합니다. 특히 자녀들은 더 합니다. 그래서 법정 스님도 "누군가와 비교하면 상처만 남는다. 정작 비교할 대상은 '어제의 나와 오늘의 나'다"라 했습니다. 경쟁의 시대 속에 비교 우위의 대상이 되기는 참 어렵습니다. 그 결과만을 가지고 비교하니 더더욱 수용하기 어려운 것이기도 합니다. 자신만의 고유한 무늬, 빛깔, 색이 다 있습니다. 그것을 사랑하고 드러내어 누구도 범접할 수 없는 멋진 나무가 될 것임을 믿습니다.

📧 0216 아침편지

2월의 중순, 봄이 기다려지는 목요일 아침입니다. 서울의 아침은 거의 도시 차량 소음과 흐린 하늘이 시작합니다. 이러한 현실도 마주하다보면 정감이 있고 나름의 멋진 날들도 기대됩니다.

어제 저녁때 지인의 딸이 임용고시에 합격, ○○지역 중학교에 발령을 받았다는 소식을 전했습니다. 다음 주 출근과 함께 담임을 맡게 된다고 하여 많은 축하와 격려를 보냈습니다. 각자의 살아가는 모습은 다르지만 행복 추구의 모습은 비슷하다고 봅니다. 웃고, 미소 짓고, 우울하고, 슬프기도 한 날들이 있는 현실입니다. 살아 있다는 것 체감하는 시간입니다. 어쩌면 그게 '어쩌다 어른'처럼 삶이 주는 행복일 수도 있습니다. 진화생물학자인 리처드 도킨스는 그의 책「현실, 그 가슴 뛰는 마법」에서 "소름이 돋게 하고, 내가 정말로 살아 있다는 걸 느끼게 만드는 현실 세계가 바로 마법이라는 걸 나는 여러분들에게 보여주고 싶다."라고 쓰고 있습니다. 그 현실의 한가운데 모두가 있어 온몸으로, 마음으로 매일을 만나고 있지요. 더 나은 그림들이 잘 실천되었으면 좋겠습니다.

📧 0217 아침편지

주말을 앞둔 금요일 조용한 아침입니다. 일찍부터 사무실 미화하시는 분들은 04:00시 첫차를 타고 도착하여 08:00 이전에 정리 마칩니다. 여러 수고로움이 사무실 아침을 잘 맞이하게 합니다.

여러 가지 생활 속의 고민과 걱정을 안고 살아가는 현대인들에게 마음의 여유가 그리 많지 않아서 안타깝기도 합니다. 그래도 그 짧은 시간 속에서 자신만의 방법으로 여유와 향기가 퍼지기를 기대해 봅니다. 얼마 전 칠곡 할매들의 詩 이야기를 전한 이후 또 다른 소식을 접했습니다. "마치 꽃잎 지듯이 곱게 눈을 감으셨다."고 한 할매의 이야기입니다. 칠레 시인 네루다는 "詩나 詩人이 따로 있는 게 아니다. 세상 만물이 어느 날 달리 보이면 그것이 詩이다."라고 합니다. 또, "詩는 위로이다. 가진 것 별로 없어도, 착하고 따뜻하게, 열심히 슬기롭게 살아가며 서로를 위로하는 사람들이, 다름 아닌 詩人이다". 저도 가끔씩 때에 맞는 시를 더 생각해 보겠습니다.
2월이 다 가기 전에 자락 끝의 겨울바람과 들녘을 보는 주말이면 좋겠습니다.

✉ 0220 아침편지

2월 하순의 월요일 아침입니다. 아침 공기가 싸늘합니다. 저는 주말에 코감기가 세게 와서 재채기와 흐름으로 꼼짝없이 집에만 있었습니다. 자기관리가 부족한 것이었지요. 조금 기온이 올랐다고 보온 조치를 안한 것이 원인이었지요. 환절기에는 더 컨디션 관리에 신경 써야 하겠습니다.
그러더니 여러 사람들이 떠올라 한 사람, 한 사람 그와의 추억을 그리기도 했습니다. 다들 그렇게 어쩜 잘 살아가고 있는지 경탄이었습니다. 옆에 그 지인들이 있어 저도 덩달아 은근한 미소가 좋았습니다.
나태주 시인의 시 <혼자인 날>을 볼까요?

문득 그 애가 보고 싶다/만나고 돌아갈 때면/언제나 울었다는 그 아이//
눈물 그렁그렁 눈매에/어슬어슬 산그늘을/담아 갔으리라//
노리끼리 오후의 햇살/맨몸 강물 위에 몸부림치는/햇살을 담아 갔으리라//
지금은 어디서 누구랑/만났다 헤어지고 있을까/눈물 글썽이고 있을까//
그냥//
사람이 그립다/많은 사람 속에 있어도/사람이 그립다/그냥 너 한 사람.//

혼자인 날은 정말 사람이 그립습니다. 좋은 한 주 되세요.

✉ 0221 아침편지

여전히 화요일 아침은 조용합니다. 특별히 화요일이라서 그런가 봅니다.
이즈음에 많은 청춘들이 진학을 하거나 새로운 일터를 찾아 출발합니다. 기쁘고 즐겁고 때론 우울하고 슬픈 일 등등 있는 그대로 와 닿았을 그 여린 청춘들이지요. '그때는 다 그래'라고 하기 엔 그 담는 그릇이 넘치는 것은 당연한 것이지요. 그러면서도 아버지, 어머니에 대해 생각해 보는 시간도 있을 것입니다. 제 아버지는 농사꾼이라 다정다감한 것, 저녁때 무엇을 사 온다든지 이런 것은 없었지요. 그래서 저는 퇴근을 하는 일을 한다면 아이들을 생각할 거라 했지요. 퇴근할 때면 뭔가 들고 가면 기다렸다는 듯이 신나 하는 모습에 드러나지는 않지만 흐뭇했지요. 그것이 지금까지 있는 힘이 된 것이지요. 이제는 그 아버지 오래전에 세상을 떠 손주들의 자랑스러운 모습, 삶의 희열을 느끼는 모습도 보시진 못하지요. (막내 손주가 대학 2학년)
삶의 한 장면 한 장면에 열심히 살았다는 증거를 나타내고 싶은데 말이지요.
대학에서 장교가 된다고 했을 때 '나라에 아들을 바쳤다.'고 생각하셨지요.
참 그립기도 합니다.
이른 시일 내 선산의 이른 진달래를 뵈어야 하겠습니다. 이제 곧 봄이잖아요.

✉ 0222 아침편지

아침 공기가 조금 쌀쌀합니다. 가까이 다가서는 봄을 시샘하는 듯 합니다.
어제는 모 대학의 ROTC 장교 임관행사에 다녀왔습니다. 풋풋한 청춘들의 앞날을 축하, 그리고 그간 애쓴 흔적이 역력했습니다. 함께 한 부모, 친지, 학우들의 축하와 격려 속에 다음의 발걸음을 딛는 이 땅의 청춘들에게 저도 응원의 지극한 눈길과 용기를 가득 담았습니다. 37년 전에 저의 모습을 보는 듯해서 옛 추억이 아득히 떠올라 마치 그 시절로 잠시 돌아갔습니다. 그들의 청춘이 그리 녹록하지 않을 것임을 알기에, 그래도 더 전진할 용기와 지혜를 그 기간 동안에 얻기를 기원하는 시간이었습니다.
곧 봄입니다.

碩田 김종해의 시 <그대 앞에 봄이 있다>를 보면 상처 속에서도 꽃은 피어납니다.

우리가 살아가는 일 속에/파도치는 날 바람 부는 날이/
어디 한두 번이랴/그런 날은 조용히 닻을 내리고/
오늘 일을 잠시라도/낮은 곳에 묻어 두어야 한다/
우리 사랑하는 일 또한 그 같아서/파도치는 날 바람 부는 날은/
높은 파도를 타지 않고/
낮게 낮게 밀물져야 한다/
사랑하는 이여/상처받지 않은 사랑이 어디 있으랴/
추운 겨울 다 지내고/꽃 필 차례가 바로 그대 앞에 있다//

그렇게 우리는 아물며 다독이며 익어가는 것이기도 합니다.

✉ 0223 아침편지

2월 하순, 이제 겨울의 긴 터널을 빠져나와야 할 때입니다. 봄 비 이후에 싹들이 언 땅속에서 자양분을 잔뜩 머금고 삐져나오는 모습이 하나둘 보이면 지순한 사랑의 싹이 열매로의 항해를 시작합니다.

때에 맞게 무엇을 한다는 것은 참 소중합니다. 농부가 이제 밭갈이를 하지 않는다면 그 씨앗도 없는 것이지요. 우리도 마찬가지. 다 때에 맞게 무엇인가가 행해져야 하지요.

누군가에게 사랑을 고백한 적이 다 있을 것입니다. 70년대 송창식의 '맨 처음 고백'처럼. '맨 처음 고백은 몹시도 힘이 들어라/땀만 흘리며 우물쭈물 바보 같으니/화를 내면 어쩌나 가버리면 어쩌나/눈치만 살피다가 한 달 두 달 석 달'. 참 힘들기도 설레기도 하지요. 이제 곧 3월입니다.

한발 더 나아가는 시간이 되어 소중한 향기로운 봄날이 이어지길 기원합니다.

✉ 0224 아침편지

2월 마지막 금요일 아침! 어떻습니까? 한 달을 잘 마무리했지요? 시간이 이렇게 흘러 벌써 두 달이 지나고 춘삼월이 앞에 와 있습니다. 쏜 살과 같이 날아가는 시간을 묶어 놓을까요? 태양을 줄로 묶어 파이낸스 타워 PH 난간에 묶어 놓으면 좀 천천히 갈까요?

그래도 그렇게 기다리는 그 오늘을 맞아 숨 쉬고 있음에 감사한 겁니다. 'Yesterday is history, Tomorrow is a Mystery, Today is a Present.'라 하지요. 매일을 한결같이 차분하게 온축해야 하는 이유이기도 합니다. 3월이 다음 주입니다. 김영교(1935~) 시인의 시 <3월이 오면> 보면

> 기쁜 소식은 한 배낭 지고/까치새가 앉아 울고//
> 햇살도 안아 보고/달빛도 안아 보고//
> 기왕에 벗을 것이면/맨발 벗고 오려무나//

벌써 옆에 와 있는 듯 합니다. 그 봄이 전하는 선물입니다. 선물에는 보상이 아닌 관심과 애정이 흐릅니다. 행복한 사람의 두 가지 믿음은 '기쁨은 자기 안에 자리하고 있다는 것과 작고 단순한 것에 행복이 있다는 믿음'이라 합니다. 그저 행복하지요? 좋은 주말 휴식일 되세요.

✉ 0227 아침편지

2월이 이틀 남은 마지막 주입니다. 참 빠르기도 합니다. 시간은 이렇듯 우리와 함께 지나고 있지만, 체감 정도는 다 다를 것입니다. 이제는 씨앗을 뿌릴 준비를 막바지로 하여 큰 의미 있는 결실을 향해 전진하는 것만이 앞에 있습니다. 그 노력이 과정이 우리 삶 속에 온축될 것입니다.

이제 진달래, 개나리, 복수초 등이 저 멀리 할머니 산소에는 할미꽃이 고개를 내미는 때입니다.

이해인 시인의 <봄의 연가> 입니다.

우리 서로/사랑하면/언제라도 봄//겨울에도 봄/
여름에도 봄/가을에도 봄// 어디에나/봄이 있네//
몸과 마음이/많이 아플수록/봄이 그리워서/봄이 좋아서//
나는 너를/봄이라고 불렀고/
너는 내게 와서/봄이 되었다//우리 서로/사랑하면//
살아서도/죽어서도/언제라도 봄//

언제라도 봄이 됨을 느끼지요?

✉ 0228 아침편지

올해를 시작한 지 벌써 두 달이 지나고 있습니다. 이제 봄이 오려나 봅니다. 아침은 서늘하지만 낮에는 햇살이 곱습니다. 3월! 그러면 어디선가 풀피리 소리가 아득하게 들려오는 곳을 그리게 됩니다.
그 마음이 전해져 푸근해지기도 일렁거리는 아지랑이에 정신이 가끔은 혼미해짐도 느낍니다.
우리는 항상 나 자신보다는 주변에 보여지는 것에 관심을 더 두는 경우가 있습니다. 저도 살아오면서 보여지는 것에서 벗어날 수는 없었지요. '내가 이런 사람인데 이렇게 보이면 안 되지.' 하면서 진정으로 나에게 집중하지 못한 적이 있습니다. 단시간에 무언가를 이루려는 마음이 더 큰 것이었겠지요. 조금 천천히, 너무 조급하지 않게 자신을 향해 걸어가도 되는 데 말입니다. 어찌하든 그 길은 나만이 갈 수 있는 길이고 나만이 도달할 수 있는 길인데도 그렇습니다.
여유를 가지고 삶을 대하는 태도가 함께 한다면 더 풍성해질 것입니다.

✉ 0302 아침편지

3월 첫 근무일 아침입니다. 주중 휴일이 편안함을 더 했지요. 104년 전 그날과 그 이후를 생각하는 날이기도 했습니다. 어느새 꽃 피고 새 우는 3월이 되었습니다.

두 달간 삶의 보람과 행복, 성과는 좋았지요? 각급 학교마다 새 출발을 다지는 행사와 마음을 다지는 모습이 눈에 선합니다. 희망과 이루겠다는 결심이 지난한 과정을 통해 이루어질 것입니다.

결핍은 좌절이 아니라 희망이란 말이 있습니다. 그 결핍에는 많은 고민이 있습니다. 심리학자 알프레드 아들러는 "인간의 고민은 전부 대인관계에서 온다." 하면서 결핍을 해소하는 데 중요한 것은 '경청'이라 하는데 잘 듣는 것이 그만큼 중요하다고. 결핍은 누구나 가지고 있지만 서로 메꿔 가면서 살아가는 것이고 인생 공부를 이어가는 것이라 하겠습니다. 자신뿐만 아니라 애쓰는 옆에 있는 많은 사랑하는 사람들을 위해 기도해야 하겠습니다.

그 결핍의 한 켠을 메워주는 선한 힘이 된다면 큰 용기와 의의를 느끼지 않을까요? 좋은 목요일 되세요. 내일은 금요일!

📩 0303 아침편지

3월 첫 주말을 앞둔 금요일 아침, 신선합니다. 또각또각 구두소리는 그리 많이 들리지는않지만 각자의 일자리로 향하는 발걸음은 경쾌합니다. 그렇게 사무실로 오셨지요?

봄을 보면서 한눈을 돌려 보니 교보문고 외벽 글 판에 김선태(1960~, 목포대 교수) 시인의 <단짝>이 붙었습니다.

> 다사로운 봄날/할아버지와 어린 손자가 꼬옥 팔짱을 끼고/
> 아장아장 걸어간다//
> 순진무구의 시작과 끝인 저들은/세상에 둘도 없는 단짝이다.

교보문고는 서가 길이 24.7㎞, 연 방문객 5,000만 명의 대형 서점이지요. 저도 학창 시절 줄곧 서서, 앉아서, 기다리며 오랜 시간 있었던 추억의 장소이기도 합니다만. 서점의 역할은 그저 책을 파는 곳만이 아닌지가 오래되었습니다. 그저 보기만 해도 내 지식과 지혜가 풍성해지는 느낌이지요. 노년에 작은 책방을 열겠다는 사람들도 있는 것을 보면 혼자만의 공간은 아닌 듯합니다. 책방을 열든 아니 열든 '책은 나와 그 사람들과의 무수한 대화'입니다. 이 주말 따스한 봄볕을 받아 마음도 따뜻해지는 날들이면 좋겠습니다.

✉ 0306 아침편지

3월의 첫 월요일 아침입니다. 어제는 기온이 16도까지 올라가 봄이 가까이 와 있음을 느끼게 하였습니다. 한없는 그리움으로 우리 곁에 성큼 와 있습니다. 그 마음처럼 사랑을 담아 향기 나는 봄, 삶이면 좋겠습니다.
박규리 시인의 <치자꽃 설화> 입니다.

> (상략)나는 멀어지는 여자의 젖은 어깨를 보며/사랑하는 일이야말로/
> 가장 어려운 일인 줄 알 것 같았습니다//
> 한 번도 그 누구를 사랑한 적 없어서/한 번도 사랑받지 못한 사람이야말로/
> 가장 가난한 줄도 알 것 같았습니다// (하략)

타자에 대한 연민, 그것이 세상을 아름답게 만들기도 합니다. 관심, 관찰에서 다른 사람의 사랑에 괴로워하는 모습이 역력합니다. 치자꽃의 꽃말은 '한없는 그리움', '한없는 즐거움'이라 하니 그리움이 쌓인 것이지요. 좋은 봄이니 아름다운 추억과 사연들을 많이 만들어지는 한 주 되세요.

✉ 0307 아침편지

남도로부터 봄소식이 매일 매일 빨라지고 있습니다. 얼마 후 봄비가 내린 후에는 그 전진 속도가 매일 빠르게 북상하는 소리가 들리게 될 것입니다.
남도 바닷가 광양 매화로부터 구례 산동면의 산수유는 아주 좋습니다. 산수유는 약 1,000여 년 전 산동성 처녀가 지리산으로 시집오면서 산수유나무를 가져와 심었다는 전설에서 비롯되었다 합니다. 그중 계척마을의 수령 1,000년 된 산수유 始木은 높이 7.8m, 둘레 4.8m로 할머니 나무라 부릅니다. 꽃말은 '영원불변의 사랑'이라 하니 또 다른 사랑이 이루어지겠지요. 마침 이번 주말부터 열흘간 '영원한 사랑을 찾아서'라는 주제로 축제가 열린다고 하니 한 번 다녀오는 것은 어떤가요? 저도 3년 전 이보다 이른 시기에 다녀온 적이 있습니다. 달그림자에 걸린 어린 산수유꽃은 정이 넘치는 절경이었지요. 그리고 조금 일찍 나서는 것도 운치가 그만입니다. 그러면서 마음의 평안과 '쉼'의 나 자신이 되는 시간이 되면 좋겠습니다. 나는 모든 것의 중심이고 출발이니까요. 좋은 화요일 되세요.

✉ 0308 아침편지

수요일 아침은 대체로 조용합니다. 봄기운이 완연한 날들이 이어질 것으로 보입니다. 이날을 기려 연모하는 사랑하는 이에게 고백이라도 하면 좋을 듯합니다. 사랑에는 막을 길이 없다는 것은 고래로 인간사에 있어 왔지요. 자기관리와 노력으로 뜻한 바를 이루고 더 나은 성취를 남긴 선인들을 보면 '참 대단하다'는 감탄이 절로 나옵니다. 그러한 사람들이 인간사회를 발전시킨 동력이 되기도 했습니다. 고수(高手)를 아시지요? 어떠한 집단이나 분야에서 기술이나 능력이 뛰어난 사람(master, master hand)을 말하지요.
 cf. 固守(차지한 물건이나 형세를 굳게 지킴), 鼓手(북 치는 사람)
우리 주변에 숨은 고수들도 많이 있습니다. 고수가 둔 한 수를 읽어내는 상대가, 깊은 소양과 다양한 각도의 시선과 사유로 그 탁월한 한 수를 이해할 수 있다면 그 또한 숨은 고수이지 않은가요? 우리는 모두 '숨고'입니다. 내공이 켜켜이 쌓인 江湖 武林의 고수입니다. 수요일 야근 없는 날입니다.

✉ 0309 아침편지

어젯밤에는 세찬 봄비가 내렸습니다. 땅속에서 기다리던 많은 뿌리들에게깨어나라는 두드림을 준 듯했습니다. 아마도 啐啄同時의 상태가 아니었나 생각됩니다. 이제 온 산이, 들이, 거리가 봄꽃들로 가득차 우리들의 마음을 푸근하게 해 줄 거리들이 많아질 것입니다. 곧 청계천의 노오란 회화꽃, 이팝나무의 꽃들도 보게 되지요. 온 겨울을 뚫고 나온 새싹들이 곱습니다.
스웨덴의 시인인 카린 보위에(Karin Boye, 1900~1941)의 시 <그래, 아프기 마련이다>를 볼까요?

> 그래, 꽃망울이 터질 땐 아픔이 따르기 마련이다/
> 그렇지 않으면 왜 봄날이 더디 오겠는가?
> 이윽고, 최악의 상황이 오고 아무것도 도움이 되지 못할 때/
> 나무는 환희에 찬 듯 꽃망울을 터뜨리고// (하략)

*<그래요, 당연히 아파요(Yes, of course. it hurts.)>도 있습니다.
근원이 있어서 오늘에 이른 것이라 봅니다. 좋은 봄날 되세요.

✉ 0310 아침편지

3월 두 번째 주말을 앞둔 금요일 아침입니다. 다른 날보다 조금 일찍 출청했더니 도심은 아주 조용합니다. 그래도 곳곳에서 도시의 아침을 깨우는 모습들은 예년이나 다름없습니다.
우리는 살아가면서 다른 이들과 다른 나라들과 비교를 참 많이 합니다. 상대적 또는 절대적 평가 속에서 지내오거나 앞으로도 그러할 것입니다. 조직과 사회라는 현대적 구성요소에서 있을 수밖에 없는 요소이기도 합니다. 그런 가운데 나 자신에 대한 안타까움, 질책, 책망 등등 많이 있어서 삶의 무게가 무한정으로 느껴지기도 합니다. 그러한 마음을 잘 보듬어 주어야 하는데, 정작 나 자신에게는 잘 해주지 못하는 것이 많이 있습니다. 그러니 그 마음이 갈갈이 찢어져 있는 데도 알아보지 못하는 것이지요. 그리고 그 마음을 돌보는 데는 인색한 사람이 되어 버리는 것입니다. 남들에게는 '잘하고 있어', '힘내'라면서 나 자신한테는 그 말을 못 해 주는 걸까요? 이 주말 꽃 피고 아지랑이 날리는 강둑에서 나에게도 큰소리로 들려주는 시간이면 더 좋겠습니다.

✉ 0313 아침편지

지난 주말은 화창한 날들이 이어졌습니다. 그런데 눈에 포도막염이 와서 불편한 모양을 2주일째 이어지고 있습니다.
주변의 화원, 종묘장에는 많은 봄꽃들이 향기를 발하고 있었습니다. 그 모습에 취하기도 하고 누군가의 집안에 화원에서 온 화사함이 채워질 것이라 생각하니 흐뭇했습니다.
꽃을 보고 좋아할 때 누가 제일 좋을까요? 꽃을 보고 좋아하는 자신이지요. 꽃이 피자마자 꺾여버렸다고 해도 너무 좌절하지 말아야 합니다. 꽃을 피우기 위해 부단히 노력했던 사실만큼은 남아 있습니다. 주말 내내 제게서 떠나가지 않는 것이 있었는데, 너무 일찍 나의 네비게이션을 켰던 것에 대해서입니다. 조금 기다려도 되는데 조급한 마음이 앞섰던 것이지요. 진중하게 생각하며 매사를 대해야 하겠다는 것을 느낍니다. 일도, 가족 간에도, 지인과의 관계도 말이지요. 좋은 한 주 되세요. 봄이 와 있습니다.

✉ 0314 아침편지

봄이 곁에 와 있음을 느끼게 하는 아침입니다. 선선한 바람과 함께 멀리서 꽃향기가 실려 오는 듯합니다. 어둠이 채 가시지 않은 새벽이지만 많은 사람들의 정성이 보입니다. 바삐 움직이는 차량, 사람들이 이 도시의 활력이기도 합니다.
어렵고 힘든 시기를 지난 온 사람들은 다 긍정적으로 된다고 합니다. 그들은 많은 시간 속에서 안으로 침잠하면서 나름의 해소 방법을 찾은 것이지요. 그리고 '숨'을 쉬어야 한다고 말합니다. '숨을 쉰다는 것은 자기만의 여유, 자기만의 여백을 찾는다.'를 의미합니다. 자신을 '참 괜찮은 사람으로 바라보는 마음', '그래, 여기까지 잘 왔어. 고생했어. 대견하고 기특해.'하는 무한 긍정의 마음이 그를 있게 한 것이니까요. 어렵지 않은, 곤란을 겪지 않은 사람이 얼마나 될까요? 그것들이 그를 단단하게 하는 데 당시는 왜 그리 싫었는지 모릅니다. 이제는 여유로움이 그 자리를 대신할 것이니 조금 더 큰 마음으로 자신을 바라보면 좋겠습니다.

✉ 0315 아침편지

조용한 수요일 아침입니다. 한 달 전보다 일출시간이 약 40분 정도 당겨졌습니다. 동트는 새벽은 한 폭의 문인화처럼 선하게 아름답습니다.
삶의 진실성은 어떻게 나타날까요? 통상은 진정성 있게 노력하면 진실성에 가깝다고 생각합니다. '참 나'를 찾는 길이기도 합니다. 그런 사람을 지성인이라 합니다. 선인들이 느끼는 것들이 현대 사회에 적용한다면 어려운 점도 많을 것입니다. 그런데 우리는 '法古創新', '溫故知新' 등 옛것에서 새로운 것을 찾고자 노력하지요. 그래서 우리는 삶의 지성인으로 살아가고 있습니다. 최근 모 대학 총장께서 입학식 식사에서 '참된 지성인'을 언급했습니다. "참된 지성인이란 인간과 사회, 자연의 질서와 원리에 대한 폭넓은 이해를 바탕으로 삶의 목적과 의미를 찾는 사람, 모든 사물과 현상을 총체적으로 인식하고 여러 각도에서 둘러볼 수 있는 능력을 가진 사람"이라 했습니다. 다양한 시각이 더 많이 존재하는 현대를 살아가는 우리들은 고려해야 할 것이 예전보다 훨씬 많아졌다는 것으로 볼 수 있습니다. 단순하게 산다는 것이 쉬운 일이 아닌 것은 분명해 보입니다.
여하튼 수요일입니다.

✉ 0316 아침편지

3월의 중순 기온도 봄의 어느 날처럼 온랭이 같이 있는 목요일 아침입니다. 이 아침 무슨 생각을 그리며 사무실에 도착했나요? 저는 제 자신에 대한 돌아봄과 미진한 것은 무엇인지 생각하면서 왔습니다.
아름답던 시절이라고 나이 들어 회상해 볼 때 을지로의 시간이 참 좋았다고 할 것입니다.
얼마 전 조금 오래된 최민식 주연의 '04년 영화 <꽃피는 봄이 오면> 보게 되었습니다. 참 순수한 삼척의 도계중학교 관악부 얘기를 구성한 것이지요. 그중 명대사라 하는 것이 "엄마, 나 처음부터 다시 시작하고 싶어. 그냥 뭐든지!"라는 말에 "넌 지금이 처음이야. 뭘 처음부터 다시 시작을 해."라 답하지요. 실제 두 명의 배우를 제외하고 나머지 부원들은 도계중학교 학생들로 구성되었습니다. 그들은 참 아름다운 추억을 학창시절에 갖게 되었지요. 우리도 돌아보면 그 시절이 그리운 많은 추억거리들을 만들어 나가기를 기원해 봅니다.
다음 주면 봄이 우리 곁에 성큼 와 있을 것입니다. 푹 적셔진봄 되세요.

✉ 0317 아침편지

꽃구경하기 좋은 주말, 금요일 아침입니다.
지금쯤이면 만물의 생동이 곳곳에서 느껴지는 때입니다. 뉴스에서 보는 청춘들의 모습을 잘 보고 느낄 수 있는 곳이 대학의 캠퍼스인데요, 생기 발랄, 그 자체이더군요. 물론 연구실에서 인류의 과제를 해결하고자 주야, 주말 없이 연구에 매진하는 청춘들의 날들은 어두울 수도 있을 것입니다. 그러한 노력들이 더 나은 삶을 지원하는 결실로 맺어져 왔음을 역사적 사실을 통해 알 수 있지요.
'人文'을 '사람의 무늬'라 합니다. 휴머니즘에 근거한 연구는 그 빛을 더 빛나게 합니다. 주변에 그 연구에 청춘의 시간을 바치는 지인들에게 안부를 전하면 어떨까요? 그리고 봄꽃이 많이 피어나는 때인데 함께 나가는 보는 것도 좋을 것입니다. 함민복의 <봄꽃>을 볼까요?

꽃에게로 다가가면/부드러움에 찔려//

삐거나 부은 마음/금세//

환해지고/선해지니//

봄엔/아무/꽃침이라도 맞고 볼 일//

환해졌습니까? 좋은 주말 되세요.

✉ 0320 아침편지

3월 중순의 월요일 아침입니다. 지난 주말 동안 기온이 많이 올라 곳곳에서 향기가 조용히 퍼지고 있습니다. 제가 사는 곳도 복사꽃이 제일 먼저 하얗게 향기를 발하여 사랑의 묘약이 퍼지고 있으니 그저 기분이 좋습니다.

이제 곧 서울에도 목련, 버들, 벚꽃의 한 창일 때가 다가옵니다. 그중에서도 목련은 공룡이 살던 백악기부터 존재했다고 하니 참 긴 생명력을 가지고 있습니다. 벌과 나비가 나타나기도 전이라서 꽃을 피우는 데 필요한 꿀이 없이도 살아남은 것입니다. 세계에서 가장 많은 종을 가지고 있는 곳은 태안의 천리포수목원으로 870여 종이라 합니다. 그 방향으로의 봄 마음여행은 어떤가요?

* 천리포수목원 : 충남 태안 바닷가에 위치, '푸른 눈의 한국인' 민병갈(1921~2002, 미국명 Carl Ferris Miller)이 1970년부터 40년 동안 일군 1세대 수목원, 17만여 평에 13,200여 품종으로 국내에서 가장 많은 식물자원이 식재되어 있음.

그의 유언, "나는 3백 년 뒤를 보고 수목원사업을 시작했다. 나의 미완성 사업이 내가 죽은 뒤에도 계속 이어져 내가 제2의 조국으로 삼은 우리나라에 값진 선물로 남기를 바란다." 한국을 더 많이 사랑한 귀화 한국인의 마음을 전하고 있습니다.

사랑이 넘치는 좋은 한 주 되세요.

✉ 0321 아침편지

오늘 춘분 아침입니다. 태양이 적도를 똑바로 비추어 양이 정동에 음이 정서에 있어 춘분(spring equinox). 낮과 밤의 길이가 같은 날이지요. (라틴어로 '같다'의 aequus와 '밤'이라는 nox의 합성어)

봄이 오면 우리나라 어디든 다 절경이지요. 돋아난 풀과 꽃들이 반겨 줄 그날이 된 것입니다. 움츠렸던 기운생동의 모습이 많아져서 삶의 활력이 되기에 충분하리라 봅니다. 사랑이 흘러넘치는 날과 일들이 더 정취를 더할 것입니다. 이 봄에는 어디를 가도 아주 좋습니다. 동해안 關東八景이 예전부터 유명합니다. 通川 叢石亭, 高城 三日浦, 杆城 淸澗亭, 襄陽 洛山寺, 江陵 鏡浦臺, 三陟 竹西樓, 蔚珍 望洋亭, 平海 越松亭입니다. 아마도 한 번쯤, 한 곳 이상은 다녀왔을 것입니다. 이 봄 동해바다로의 여행과 팔경 중 一景이라도 함께 한다면 화사한 봄이 될 것입니다.
봄의 기쁨이 이 편지를 받는 모든 이의 마음에 가득하기를 기원합니다.

✉ 0323 아침편지

한 주를 시작한 지 얼마 안 되었는데 벌써 목요일 아침입니다. 하루라는 시간은 동일 기간일 진데 일주일은 이리도 후딱 지나갑니다.
매일이 힘들게 보내는 이들도 많이 있지만 오늘 아침은 더 빠르게 다가옵니다. 그러다 보니 하루를 어떻게 마무리하고 저녁을 맞았는지, 지나고 보면 그때는 어떻게 그렇게 바삐 살았는지 참 신기하기도 합니다.
아침부터 퇴청 시까지 일몰을 보는 경우는 참 드물지요. 어렵게 주말에 서해 지역으로 가거나 주위의 동산, 고층의 건물에서나 볼 수 있는 경관이 된 지 오래되었습니다. 일몰에서 느끼는 감정은 또 다른 나를 발현하기 좋은 소재이기도 합니다.
함민복 시인의 <일몰>을 보면 참 그리움이 그림자처럼 다가옵니다.

(상략)
이미 지나간 과거와 아직 오지 않은 미래 사이에서/
조바심치고 괴로워하는 누군가를 위해 기도하듯/
어디선가 밥 짓는 저녁연기가 어머니의 손길처럼 피어오른다//

연기 오르는 것이 보이나요?
이 주말에는 영종도 을왕리라도 한번 다녀오는 것은 어떨까요?

✉ 0324 아침편지

3월 마지막 주말을 앞둔 금요일 아침입니다. 바쁘게 돌아가는 현대인에게 아침 시간은 참 귀합니다.

이른 출근, 어학원에서부터 시작하는 이, 타인들이 출근하기 전 정리하시는 분 등 어찌 중하지 않은 시간과 존재가 있을까요?

그 가운데 군인으로서 자기 책무를 다하고 호국의 별이 된 영웅들이 있지요. 오늘 조국의 심장 같은 서해바다를 지켜낸 이들을 기리는 '서해수호의 날'이기도 합니다. 제2연평해전('02. 6. 29.), 천안함 피격('10. 3. 26.), 연평도 포격전('10. 11. 23.)에서 산화한 해군 용사 55명의 공헌을 기리는 날입니다. ('16년부터 매년 3월 넷째 주 금요일) 당시 현역 군인으로서 안타까움과 영웅들의 선한 모습에 한 없이 작아지는 나의 모습에 '더 강건해야 한다. 할 일을 제대로 해야 한다.' 하면서 더 단단해지기도 했습니다. 잊혀진 영웅들이 부활하여 더 자유롭고, 후손들의 영속적인 평화가 보장되는, 무엇이든지 이루어 낼 수 있는 밝은 미래가 보장될 것임을 확신합니다. 그들의 산화가 빛이 되기에 충분합니다.

한 주가 좋은 성과와 의미가 충분하고 편안한 휴식이 되면 좋겠습니다.

✉ 0327 아침편지

지난 주말은 포근하면서 목련, 개나리 들이 한꺼번에 활짝 피어났습니다. 산새의 소리도 청량함 그 자체였습니다. 사람들의 사랑이 자연과 같아져서 어울림의 한 마당이 된 듯합니다. 겨우내 지켜낸 인고의 시간이 이렇게 아름다운 모습으로 우리 앞에 있어서 참 행복합니다. 그 한결같음이 지금을 있게 한 바탕이 된 것입니다.

한 일을 오래도록 한결같은 마음으로 지속하기는 쉽지 않지요. 얼마 전 타계한 피아니스트 김남윤(1949~2023) 한예종 교수의 한결같음은 존경 그 자체입니다. 평소 "내가 하루 연습을 거르면 자신이 그 사실을 안다. 이틀이면 비평가가 안다. 사흘이 되면 청중이 알게 된다."라는 글귀를 연구실에 걸어 두고 임종 직전까지도 제자들을 지도했습니다. 제자들에게 꼭 찌르는 지도 후에는 연구실에서 펑펑 눈물을 흘린 사연은 더 아련하게 합니다.[한국 클래식 음악 발전의 동력 : 한예종 음악원 설립('93년), 금호영재콘서트('98년)]
불모지 같은 클래식 음악을 지금의 모습으로 이끈 위대함과 한결같음이 穿鑿된 삶이라 표현할 말이 적당하지 못합니다. 천착(穿鑿, 뚫을 천, 뚫을 착)하는 모습에서 삶의 진지함과 사랑의 힘을 느끼게 됩니다.
좋은 3월 마지막 주 출발하세요.

✉ 0328 아침편지

해 뜨는 시각이 많이 당겨졌습니다. 하루에 1~2분 정도 되니한 달이면 40분 정도이지요.
엊그제는 독립군 참모중장인 안중근 의사께서 순국하신지 103주년이었지요. 당시 30세였으니 참 대단하셨던 의지의 위대한 인물입니다. 本이 되기에 더욱 그러합니다. 이제는 후세의 우리들이 그분에게 답해야 할 때입니다. '어떻게 이 사회를 더 평화롭고 아름답게 만들어 갈 것인가?, 나는 무엇을 위해 어떻게 내 삶을 영위할 것인가? 그 가치는 어떻게 지켜나갈 것인가?' 등등 이지요. 비록 성씨, 태어난 곳, 만난 부모는 다르지만 우리들은 많은 것들로 연결되어 있습니다. 유전자, 문화, 영속적인 삶의 궤적 등이 말입니다. 그중에 제일은 서로를 생각하는 '사랑', '仁'이라 생각됩니다.
현 시대의 철학자 서강대 최진석 교수는 "창의성은 은유(metaphor)의 한 형태이다. '이질적인 것들 사이에서 공통점을 발견하여 서로 연결하는 것'라 하면서, 창의는 연결이다"라 했습니다. 현대를 살아가는 사람은 연결을 제외하고는 삶의 영위 자체가 어려운 것도 사실입니다. 그런데 저는 '창의는 무엇인가?'를 고민할 때 그 시작은 "자세히 관찰하는 데서부터 시작한다.'라고 보았습니다. 거기에서 필요성과 논리, 그것이 아니더라도 무엇이라도 현실화할 수 있다고 보는 것입니다.
아무튼 오늘은 화요일, 불같은 창의가 發하기를 기원해 봅니다.

✉ 0329 아침편지

바로 옆에 봄이 와 있어서 개나리의 색이 푹 적셔지듯이 빛나는 날 아침입니다. 3월 하순이 되니 해 뜨기 전 하늘이 맑습니다. 목련꽃 그늘 아래서 전해지는 편지를 읽은 마음은 평안 그 자체일 것입니다.

캐나다인이며 해부병리학의 권위자이자 내과 의사인 윌리엄 오슬로 경은 "믿음이 없다면 사람은 아무것도 해낼 수가 없다. 그것이 있다면 모든 것은 가능하다"라 했지요. 이는 곧 알버트 슈바이처가 말 한 "내 안에 빛이 있으면 스스로 빛나는 법이다."와 상통한다고 볼 수 있습니다. 내 안의 '믿음'이니까요. 믿음이 없다면 온갖 걱정으로 시작부터 끝날 때까지 불안함이 가득할 것입니다. 자신과 주변, 나를 지지해 주는 사람들에 대한 믿음으로 하여 이 하루도 튼튼히 버텨낼 수 있는 동력이 되기에 충분합니다. 사랑하는 온 마음을 모아 믿음에 전하여 지켜주는 믿음의 큰 나무로 위치할 것입니다. 곧 4월입니다.

마음의 여유와 사랑, 봄의 그리움이 가득한 날이면 좋겠습니다.

✉ 0330 아침편지

못 보던 사이에 제가 살고 있는 곳에 벚꽃이 활짝 피었습니다. 가로등 불빛에 비치는 꽃 그림자는 고즈넉하기도 합니다. 남산 자락의 왕벚꽃들도 자태를 서서히 드러내어 온 산이 하얗게 번지고 있는 이때는 누구나 마음이 설레는 때입니다. 그리고 지금 즈음은 어디나 고향 같지요. 업무 말고 걷기로 오늘 하루 바꾸어도 되나요?

자기 몸 상태가 좋지 않으면 짜증이 조금씩 쌓이지요. 근 한 달간 눈 상태가 좋지 않아서 불편함이 있는 시간을 보내고 있습니다. 참 마음 가짐을 잘 하여야 한다는 생각을 하게 됩니다. 그리고 곧 일에, 공부에 몰입하는 시간이 될 것입니다. 몰입하는 능력은 곧 '마음의 힘'이 됩니다. 이것이 우리를 있게 하는 원동력이 되기도 하고 역경을 즐거운 도전으로 바꾸기도 합니다. 그래서 나의 '마음의 힘'이야말로 행복한 삶을 위한 핵심 요건이 됩니다. '그 마음이야'하는 느낌이 삶을 더 빛나게 하는 넉넉한 사랑의 힘을 주어 나아가게 되는 것이라 봅니다.

좋은 목요일, 그리고 이 주말에는 가족, 지인들과 온 곳에 피어나는 春想을 해보면 더 좋겠습니다.

✉ 0331 아침편지

3월의 마지막 근무일이자 봄날이 짙어지는 날 아침입니다.
이렇게 쉼 없이 3개월을 달려 온 느낌은 어떤가요? '도대체 무엇이 있었는지?', '내게 남는 것은 무엇이지?', '나는 누구인가?', '연인도 아직 제대로 만나지 못하고 나는 무얼 하고 있지?' 등등 회환이 되는 것도 있었을 것입니다. 그런데 '콩나물' 아시지요? 물은 거의 빠져 내려가도 콩나물은 쑥쑥 자랍니다. 내게 남겨진 정화된 많은 것들이 남아 나의 正體가 되어있습니다. 그것은 사랑, 인간애, 고운 마음(善心), 情이 되어 나를 더 뿌듯하게 만들어가고 있지요. 나도 모르는 사이에 蘊蓄되어 언젠가는 나타날 것입니다. 모두 나에게 달려있는 것입니다. 인생을 얼마나 사랑했는가, 얼마나 성공이 간절한가에 달려있는 것이지요. 태어날 때의 환경이 우리들의 탓이 아니듯 지금 우리들의 어려움이 누군가의 탓도 아니까요. 인생의 주인은 바로 나 자신이라서 누구보다도 더 나를 사랑하고 이해해 주어야 할 대상입니다. '승자의 언어에 실패라는 단어는 없어요. 포기할 뿐이지.'라는 말처럼 눈앞에 그 고지가 보이지 않나요? 이 주말 온 세상이 봄꽃들로 채워지고 있는 그곳을 찾아 마음의 여유, 사랑의 언어 유희를 느껴보는 것은 어떤가요?

✉ 0403 아침편지

목련꽃 그늘 아래에서 읽는 편지가 더 생각하는 4월이 되었습니다. 지난 주말은 벚꽃이 온 곳에서 절정을 이루었습니다. 저녁때는 세찬 바람에 꽃잎들이 약 열흘 만에 곱게 낙화되어 바람결에 따라 흘러가는 아름다운 봄날이었습니다. 이날이 지속되어 더 많은 봄날을 기대하는 사람들에게 희망이 되면 좋겠습니다. 향가에서 읽은 '서리 몬누올 화판이여' 생각납니다. (화판은 화랑의 우두머리를 일컫는 말이지만)

올 WBC에서 최우수선수상을 받은 오타니 쇼헤이(大谷翔平, 1994~)를 알 것입니다. 고교 1학년 때 세운 '만다라트 계획표'가 화제가 되기도 했습니다. '8구단 드래프트 1순위'라는 최종 목표를 이루기 위한 8개의 세부 목표, 또 각 8개의 구체적인 방법을 기록하고 이를 매일 실천하고 점검했다는 것입니다. 그중에 '運'이란 서브 목표도 있습니다.(인사하기, 쓰레기 줍기, 부실 청소, 물건 소중히 쓰기, 심판 태도, 긍정적 사고, 응원받는 사람, 책읽기 등) 그는 "운동장 쓰레기 줍는 것"도 "다른 사람이 버린 행운을 줍는 것"이라는 생각입니다. 행운은 시력이 좋다는 말은 누릴 자격이 있는 사람을 찾아간다는 것이지요. '운' 그 이상일 것이라고 믿습니다. 좋은 이 봄의 한 주를 잘 갈무리하기를 기대합니다.

✉ 0404 아침편지

도심의 건물 사이로 아침 햇살이 부드럽게 비추는 화요일 아침입니다. 오늘 밤과 내일에는 봄비 소식이 있군요. 꽃들이 물기를 많이 머금으면 좋겠습니다. 꽃들이 떨어지지 않을 정도의 살랑이는 바람도있어 그 향기가 먼 길 나서는 사람들에게 힘이 되면 더 좋겠습니다.

지난주에 루시 모드 몽고메리의 「빨강머리 앤」의 속편인 버지 윌슨이 쓴 「안녕, 앤, Before green gables」을 읽었습니다. 루시 몽고메리의 원작 이후 100년 만에 씌어진 어릴 적 앤의 이야기입니다. 앤은 끝에 꼭 'e'가 있음을 강조하지요. 캐나다에서 태어나서부터 프린스에드워드섬의 매튜와 마릴라의 입양아로 가기 전까지의 얘기입니다. 이런 앤에게는 독특한 버릇이 있는데, "나는 많은 것들을 희망하는 버릇이 있어요. 행복이 있다면 언젠가 내게도 찾아올 거예요"이지요. 초긍정적 생각과 낙천성이지요. 그리고 놀라운 어휘력, 대상과 대화하는 기법 등등 곳곳에서 작가의 감성과 함께 찾아본 프린스에드워드 섬의 흔적들을 용기와 희망으로 표현했습니다. 저도 그 어린 앤의 모습에서 더 힘과 용기를 얻었나 봅니다. 좋은 화요일 되세요.

✉ 0405 아침편지

식목일(Arbor day) 아침, 봄비가 촉촉이 마른 땅을 적시고 있습니다. 기다리던 비이기에 반갑고 떨어지는 소리 청량합니다. 이때 즈음에 많은 꽃잎들을 떨구고 여름으로 가는 의례처럼 되어있는 비라서 썩 반갑지는 않지만 그 상대편도 있으니 함께 가야하지요.
식목은 기원전 636년에 청명과 한식이 있었고 벌초와 식목을 하였다고 하니 오래 되었지요.
자연과 함께 수행하고 입적한 법정 스님은 「서 있는 사람들」에서, "그늘을 짙게 드리우고 있는 정정한 나무 아래 서면 사람이 초라해진다. 樹木이 지닌 그 질서와 겸허와 자연에의 순응을 보고 있노라면 문득 부끄러워진다. 사람은 나무한테서 배울 게 참으로 많은 것 같다"라 했습니다. 나무는 그 씨앗이 바람에, 동물의 먹이로 갔다가 멀리까지 종족을 다른 숙주를 통해 퍼뜨리지요. 그 외는 움직일 수단이 없지만 일단 멀어지면 어떻게든 싹을 틔우고 잎을 내지요. 오랜 시간 감내한 그 자태를 어느 날 문득 우리 앞에 나타나 존재를 드러냅니다. 이 주말에는 늦은 듯한 상춘과 돋아난 싹들을 자세히 보는 시간이 되면 좋겠습니다.
그래야 잘 보이거든요. 사랑의 마음으로!

✉ 0407 아침편지

오늘 아침은 창원의 두산중공업 게스트하우스에서 맞습니다. 마산항이 내려다보이는 언덕에 위치한 이곳은 평지 끝자락에 물인 담긴 수조가 있어서 수면이 먼 산과 높이를 같이 해 이국적입니다. 아침 바닷바람이 선선하여 남도의 정취가 물씬 풍깁니다. 만나는 사람마다 열정적이서 새로운 미래를 보게 되어 기뻤습니다.
「어린왕자」는 우리에게 많은 것들을 알려주고 있는 글입니다. 그중에서 "살아가다 보면 가끔 폭풍, 안개, 눈이 너를 괴롭힐 거야. 아주 가끔 말이야. 그럴 때마다 너보다 먼저 그 길을 갔던 사람들을 생각해 봐. 그리고 이렇게 말해봐. '그들이 할 수 있고 그걸 이겨냈다면 나도 할 수 있어..' 라고 말이야", '이 정도야'하고 떨쳐버리는, 회오리치는 물통 속에서 헤쳐 나올 수 있는 힘과 용기를 가지기에 충분합니다.
좋은 4월의 주말 되세요.

✉ 0410 아침편지

4월임에도 어느 지역에서는 영하의 기온을 기록한 곳도 있습니다. 주말 동안 온 산에 들에 꽃들의 잔치를 보았을 것입니다. 먼 산을 대표하는 벚꽃과 진달래 등이 조금씩 달라지는 잎들과 함께 우리에게 푸근함을 전해줍니다.
4월을 대표하는 꽃 중에 라일락이 있습니다. 가까운 중정에도 라일락이 여러 株(그루) 있어서 향기가 봄바람에 날립니다. 그 옆에 '역사의 향기' 조형물 주변에 있는 키 작은 라일락이 '미스김라일락'이지요. 광복 후 6·25전쟁 때까지 식물채집을 한 미국의 육종가가 개량한 것으로 자신을 도와준 '미스김'이라는 타이피스트의 성을 붙인 것입니다. 원래는 '수수꽃다리'이고 우리나라 대부분의 라일락은 이를 개량한 꽃이니 고유종이라 해도 될 듯합니다. 향기는 얼마나 진한지요.
꽃을 통해 전해지는 많은 사연, 기쁨, 좋아하는 마음, 자연이 준 선물에 대한 감사 등등. 그 향기도 좋지만 사람의 향기는 더 좋지요. 좋은 한 주 되세요.

✉ 0411 아침편지

4월의 중순으로 가는 날, 도심의 화요일은 그런대로 조용합니다. 오늘 바람이 강하게 분다고 하니 이동에 유의해야 하겠습니다.

우리는 살아가면서 잘 보이지는 않지만 많은 사랑과 배려, 도움을 받고 있습니다. 나누기도 주고 있지요. 또한 우리는 선의를 베풀려고 많은 노력을 합니다. 그것은 베푸는 것보다는 내게 주는 선물입니다.
「인생독본」에서 진수의 글을 쓴 톨스토이도 "사람들에게 베푸는 선의를 그들에게 주는 선물이라고 생각하지 마라. 그것은 네가 스스로에게 주는 선물이다"라 하였습니다. 나의 노력이 내게 주는 선물인 것이니 진심을 다해 잘 할 수밖에 없는 것입니다. 언젠가는 내게 다시 돌아올 그 선물이 바로 앞에 있는 것이기에 소중합니다. 비록 지금은 아니더라도 2세, 3세들에게 그것이 전해져서 그들이 더 복 된 생활을 하게 되는 것이 자연인가 봅니다. 단순히 나의 하나의 일로 끝나지 않는다는 것은 수많은 사례로도 알 수 있습니다. 많이 베푸는 삶, 함께 하는 삶이면 더 좋겠습니다. 윤이월이 한 열흘 정도 남았습니다. 온축된 사랑의 힘을 키워보면 좋겠습니다. 좋은 화요일 되세요.

✉ 0412 아침편지

4월인데 아침 기온은 5도입니다. 햇살이 비치는 가로수인 은행, 느티나무의 잎들이 은빛으로 빛나서 비 온 뒤에 싱그럽기 그지없습니다. 어느새 잎들이 이렇게 키워졌는지 부지불식간에 나타나 있습니다. 감탄 그 자체이군요. 자연을 자세히 본 시간이 그리 많지 않았다는 것을 느끼게 됩니다. 미루다 보면 어느새 잎들이 다음을 기약하는 시간이 되면 곤란하겠지요.
우리는 살아가면서 참 간절함을 많이 가지고 있습니다. 앙드레 지드는 「지식의 양식」에서 "저녁을 바라볼 때는 마치 하루가 거기서 죽어가듯이 바라보라. 그리고 아침을 바라볼 때는 마치 만물이 거기서 태어나듯이 바라보라. 그대의 눈에 비치는 것이 순간마다 새롭기를" 하면서 참으로 "현자란 모든 것을 경탄하는 자이다"라 했습니다. 매일을 한결같이 할 수 있다면 그 사람이 현자가 아닐까요? 그리고 각박해지는 현대 사회가 나, 우리에게 '감탄'을 없애버린 것은 아닌지 우려스럽기도 합니다. '아하', '그렇구나', '와우', '꺄', '아무렴', '야호', '오메', '천만에' 등등이 사라지고 있지요. 한때 제일 큰 감탄사(Interjection)가 '죽이네'였던 적도 있습니다. '죽이네' 좀 의시시하지요. 아무튼 감탄이 많은 날들이, 함께 하는 시간이 더 많아지면 좋겠습니다. 멋진 수요일 되세요.

✉ 0413 아침편지

한 주가 새삼 빠르게 지나가는 것을 느끼게 하는 목요일 아침입니다. 꽃들이 피기 시작하더니 금새 다른 꽃들에게 자리를 내어 주고 또 다른 시작을 꿈꾸는 자연은 참 위대하게 느껴집니다.

인간에게도 미래를 향한 많은 꿈과 도전으로 이루어진 날들이지요. 꿈을 꾸고 생각도 많이 하고 다른 사람이 잘 되었으면 하는 꿈도 있습니다. 정신분석가들 중에서 "좋은 경험, 기억들은 좋은 꿈으로 이어진다. 좋은 꿈을 위해서는 일상 속에서 좋은 경험, 좋은 생각이 필요하다"고 말하기도 합니다. 한자어로는 '주사시몽(晝事視夢)' 즉, '낮의 일이 밤에 꿈으로 나타난다'는 뜻이지요. 간절함이 그것을 도달하는 힘이 되기도 합니다. 정신분석학을 깊이 공부하거나 연구한 사람은 아니지만 그래도 좋은 꿈은 좋은 생각이 필요하다고 하는 것에는 참 공감되는 것이 많습니다. 조그마한 힘이 더 해져서 그 꿈을 이룬다면 큰 기쁨으로 다가옵니다. 누군가에게 힘이 되는 삶과 나에게도 큰 힘과 용기를 스스로 얻고 나누는 사랑과 기쁨의 시간이 되면 더 좋겠습니다.

사랑에 푹 적셔진 사람은 아름답습니다. 우리 모두처럼!

✉ 0414 아침편지

나무들은 어쩌면 그렇게 자연의 섭리에 따라 푸르름을 자아낼까요? 스스로 옮길 수도 없으면서 온 곳에 자신의 뿌리를 바람에 날리지요. 칼릴 지브란은 "나무는 땅이 하늘로 쓰는 한 편의 詩"라고, 이보다 더 나무를 잘 표현한 것은 앞으로도 없을 거예요. 바람을 만나 그 종족의 영역을 확장해 나가는 시이지요. 참 다정하게 다가오는 나무! 엘가의 '사랑의 인사'를 듣는 듯합니다. 결혼식에 많이 연주되는 걸 보니 그것은 '사랑'입니다.

브라이언 헤어와 버네사 우즈가 쓴 「다정한 것이 살아남는다」에서 인간이 살아남을 수 있었던 숨은 비결을 '공감하는 능력'이라 했습니다. '얼마나 많은 친구를 만들었느냐로 평가해야 한다.'이지요. 그렇게 하려면 많은 노력과 집중, 그에 대한 사랑이 있어야 하지요. 공감하는 능력이 곧 그의 '태도'로 나타납니다. 자신의 능력과 자질이 '태도'에서 더 크게 발현됩니다.

이 주말 싱그러움이 함께 하면서 더 활기차고 열락이 넘치는 시간이 되면 더 좋겠습니다. 그것은 나무가 쓰는 詩이고 사랑이니까요.

📩 0417 아침편지

주말 동안에 약한 비가 내리더니 푸르름이 더 신선해졌습니다. 황사가 많아서 거의 흙비 수준의 비이더군요. 먼 산은 더 짙게 그림자를 나타내어 봄이 지나고 있다는 것을 보여줍니다. 그렇게 쉼 없이 겨울이 오기 전까지 달려가는 자연은 '스스로 그러함(自然)'입니다.

'馬不停蹄'라는 성어가 있습니다. '달리는 말은 말굽을 멈추지 않는다'는 의미이지요. 안주하지 않고 노력하자는 의미로 쓰이는 말인데 참 힘들군요. 계속 힘써야 하니 인생이 행로난이라 하겠습니다. '가야 할 길을 알고 떠나는 이의 뒷모습은 형언이 어렵다'고 한 것도 보면 행로난의 모습이 아닌가 합니다. 4월의 중순에 '나는 무엇을 하였는가?'로 돌아보니 별 한 것이 없습니다. 시간만 보낸 것도 아닌데 말이지요. 참 많이 알지 못하는 시간 속에 쌓여 있을 것이란 기대로 생각하고 또 전진하면 되지요.

좋은 새로운 날들이 기다리는 한 주 되세요.

📩 0418 아침편지

마침 비 내리는 아침! 화요일 아침이 제격입니다. 수요일엔 빨간 장미이지요. 수많은 댐, 저수지들이 가득 채워지면 좋겠습니다.

적셔진 대지는 아름답습니다. 메마른 대지에서는 생명이 살 수 없지요. 한 5년 정도 햇빛만 있고 비가 없다면 아름다운 이 땅은 사막으로 변할 것입니다.

어릴 때 또는 학창 시절에 비가 조금 내릴 때에는 젖지 않으려고 신나게 달리거나 마냥 멈춥니다. 그런데 온몸이 젖으면 비가 두렵지 않지요. '이왕 젖은 것'하면서 왠지 모를 의연함(客氣)까지 느끼게 됩니다. 희망에 젖으면 미래가 불안하기보다는 목표점으로 달려가지요. 사랑에 젖으면 이 사랑이 깨어질까 하는 두려움은 없어집니다. 우리의 사랑이 영원히 이어지고 어떠한 난관도 다 뚫고 갈 듯합니다. 공부도 적셔지면 책장이 참 빠르게 넘어갑니다. 일에 젖으면 일이 두렵지 않고 삶에 젖으면 삶이 희망으로 변합니다. 주저하거나 두려움 없이 거기에 매진하게 됩니다. 푹 적셔진 상태가 되면 아무 두려움도 없어지는 것인데, 거기까지 가기가 조금은 힘듭니다. 그래도 한 번 푹 적셔져 보세요. 참 좋습니다. 기쁩니다. 그러한 시간이 많아지기를 기대하며 한편으로는 여유를 갖게 되는 시점이 올 것입니다.

그것은 사랑, 仁입니다.

✉ 0419 아침편지

어제 조금의 비가 온 후에 도시의 건물 사이 햇살이 아주 강합니다. 온통 어두운 곳을 환하게 만들어 내는 힘이 느껴집니다.

얼마 전「안녕, 앤 」의 긍정을 전했습니다. 그 긍정은 어디서 왔을까요? 그 후 매슈와 마릴라의 입양아로 보내게 되는 데, "생각대로 되지 않는 건 참 멋진 일 같아요! 생각지도 못했던 일이 일어나니까요" "아! 아주머니(마릴라). 내일은 아무 실수도 하지 않는 새날이라고 생각하니 즐겁지 않으세요?" "마음속으로 그런 척하면 엄청나게 나쁜 일들까지도 그렇게 지독하지는 않게 돼요" 어쩌면 그렇게 생각할 수 있는지 앤의 다짐과 말에서 진심이 느껴집니다. 그리고 핸더슨 선생님은 앤에게 "너의 앞길에 무엇이 놓여 있든, 너는 멋진 인생을 꾸려 나갈 수 있을 거야. 어떻게 아는지는 모르지만 그냥 알아. 네가 스스로 그런 일이 일어나게 만들거라고 나는 확신한단다."라고 용기와 희망을 주었지요.
저도 지금까지 누군가로부터 얼마나 많은 용기와 희망의 받아왔고 또 얼마나 많이 주어왔는지?생각해 보게 됩니다. 아무리 현대 사회가 되었다고 하나 사람의 본성에 곤란을 겪고 있는 이에게는 작은 말 한마디, 표현도 힘이 되잖아요? 좋은 수요일 되세요.
곧 5월이 됩니다.

✉ 0420 아침편지

비가 조금 내려 차르르하는 소리가 경쾌한 목요일 아침입니다. 이 비에 신록이 더 짙어져서 차분한 분위기가 되는 듯하여 좋습니다. 여름 꽃들이 자리를 차지하면 한 켠으로 비켜 선 그림자가 여유 있습니다.
이 계절 책읽기와 시 읽기에 좋은 때입니다. 서안나(1965~) 시인은 '詩는 익숙한 세계에 낯선 목소리의 진동을 선사하는 것'이란 표현은 이때 이보다 더 나은 표현은 없는 듯합니다.「詩를 잊은 그대에게」라는 책으로 우리에게 다가온 국문학자 정재찬 교수도 詩의 의미를 잘 강조했지요. 그중에서도 유치환의 '그리움'은 그 사연이 아름다운 배경에 시어 또한 참 거기에 맞아서 그리움이 한 발짝 더 다가오는 느낌이 더해집니다. 계절에 따라 모두가 시인이 됩니다. 온 정성으로 쓰여진 詩를 그리운 누군가에게 보내는 날이면 더 좋겠습니다. 나무의 날이니 비에 젖은 나무가 더 멋지고 의연해 보여 여유의 시간, 은은한 커피향이 분위기를 더하는 날 되세요.

✉ 0421 아침편지

청초한 4월의 하순, 아침은 참 밝습니다. 올해도 4개월이 지나가고 있는 시점에서 그간을 돌아보게 됩니다.

우리는 무엇인가를 필요로 하거나 요구할 때 '표현'합니다. 아이가 성장하면서 말을 늦게 하거나 제대로 이해하지 못하는 표현을 할 때는 참 안타까운 심정으로 대하지요. 그러면서 빨리 말하여 엄마, 아빠에게 나타내기를 바랍니다. 성인이 되어도 자신을 표현하지 않으면 주변인들은 잘 모르지요. 자신을 잘 이해하도록 지혜롭게 표현하는 것도 자신이 하는 일을 잘 나타내는 것이기도 합니다. 이해, 오해, 우둔함, 사실들을 자세히 보고 표현하는 것도 중요한 방법입니다.

도시인들은 하늘의 별을 볼 기회가 그리 많지 않습니다. 그래서 소도시나 농, 산촌지역으로 잠시 벗어나 자연과 함께하는 여유의 시간을 가지려 합니다. 이병기 詩에 이수인이 작곡을 한 '별' 알고 있지요?

바람이 서늘도 하여 뜰 앞에 나섰더니/
서산머리에 하늘은 구름을 벗어나고
산뜻한 초사흘 달이 별 함께 나오더라/
달은 넘어가고 별만 서로 반짝인다
저 별은 뉘 별이며 내 별도 어느 게요/
잠자코 홀로 서서 별을 헤어 보노라

소프라노 강혜정(계명대), 신델라(경희대)의 곡이 저는 좋습니다. 마침 내일이 초사흘이군요. 다녀 오세요.

✉ 0424 아침편지

오늘은 조찬회가 있어서 조금 일찍 출청했습니다. 4월의 하순으로 가는 마지막 주 월요일 아침입니다. 신록들이 점점 짙어지는 것은 우리들 마음도 한껏 사랑의 마음이 풍성해지고 있다는 증거라 생각합니다.

각박하다고 하는 현대를 살아가면서도 풋풋한 정이 넘치는 곳도 많이 있습니다. 각자의 삶은 혼자가 아닌 여럿으로 모두 연결되어 있다는 생각에 조금씩 내 마음을 추슬러야 할 부분도 있지요. 요즈음 영화의 주제가 대부분 '다

정함', '화해'로 수렴되고 있습니다. 사회의 분위기를 반영하여 나타나는 것이라 봅니다.
그리고 꽃과 함께하는 사람은 꽃과 같은 다정함을 숨기지 못한다고 하지요. 왜냐고요. 화가 난 꽃은 없으니까요. 꽃은 쓸데없는 걱정도 근심도 두려움도 없잖아요. 그 속에서 축하, 격려, 위로, 사랑의 메시지를 전하고 있으니까요. 좋은 한 주 힘차게 출발하세요.

✉ 0425 아침편지

오랜만에 비가 내린다고 예보된 날 아침입니다. 喜雨이지요. 봄비가 좀 내려야 하는데 기후 위기를 현실로 느껴지는 때입니다.
어떠한 일의 성과는 자신의 열정을 다한 노력과 팀웍, 그리고 조금의 운이 필요합니다. 그 운 또한 자신이 만들어 가는 것이니 자기 노력에 더할 수 있으리라 봅니다. 그런데 어찌할 수 없는 일도 가끔은 일어납니다. 가급적 그 위험도를 낮추려고 심사숙고하여 일 처리, 삶의 방향을 정하게 됩니다. 저도 살아오면서 참 어찌할 수 없는 일들이 참 많았습니다. 군인이었으니 더 제약 사항이 많았지요. 그런데 자기 성실성은 언젠가는 그 사람에 다시 돌아오게 마련입니다. 나 자신이든 주변인이든 또는 가족이든. 열정을 다하는 시간을 보내는 것도 그와 비슷하다고 하겠습니다.
얼마 전 100호 골을 달성한 손흥민! 참 대단한 열정의 자기 노력을 게을리하지 않는 참 큰 선수이지요. 그 옆에는 참 단단하고 사랑이 넘치는 아버지가 있습니다. "성공 안에서 길을 잃고 헤매지 말라. 그것이 곧 안주하는 것이다. 그렇게 하기에는 아직 갈 길이 멀다. 성공을 먼저 생각하지 말고 네 성장을 생각해라"라고 항상심을 유지하게 했습니다. 有志竟成의 마음으로 한결같이, 終愼如始의 마음이 이루어 낸 산물이라 봅니다. 좋은 화요일 되세요.
마침 비!

✉ 0427 아침편지

봄이 지나고 있는데 기온은 서늘합니다. 다음 주가 5월인데 말이지요. 이제 더 화사한 날들이 기다리고 있습니다. 이즈음에는 가족들이, 건강이 좋지 않거나 먼저 가신 님들이 생각나는 때입니다. 함께 한 시간보다 더 많은 시간이 지나도 생각나는 것이 뭉클한 기재가 작동하여 비슷한 상황이거나 떠오르는 생각에 먹먹하기도 합니다. 가족이니까 더 한 인자가 작동되어서 그런가 봅니다.

서울에는 정독도서관을 포함하여 27개 도서관이 있습니다. (*1977년 경기고등학교(지금은 강남구 삼성동) 자리에 개수하여 개관) 가끔 가 보세요. 좋습니다. 그냥. 뉴욕의 도서관은 217곳인데 1인 최대 50권 3주간 대출하고 10회까지 연장 가능하답니다. '21년부터는 연체료도 없다고 합니다.(그 전은 연 300 달러) 브루클린 어린이 도서관에 후원금 낸 60대 독지가, "나는 홀어머니 밑에서 아주 가난하게 컸다. 그런데 도서관에만 가면 부자처럼 책을 쌓아놓고 읽으며 마음껏 상상할 수 있었다"라고 하였지요. 공공도서관이 계층 간 지적·경제적 불평들을 해소하는 장소가 되기에 충분한 것입니다. 꼭 책을 읽지 않더라도 그 장소에 있는 것만으로도 많은 것들을 생각하게 됩니다. 내 인식의 지평을 확장하고 가치를 더 아름답게 하는 도서관에 이 주말 가 보는 것은 어떤가요?

✉ 0428 아침편지

오늘은 우리 역사의 가장 위대한 인물인 충무공 이순신의 탄신 478주년입니다. 그가 없었다면 지금의 우리는 과연 어떠한 모습일까요? 한 때 '~했더라면(If)'이라는 책들이 유행한 적이 있었습니다. 이 충무공과 관련한 내용이 참 많이 있습니다. 우선 그의 字는 '여해(汝諧)'입니다. '오직 너라야 세상을 화평케 할 수 있다'라는 뜻이지요. 그의 어머니가 성년식 이후에 부담 없이 부르는 명칭이었습니다. 광화문광장의 동상(오른손에 검, 승자의 모습, 좌대 높이, 눈매와 좌시 방향 등)은 시대의 위인을 그린 것입니다. 기념일 중에 한 위인 자체를 기념하는 날은 유일합니다.

그 뒤에 세종대왕상이 있는데, 책을 들고 있는 동상입니다.(다른 나라는 거의 없지요.) 그 아래에 세종과 한글, 충무공에 대한 문화공간은 한 번은 가 볼 만합니다. 마침 다음 주부터 5월 많은 기념일들이 있으니 가보면 좋겠습니다. (남해 창선면 단항마을에 창선도 왕후박나무를 '이순신 나무'라 부름)

그리고 5월, 사랑하는 사람과 함께 정병근(1963~) 시인의 시 <비 끝>을 보세요.

당신은 나보다/나를 더 많이 아는 사람/내가 꿈에서처럼/
걱정 없이 행복할 때/당신은 잠시 소꿉을 접고/
안 보이는 곳에 가서/홀로 울고 돌아오네//

당신에 대한 애틋함이 한 것 피어오르는군요. 좋은 4월 말 보내세요. 청계천의 이팝나무가 좋습니다.

✉ 0502 아침편지

참 밝고 맑은 가정이 소중한 5월이 되었습니다. 휴일 간 어느 대학의 교정에서는 중간고사를 마친 청춘들의 美聲이 발랄해서 미래가 창창함을 느낄 수 있었습니다. 어쩌면 그렇게 생기, 활기, 열락의 소리가 밝게 들리든지 감탄이었습니다. 앞으로 행노난이 있겠지만 제때를 알고 청춘의 시기를 잘 보내고 있어서 제가 다 그 시절로 돌아간 것 같아 뿌듯하고 감사했습니다.

밤톨 같다는 말이 있지요. 딱 그 모양이었습니다. 사내아이 머리통이 야물고 이쁠 때 하는 말인데 밤은 정말 다른 열매들이 흉내 낼 수 없게 옹글고 사랑스럽고 흐뭇한 모양새를 하고 있습니다. (옹글다 : 매우 실속 있고 다부지단 뜻의 우리말)

가족을 더 생각해 보게 되는 5월에 많은 계획과 실행으로 기쁨과 사랑이 더 많아지는 날들이 될 것입니다.

김사랑(1962~)의 시 <오월>을 볼까요?

그대 푸른 보리밭처럼/청순한 사랑을 가졌는가/
그대 풀숲 하얀 찔레꽃처럼/순수한 사랑만 하였는가/
보리밭에 풀파도치는/오월이 오면/내겐 그런 사람은 없었지만/
종달이처럼 노래하고 싶었다/
하얀 찔레꽃 향기/설레이는 가슴에 번지면/
여린 가슴 가시에 찔려도/그런 사랑 해보고 싶었다/
타오르는 오월의 태양이/덧없는 욕망이라 해도/
황금빛 보리밭길을/둘이서 손을 잡고 걷고 싶었다//

청산도의 느린 길 같이 노오란 유채와 보리밭길이 아른거리나요?

✉ 0503 아침편지

아침 하늘이 눈이 시리도록 맑습니다. 미세먼지가 적은 날은 한 것 오래도록 걷고 싶은 생각이 드는 날이기도 합니다. 어릴 적 흙과 함께 쌓고, 만들고. 자치기, 달리기, 비석치기하던 그때의 흙과 하늘은 참 맑기도 했습니다. 봄이면 거름과 함께 풍성한 가을을 기약하는 흙이었지요. 그리움으로 나타나고 있습니다.

안동 출신 작가 김서령은「외로운 사람끼리 배추적을 먹었다」에서 "아픔은 사람을 사무치게 만든다. 그리고 사무침은 사람을 의연하게 만든다. 그래서 임하의 아이들은 열 살만 넘으면 대개 의젓해졌다"라 썼습니다. 참 그런가 봅니다. 그리고 "흙속에서 아직 덜 여문 감자를 손으로 만져보는 설렘, 모닥불 속에 던져뒀던 감자를 후후 불며 꺼내는 흥성함, 남의 밭에서 몰래 감자를 훔쳐내는 가슴 뜀 없이 소년시절을 보내버렸다면 당신은 통과의례를 제대로 거치지 못한 허전한 어른이기 쉽다"라고 고향의 흙냄새를 정겹게 표현했습니다. (*흥성하다 : 기운차게 일어나거나 대단히 번성하다)

곧 어린이날이니 더 가까이 다가옵니다. 우리 아이들이 놀이터에서 흙장난의 시간이 많았으면 좋겠습니다.

✉ 0504 아침편지

4월, 한 달 전 만해도 주변이 이렇게 달라질까 생각하기 어려웠지요. 신록이 우리들의 마음을 더 푸근하게 하고 있습니다.

내일이 어린이날이군요. 참 이름이 이렇게 좋은 것이 아마도 또 있을까요? 재잘거림, 눈 맞춤, 미소 띤 얼굴과 대면은 푸근함과 안정감을 주게 됩니다. 아이는 그 자체가 아름다움입니다. 어쩌면 그리 예쁘고 순수한지. 아이의 성취 욕구는 어떻게 해야 할까요? 무한한 사랑과 승리의 기회를 자주, 많이 경험하게 하는 것이지요. 이 땅의 모든 어른 사람인 어린이에게 축복이 함께 할 것입니다. 우리들의 다음, 미래이잖아요. 우리는 과거-현재-미래의 순환 속에 살아갑니다. '오늘은 내일의 어제이고, 과거란 오래된 미래(ancient future)이고 미래란 새로운 현재다'라 하잖아요. 삶의 밑바닥에서도 "최고의 날은 아직 오지 않았다 (The best day is yet to come)"는 희망도 있습니다. 성공한 노년의 대가에게 물으니, "인생에서 가장 좋았던 때는 언제였나요?" 그의 답은 "내일(tomorrow)입니다". 이는 오늘의 성공이 내일로 이어지는 것이라 봅니다. 3일간의 휴일 동안 마음의 평안과 몸의 휴식이 되길 바랍니다.

인간의 무늬인 '人文'의 세계에 푹 적셔져도 좋습니다.

✉ 0508 아침편지

가정의 달 첫 주를 바쁘게 보내었지요? 저도 자신을 돌아보는 시간과 근교에서 친구들과의 수다, 추억으로 그리움에 젖는 시간을 가졌습니다. 친구의 아들이 장성하여 가정을 이루는 모습도 참 좋았습니다. 애쓴 친구의 기쁨이 제게도 전해오는 시간이었습니다. 이제는 그 어릴 적, 공부하던 시절의 그림들만 추억으로 남아 아이들의 장성한 모습에 뿌듯하고 자랑스러워 힘듦도 다 없어졌지요. '참 수고했네. 그 시간을 잘 갈무리하여 여기까지 왔으니 그 공이 다 그대 인생이었지'. 길게 말하지 않아도 공감하는 시간, 추억이 되었습니다. 기쁨과 한편으로는 울렁거리는 가슴을 진정하기 어려운 순간도 있었습니다.

기온은 10도 안팎의 서늘한 날이지만 마음 한 켠엔 따뜻한 향기가 가득합니다. 조지훈의 <낙화>를 볼까요?

꽃이 지기로서니/바람을 탓하랴//주렴 밖에 성긴 별이 나 둘 스러지고//
귀촉도 울음 뒤에/머언 산이 다가서다//촛불을 꺼야 하리/꽃이 지는데//
꽃 지는 그림자/뜰에 어리어//하이얀 미닫이가/우련 붉어라//

* 優憐 : 특별히 가엾게 여김

아는 이 있을까/저어하노니//꽃이 지는 아침은/울고 싶어라//
이 아침이 울고 싶을 정도로 가슴에 와닿는 느낌은 어떻습니까?

✉ 0509 아침편지

화요일의 아침은 여전히 신선합니다. 참 열심히 살아가는 청춘들이 있어서 우리의 미래는 아주 밝습니다.
자기 목표를 향해 방향타를 정하고 할 일을 설계하여 나가는 청춘들이 아주 많음에 더 그렇게 느낍니다. 제 아이만 해도 8월까지 일정이 빼곡한데 그 가운데 빈 공간을 만들어 놓았더군요. 결혼 축하도 있고, 여행도, 자신에게 위로의 시간도 있습니다. 이금희 아나운서! 참 편안한 대상이지요. 그는 '위로의 말은 한 박자 늦어도 좋습니다.'라고 말합니다. '아니, 늦어지는 게 낫습니다.'라 하면서 위로는 언제든 가능하다고 했습니다. 거기에는 사랑의 마음과 그것을 표현하고 전달하는 따스함이 함께 전해지지요.
아울러 알프레드 수자의 詩 <사랑하라, 한 번도 상처받지 않은 것처럼>은 어떤가요?

춤추라, 아무도 바라보고 있지 않은 것처럼/
사랑하라, 한 번도 상처받지 않은 것처럼/
노래하라, 아무도 듣고 있지 않은 것처럼/
일하라, 돈이 필요하지 않은 것처럼/
살라, 오늘이 마지막 날인 것처럼//

때에 맞는 말과 행동이 감동을 만들어 내는 묘약이 있는 것입니다.

✉ 0510 아침편지

도시의 수요일은 약간의 기계적 소음, 건물 사이로 비치는 햇살로 5월의 날들이 됩니다. 사람의 소리는 거의 없군요.
우리는 일 속에서 평생을 살아갑니다. 삶의 보람과 의의, 가정 경제의 기초가 되는 그 '일' 말입니다. 왜 일을 할까요? 회사 일인가요? 나의 일인가요? 나의 일을 하는 것이지요. 협조 요청이 오는 것도 나의 일이 됩니다. 화상영어 서비스를 제공하는 회사 대표인 전략 컨설팅 전문가는 일 잘하는 사람의 11가지 특징을 제시한 바 있는데요, 그중에서

1. 출근 직후 해야 할 일의 리스트(to do list)를 작성하고, 이를 지워나가며 일한다.
2. 주기적으로 피드백을 요청한다.
3. 두세 시간 간격으로 일을 잠시 멈추고 정보를 메시지나 시사점 위주로 정리한다. 등입니다.

우리는 일을 통해 삶의 기쁨과 보람, 나의 에너지의 활력을 느끼게 되지요. 지금부터 퇴청 전까지 열정을 다하고 그 이후는 자신만의 좋은 충전의 시간을 보내면 좋겠습니다.

✉ 0511 아침편지

오월의 중순으로 가고 있는 때입니다. 보랏빛 꽃을 매달고 있던 등나무도 새 줄기와 잎들을 뻗고 있습니다. 우리 사는 주변에 등나무는 그늘도 만들고 꽃 향기도 진하여 지날 때마다 '여기에 있구나!'를 느끼게 합니다. 그런 등나무도 우리가 '갈등(葛藤, 칡 갈, 등나무 등)'이라 할 때 그 '등'이지요. 항상 그 자리에 있으면서 보통의 자기만의 나무 생을 살아갑니다.

나 자신은 보통의 주기로 살고 있나? 그렇게 해야 하나? 등등 고민이지요. 결국은 나 자신을 위해 살아가는 것이니 자신만의 루틴을 만들어야 하지요. 개나리가 가을에 핀다고 생각해 보세요. 루틴이 아니라 생각하지요. 그리고 사랑의 눈으로, 마음으로 조금 더 진실하게 대하고 싶은 마음이 점점 많아지는 것은 삶이 그만큼 풍성해지고 있다는 반증이니까요. 세상은 아름다움 그 자체입니다. 그 속에 제가 있는 것이니 더 합니다.

오인태 시인의 <이렇게 세상이 아름다운 것은>을 볼까요.

(상략)
다시 봄이 오고/이렇게 세상이 아름다운 것은/
새잎 같은 너희들이 있기 때문이지/
새싹 같은 너희들이 있기 때문이지//

다시 오월이 찾아오고/이렇게 세상이 사랑스러운 것은/
올챙이 같은, 송사리 같은 너희들이 있기 때문이지/
송아지 같은, 강아지 같은 너희들이 있기 때문이지//

졸졸 흐르는 시냇가의 영롱한 모습이 그려지지요? 좋은 시간 되세요.

✉ 0512 아침편지

아름다운 5월의 시간이 빠르게 곁을 지납니다. 함께 할 시간이 그리 많지 않음에 더 진솔하게 가족들을 대하고 있는 그 자체만으로도 행복한 시간이 되게 해야 하겠습니다.

그리고 짧을지라도 울컥하는 감정의 글로써 만나면 더 진하게 다가올 것입니다. 글씨는 그 사람의 정신을 나타내는 것으로 심화라고 합니다. (書心畵也) 요즈음은 PC로 많은 일들을 처리합니다. 그러다보니 글씨 자체가 잘 쓰지 않거나 쓰더라도 예쁜 한글의 모습과는 차이가 있게 느껴집니다. 학습과 관련된 내용은 여전히 '쓰기'로 하지요. 특히 글쓰기는 글씨로 하는 것이 더 많은 것도 인간의 글씨가 그만큼 중요하다 할 것입니다. 그 글씨가 시상(詩

想), 자연을 배경으로 후세에 남겨지고 그것을 지금 우리가 보고 있지요. '壽似春山千載秀 福如碧海萬年盈'처럼 봄이 서서히 지나고 있습니다. (목숨은 봄 산과 같이 천년을 실어가고, 복은 푸른 바다와 같이 만년을 이어간다) 또 다른 봄을 기다리는 즐거움으로 의미 있는 시간이 되면 좋겠습니다. 봄밤이 점점 짧아지고 있습니다.
노자영 시인의 <봄 밤>을 볼까요?

> 혼자 보기는 너무도 아까운/눈물 나오는 애타는 봄밤// (중략)
> 아! 혼자 보기는 너무도 아까운/눈물 나오는 애타는 봄밤?/
> 살구꽃 그림자 우리집 후원에/고요히 나붓기는데/
> 님이여! 이 밤에 한 번 오시어/저 꽃을 따서 노래하소서//

봄밤에 일어나는 애모의 내 마음이 보이지요? 좋은 주말 연인과 가족과 함께 봄밤의 정취를 마음껏 느껴보면 좋겠습니다. 다음 주 월요일이 스승의 날이네요. 스승님은 많이 있으십니다.

✉ 0516 아침편지

5월의 중순, 화요일 아침은 여전히 조용합니다. 그날이 이렇게 조용히 곁을 지나면 또 다른 밝은 햇살 같은 날들이 다가올 것입니다. 어제가 스승의 날이었지요. 스승님들께 연락은 한 번쯤은 했겠지요?
손증호 시조 시인의 <샘>은 또 어떤가요?

> 선생님 줄인 말로 아이들은 샘이란다/남도 억양으로 쌤이라고도 하는데/
> 버릇은 없어 보여도 샘이란 말 참 좋다//
> 그렇지 선생님은 샘이라야 마땅하지/
> 깊디깊은 산골짝에 샘물로 퐁퐁 솟아/
> 어둠을 길닦이하며 흘러가는 푸른 노래//
> 눈 비비고 찾아온 어린 짐승 목축이고/메마른 봄 들판을 푸릇푸릇 적시는/

샘 같은 선생님이라야 아이들 가슴 살아나지//

참 선생님이지요? 천직이라고 하는 것이 몇 개 있지요. 직업을 넘어선 사명이 있어야 할 수 있는 일이라서 그렇습니다. 천직은 아니더라도 누구에게나 '샘'이 될 수 있는 역량과 시간은 있습니다. 그 샘이 모두에게 선한 영향력을 발하여 사랑과 기쁨이 넘치는 날들이면 더 좋겠습니다. 서양의 사랑은 동양의 仁과 같습니다. 좋은 날 되세요. 그리 될 것입니다.

✉ 0517 아침편지

바람에 흔들리는 신록의 나뭇잎들이 싱그럽게 느껴지는 수요일 아침입니다. 잎들은 어떻게 그렇게 바람에 흔들릴 줄 아는지 자연입니다. 바람이 흔드는 건지, 바람을 흔드는 건지 알아내기가 쉽지만은 않습니다.
꽃들이 만발하여 온 거리를 채우고 곳곳의 '정원'을 꾸며 사람들을 오게 만듭니다. '桃李不言下自成蹊'라는 말이 있습니다. 복숭아나무, 자두나무는 꽃과 열매가 열려서 그 아래로 사람들이 모여 길이 생긴다는 것이지요. 덕의 수양과 자기 관리, 고찰이 중요함을 알리는 내용입니다. 다산은 "꽃을 보고 기르는 것은 마음을 기르는 일로써 아무리 과하더라도 지나치지 않는다. 어려움속에서도 꽃을 통해 마음을 돌보라"라 남겼지요. 꽃을 보면서 악한 마음, 모진 마음을 갖기란 어렵지요. 그저 있어서 흐뭇해지는 것이 꽃이니까요.

✉ 0518 아침편지

흐린 도심의 아침은 무한한 가능성도 보이면서도 무엇인가 간절히 바라는 사람들의 바쁜 일상의 시작되는 시간입니다.
'무엇을 위해 사는가?'라는 질문에 답은 다르게 나타나지만 지향성은 비슷할 것입니다. 행복과 영원한 마음의 평안, 자유가 아닐까요? 그러면서도 한편으로는 이루지, 해보고자 했으나 하지 못한 것에 대한 아쉬움이 더 희망과 용기를 내게 하는 것이기도 합니다. 혼자 가만히 저녁 시간을 갖게 되면 나를 돌아보고 정리하는 시간에 종착점은 가족과 사랑이라는 역에 다다를 것입니다. 고요 속에서 자신의 모습이 선명해지면 열락의 소리를 듣고 또 다른 전진의 힘을 얻게 되면 좋겠습니다. 프랑스 시인 폴 발레리는 '고요'에 대해 "아무 소리도 들려오지 않을 때 비로소 들리는 소리"라 했습니다. 공감이 되나요? 혼자인 듯하지만 나를 이해하고 아끼고 응원하는 이들이 의외로 많습니다. 어떠한 연유이든 현재의 어려움은 곧 사라질 것이고 극복해 낼 것입니다. 퇴청 후 아내에게 말없이 포옹해야 하겠어요. 강호의 고수가 많듯이 내공이 많이 쌓인 것이지요. 온축(蘊蓄)!

✉ 0519 아침편지

오월의 하순으로 가는 금요일 아침입니다.
 지금쯤은 일찍 심은 감자밭에 꽃들이 피어나기 시작하는 때, 온 밭이 하얗게 피어 6월 초부터 알들이 굵어지지요. 한때 구황작물로 들어와 많은 이들의 주림을 대신했는데, 지금은 찬거리로 간식거리가 되었습니다. 감자볶음, 감자전, 감자떡, 빵의 속재료, 감자국(스프), 감자튀김, 어린 감자조림, 으깬 감자구이, 감자호떡, 감자찌개, 감자샐러드, 감자탕, 감자돼지고기찜 등등 참 많습니다.
이에 어울리는 윤동주(1917~1945)의 시 <굴뚝 1936>을 볼까요?

 산골짜기 오막살이 낮은 굴뚝엔/몽기몽기 웬인 연기 대낮에 솟나,//
 감자를 굽는 게지 총각 애들이/깜박깜박 검은 눈이 모여 앉아서/
 입술에 꺼멓게 숯을 바르고/옛이야기 한 커리에 감자 하나씩//
 산골짜기 오막살이 낮은 굴뚝엔/살랑살랑 솟아나네 감자 굽는 내//

보이나요? 굴뚝의 몽글몽글 연기가. 이번 주말은 가족과 함께 감자요리 어떻습니까? 참 좋아할 것입니다. 좋은 휴일 보내세요.

📧 0522 아침편지

미세먼지 많은 월요일 아침입니다. 주말 동안은 날씨가 좋아서 공원으로 산으로 나들이를 가는 이들이 많았습니다. 호수가 있는 곳은 가족 단위로 데이트하는 이들의 모습은 행복 그 자체였습니다. 호수는 예로부터 치수를 위해 만들었지요. 현대에는 주거지를 중심으로 호수가 있는 곳은 가격도 다르지요. 일산, 광교, 동탄, 대구 수성, 상무지구, 덕진 등등. 물의 힘은 잔잔하면서 편안함을 주지만 폭우나 여름철의 물은 세차기도 합니다. 비 온 뒤의 계곡의 흐름은 한 폭의 그림보다도 더 아름다움을 자아내어 선인들의 붓으로 살아나 오늘에 이르고 있는 것도 많습니다.

피카소는 "집 안에 그림 한 폭이 걸려 있는 집 아이들은 그렇지 않은 집 아이들보다 색감이 훨씬 더 발달한다."고 했습니다. 그림 한 폭씩은 다 있지요? 하늘이 흐리지만 아래 시를 읽으면서 푸른 하늘을 그려봅시다. 홍광일 시인의 시 <하늘아 너는 왜 푸른 것이냐>를 볼까요?

> 하늘아/너는 왜 푸른 것이냐/길 잃은 내 마음에/
> 푸른 길 열어 주고/힘들고 지친 내 마음에/
> 푸른 싹 돋게 하고/푸르게 걸어가라/끝없는 그 함성/
> 나 그렇게 걸어가리라/푸르게 푸르게//

희망과 용기가 보이지요? 이러한 마음으로 5월 마지막 주 출발합니다. 이 주말은 사흘간 휴일이잖아요.

📧 0523 아침편지

햇살 밝은 조용한 화요일 아침입니다.

오늘 어떤 소중한 생각을 가지고 오셨나요? 자신이 살아갈, 살아 온 많은 생각과 지성의 틀 속에서 사람과 사물을 대합니다. 지나온 일은 과거이지만 내 생각과 의미 부여에 따라 달라집니다. 좋은 기억은 좋은 추억으로 남아 있습니다. 가슴 아픈 일, 안타까운 일들은 그 자체만 생각하면 안타까움으로 남아 있지만 그로 인해 나의 변화가 된다면 그것도 의미가 있는 것이지요. 나를, 그를 사랑하는 마음이 있으면 다 통하는 것 아닐까요? 무엇인가를 소중히 여기는 것들이 많이 있지요. 단 하나라서, 어떤 기념이라서, 소중한 이가 준 것이라서… 등등 정작 소중한 것은 거기에 의미를 부여하고 공을 들인 자기 자신이 한 노력이라는 것입니다. '나는 대충 살거야', '어렵고 힘들게 80여 년을 살거야', '다른 사람들을 힘들게 하면서 살거야'와 같이 이렇게 결심하는 사람은 없지요. 왜? 자신이 소중하니까요. 어린왕자는 "너의 장미꽃이 그토록 소중한 이유는 그 꽃을 위해 네가 공들인 시간 때문이야"라 한 것처럼. 소중한 날들이 많이 있습니다. 오늘처럼!

📧 0524 아침편지

한 주의 중간 수요일 아침입니다. 자기 자리를 지키고 있는 이들과 자연은 아름답습니다.
대신해 줄 수 없는 자리도 많이 있습니다. 가족의 관계가 그런 것이에요. 우리는 누구의 자녀이며 곧 부모이기도 합니다. 떨어져서 생각할 수 없는 억겁의 인연이 내게 와 있는 것이에요. 불가에서는 부모 자식 간을 일만 겁의 연이라 합니다. 그러니 거기에는 무한한 사랑과 존경, 애뜻함이 항상 있는 것 아닐까요? 함께 할 시간이 그리 많지 않습니다.
참 아름다운 공원과 주변의 꽃들이 있는 5월이 지나가고 있다고 생각하니 아쉬움이 많습니다. 내년 5월을, 그리고 풍성한 가을을 기대해 봅니다.   하인리히 하이네의 <참으로 아름다운 5월>을 볼까요?

> 참으로 아름다운 5월,/모든 꽃봉오리 피어날 때/
> 나의 가슴속에도/사랑의 꽃이 피었어라//
> 눈부시게 아름다운 5월에/모든 새들 노래할 때/
> 나의 그리움과 아쉬움/사랑하는 이에 고백했어라//

이런 사랑이 있지요. 언제 고백을 했는지 아득하기만 합니다. 좋은 5월! 우리(내) 안의 꽃향기가 만 리 길까지 퍼지면 좋겠습니다.

✉ 0525 아침편지

5월의 목요일 아침은 그 어느 때보다 신선합니다. 산 가까이 있는 저는 아침에 창, 현관을 열면 새소리가 가득합니다. 맑은소리에 온 자연을 다 깨우듯 합니다. '일어나 밥 먹고 일을 해야지!'라며 재촉하지요.
일이란 무엇인가요? 어떤 의미를 갖는가요? 일은 우리에게 평생 해야 할 일이지요. 그러면서 그 일을 조밀하게 해나가야 하는 것도 있을 거예요. 내가 해야 할 것인데, 그 시간의 밀도가 중요하다고 합니다. 시간의 밀도는 보이지 않지만 계산은 정확하다는 것이에요. 그런데 그 시간이란 것 중에서 가장 안타까운 것은 가까이 있는 사람들과의 시간이 그리 많지 않다는 것입니다. 안타까운 시간은 왜 그리 빨리 가는지 말이지요. 그래도 주변에 있는 사랑하는 사람들, 작지만 이루어진 일들로 해서 열락의 장에서 함께한 것을 기억하고 또 그렇게 만들어가고 있는 중이지요. 부모님들과의 시간은 더 유한합니다. "되도록 많은 시간을 함께 보내세요. 추억을 많이 만드세요. 시간이 많지 않아요." 가정의 달이 다 가기 전에 그분을 생각하고 함께하는 시간이면 좋겠습니다.

✉ 0526 아침편지

어제 이른 저녁때 아주 기쁜 소식이 있었습니다. 지난 해 6. 21.일 2차 누리호 발사에 이어 3차 발사를 성공한 것입니다. 우주로의 인간의 기대가 훨씬 앞당겨진 쾌거입니다. 그것도 세계 7번째라니 굉장한 성과를 이룬 것입니다. 발사 10분 전부터는 자동운용으로 카운트되었으니 그 기술력도 대단한 것이라 평가합니다. 참 대단한 국가이지요. 다 같이 축하와 천착(穿鑿)한 과학자들에게 경의를 표합시다. 실패를 거듭하지만 언젠가는 성공하겠다는 의지와 노력의 결과물이지요.

'23 NBA 플레이오프 1라운드 탈락한 밀워키 벅스의 야니 아데토쿤보, '23년은 무의미했다'라는 기자의 말에 "마이클 조던은 15년을 뛰는 동안 여섯 번 우승했다. 그렇다면 나머지 9번은 실패였을까요? 어떤 날은 당신에게 기회가 오고, 또 어떤 날은 당신 차례가 아닐 겁니다. 우리는 내년에 반드시 우승할 겁니다. 그러면 오늘이 성공을 향하는 과정이 되어 있겠죠." 실패는 누구에게나 찾아오고, 성공도 그만큼 누구에게나 곁을 내주지요. 이런 실패와 성공 중에서 무엇을 더 오래 안고 있을지는 각자의 몫이 됩니다. 내일은 이 땅에 부처님의 가피(加被)가 더 잘 전해오는 날입니다. 기쁘게 삶에 다가가 보는 기회가 되었으면 좋겠습니다.

📩 0530 아침편지

5월이 아름다움을 남기고 다음을 기약하는 아침입니다. 지난 휴일 간 내린 비는 참한 비였습니다. 땅속까지 차근차근 적셔지는 그런 비였지요. 풍성한 결실을 기대해도 좋을 듯합니다.
오늘은 현충일을 앞두고 묘역 정비를 하는 날입니다. 선열들의 충성과 정성이 오늘을 있게 한 기틀이 되었습니다. 생각하고 잊지 않게 하는 것이 현재를 살아가는 우리들의 몫인 것이에요. "어머니! 상추쌈이 먹고 싶습니다."라 남긴 학도병의 절절함이 더 애잔하게 합니다. 애타하는 그 어머니의 모습이 선합니다. 흐드러진 꽃의 계절이 마감하면서 반칠환의 시 <꽃 밥>의 향기와 안개를 만나보죠.

> 꽃을 피워 밥을 합니다/아궁이에 불 지피는 할머니/
> 마른나무에 목단, 작약이 핍니다/
> 부지깽이에 할머니 눈 속에/홍매화 복사꽃 피었다 집니다/
> 어느 마른 몸들이 밀어내는/
> 힘이 저리도 뜨거울까요/만개한 꽃잎에 밥이 끓습니다/
> 밥물이 넘쳐 또 이팝꽃 핍니다/

안개꽃 자욱한 세상, 밥이 꽃을 피웁니다//

참 시인은 이렇게도 꽃을 아름답게 표현할까요?

✉ 0531 아침편지

계절의 아름다움의 절정이 지나고 있는 오월 마지막 근무일 아침입니다. 오늘 아침은 바람이 꽤나 불어 온도차가 아니면 북풍한설 같은 바람이네요. 멀리서 날아와 전하는 사랑의 쪽지 같습니다. 그 사이로 비치는 햇살은 '그대'의 밝은 미소라 더 기쁩니다.

우리는 삶을 살아가는 날이 쌓일수록 감동하는 일이 적어진다고들 합니다. 감정이, 익혀됐던 감성이 발현하는 데 더 많은 시간이 필요한 것이어서 조금 늦게 나타나서이지요. 둔감해진 것도 한 몫을 한 것이지요. '내가 그랬던가' 하는 느낌도 듭니다. 스스로 계기를 만들어 가는 것도 감성을 유지하는 방법 중의 하나입니다. 차량 바퀴소리, 풀숲에 떨어지는 빗방울, 처마를 타고 내리는 빗줄기의 직진성, 바람에 흔들리는 꽃잎들의 흔들림 등등 많습니다. 이제는 그를 느끼고 마음 한 켠에 저장해 두는 여유가 필요한 시대입니다. 6월인데 비도 가끔은 내리겠지요?

강은교 시인의 <빗방울 하나가>는 또 어떻습니까?

> 무엇인가 창문을 두드린다/놀라서 소리나는 쪽을 바라본다/
> 빗방울 하나가 서 있다가 쪼르르 흘러내린다//
> 우리는 언제나 두드리고 싶은 것이 있다/
> 그것이 창이든, 어둠이든/또는 별이든//

두드리니 놀라고 언제든 두드려 내 안의 나를 깨우는 것이 비가 되었네요.

✉ 0601 아침편지

6월의 첫 근무일 아침입니다. 바람은 선선하나 곧 여름이 됩니다. 6월의 꽃은 장미이지요. 온 지구에 제일 많은 꽃이 아마도 장미일 것입니다. 그를 찬미한 가객들도 많이 있지요.

'수요일엔 빨간장미를', '백만송이 장미', '건물 사이에 피어난 장미', '밤에 피는 장미', '겨울 장미', 4월과 5월의 '장미' 등등. 영국, 미국 등 유럽 국가에서 국화로 지정된 것은 없지만 장미를 국화로 인식하고 있지요. 6월 장미의 향기와 붉은색 꽃들이 아파트 담, 정원, 길가에 흐드러지듯이 피어 볼수록 흐뭇합니다. 그런데 그 장미에 가시가 있지요. 이 주말에는 지역의 호수 공원, 주변 공원에 장미 보러 가 보세요. 아무런 들에 핀 들장미도 좋습니다. 들장미의 영어 이름은 Wild Rose입니다. 들장미 소녀 캔디의 그 들장미이지요.

그 옆에 붉은색의 양귀비꽃도 하늘거리며 피어있을 것이에요. 오세영 시인의 <양귀비꽃>을 볼까요?

> 다가서면 관능이고/물러서면 슬픔이다/
> 아름다움은 적당한 거리에만 있는 것./
> 너무 가까워도 너무 멀어도/안 된다./
> 다가서면 눈멀고/물러서면 어두운 사랑처럼/
> 활활/타오르는 꽃./아름다움은/관능과 슬픔이 태워 올리는/빛이다//

다음 주가 현충일입니다. 조국의 전장에서 스러진 선인들을 생각하는 시간이면 좋겠습니다.

✉ 0602 아침편지

6월 첫 주 휴일을 앞둔 금요일 아침입니다. 비치는 햇살이 참으로 곱게 비치어 그 새벽의 맑음이 전해집니다.

아이들이 뛰어다니며 이 골목 저 골목, 아래 놀이터, 위 놀이터를 돌며 재잘거리는 모습이 참 싱그럽습니다. 어쩌면 그리도 상큼한지요. 어릴 적에 불렀던 동요들이 많이 있을 거예요. 그중에서 권오순 노랫말, 안병원 작곡의 <구

슬비>는 참 오래되었지요. 1948년 발표된 것이니 75년이네요.

송알송알 싸리잎에 은구슬/조롱조롱 거미줄에 옥구슬/
대롱대롱 풀잎마다 총총/방긋웃는 꽃잎마다 송송송//
고이고이 오색실에 꿰어서/달빛 새는 창문가에 두라고/
포슬포슬 구슬비는 종일/예쁜 구슬 맺히면서 솔솔솔

4분의 2박자의 귀엽고 산뜻한 느낌의 노래이지요. 점점 그 여린 멋이 단단하게 긍정의 변화를 가져 올 것입니다. 우리들의 미래인 아이들을 더 많이 아끼고 사랑해 줍시다. 사랑이 넘치는 휴일 되세요.

✉ 0605 아침편지

청명한 6월의 아침은 참 많은 것을 생각하게 됩니다.
내일은 현충일이니 더 뭉클해집니다. 올해 68회('56년부터). 추념하고 6·25전쟁이 발발한 시점이 6월이라 그리 정했다는 설도 있습니다. 서울 현충원은 6·25 전사자를 안치하기 위해 '52년부터 계획하여 '56에 개장하여 오늘에 이르고, 국방부 관리에서 오늘부로 국가보훈부로 이관됩니다. 오늘을 살아가는 현재인들이 선열들을 기리는 시간이 되어야 하는 이유이기도 합니다.
영국은 영령기념일인 11. 11.일(WWⅠ 종전일)에 양귀비꽃을 달고 추모합니다. 이는 WWⅠ 때 캐나다 군의관인 John McCrae 대위(1872~1918)가 친구이자 전우인 Alexis Helmer가 전사하자 장례를 치르는 플랑드르 평원에 수많이 핀 양귀비꽃을 보고 'In Flanders Fields'라는 시를 썼습니다. 여기에서 유래되어 추모하는 의미로 양귀비꽃을 달게 되었습니다.

(상략) 우리들 적과의 싸움을 이어가게./
쓰러져가는 손길로 횃불을 던지노니/
그대여 붙잡고 드높이 들게나/행여 그대가 우리의 믿음을 저버린다면/
우린 영영 잠들지 못하리/비록 플랑드르 들판에 양귀비꽃 자란다 해도//

변영로 시인의 <논개>는 또 어떻습니까?

아, 강낭콩꽃보다 더 푸른 그 물결 위에 양귀비꽃보다 더 붉은 그 마음 흘러라/

'여기는 민족의 얼이 서린 곳 조국과 함께 영원히 가는 이들 해와 달이 이 언덕을 보호하리라'
우리들의 현재 모습을 다시 한번 생각해 보는 시간이면 되길 기대해 봅니다.

📩 0607 아침편지

한 것 흐린 화요일 아침입니다. 마음만은 화창했으면 좋겠습니다. 어제는 현충일, 여러 가지를 생각하게 되는 날이었습니다. 저의 백부님도 6·25전쟁 초기에 참전하셨다가 전사, 유해 없이 위패만 봉안되어 있습니다. 이 땅에 다시는 그와 같은 비극은 없게 이제 후손들이 해야 할 과업이에요. 각자의 힘이, 나라의 힘이 되어 당당하게 나아가야 할 때입니다.
오스트리아의 정신과 의사인 알프레드 아들러(1870~1937)는 "인간의 성격은 도덕적인 판단 근거가 될 수 없다."라고 하였습니다. 이는 아들러의 핵심 사상으로 성격에 따라 능력의 유무를 따지고 선악을 따지는 것은 옳지 않다는 것을 뜻합니다. "그가 한 일을 가지고 판단해야 한다."라고 제시합니다. 자기 스스로 못났다고 자책하는 게 뭐가 나쁘냐고 반문하는데, 자기가 못났다고 느끼는 감정 자체가 스스로를 자극하게 되고 결국 열등감을 이겨내는 동력이 되기 때문이라고 말하였지요. 저도 제가 많이 못났다고 생각한 적도 여러 번 있었습니다. 물론 어린 성장 과정에서 있었지요.
이제는 그것을 넘어 더 나은 자신과 이곳의 영속성을 굳세게 이어가야 하니 작은 감정에 휘둘리지 않는 단단한 마음이 있어야 하겠습니다. 다들 능력과 열정을 가지고 있으니까요!

✉ 0608 아침편지

비 소식은 없는데 이틀 연속 흐린 날 아침입니다.
우리는 지나온 일에 대한 기쁨과 아쉬움, 후회 등을 하게 됩니다. '아! 그때 이렇게 할 걸', '이렇게 했다면 달라졌을걸' 등 뒤돌아보게 됩니다. 그 당시에는 그게 최선의 선택이었는데도 말입니다. 그러나 너무 거기에 빠진다면 삶 전체에 대한 회의가 있으니 주의해야 할 일이기도 합니다. 지금까지의 삶에는 순간순간 최선을 다한 과정이고 그 종결 지점은 아직 아닌걸요. 켜켜이 쌓여 온축된 삶이니 아쉬움은 있겠지만 최선을 다한 삶, 사랑이 그득하니 후회나 심각하게 받아들이는 것은 조금 뒤로 미루어도 충분합니다.
마치 아기 공룡 둘리의 고길동처럼 시간이 지나면 달리 보이기도 합니다. 지난달 24일, 탄생 40주년에 '아기공룡 둘리:얼음별 대모험'으로 돌아온 둘리의 열풍이 크다고 하네요. 고달픈 삶을 살아가는 이 시대의 고길동에게 둘리는 타인과 비교하지 않는 법, 온전히 나 자신을 사랑하는 법, 자신이 진정 원하는 것을 찾는 법 등을 제시하지요. "아직 일어나지 않은 일은 등짐에서 가뿐히 내려놓자"라며 용기를 주기도 합니다. 고길동의 편지도 관심사이지요. '시간은 공평하게 제 어깨 위에 내려앉았습니다. 한때를 추억하는 바로 지금이 내 미래의 가장 그리운 과거가 된다.'라는 편지글이지요.
지금이 최선이며 대충 살아가는 사람은 없잖아요. 좋은 목요일 되세요.

✉ 0609 아침편지

어젯밤에는 우르르 천둥과 함께 번개, 단시간에 비가 쏟아졌습니다. 아침에 흐리더니 단비를 뿌려 대지를 포장된 길들을 채워갔습니다.
광화문거리의 교보문고 건물의 새 글판이 교체되어 3개월간 게시되는 여름 글이에요. 안희연 시인의 <여름 언덕에서 배운 것> 시 중에서
'가고 있다는 사실만으로도 어떤 시간은 반으로 접힌다/
펼쳐보면 다른 풍경이 되어 있다'입니다. 이 시의 앞 절은 '나는 무수한 언덕 가운데/왜 하필 이곳이어야 했는지를 생각했다/'입니다. 돌아보면 많은

시간이 참 아련하고 청춘의 시기도 금새 지나가지요. 80년을 산다 해도 3만 일이 채 되지 않는데 말이지요. 청춘은 아름답다고 합니다만, 청춘은 힘들고 쓰리고 안타까움이 더 많은 시간이 됩니다. 청춘이 아름다운 것은 청춘의 '추억'이 아름다운 것이라 하지요. 그 추억을 이 여름 잘 쌓아가길 기대해 봅니다. 좋은 휴일 되세요.

📧 0612 아침편지

6월의 중순으로 가는 때입니다. 비가 간간이 세차게 내려 여름이 되고 있음을 느끼게 합니다. 한 곳에 너무 많이 내려 피해가 없었으면 좋겠습니다. 단비처럼 내리면 더 좋습니다.
U-20 월드컵 축구에서 선수들이 참 잘 해내었습니다. 그 간의 쌓인 노력의 결과와 앞으로 발전성이 한계가 없을 듯합니다. 인성과 실력이 모두 갖춘 멋진 선수로 성장할 것을 기대해 봅니다.
다산과 추사는 조선 후기 뛰어난, 학문에 천착한 위인이지요. 다산은 서학으로 귀양, 踝骨三穿(과골삼천, 복숭아뼈가 세 번이나 구멍 뚫려 큰 고통을 겪다)의 노력으로 수양과 학문에 정진하여 강진에서 많은 글을 남겼습니다. 추사는 磨穿十硏 禿盡千毫(마천십연 독진천호, 10개의 벼루가 구멍이 나고, 붓은 1,000개나 닳았다.)의 천착이 오늘날 우리가 아는 추사가 된 것입니다. 자기만의 꾸준함이 현시된 것이라 할 수 있습니다. 좋은 한 주 되세요.

📧 0613 아침편지

화요일은 여전히 조용합니다. 저만 그리 느끼는 것이겠지요. 왠지 그러합니다. 유월은 어딜 가나 水菊이 한창이지요. 장미를 넘어 수국의 시간이 온 것입니다. 저는 보라색 수국이 참 좋습니다. 꽃말은 진심, 변덕, 소녀의 꿈 등이랍니다.
(흰색은 변덕, 관용, 핑크색은 소녀의 꿈, 진한 핑크색은 사랑, 보라색은 진심, 참을성, 파란색은 단란함)

범의귀과 식물이니 이름도 참 특이하지요.정훈희의 노래 <꽃밭에서>를 알지요?

> 꽃밭에 앉아서 꽃잎을 보네/고운 빛은 어디에서 났을까/
> 아름다운 꽃이여 꽃이여/
> 이렇게 좋은 날에 이렇게 좋은 날에/그 님이 오시면 얼마나 좋을까/
> 꽃밭에 앉아서 꽃잎을 보네/고운 빛은 어디에서 났을까/
> 아름다운 꽃송이//

1979년 칠레가요제에서 스페인어로 번안하여 최우수가수상을 수상한 곡이지요. 꽃밭에서처럼 더 좋은 시간 되세요.

ps. 'saxifragaceae'를 '범의귀과'로 번역했을까요? 제게도 알려주세요.

✉ 0614 아침편지

도심의 아침 하늘은 잔뜩 찌푸려 화가 조금 난 듯합니다. 이제 곧 해가 떠서 화가 풀리겠지요.
글씨를 많이 쓰지 않다 보니 펜으로 사각거리는 것보다 자판의 두드리는 소리가 더 많이 들립니다. 그래서 아마도 켈리그라피가 그림처럼 다가오고 있는 것일 수도 있습니다. 예전에는 人評을 '身言書判'으로 했지요. 요즈음 손 글씨로 쓴 것을 받거나 보낸 적이 드물지요? 어느 작가는 "손 글씨는 과학을 넘어서는 사람의 마음이며 정신"이라며 손글씨는 '퇴보하는 일이 아니라 잃어버린 것을 찾고 나를 바로 세우는 힘'이라고 했습니다. 대면하여 시험하는 경우 대부분 손 글씨로 생각과 답을 적어야 합니다. 글도 연필이나 만년필, 자판 등으로 기록하고 그것을 모아 활자로 인쇄되는 과정을 거칩니다. 필력의 근육과 타법의 자판기나 스마트폰의 근육은 조금 다르지요.
가지런한 글씨는 마음마저 푸근하게 합니다. 저는 좀 빨리 쓰는 편이라 글씨가 날아가기도 합니다만, 一筆揮之로 한 장을 채우는 사람들에게 경탄하곤 합니다.

이번 주말에는 멋진 친구에게 글씨로 편지 한 장 보내는 것은 어떤가요?

✉ 0615 아침편지

6월 시작이 엊그제 같은데 중순입니다. 소나기가 내리는 날이 잦을 듯합니다. 우산은 필수 휴대품이죠.
우리는 살아가면서 수많은 신호들을 만납니다. 가다서다를 반복하는데 잠시의 충전이 필요한 때이기도 합니다. 주변 경관을 본다든지 지나는 사람들의 다양한 삶의 표정을 사랑스러운 마음으로 바라보게 되지요. 사랑과 정을 담아서 글배우(본명 김동혁) 작가의 <신호등처럼>이라는 시처럼 말이지요.

> 우리가/신호등을 기다릴 수 있는 이유는/
> 곧 바뀔 거란 걸 알기 때문이다/
> 그러니 힘들어도 조금만 참자/곧 바뀔거야/좋게//

그렇지요. 곧 바뀔 거니까. 감내하고 나아가는 것이 삶이니까요. 비록 가는 동안 비바람, 北風寒雪이 이어질지라도 가야지요. 거기가 내가 가야 할 곳이니까 더 힘이 납니다. 사랑이 인정이 응원이 풍부하니 갈 수 있습니다. 좋은 날 되세요. 그리고 너무 고민하지 않아도 됩니다.

✉ 0619 아침편지

휴일을 보낸 월요일 아침은 신선합니다. 매일의 아침이 달라 보여야 건강한 삶을 살고 있는 것입니다.
「책 산책가」의 저자 카르스트 헨(1973~)은 "있잖아. 사람들은 읽는 걸 점점 잊어버리고 있어. 책 앞표지와 뒤표지 사이에 있는 사람들 이야기가 자신들의 이야기인데도 말이야. 모든 책에는 심장이 있는데 누군가가 읽기 시작해야 뛰기 시작해. 읽는 사람의 심장과 연결되기 때문이지."라 말하지요. 참 동화 같은 이야기이지요. 우리들 삶의 이야기들이 글로서 남게 되는 것에요. 누구나 글을 쓸 수 있는 능력은 천부의 달란트이지요. 다만 첫 시작이 어려운 것 아닐까요?

✉ 0620 아침편지

유월의 하순으로 가는 날, 참 괜찮은 날 아침입니다. 안전하고 좋은 날들이 이어지면 좋겠습니다.
약 2,000편의 글들을 남긴 에밀리 디킨슨의 <사랑이란 이 세상의 모든 것> 詩를 볼까요?

> 사랑이란 이 세상의 모든 것(That Love is all there is,)
> 우리 사랑이라 알고 있는 모든 것/(Is all we know of love)
> 그거면 충분해, 하지만 그 사랑을 우린
> (It is enough, the freight should be)
> 자기 그릇 만큼밖에는 담지 못하지.//(Proportioned to the groove)

어떤 쓸쓸함이 보이나요? 사랑의 충분성과 그 이상이 마치 옆에 와 있는 듯합니다. 점점 좋은, 기쁜 날들이 이어질 것입니다. 자신을 사랑하고 신뢰하니까요.

✉ 0622 아침편지

흐린 목요일 아침입니다.
우리나라 경관의 아름다움도 함께 하여 맑고 흐리고 비 내린 날들의 자연은 감탄과 겸손을 느끼게 하였습니다. 오직 이 땅에 지금의 시기에 존재하는 이만이 가질 수 있는 추억이 되기에 충분했습니다.
'오직'이란 단어는 '오직 한 곳으로' 뜻인데, 한 방향으로 나가는 길, 또는 물이 흘러가는 길을 뜻합니다. 이는 무엇과도 바꿀 수 없다는 뜻이기도 합니다. '하나뿐'이란 단어는 가장 소중하다는 뜻입니다. 기억을 지우려고 할수록 추억은 선명해지는 것은 무슨 이유일까요? 청춘의 추억이 아름다운 것이란 철학자의 정의한 것처럼 그 추억이 많이 쌓여 온축된 삶이 사랑으로 정으로 그득하면 좋겠습니다. 좋은 날 되세요.

✉ 0623 아침편지

흐린 날이 이어지고 휴일 동안에는 많은 비가 예상됩니다. 마음만은 쾌청해지면 좋겠습니다.
요즈음 밤꽃이 온 자락을 차지하고 있습니다. 밤꽃향기는 好惡가 있지요. 영국의 의사 에드워드 베치(1886~1936)는 1920년대부터 38가지 식물이 우리 정서에 미치는 치유 효과를 연구하였는데, 그중에 밤나무가 '영혼의 어두운 밤을 치유하는 효능이 있다. 모든 노력에도 더 이상은 아무것도 할 수 없다는 힘겨움이 찾아올 때, 이 밤나무가 치유의 힘을 준다.'라고 하였습니다. 밤의 단단함과 쉽게 접근하는 것을 일부러 거부하는 듯한 모양, 열매가 차면 스스로 벌어져 떨어뜨리는 자정력이 아닐까요?
이달은 호국보훈의 달로써 여러 가지 기리는 행사들이 있었습니다. 이 주말은 6·25전쟁이 발발한 지 73년이 되어 격전지역에서는 유해발굴도 이어지고 있어 안타까운 마음이 간절합니다. 그 선열들이 있었기에 지금의 우리가 있는 것이라 봅니다.편안한 휴일 되세요.

✉ 0626 아침편지

새벽부터 많은 비가 내리는 월요일 아침입니다. 기후 위기라 하는 데 주말 동안 많이 더웠을 것입니다.지혜롭게 견디어 내고, 이 지구가 우리 사는 터가 안전하면 좋겠습니다.
살아가면서 어렵지 않은 사람이 있을까요? 그 나름의 어려움과 고통을 가지고 살아가지요. 많은 관여 없이도 묵묵히 자신의 삶을 사랑으로 정으로 해내는 이들이 많습니다. 알베르트 키츨러는 「철학자의 걷기 수업」에서 "어딘가를 오랜 시간 걸었던 기억을 떠올려 보라. 줄곧 직선으로만 이어지는 길은 없다. 구불구불 곡선으로 이어지기도 하며 어떤 지점에서는 되돌아가야 할 때도 있다. 인생의 경로도 마찬가지다. 자기 자신에 이르는 길은 결코 일직선이 아니며 순탄하지도 않다."라고 했습니다. 일전에 '비가 오면 그치기 마련이다.'란 것과 일맥상통하지요.

비 내리는 날은 자신을 관조하기 좋은 날이기도 합니다. 일을 마치고 자신만의 시간을 가져보면 어떨까요? 오로지 나 자신만을 생각하는 시간 말이지요.

✉ 0627 아침편지

어제 비로 전국이 장마 시기로 들어섰다고 합니다. 약 한 달간은 비와 친구가 되어야 하겠습니다. 그 친구를 잘 만나고 관리하여야 전년도 같은 피해는 없을 것이라 봅니다.

아울러 걷기도 조금 제한을 받을 것인데, 서울은 지하도를 이용한 걷기가 가능하지요. 아무튼 햇살 밝은 날은 그와 함께 걸어보아야지요. 건강, 우의 다짐 등으로 걷기가 많이 있습니다. 둘레길, 자락길, 나들길, 물소리길, 여강길, 아라뱃길, 올레길, 큐슈올레길 등 이름도 다양합니다. (영어로는 the foot of a mountain, mountain edge, hillside 등)

걷기는 건강과 마음의 평안을 찾는 좋은 방법입니다. 어떤 이유로 인해 마음이 시끄러울 때 걷기를 통해 마음의 평안과 고요를 되찾을 수 있지요. 이러한 걷기의 본질적인 특징은 바로 일상을 잠시 멈출 수 있다는 점이지요. 그냥 걷는 것 그 자체입니다.

저는 군인으로서 오로지 전진하는 방법으로 걷기를(주로 야간) 했습니다. 그러면서 생각하는 것도 많았습니다. 걷기는 군 복무를 하는 청춘들이 힘들어하는 것 중의 하나이지요.(다른 하나는 병영생활) 배낭 위의 내린 서리는 그 자체만으로도 아름다웠습니다. 청춘이었으니까요!

📧 0628 아침편지

흐린 수요일 아침 북한산 자락에서 소쩍새의 맑은 소리를 들었습니다. '솥적다, 솥 적다'로 들릴 때도 있는 데 참 어려운 시절 얘기입니다. 참 슬프면서도 아련한 얘기이지요. 소나무 껍질을 밥이라고 먹던 때이니까요.

보이는 사람, 이야기, 사물이 나와 공감되는 부분이 많을 때 눈물이 흐릅니다. 영화의 한 장면 같은 일들이 내게 일어났을 때 더 크게 다가오는 것은 다정다감을 넘어 일치되었다는 것이에요. 미국의 생화학자 빌 프레이는 '눈물의 세 가지 유형'에 대해 말합니다. '지속적인 눈물'로 눈동자 표면의 윤활유 역할을 하는 것, '자극에 의한 눈물'로 양파를 깔 때 흘리는 눈물, '감정적인 눈물'로 기쁨과 슬픔의 마음이 불러오는 눈물이라 하면서 감정적인 눈물에는 Catecholamine 호르몬이 있어서 마음의 정화도 이룰 수 있다고 합니다. 엉엉 울고 싶을 때는 어떻게 해야 하나요? 양파라도 까야 할까요? 울고 싶은, 울고 있는 그 마음을 스스로 위로해 주고 그러한 이를 대하면 꼭 안아 주세요.

📧 0629 아침편지

날이 흐리더니 비가 내리기 시작합니다. 오늘 많은 비가 내릴 것이란 예보이니 안전에 유의해야 하겠습니다.

약 2주 전 우리나라 흉부외과의의 표본인 주석중 교수가 교통사고로 별세했다는 뉴스가 있었습니다. 횡단보도에서 우회전하는 트럭에 치이신 것이지요. 환자와 가까이 언제든지 달려올 수 있게 10분 거리에 집을 마련하고 워라벨은 생각지도 않고 오직 환자 진료와 수술에만 전념했다는 그 길에 안타까움만 전해집니다. 감히 범접할 수 없는 권위에 감읍할 따름입니다. 이렇게 애쓰고 헌신과 희생의 화신이신 분이 있어 우리 사회는 더 따뜻해지고 더 살기 좋은 곳이 되나 봅니다. 가꾸고 지켜내어야 하는 가치입니다. 최선을 다하는 하루 되세요.

✉ 0630 아침편지

비가 이틀 연속 내리고 있는 유월 마지막 근무일 아침입니다.
벌써 올해도 반이 지나고 있습니다. 반년 동안 열심히 달려왔지요? 이런저런 일들이 많이 있었을 것입니다. 머리속에 남는 것은 많지 않지만 그렇다고 아무것도 안한 것은 아니니 거름망을 통해 남아 축적되어 있을 것입니다. 이제는 잠시 쉬어가는 시간이 필요한 때도 있습니다. 몸과 마음을 조율하려면 쉬어가는 시간이 필요합니다. 잠시 신경을 끄는 시간, 복잡한 문제나 막연한 걱정을 내려놓고 요즈음 말로 '멍'하고 놓아버리는 시간이 필요합니다. 그래서 여름휴가도 7월이 주 기간인가 봅니다. 되새기는 것, 돌아보는 것, 헤아려 보는 것이야말로 너무 빠르다고 느끼는 삶의 속도에서 벗어나 우리 자신을 더 깊이 사랑하고 배려하는 마음을 잘 챙길 수 있는 방법입니다. 이 주말 흐린 날 속에서 자락이나 동산의 꼭대기에서 삶의 희열을 느끼는 시간이 되면 좋겠습니다.

✉ 0704 아침편지

여전히 도시의 화요일은 조용합니다. 오후부터 내일 오전까지 많은 비가 예상되는 흐린 날 아침입니다.
이 아침! 어제 일을 다 마무리하고 아침을 맞이하나요? 새로운 일을 구상하면서 이 자리에 왔나요? 너무 일이, 내 삶이 피곤하여 '그러려니' 하면서 지쳐 있지는 않나요? 인간의 삶이 원래 그런 것은 없지만, 피곤한 것은 맞는 말이지요. 육신을 움직이는 에너지가 필요한 것부터 모든 것이 그러합니다. 그래도, 그래도 존재하는 '나'이기에 나아가는 것 아닐까요? 그래도 좋게 보고 사랑이 나를 힘나게 하니 걱정마세요.
사람들은 다 비슷합니다. 영국의 전 수상 대처는 "최근에 가장 만족스러웠던 순간을 떠올려 보면 아무것도 하지 않고 편히 쉬었던 순간이 아니라 할 일이 태산처럼 많았는데도 결국은 그것을 모두 해낸 날이다."고 회고했습니다. 일이 많으면 많은 대로, 적으면 적은 대로 헤쳐 나가는 힘! 그게 이 편지

를 받는 모든 이에게 있습니다. '으쌰! 해 보지요 뭐!'

✉ 0705 아침편지

어젯밤, 비가 세차게 내렸습니다. 다행히 큰 피해는 없는 듯합니다. 이렇게 세찬 비는 그간 쌓여 있던 것들을 쓸고 가서 淨化를 한 느낌입니다. 흘러내리는 빗방울이 창을 두드리는 소리는 내면의 세계를 깨우는 소리! 도시이든 한적한 산사이든 시골 마을 집이든 비소리는 인고와 슬픔의 낙수인 것을 시인들은 안 것이지요.
이해인 님의 시, <비가 전하는 말>입니다.

밤새/길을 찾는 꿈을 꾸다가/빗소리에 잠이 깨었네//
물길 사이로 트이는 아침/어디서 한 마리/새가 날아와 나를 부르네//
만남보다/이별을 먼저 배워/나보다 더 자유로운 새는/
작은 욕심도 줄이라고/
정든 땅을 떠나/힘차게 날아오르라고/
나를 향해 곱게 눈을 흘기네//
아침을 가르는/하얀 빗줄기도/내 가슴에 빗금을 그으며/전하는 말
진정 아름다운 삶이란/떨어져 내리는 아픔을/
끝까지 견뎌내는/겸손이라고
오늘은 나도 이야기 하려네/함께 사는 삶이란 힘들어도/
서로의 다름을 견디면서/서로를 지켜주는 기쁨이라고.//

공감이 조금 되나요? 자기 공감(self-compassion)이 되어 치유의 길로 나아가게 합니다. 수요일 일찍 업무를 마치고 비 그친 거리를 걸어보면 좋겠습니다.

✉ 0706 아침편지

7월 첫 주 목요일 아침입니다. 얼마 전 구글에서 우리나라 7월이 3일 제외하고 비 내리는 날이라 예고한 적이 있지요. 예측이 한 참 빗나갔군요. 어제 밤은 서늘했지요? 적절한 비와 햇빛이 세상을 풍성하게 하는 요인인가 봅니다.
<미션 임파서블>영화 시리즈의 주연, 제작자인 톰 크루즈가 지난 주 개봉에 맞춰 내한한 뉴스가 있었습니다.
'22년 <탑건-메버릭>으로 익숙한 모습이었습니다. 이번 미임7-<데드 레코딩 파트 원>은 오토바이로 절벽에 추락하는 장면(scene)을 촬영 첫날에 찍었다고 합니다. 이에 톰 아저씨는 "제작비 2억 달러가 넘는 영화라 행여 오토바이로 자유 낙하 장면을 찍다가 심하게 다치거나 사망한다면 많은 돈이 낭비되기 때문에"라 전해집니다. 참 집념이 대단합니다.
그는 "아무것도 우연에 맡기지 않는다. 그래서 훈련과 테스트를 통해 디테일에 최대한 집중한다."고 하여 자신의 역할에 최선을 다하는 모습을, 대역 없이 한 것과 같은 말이기도 합니다.
일가를 이루는 사람들은 감히 범접할 수 없는 그 만의 특성이 있는 것이라 봅니다.

✉ 0707 아침편지

오늘 아침은 목포에서 선선한 바다바람과 함께 맞습니다. 사랑이 넘치는 살아가는 모습을 어디에서나 볼 수 있는 '스스로 그러함' 상태입니다.
「論語」, 顔淵篇에 사랑에 대한 진정한 의미를 가진 구절이 있습니다. '愛之欲其生, 惡之欲其死 旣欲其生 又欲其死 是惑也. (사랑은 그 사람을 살게끔 하는 것이오. 미워함은 그 사람을 죽이고자 하는 마음이다. 그가 살기를 바라기도 하고 죽기를 바라기도 하는 것, 이것이 미혹된 것이다.) 여기서 핵심 단어는 '애지욕기생'이지요. 사랑의 표현에서 제일입니다. 아끼는 마음, 그리움에서 시작되는 사랑이지요. 박목월은 이러한 마음을 그리움으로 표현하기도 했습니다. '그리움은 만드는 것이 아니라 마음에서, 온몸에서 우러나야 하며 그리움이 없는 사람은 시를 쓰지 못한다.'라고. 이제 7월의 주말입니다. 좋은 날 보내세요.

✉ 0710 아침편지

지난주 후반부터 아주 많은 비가 내리고 있습니다. 남도는 금, 토요일 장마의 한가운데 있는 듯 세차게 온 대지를 덮었습니다.
어제는 평창동에 있는 美四樓(김종영 미술관)에서 관조의 시간을 가졌습니다. 미국의 6대 대통령인 존 퀸시 애덤스(1825~1829)는 "당신의 행동이 타인들로 하여금 더 많이 꿈꾸고, 더 많이 배우고, 더 많이 일하고, 더 나은 사람이 되게끔 영감을 불어넣는다면 당신은 분명 리더이다."라 설파했습니다.

* 미국의 초대 부통령이자 2대 대통령 존 애덤스(1797~1801년)의 아들. 그의 외국어 능력은 탁월하였고(프랑스어, 독일어, 네덜란드어는 유창, 이탈리아어, 러시아어를 구사, 라틴어, 고대 그리스어는 문서로 공부함) IQ는 168.7로 추정된다고 합니다.

이와 같은 개인 역량으로 리더에 대해 정의한 것이 더 와 닿는 것 같습니다. 누구에게나 그 역량은 충분합니다. 발현을 어떻게 하느냐에 달린 것입니다. 내적동기와 외적동기가 합일되어 啐啄同時로 나타날 때 우리의 삶도 충분히 복 될 것입니다. 이번 주는 승진과 이동의 인사가 있는 날입니다. 다 들 원하는 바가 나타나길 기대해 봅니다. 리더이잖아요! 아울러 희망과 긍정의, 격려의 메시지가 그이에게 전해진다면 더 좋겠습니다. 좋은 한 주 되세요.

✉ 0711 아침편지

삼복더위가 시작되는 초복 날 아침입니다. 이제 시작이니 곧 끝날 것입니다. 흐리고 습도 많은 날 주변을 밝게 하고 쾌적하게 하여 분위기 전환도 필요합니다. 그리고 그 옆에 친구가 함께한다면 더 좋을 것입니다.
인디언 속담에 '친구란 내 슬픔을 등에 지고 가는 사람'이라고 하는데 나바호족 속담도 많이 알려져 있지요. '빨리 가려면 혼자 가고, 멀리 가려면 함께 가라'이지요. 이와 함께 사랑에 대해서 체로키족은 '사랑은 세상을 돌게 하는 것이 아니라 세상을 가치 있게 만든다.'도 있습니다. 친구와 사랑이 있는 세상은 더 살아가기 좋은 곳이 될 것임을 알지요. 어떠한 경우이든 우리들은 부모, 자식 관계를 벗어날 수 없는 존재이지요. 아이들의 희망과 슬픔, 애욕을 짊어지고 갈 수밖에요. 가장 가치 있는 삶을 살아가고 있는 모두를 응원합니다. 언제까지? 계속입니다.

✉ 0712 아침편지

연일 오락가락 비 있는 날 아침입니다. 언젠가는 그칠 것을 알기에 기다리는 느긋함도 있는 그런 날입니다.
생채기가 나서 아픈 곳이 있을 때가 있지요. 눈에 보이든 아니 보이든 상처입니다. 삶을 살아가면서 상처 없는 날들이 얼마나 있을까요? 작든 크든 내게는 상처이지요. 그런데 그 상처를 그냥 두면 더 아프게 됩니다. 그 상처를 지울 수는 없지만 상처를 바라보는 내 생각을 바꾼다면, 진정한 치유의 시작이 될 것입니다. 상처로부터 숨지 않고, 정면으로 맞서서 마침내 그조차도 내 삶의 소중한 일부로 만들어 마침내 남은 그림자와 함께 할 수 있을 때까지 가는 것이지요. 물론 힘 드는 과정이지요. 장석주 시인의 '대추 한 알' 보세요. 그래도 꿋꿋하잖아요.
이제는 나의 상처이든 지인의 상처이든 사랑과 정으로 보듬어 함께 해 주어야 할 시간입니다. 그 시간은 그리 많지 않습니다. 저도 그러겠습니다. 좋은 수요일 되세요.

✉ 0713 아침편지

흐린 날들이 이어지고 있습니다. 그래도 그날은 곧 그칠 것입니다. 그리 오래 가지 않지요.
　마음의 장마와 가뭄이 더 문제이지요. 결국은 마음의 안정과 평화, 사랑의 일 아닐까요? 이해인 수녀는 "가난이란 갖지 않는 것이 아니라 가진 것을 나누고 자족하여 마음의 평화를 얻는 상태"라 했지요. 내 마음이 풍성한 상태를 만드는 것은 결국 '나'이지요. 절대적 위치의 그 힘을 나도 어찌할 수 없는 것도 있지만, 최선을 다 해봐야 할 일이라 봅니다.

얼마 전 불의의 사고로 이별한 아산병원의 故 주석중 교수의 기도가 새삼 다가옵니다. "... but what can I do in the actual healing process? Absolutely nothing. It is all in God's hands"

(실제 치유 과정에서 제가 무엇을 할 수 있습니까? 절대로 아무것도 없습니다. 모든 것은 하나님의 손에 달려 있습니다.) 마음의 평화와 서로 격려와 용기가 되는 날이면 좋겠습니다.

✉ 0714 아침편지

밤새 많은 비가 내렸는데 큰 피해는 없는 듯합니다.
여하튼 좋은 인연을 소중히 건강하게 가꾸어 가면 좋겠습니다.
지난 주말 평창동 일대를 둘러보았습니다. 비 온 후라 계곡의 물소리가 한결 청아한 곳, 바위와 굽은 길의 주택가 사이에 있는 김종영 미술관이지요. 그 신관 이름이 四美樓입니다.

* 又誠 金鐘瑛(1915~1982)미술관, 조각가 김종영이 창원 본가의 '四美堂'에서 유래, 본가에서 옮겨와 사랑채로 활용한 것이라 합니다. 四美란 천하에 좋은 날(良辰), 아름다운 경치(美景), 기쁜 마음(賞心), 즐거운 일(樂事)인데 四者難幷(이것을 두루 누리기는 어렵다)이지요. 중국 남조 宋의 문장가 謝靈運(385~433)이 남긴 문장입니다.

전시된 미술품도 관람하고 고즈넉한 시간도 보낼 수 있는 사미루 카페도 있습니다.
도심의 산속 같은 곳에서 마음의 평안을 이 주말 가져보는 것은 어떤가요?

✉ 0718 아침편지

흐린, 비가 곧 내릴 듯한 아침 시간입니다. 청계천 둑방의 나리꽃이 못 보던 사이에 쑥 자라 점점이 박힌 꽃잎이 우아합니다. 여름꽃의 이름으로 백일 동안 피는 백일홍도 그 모습이 고택의 薰香이 도심에 피어나는 듯합니다. 삶의 모습이 그려지는 것이기도 하고, 지친 현대인들의 마음을 조금이라고 알아주는 스스로 그러함이라 생각합니다.

사랑의 기쁨이 넘치는 마음이 필요한 때입니다.

이해인 수녀의 시 <사랑이 기쁨>을 볼까요?

> 누가 시키지 않아도/자꾸만 무얼 주고 싶고/나누고 싶은 마음//
> 아픈 것도/내색 않고/끝까지 참고 싶은 마음//
> 장미를 닮은/사랑의 기쁨이겠지/가시가 있어도 행복한/
> 사랑의 기쁨이겠지//

여행을 통해서 이와 같은 사랑을 만나면 더없이 좋은 동행이겠지요? 휴식의 궁극은 빈둥거리며 여행하기라 합니다. 그리고 평소 어려운 책을 읽는 이에게 어지간한 독서는 다 휴식이 됩니다. 좋은 화요일 되세요.

✉ 0719 아침편지

모처럼 아침 햇살이 밝은 수요일 아침입니다. 아직도 남부지역에서는 많은 비가 더 예상되고 피해 또한 컸습니다. 기후 위기 상황에서 재해재난은 빈번히 일어날 것으로 예측하고 있어 이에 대한 면밀한 대비가 개인, 사회, 직장, 국가조직 모두가 해결해 나가야 하는 과제가 되었습니다. 지혜가 필요한 때입니다.

가슴 따뜻한 마음이 전해져 어려움을 겪고 있는 현재를 살아가는 모두에게 힘이 되었으면 좋겠습니다. 다음의 詩처럼. 이기철 시인의 <모르는 사람의 손이 더 따뜻하리라>를 볼까요?

> (상략) 생각하는 마음 때문에 세상 한쪽이 더워진다고 쓴 말을/
> 어디에 보관해야 정오까지 빛나겠니?/

샘물이 솟는 곳에서 살고 싶다던 사람을 서서 기다리면/
나무에 남은 온기가 절반은 식어도/모르는 사람의 손이 따뜻하리라//

손이 따뜻해지는 것이 전해 오지요? 사람이 있어 세상은 따뜻하다고 한 시인의 울림이 있습니다. 인연을 소중히 건강하고 튼튼하게 가꾸어 가는 날 되세요.

📩 0720 아침편지

한 주의 후반에 오니 피로가 많이 왔습니까? 지인, 고객, 오가는 식구들 등등 그 이들이 있으니 나의 삶도 복된 것이라 봅니다.
이틀 연속 볕이 들어 꿉꿉하던 것들이 보송보송합니다. 주말에는 또 비가 온다하니 '여우비' 정도이면 좋겠습니다. 여우비를 들어봤지요? 볕이 나 있는 날 잠깐 오다가 그치는 비를 말합니다. ('여우가 호랑이와 결혼하자 짝사랑한 구름이 애써 환한 미소를 보이며 눈물을 흘렸다.'는 얘기) 유사하게 **여우별**(비나 눈이 오는 날 잠깐 났다가 숨는 별), **여우볕**(궂은 날 잠깐 났다가 사라지는 별)도 있습니다. 또, 이선희의 '여우비'도 있습니다.

마음이 사랑을 따르니/내가 뭘 할 수 있나요/
이루어질 수 없는 이 사랑해/내 맘이 너무 아파요//

2010년 SBS드라마 '내 여자 친구는 구미호'의 OST이였지요. 좋은 하루 되세요.

📩 0721 아침편지

아침부터 기온이 많이 올라가고 있습니다. 참 중복이군요. 심신을 유연하게 가져 이보다 더 한 기후의 위기가 있을 때도 잘 견디어 여유 있는 시간이 되면 좋겠습니다.
조금은 비워두어야 채울 수 있습니다. 노자 도덕경 제11에 '有器之用(유기지

용)'이라는 구절이 있습니다. '埴以爲器 當其無 有器之用(찰흙을 빚어 그릇을 만들지만 그 가운데가 비어 있기 때문에 그 그릇이 쓸모 있는 것이다.)'입니다. 비어 있어야 채울 수 있다는 것인데, 그 비우기가 쉽지 않습니다. 칠정에 얽매일 수밖에 없는 인간인지라 어찌할 수 없는 것도 있습니다. 그래도 비워 보세요. 아마도 비운 것보다 더 많은 것들로 채워질 것입니다. 일정 기간 함께한 이들이 오늘을 기점으로 당분간 격리 근무이군요. 만났던 그 인연을 소중하고 건강하게 가꾸어 내 삶의 일부분을 차지한 사람들의 마음을 잘 간직하면 좋겠습니다. 산과 들, 거리에, 작은 공원에 피어난 나리꽃처럼 점점이 박힌 그 마음임을 알 것입니다. 좋은 휴일 되세요.

✉ 0724 아침편지

주말 동안 많은 비가 전국적으로 내렸습니다. 이번 비로 인해 많은 이가 삶의 터전과 생명을 잃은 이가 많았습니다. 자연의 위력 앞에 사람의 부실, 제때 제대로 처리하지 못해 안타까운 일들이 있어서, 막을 수도 있었을 텐데 하는 생각도 듭니다. 그래도 헤쳐 나가서 안정을 되찾는 시기가 더 당겨졌으면 합니다.
그 이후 추억을 얘기할 수 있는 시간이 될 것입니다. '그때 참 그랬지.'하고 말이지요. 조금 한가해진 옛 추억의 들녘이 생각나는 때입니다. 김종삼(1921~1984)시인의 시 <묵화>를 볼까요?

  물 먹는 소 목덜미에/할머니 손이 얹혀졌다/이 하루도/
  함께 지났다고,/서로 발잔등이 부었다고,/서로 적막하다고,//

워낭소리와 함께 生口로서 아득한 수묵화가 그려지지요?

✉ 0725 아침편지

비 조금 내릴 듯한 흐린 화요일 아침입니다.

어제 저녁에는 스포츠 수영에서 기쁜 소식이 있었습니다. 세계수영선수권 대회 남자 200m자유형에서 황선우, 이호준 두 선수가 결선에 진출하였습니다. 오늘 저녁 여덟시에 결선이 있습니다. 박태환 선수보다 더 나은 실력을 갖추었다고 하니 응원합시다. 여러 분야 중 특히 수영이 한국인의 체형, 근밀도 등에서 실력 발휘가 어려운 종목중의 하나였지요. 무한한 가치를 능력을 발현해 내는 청춘들이 있어 행복과 열락을 얻게 되었습니다.

얼마 전 평창동의 추상 조각가 김종영 미술관을 언급했습니다. 그 작가의 말 중에 "무한의 가치, 이것은 인간의 자각이다. 인생은 한정된 시간에 무한의 가치를 생활하는 것. 인생에 있어서 모든 가치는 사랑이 그 바탕이다." 하면서 "예술의 목표는 통찰"이라는 것이 있습니다. 사랑이 그 바탕임을 재강조한 것이지요. 모든 것이 사랑! 이에요. 사랑이 넘치는 날들, 삶으로 점철되기를 기대하고 노력하겠습니다.

✉ 0728 아침편지

장마가 끝났다고 하네요. 더위가 점점 우리들을 힘들게 할 것입니다. 을지로 본점 동측에 배롱나무 세 그루가 있는데 여름꽃을 한 참 자랑하고 있습니다. 풀꽃들이 자리하던 때를 나무꽃이 분홍빛으로 가을 초입까지 옆에 있을 거예요. 조금 힘들더라도 배롱나무꽃 보면서 용기를 내어 보죠! 나를 사랑하는 무한 긍정의 마음으로 보면 좋겠습니다.

'Mind-set은 자기암시를 통해 변화, 관심과 애정을 갖고 있는 대상에게 책임감을 느끼는 순간, 우리는 더욱 강인해지고 행복해진다.'라고 하지요. '나는 무언가 중요한 일을 하고 있는 사람이다'라는 자긍심과 자부심이 그들을 더욱 건강하고 쾌활하게 만듭니다. 그래서 난관을 만나서도 물러설 것이 없고 내가 꿈꾸는 삶을 온전히 지킬 권리와 책임이 내게 있는 것입니다. 아무도 내게 상처를 줄 수는 없기에 더 그러합니다. 7월의 마지막 주말 휴일입니다. 쉼이 필요한 모두에게 그날이면 될까요?

✉ 0731 아침편지

7월의 마지막 날 아침입니다. 더위도 한창입니다. 곧 8월이니 잘 견디어 냅시다.

이럴 때는 어릴 적 시골의 평상, 달빛 있는 저녁, 밤이 생각나지요. 쑥으로 연기를 피워 모기를 쫓으며 도란도란 말소리와 웃음, 노각냉채, 남루 등. 정호승 시인의 <여름밤>은 또 어떤가요?

> 들깻잎에 초승달을 싸서/어머님께 드린다/
> 어머니는 맛있다고 자꾸/잡수신다//
> 내일 밤엔/상추잎에 별을 싸서 드려야지//

정겹고 다정 다정한 모습이 그려지나요? 좋은 날들이 계속될 것입니다.

✉ 0802 아침편지

한여름의 날임을 여실히 보여주는 수요일 아침입니다.

자녀들에게 물려 줄 유산을 무엇이라 생각하나요? 우리에게 알려진 성공한 사람 중에서 정식교육은 제대로 받지 않았으나 시대의 과학문명을 선도한 이들이 있습니다. 일론 머스크, 제프 베이조스, 빌 게이츠, 워런 버핏, 마크 저커버그, 스티브 잡스 등등 이들의 공통점은 엄청난 독서가들이란 것이지요. 워런 버핏은 "성공하려면 독서량을 보통 사람의 5배로 늘려라. 하루에 500쪽을 읽으면 그게 일을 대신해 줄 것"이라 단언하고 여가의 80%를 독서로 보냅니다. 스티브 잡스도 "우리 아이들은 아이폰과 아이패드를 하지 않습니다. 나와 식탁에서 책을 읽고 역사에 대해 토론하는 것을 좋아하지요."라 했지요. (아이폰 창시자가 자기 아이들에게는 못 하게 한다?)

자녀들에게 "물려줄 수 있는 최고의 유산은 책 보는 아버지의 뒷모습"이 꼭 맞습니다. 공감과 실천이 따르는 삼복더위에 독서만큼 시원한 것도 적지요. 좋은 날 되세요.

✉ 0803 아침편지

유월 보름이 하루 지난 새벽달은 아직도 서쪽 하늘에 걸려 있는 아침입니다. 물론 지구 자전이 아쉬운 듯 달을 보고 있는 것이에요. 두 달 후면 추석의 풍성함으로 다가올 것입니다.
미국의 산악인 릭 리지웨이(1950~)는 그의 책 「지도 끝의 모험」에서 "나는 뭔가를 정복했다는 느낌이 전혀 들지 않았다. 우리는 세상에서 가장 멋진 산꼭대기에 있는 작은 두 사람이었을 뿐, 산은 우리에게 무관심했다."라고. 저도 우리나라에 있는 여러 산을 다녔지만, 한 번도 정복했다는 생각은 하지 않았지요. 산이 그저 거기 있으니, 가까운 곳에 근무하게 되니 가게 된 것이랍니다. 한때 그곳에 있었다는 것이 기쁨이고 가까이 있지 않다면 시간을 내어 다녀와야 하니까 별도의 시간이 필요하지요. 한 발 한 발 높이에 따라 다르게 나타나는 자연은 참 대단하지요. 그 자리에 태고적부터 있었는데 나만 새로이 느끼는 것이니 작은 존재랍니다. 그리고 인간은 참 위대한 존재이기도 합니다. 좋은 목요일 되세요.

✉ 0804 아침편지

더위가 한풀 꺾인 듯한데 여전히 기승입니다. 습도가 높아서 더 그렇게 느끼나 봅니다.
이 여름도 더위도 곧 아마도 열흘 정도이면 사그라질 것입니다. 또 멋진 가을이라는 세계가 다가오는 것에 준비가 필요합니다. 결실!
2014년에 개봉된 영화 <인터스텔라>를 알지요? 황폐해져가는 지구를 대체할 인류의 터전을 찾기 위해 웜홀을 통해 항성 간 우주여행을 떠나는 탐험가들의 모험을 그린 것입니다. '중간, 사이'의 'inter-' 와 '별의' 뜻하는 'stellar'의 합성어이지요. 영화의 캐치프레이즈는 "우리는 답을 찾을 것이다. 늘 그랬듯이. (We will find a way. We always have.)"입니다.
길이 없는 곳에서 아득히 보이는 가느다란 한 줄기 빛이라도 있다면 언젠가는 이루게 되는 것이 희망이지요. 그 희망의 자락에 서 있는 모두는 잘 될 것입니다.

📩 0807 아침편지

주말 동안 폭염을 넘는 더위가 곁에 있었습니다. 앞으로도 매년 함께 가야 할 녀석이군요.

일에 대한 가치가 서로에게 다르게 다가오지요. 추구할 가치와 목표가 어떠한 것이냐에 따라서 대하는 자세도 다르게 나타납니다. 우리는 '일'을 찾으려 직장을 구하고 거기에서 나의 삶의 변화를 꾀합니다. 그러면서 희망과 좌절, 도전, 새로운 이직 등을 통해 삶의 흐름을 이해하게 됩니다. 얼마 전 S 전자 고문에서 퇴직한 고동진 고문은 최근 「일이란 무엇인가」에서 자신의 직장인으로서 가치와 도전을 자세하게 기술하였습니다. 입사 후 50초 브리핑을 시작으로 자신을 나타낼 수 있는 것들을 구상하고 실천합니다. "창의력은 현장을 뛰는 발에서 나온다. 일하지 않을 때도 목표를 생각하고 추구하며 노력하는 것이 워라밸이다.", "무조건 '열심히'가 아니라 구체적 계획을 강조"였지요. 물론 그 위치까지 진출한 이가 아주 드물다는 것에 공감하면서도 없지는 않다는 것이지요. '21년 퇴직하면서 118억 원 정도의 급여를 받았는데, "열심히 하면 이 정도 받을 수 있다고 청년들이 생각하면 좋겠다."라고 피력하기도 했습니다.

그러면서도 사랑이, 仁이 충만한 직장생활이 되면 더 좋겠습니다. 이제 더위도 한 10여 일 정도이면 수그러들 것입니다. 좋은 한 주 되세요.

📩 0808 아침편지

어느 화요일보다 도시 소음이 있는 8월의 '섬의 날' 아침입니다.

* '8'은 섬의 둥근 모양을 상징, 섬의 무한한 (∞) 잠재력을 의미하여 8월 8일 서녘 하늘에 걸려 있는 달이 새 아침을 깨우고 자신의 소임을 다한 모습으로 환합니다.

주변에 있는 내 옆에 있는 사람들과 존재하는 것들에 고마움을 수시로 느끼게 됩니다. 혼자 살아가는 것이 아니니 더 그러한 것 같습니다. 그 사람들이 없다면 나의 존재는 아무것도 아니기도 하고. 많은 사랑과 정을 담뿍 담아야 할 이유입니다. 그저 눈물 한 방울만 땡그랑 할지라도 말이지요. 나태주 시인의 시 <선물>을 볼까요?

> 하늘 아래 내가 받은/가장 커다란 선물은/오늘입니다//
> 오늘 받은 선물 가운데도/가장 아름다운 선물은/당신입니다//
> 당신 나지막한 목소리와/웃는 얼굴, 콧노래 한 구절이면/
> 한 아름 바다를 안은 듯한 기쁨이겠습니다//

참 고운 당신입니다. 좋은 하루 되세요.

✉ 0809 아침편지

어제 입추가 지나더니 아침, 저녁 시간대는 약간 선선해졌습니다. 여름도 아무리 더워도 두 달을 버티기 어렵지요. 다음의 계절에 인계하고 다음 해를 기약합니다. (아마도 내년에 더 세게 찾아올 것 같은 예고를 남기고.) 잘 견디어 준 우리와 수많은 생명들에게 감사할 따름입니다. 더 절절히 사랑의 마음이 확장되면 좋겠습니다.

강가의 풀들도 초록을 뽐내고 있지만 사그락사그락거리는 갈대로 변할 때가 얼마 안 남았지요. 신경림 시인의 <갈대>를 볼까요?

> 언제부턴가 갈대는 속으로/조용히 울고 있었다/
> 그런 어느 밤이었을 것이다. 갈대는/
> 그의 온몸이 흔들리고 있는 것을 알았다//
> 바람도 달빛도 아닌 것/
> 갈대는 저를 흔드는 것이 제 조용한 울음인 것을/까맣게 몰랐다/
> -산다는 것은 속으로 이렇게/조용히 울고 있는 것이란 것을/
> 그는 몰랐다//

조용히 속으로 울고 있는 모습이 그려지나요? 나이 든 우리들의 모습이기도 합니다. 좋은 수요일 되세요.

✉ 0811 아침편지

태풍의 영향이 아주 많을 것으로 예상되었으나 큰 피해 없이 지나간 듯합니다. 우리들이 살아가는 이 지구별의 모습이 많이 달라지고 있는 것을 실감합니다. 자연의 위력 앞에 무기력해지는 것은 우리들의 나약함보다도 그 자연을 함부로 대한 대가일 것이라 생각해 봅니다.

우리는 삶을 살아가는 동안 어떠한 사람을 중요하다고 생각할까요? 여러 가지 가치 기준이 있겠지만, 저는 "당신에게 관심을 갖는 사람들이 가장 중요하다."고 생각합니다. 나를 제대로 이해하고 응원해 주는 것은 나에 대한 작은 관심이니까요. 요즈음은 다 들 바쁘게 살아가니 관심을 가진다는 것은 용기와 정성이 필요해졌습니다. 예전에는 그 '관심'이 사랑으로 전환되어 '仁'을 실천하는 하나의 방법이 되었지요. 그런데 요즈음은 타인에 대한 관심은 과도한 관여라 생각하여 별 관심을 보이지 않지요. 각자가 알아서 살아가는 개별주의가 더 많아졌지요. 그래도 혼자서는 살아갈 수 없는 인간의 운명이니 조금은 더 둘러보고 보아주는 게 있어야 삶의 윤활유가 될 수 있습니다.

태풍 후의 비를 보면서 마음의 여유를 가지면 어떨까요?

✉ 0814 아침편지

입추가 지나더니 낮시간 동안은 더위가 이어지지만 아침, 저녁으로는 선선합니다. 이제 결실의 계절이 다가오는 가을이 곧 오고 있습니다.

내일은 조국의 암울한 시기를 벗어나 새 빛을 회복한 광복절입니다. 수십 년 동안 풍찬노숙을 마다하지 않은 선열들이 있었기에 오늘날의 우리들이 여기 있습니다. 더 나은 평화롭고 자유와 안전의 땅을 만들어가야 하는 이유이기도 합니다. 이제는 과거의 얽매이는 것을 탈피하여 화합으로 전진해야 하는 때입니다. 마치 개인은 크지만 사소한 고민에 빠져 물통에서 빠져나오지 못하고 맴도는 것에서부터 탈출이 필요한 것과 같습니다. 놓아주어야 할 것들이 있는 것이라 봅니다. 그리고 '이 정도면 충분해' 하는 자신감도 필요합니다. '거두다'란 의미의 가을이 옆에 자리할 것이니까요. 좋은 날 되세요.

📩 0816 아침편지

입추와 처서의 중간 기일이라서 아침 공기가 약간 선선해졌습니다. 많은 이들이 더위를 피해 공원, 둘레길, 주택가의 작은 공원에서 하늘거리는 나뭇잎 아래서 보내는 휴일은 평화롭기 그지없었습니다. 멀리 보이는 것에 대한 소망이 곧 앞에 나타날 것이라 봅니다. 벤치에 연인의 무릎을 베고 담소하는 모습은 천상 천사이지요. 괴테의 시 <연인 곁에서>를 볼까요?

> 태양이 바다에 미광을 비추면/나는 너를 생각한다//
> 희미한 달빛이 샘물 위에 떠 있으면/나는 너를 생각한다//(하략)

영화 '클래식'에서 대를 이어 고향 집 나무다리에서 반딧불이를 손으로 가려 옮겨 주는 서정을 표시하는 말이었지요. 마음의 평안과 거리낌 없는 날들이 되길 바랍니다. 수요일이에요.

📩 0817 아침편지

8월의 중순으로 가는 때입니다. 조석으로 기온은 선선해지고 들녘(paddy)의 작물들은 이제 곧 결실의 시기가 되어가고 있지요. 한 편으로는 자연도 이렇게 열정적으로 살아내고 있는데, 나 홀로 된 느낌이 가끔 듭니다. 외로움에 침잠할 때도 있지요. 삶이 팍팍할 때는 더 해지기도 합니다.
현대인들은 외로움, 우울증, 기피증 등에 많이 시달리고 대응도 그리 쉽지 않은 상태에 노출되어 있지요. 한소원 서울대 심리학과 교수는 "뇌는 회로로 구성돼 있고 마음도 회로로 작동한다. 특이하게도 뇌는 어느 정도 불행한 것이 기본값이다."라 하면서 "작은 것에서부터 변화를 만들어 생각의 변화를 가져 올 수 있다."라고 합니다.

그리고 영국은 '18년부터 '외로움장관'을 임명했습니다. 정부 차원의 관리가 필요한 때가 된 것이라 봅니다. 그러면서 "인사해도 괜찮으면 이 벤치에 앉아주세요."라 쓰여 있는 '행복한 벤치'를 소개했습니다. 누군가의 격려와 용기가 내게 전해져 외로움이 줄어들어 삶이 더 풍성해지면 좋겠습니다. 저도 지금까지 많은 외로움을 겪기도 하고 지금도 남아 있기도 합니다만, 사랑과 정이 있어서 살아갈 가치가 충분하여 쉬이 'with Loneliness' 하고 있는 것 같습니다. 그럴 땐 저를 찾아오세요.

함께 할게요.

✉ 0818 아침편지

8월 셋째 주 주말을 앞둔 금요일 아침입니다. 더위도 이제는 조금 물러간 듯합니다. 덜 익은 과일에 햇빛을 많이 받기 위해 은박지를 깔고 겹쳐 진 잎들은 제거해 주어야 튼실한 과실이 그 빛을 뽐낼 거라는 아는 것은 농부입니다. 한 번 더 정열을 가하는 것이지요. 그를 수확하는 마음은 뿌듯함, 자연이 내어 준 소중한 선물을 받게 됩니다.

우리는 살아가면서 감동하는 경우들이 많이 있지요. 그런데 감탄사는 그리 많이 사용하지 않는 것 같습니다. '대박!, 죽이네!'(뭐 우리는 이 말을 참 많이 쓰지요.) 등이지요. 그런데 '아하! 오호라! 와우! 대단해! 어쩜! 아효! 아자! 이야!' 등등 참 많은데도 말이지요. 感動은 마음의 힘, 행복을 발견하는 능력, 삶의 끊이지 않는 옹달샘입니다. 일상의 사소한 것들을 감동으로 맞이할 수 있는 것도 그 사람의 능력이지요. 이 주말 작은 행동에 감동하는 시간이 되면 좋겠습니다. 저부터 해 보지요. 뭐! 와우!

📧 0824 아침편지

올 8월의 하순은 비와 함께 하는군요. 이 비 그치면 가을이 성큼 와 있겠지요. 강나루 둑방에 그 님이 오시듯.

앞에 보이는 일들에 너무 몰입되면 눈높이가 낮아져서 다음을 준비하는 데 어려움을 느낀 적이 있을 것입니다. 발은 여기에 두되 눈은 멀리 보라는 것이지요. 지금은 당장 별 가치가 적은 일일지라고 소중한 가치와 의미를 부여하면 언젠가는 쓰여 질 나의 자산이 되기도 합니다. 실패에 대한 생각도 비슷합니다. 그 순간이 아픔으로 남지만. 결국엔 모두 스쳐 지나갈 순간, 어떤 것에 실패해도 그것이 실패한 것이지, 나의 존재가 실패한 것은 아닌지요. 나는 그보다 훨씬 더 가치 있는 존재라서 '에잇 까짓것 뭐!'하고 조금은 대범해져야 합니다. 좋은 목요일 되세요. 별것 아니에요.

📧 0825 아침편지

8월 마지막 주 금요일 아침입니다. 바람이 조금 서늘합니다. 이수인 작곡의 <별>이 생각납니다.

* 바람이 서늘도 하여 뜰 앞에 나섰더니/서산 머리에 하늘은 구름을 벗어나고/
산뜻한 초사흘달이 별함께 나오더라......

곧 쏟아질 듯한 별들이 낮게 내리는 밤하늘이 될 것에요. 마당 평상에 누워 그 하늘을 보며 반딧불이 날아다니는 날이 곧 될 것입니다. 사랑이 가득한 식구, 지인들이라면 더 좋겠습니다. 파리 카톨릭대 철학과 교수인 로랑스 드 빌레르는 그의 책 「모든 삶은 흐른다」에서 "바다는 인생이다. 파도처럼 넘실거리고 소용돌이처럼 밀물과 썰물처럼 오르락내리락하지만 곧 잔잔하게 빛을 담아 환하게 빛나는 것, 우리의 삶도 그렇게 소란하게 흐른다."라고. 인생이라는 항해에는 주저하지 말고 다가가야 한다고 하지요. 바다가 다 받아주는 포용력처럼 은은한 바다! 동해의 바다가 그리운 시절이 되어갑니다. 좋은 휴일 되세요.

✉ 0828 아침편지 07:02

어제 밤은 바람이 서늘하였습니다. 지난 금요일에 '별'을 전하였는데, 참 그대로였습니다.
삶의 길이가 유한하여 생로병사가 항상 같이 있지요. 안타까운 사연을 가진 것이 삶인지라 뜻하지 않게 유명을 달리했을 때는 더 애절합니다. 함께 손 잡아주고 꼭 안아주는 것이 큰 위로가 될 것입니다. "바다는 파도가 오지 않도록 막거나 무리하지 않는다. 바꿀 수 없는 건 바꾸려 하지 않고 다가오는 것은 그대로 받아들인다."라는 것처럼 받아들이는 것 쉽지만은 않지요. 중국의 秦나라 재상 李斯는 "河海不擇細流 故能就其深(하해는 가는 물줄기라도 받아들여 능히 그 깊이를 이룬다.)는 뜻으로 이민자들의 逐客(이민자들을 쫓아냄)을 막았지요. 이제는 나이 들어감에 더 포용의 마음가짐과 세상을 균형감 있게 바라다보는 것이 필요한 때입니다.
안타까운 일을 당한 사람들에게 자그마한 위로와 힘이 되면 좋겠습니다.
이른 가을비 내리는 월요일! 좋은 한 주 되세요.

✉ 0829 아침편지

폭염이 기승부리던 시절도 한 참 지난 듯합니다. 비바람과 함께 내년을 기약하고 남쪽으로 내려간 걸 까요? 自然(스스로 그러함)의 힘은 참으로 오묘합니다. 딱 견디어 낼 만큼만 주니까요!(점점 강도는 순증하지만,)
한편으로는 살아있다는 것을 느끼게 하고 더 성찰해야 함을 알게도 합니다. 한없이 사소하게 느껴지는 것은 인지상정이라 할 것입니다. "내가 살아있다는 사실, 내가 살 만하다고 느끼는 것은 이 세상의 어떤 무거운 소식보다 언제나 더 귀하다."는 명제가 있습니다. 더 존귀한 그 존재의 의의를 잘 찾았으면 좋겠습니다. 아직도 살 만한 세상이잖아요. 그래도 힘든 것은 힘든 것이에요. 누군가 또는 나 자신에게 말하세요. 힘들다고! 그러면 답이 보이겠지요.

✉ 0830 아침편지

비 내린 후 도시의 수요일 아침은 조용합니다. 마음도 차분해지면 좋겠습니다. 알지 못하는 처음 대하는 환경에 당황스러워 한 적이 있을 것입니다. 서먹서먹한 상황인데 참 지혜롭게 금방 해소하는 사람을 보면 부럽습니다. 매일이 새롭게 다가오는 날들에, 일들이 호수에 물감 풀리듯 금방 해소되면 좋겠습니다. 아마도 지난해 이때쯤 아래 시를 전하였지요. 미국의 시인이자 작가인 로버트 크릴리(1926~2005)의 <꽃>이었지요.

> 나는 긴장을 기르나 보다/아무도 가지 않은/
> 어느 숲속의/꽃들처럼.//
> 상처는 저마다 완전하여/눈에 뛸까 말까 한/
> 조그만 꽃에 울을 만들고/아파한다.//
> 아픔은 저 꽃과도 같아/이 꽃과도 같고/
> 저 꽃과도 같고/이 꽃과도 같아.//

금방 꽃과 같아졌나요? 실연과 고독과 아픔이.
곧 벗어나서 지혜롭게 될 것임을 믿습니다.

✉ 0831 아침편지

8월의 마지막 근무일 아침입니다. 그 많던 비도, 무더위도 이젠 안녕이네요. 무더위에 지친 한 달을 보내어 내느라 노고가 많았습니다. 그래도 가을이 코앞에 와 있으니 좋아하기가 만당(滿堂, 센 발음으로 '만땅')입니다.
'지족상락(知足常樂, 족함을 알면 항상 즐겁다)'입니다. 곧 9월, 가을의 시작입니다. 김현성 시인의 <가을 우체국 앞에서>를 볼까요?

> 가을 우체국 앞에서/그대를 기다리다/
> 노오란 은행잎들이/바람에 날려가고/
> 지나는 사람들 같이/저 멀리 가는 걸 보네//

세상에 아름다운 것들이/얼마나 오래 남을까//
한여름 소나기 쏟아져도/굳세게 버틴 꽃들과/
지난 겨울 눈보라에도/우뚝 서있는 나무들같이//
하늘 아래 모든 것이/저 홀로 설 수 있을까//
가을 우체국 앞에서 그대를 기다리다/
우연한 생각에 빠져 날 저물도록 몰랐네//

'21년 드라마 '슬기로운 의사생활'의 OST였지요. 매일이 좋은 날일 수는 없을지라도 그래도 좋은 날이어야 합니다. 잘 보내세요.

✉ 0905 아침편지

9월의 아침은 아직은 열기가 남아 있습니다. 곧 가을에 추석 휴일도 6일이나 되니 여러 가지를 계획할 수 있겠습니다.
밤낮의 길이가 점점 짧아지듯이 이 기간도 쉬이 가고 있어서 아쉽습니다. 매일을 하루같이 살아내야만 하는 현대인들에게 일과 휴식의 균형을 찾기란 쉽지만은 않습니다. 그래도 여유 있는 마음으로 세상을 바라보면 어떨까 하고요. 버틀러코리아 대표 우시훈은 자신의 신조로 "성공이란? 나의 기준이 아닌 자식과 아내의 기준으로써 멋진 가장이 되는 것이다. 인생의 기회는 3번 찾아오는 것이 아니라 매 순간 찾아오며, 인생에서 가장 중요한 시기는 지금이다."라 정리했습니다. 마음의 단단함이 부족하면 지치기 쉽습니다. 단단한 마음으로 내 삶의 향연을 함께하는 시간이 될 것입니다. 매 순간 찾아오는 열락의 시기를 잘 만들어 가길 기대합니다. 당분간 맑습니다.

✉ 0906 아침편지

평소의 화요일보다 더 조용한 수요일 아침입니다. 성큰 가든에 두 달쯤 전 피어있는 배롱나무의 붉고 보랏빛 꽃은 앞으로도 한 달은 더 우리 곁에 있을 건데.... 이 시절에는 지천으로 들국화가 한창이지요. 들국화 종과 비슷한 것이 여럿 있지요. 샤스타데이지, 쑥부쟁이, 개망초, 九節草(九日草, 仙母草, 고뽕/苦蓬, 음력 9월 9일에 꺾는 풀, 아홉 번 꺾이는 풀이라는 뜻에서 유래) 등. 쉽게 구분이 가지 않는 꽃들인데 꽃말이 희망, 평화, 순수한 마음 등이네요. 하얗게, 노랗게 온 비탈을 채우고 있는 꽃들의 향연이 그려집니다. 그와 함께 소슬한 바람이 더해지면 마음이 순해지는 듯합니다.
고운기 시인의 <대숲>을 볼까요?

> 어떤 슬픈 사랑을 고백해 놓고/당신은 날더러 비밀을 지켜 달라 했지요/
> 드러내지 못할 연인/사랑은 기구하게 당신을 잡았네요//
> 밤거리의 그림자가 외등 밑 골목에 홀로 남았는데/고백이나 듣자고/
> 비밀이나 지키자고 나는 당신을 만나는군요//
> 사랑은 어디 가서 맹세하고/나더러 대나무나 되라 하는가요/
> 바람 불어도/흔들리지 않는 대숲이나 이루라 하는가요//

울산 태화강변의 십리대숲의 은하수길은 이름이 나 있지요.

✉ 0907 아침편지

오늘은 우리나라가 제안해 지정된 첫 유엔 공식 기념일인 '푸른 하늘을 위한 세계 청정 대기의 날(푸른 하늘의 날)'입니다. '20년 9월 7일부터 시작되었습니다. 대기오염에 대한 경각심을 갖기 위해 지정한 것이라 합니다. 공동의 협력과 노력이 필요한 때입니다. 우리가 하는 일도 비슷하다고 봅니다. 함께 해야 할 일들이 많지요. 그리고 창의적인 생각도 필요하고요.
'요리사가 가장 창의적일 때는 100명이 먹을 음식을 준비하는 때, 일터에서 가장 창의적이 되는 것'이라고 합니다. 그 바탕엔 휴머니즘이 있어야 하겠지요. 저는 창의 출발은 '골똘히 자세히 관찰'하는 것에서부터 시작한다고 생각합니다. 목요일입니다. 사랑과 仁이 필요한 날입니다.

✉ 0911 아침편지

9월 중순으로 가는 주 월요일 아침, 햇살이 들기 전 시각에는 선선합니다. 휴일 동안 어떠한 일로 열락의 시간, 삶을 아름답게 꾸리는 시간이 되었나요? 저는 짧은 거리를 걷거나, 북한산 자락의 카페에서 오후 시간에 있는 그대로를 바라보는 시간을 가졌습니다. 차들이 참 많더군요. 카페, 음식점 등 산로 입구 등에 사람들의 화기애애한 정겹게 들렸습니다.

우리는 대화하면서 가장 자주 들리는 소리가 자기 목소리라면 그로 인해 무엇을 잃거나 없는 것이 무엇인지 냉정하게 생각해 봐야 한다고 합니다. 세상은 말 잘하는 사람보다 잘 들어주는 사람을 좋아하지요. '상대의 마음을 열려면 먼저 내 귀를 열어야 하고, 사람을 움직이는 힘은 입이 아니라 귀에서 나온다.'라는 것처럼 말이지요. 좋은 한 주 되세요.

✉ 0913 아침편지

9월의 중간쯤 일정의 수요일 아침입니다. 가는 비가 조금 내리는군요. 실비나 먼지잼 정도 되나 봅니다.

살아가면서 여러 가지 마찰 요소로 인해 나 자신이 '왜 이러지?'라고 생각하는 경우가 있지요.

지난 일에 대한 애착이, 다가오는 미래가 불안, 뿌옇게 되어 느끼는 '아주 중요한' 감정입니다. 툴툴 털어야 하는데 그게 잘 안되어 심리적 위축까지 가져오는 예를 봅니다.

독일의 철학자, 변호사, 영화제작자인 알베르트 키츨러는 그의 책 「나를 살리는 철학」에서 "아무리 평범한 인생이라 하더라도 그 안에서 살아가며 생각하고 느끼는 모든 일은 자기 자신을 발견하는 여정이자 진정한 평안을 얻는 과정이다." 라 했지요. "성공적인 삶을 만드는 것은 태도, 가치, 인품 등 우리의 성격이다."라고 자신의 경험과 선지자의 지혜를 나타내었습니다.

나 자신보다는 주변에 맞추어 내 삶을 이어오는 가는 것이라 생각합니다. 그러면서 정작 중요한 나 자신에 대해서는 깊이 생각하지 않은 면이 있지요.

그런데 너무 깊이 생각하는 것은 오히려 고민의 통속에 빠져서 헤쳐 나오지 못하는 경우도 있습니다. 어찌하였든 통에서 나오는 힘과 용기가 필요합니다. 수요일입니다. 친구, 연인과 좋은 저녁 시간을 가지면 좋겠습니다.

📨 0914 아침편지

어제는 가을비가 종일 내렸습니다. 아침 기온이 선선합니다. 이 가을 더 청명한 하늘을 보여주고자 자연이 조절하고 있는 듯합니다.

나의 마음이 늘 청명한 하늘처럼 되어 '不~' 字 들어가는 단어가 줄었으면 좋겠습니다. 현대인들은 불안, 불투명, 불분명, 불가, 부작위, 암울, 우울, 긴장 등으로 겪는 것들이 많이 있습니다. 이 중에 우울증이 삶을 방해하는 훼방꾼이 되어 힘들게 합니다. 정신분석학자 이승욱은 '우울은 분노하지 못한 자의 형벌'이라며, '자신이 착한 사람이라는 걸 보여주고 싶고 스스로 분노를 삭이려고만 할 때 우울, 그 녀석이 찾아온다.'라고 개념 정리를 하였습니다. 열어두지 못한 내 마음이 그렇게 심화되는 것이지요.

'툴툴'이 있어야 하는 데, 틈새가 없을 수는 없잖아요. 허면 털어내어야 할 일이 되어야 하겠지요. 그런데 그게 많이 힘들게 합니다. '까짓것 뭐(개그맨은 까이것 뭐!), 그게 뭐라고!' 등등 개가 차지할 공간을 빠르게 정리하는 것이 필요하다고 봅니다. 쓸데없는 걱정으로 나 자신을 가둘 일은 없지요. 더 좋은, 더 아름다운 일들이 나를 채워도 부족한 삶의 길이인데 말이죠. 털어버리는 일이 있는 주말 되세요.

📨 0915 아침편지

오늘은 지난여름 동안 가장 더운 도시였던 대구(일명 대프리카, 대구+아프리카)에서 아침을 맞습니다. 한때 섬유도시로 'Colourful 대구'라 했지요. 지금은 'Powerful 대구'이군요.

칠월의 그믐날이라 달 없는 자리를 인간 문명의 힘으로 채워지고 있습니다.

달이 안 보이는 것은 백중보다 더 크고 밝은 마알간 달을 보여주려 그런 것이겠지요. 곧 추석이 가까워졌다는 의미이기도 합니다.
혜원 전진옥의 시 <달빛에 물든 가을>을 볼까요?

이슥한 어둠이 내리면/고요한 안식에 잠들어/달빛 향기에 물드는 밤//
처연한 밤을 노래하는/풀벌레 소리는 깊어만 가고/
가을 또한 깊어 갑니다//
들길에 펼쳐놓은/하얀 쑥부쟁이 코스모스는/내 마음에도 피어난 가을꽃//
꽃잎에 쓰고 또 쓰는 편지/그대에게 드리는 선홍빛 연서/
가을 시를 띄워 보냅니다//

선홍빛 연서가 전해지는, 가을꽃 향기가 온통 전해지는 주말이면 좋겠습니다. 먼 야외가 아니더라도 뒷동산, 앞 공원, 자락길, 한강가 등에서 가을 정취에 푹 적셔지는 휴일이 되면 더 좋겠습니다.

📩 0918 아침편지

주말을 보낸 9월의 중순이 시작하는 주의 아침은 한가합니다. 다음 주가 추석이군요. 엿새간의 휴일. 가족, 친지, 지인들과 좋은 계획으로 편안한 휴일 준비하면 좋겠습니다.
비 내린 후의 가을날은 더없이 맑고 높아서 올려다보기 좋은 때입니다. 지난 주말 전한 전진옥 시인의 다른 짧은 시 <가을입니다>를 볼까요?

보이시나요?/바람 춤사위에/들꽃의 하늘거림이//
들리시나요?/들꽃의 처연함이/가을이라 하는 말//
그대 사랑 고운님/당신이 와서/가을이 왔습니다//
그대가 와서 가을이 되었습니다/노오랗게//

결실을 가지는 것은 애쓴 삶의 궤적(軌跡)으로 아름답게 나타날 것입니다.

✉ 0919 아침편지

여전히 도시의 화요일 아침은 조용합니다. 해 뜨는 시각도 많이 늦어졌습니다. 먼동은 텄으나 햇살은 아직이군요.
'우리는 무엇을 위해 사는가?'라는 질문에 답해 보세요. 명료하지 않은 것도 많이 있습니다. '오늘을 즐겁게 사는 것'이 최선 일까요? 즐겁게 산 이후에 남는 것은 무엇인가요? 오늘의 어제의 삶의 결과이고, 내일은 오늘을 산 그 보람의 결과로 나타나는 것이 아닐까요? 땀나는 노력과 쓴 고통 없이는 어려운 것이고, 그러니 즐거울 수만은 없는 것이라 봅니다. 숲속의 명상가인 데이비드 소로는 "그대 안에 있는 신대륙과 신세계를 발견하는 콜롬버스가 돼라. 그리하여 무역이 아니라 생각을 위한 새로운 항로를 개척하라."라고 눈을 자기 안으로 돌려보라고 합니다. 자기만의 노력과 끊임없는 고민이 없이 이루어진 것은 없지요.
자신과 타인에 대한 이해, 동정(同情), 사랑으로 점철된 날이면 좋겠습니다.

✉ 0920 아침편지

비 내리는 수요일은 흠뻑 젖은 장미꽃이 생각납니다. 강릉의 부딪히는 파도, 설악의 이른 단풍이 함께하는 바다가 그리워집니다. 어찌하여 자연은 이렇게 오묘하게 만들어 낼까요? 인간은 한 참 멀었나 봅니다. 겨우 글로 말로 다 담아낼 수 없게 하니까요.
다음 주 중추가절인데 동해의 아침 바다, 대부도의 일몰 바다를 가보면 좋겠습니다. (바닷가 도시에 삶을 살아가는 사람들은 늘 보지만) 그저 바라다보기만 해도 좋을 것입니다.
문무학 시인의 시 <바다>를 볼까요?

'바다'가 '바다'라는 이름을 갖게 된 것은/
이것저것 가리지 않고 다 '받아'주기 때문이다//
'괜찮다'/그 말 한마디로/어머닌 바다가 되었다//

딱 바다이지요? 좋은 계획을 세우고 실행하는 멋진 날들이 되길 바라봅니다.

✉ 0921 아침편지

추석을 일주일 앞둔 목요일입니다. 어제 비에 이어 기온이 선선하여 무엇이 든지 활동하기 좋은 때입니다. 이때쯤에는 근교의 단풍이 하나둘 드는 초가 을의 정취를 많이 느낄 수 있지요.

아마도 춘천(봄내)을 많이들 가 보았을 것입니다. 저도 학창시절에는 가끔씩 친구들과 남이섬, 청평, 위도, 공지천 등 갔었습니다. 공지천 강가에 '이디오 피아의 집'이라는 이름의 카페가 자리하고 있습니다. 이디오피아는 6·25전 쟁에 아프리카 유일 지상군 파병(황실 근위대 강뉴부대)하여 6,037명이 253회 전투에서 124명 전사, 536명 부상인데 포로는 없었지요. 1968년 공지천에 참전 기념탑을 건립할 때 하일레 슬라세 황제가 직접 춘천을 방문한 바 조 수경(현재 운영자)의 母가 운영하던 커피집에 '이디오피아 벳(집)' 이름 선물하 였지요. 그녀의 父도 '황제와의 약속을 지키기 위해 가게 문을 닫지 말라'는 유언을 남겼습니다. 그 이디오피아의 집이 다음 주 개관 20,000일 된다고 합니다. 춘천의 이름만큼이나 아름다운 카페입니다. 이 가을 한 번쯤 방문은 어떨까요?

✉ 0925 아침편지 06:28

새벽에 비가 조금 내리더니 가을을 알리는 비가 되었습니다.
많은 일들을 해 나가고 삶을 살아가는 이 시대의 현대인들은 바쁩니다. 해야 할 일이 요구되는 일들이 많지요. 사랑과 인이 바탕이 되는 삶은 그런대로 헤쳐 나갈 만하다고 하지요.

'1만 시간의 법칙'을 들어 보았을 것입니다. 자기 개발에 투자 한 총 시간이 1만 시간은 되어야 一家를 이룬다는 것이지요. 하루 세 시간씩 10년의 시간 이 필요한 것을 말하지요. 아마 여러 사람들에게 물어보세요. "그거 해 보았나?"고. 일단은 시작해야 목표에 다다를 수 있지요. 아마 시작도 못한 사람이 천지일걸요. 세상에 되는 일 보다는 안 되는 일이 더 많이 있습니다. 사랑과 정성으로 대할 때 그 일이 마침내 내게 다가온다고 봅니다. 추석 휴일을 앞둔 월요일 좋은 한 주 되세요.

ps. 조찬 강연이 있어서 조금 일찍 출발합니다. 한 참 지난 후에.
오후에 아내 다른 세상으로 떠남........

✉ 1113 아침편지

50여 일 만에 전합니다. 그 간의 시간은 나 자신을 돌아볼 수 있는 시간, 가족과 주변인을 더 생각하는 시간이었습니다. 함께 한 이의 정성은 이루 말할 수 없는 감내의 시간이기도 합니다. 오늘 새벽하늘에 몇 개의 별들이 고스란히 제게 와 박힙니다. 보석처럼 빛나는그날들도 그리 많지 않기에 안타까운 마음이 가득합니다.

생로병사가 인간사의 늘 있는 일이거늘 수용하기에는 제 그릇이 간장 종지만큼도 안 된다는 나약함입니다. 나 자신은 치유자인가? 치유를 받아야 할 사람인가? 그 중간쯤 있기도 합니다.

이 시대의 철학자 김형석 교수는 그의 책 「고독이라는 병」에서 "인간을 사랑할 수 있는 사람은 그 인간을 통하여 고독을 잊을 수 있으며 美를 찬양할 수 있는 사람은 그 美를 통해 고독을 해소할 수 있다."라고 했습니다. 그 바탕엔 사랑이 있기에 감내할 용기와 신념의 심지를 굳게 만듭니다. 을지로에서의 시간은 더 많은 것들을 기리는 시간이 될 것입니다.

이 시기! 겨울의 초입에서 더 많은 용기와 사랑이 필요할 때입니다. 강건하게 한 주를 보내면 좋겠습니다.

✉ 1114 아침편지

11월의 중순. 한참을 지난 뒤에는 그 어느 날이 되는 화요일 아침입니다.

지금 순간에도 고마운 많은 이들이 오늘을 준비하는 데 바쁜 시간을 보내고 있습니다. 사무실에서, 출근을 준비하는 집에서, 공용 공간 등에서 할 일을 해내고 있습니다. 두근두근 설레는 시간이 되기도 합니다. 채용을 기대하는 연수원의 지원자들은 또 어떠한가요? 셀렘은 약간의 불안을 동반하지요. 불안 없는 설렘은 두근두근거리는 소리를 만들지 못하지요. 그 불안이 인생의 장애물이 되기도 하고 디딤돌이 되기도 합니다. 그 설렘이 없었다면 지금의 모습이 되기에는 조금 모자랍니다. 그것이 새로운 도전의 힘이 되어 오늘의 성공이 줄 보상, 기쁨으로 나타납니다. 멈춰 있다면 청춘도, 삶도 아닌 것이니까요. 흔들리는 나무도 꽃 한번 피우고 열매 맺으려고 수많은 흔들림을 멈추지 않은 것처럼. 모레가 수능시험일이군요. 그 청춘들에게도 수많은 흔들림 중에 하나로 새겨지면 좋겠습니다.

✉ 1116 아침편지

올해 수능일 아침입니다. 좋은 결과를 기대해 봅니다. 지금까지 애쓴 시간이니 다 잘될 것입니다. 10여 년 전 제 아이도 집과 조금 멀리 떨어진 학교에서 3년간 준비 후 이 시험을 본 것이 생각납니다. 10대 후반의 시간을 책, 시간, 졸음과 감성으로 보냈을 것을 생각하면 안쓰럽기도 했습니다. 이제 새로운 출발을 기약하는 첫 단계에 다다른 것입니다. 다 잘될 것이고 그렇게 될 수밖에 없는 노력이라 봅니다. 희망하는 바가 이루어지길 소망해 봅니다. 그리고 응원합니다. 그들의 얼굴에 활짝 핀 웃음꽃이 보이지요?

세 개의 얼굴이 있다고 하는 데 첫 번째 얼굴은 부모님이 물려주신 얼굴로 DNA가 결정된 것이고, 두 번째 얼굴은 친구나 지인이 만들어 준 사회적 얼굴인 거울효과를 말합니다. 세 번째 얼굴은 배우자가 만들어주는 얼굴로 서로 닮는다는 말이지요. 그 청춘들도 좋은 얼굴을 만들어 갈 것이고 응원하고 지원해 주어야 할 아름다운 우리들의 미래입니다.

오늘 저녁은 만나는 모든 청춘들에게 희망의 메시지, 음료라도 한 잔 준비해 주는 마음의 여유를 가지기를 기대합니다. 저도 그리하겠습니다.

✉ 1117 아침편지

11월 하순으로 가는 주말을 앞둔 금요일 아침입니다.
어제 청춘들이 수능을 치룬 후의 모습이 힘들면서도 '참 청춘이구나'하는 생각이 들었습니다. 그 어려움을 감내하고 이제는 조금 휴식과 재충전이 필요할 때입니다. 마음의 평안이 함께하면서 자신을 돌아볼 수 있는 시간이라 봅니다. '참 잘 했구나.'하고 자신을 다독이는 것도 소중하지요.
주경스님은 「보지 못하는 것을 본다는 것」에서 "보지 못하는 것을 보려면 멀리 떨어져서는 안 되고 가까이 다가가서 묵묵히 기다려야 한다. 그렇게 기다리다 보면 문득 뒤를 돌아보게 되고, 그 뒤와 앞을 타인에게 내어 주는 겨를도 생긴다. 그런 너그러움이 있는 삶이 보지 못하는 것을 보고 듣지 못하는 것을 들으며 사는 삶이다."라며 한숨 돌리는 여유를 가지라 합니다. 내가 내어 줄 겨를은 내가 만드는 것이라서 내 마음의 너그러움이 필요할 때입니다. 이 주말 보지 못하는 것을 보는 여유의 시간이 되면 좋겠습니다.

✉ 1120 아침편지

아침 기온이 싸늘합니다. 지난 주말 아침에 제가 있는 곳, 바람에 흔들려 은행잎들이 많이 떨어졌습니다. 다음을 준비하는 것이 일거에 나타난 것이지요. 자연(스스로 그러함)의 순리는 그러한 건가 봅니다. 수많은 시간 동안 축적된 자신의 생존법일 수도 있습니다. 은행은 단일종, 목으로 가장 오래 살아 있는 나무라 하지요.
영화 <인턴>의 벤의 말, "경험은 나이 들지 않아요. 경험은 결코 시대에 뒤떨어지지 않죠." 많은 경험이 독서든, 체득이든 자기 것이 되어 현시됩니다. 오로지 자신만의 색깔로 삶을 영위하는 아름다움이 가득한 시간이 되면 더 좋겠습니다. 경험과 기다림, 그리움의 시간으로 채워지는 좋은 한 주 되세요.

✉ 1121 아침편지

화요일 아침은 언제나 조용합니다.
시류에 흔들리지 않고 자기 길을 꿋꿋이 가는 이들은 심지가 굳다고 합니다. 현대를 살아가는 많은 이들은 삶의 무게에 눌려 그 심지를 지켜내기가 힘들기도 합니다. 그래도 그 방향성과 목적을 뚜렷이 하면서 자기 할 일을 해내는 사람들은 존경의 대상이 됩니다. 다 마음에 달린 것이라 봅니다. 자기애를 넘어 仁의 실천이 앞서야 하겠지요. '心淸事達(마음이 맑으면 모든 일이 잘 이뤄진다), 有志竟成(뜻이 있으면 마침내 이루어진다)'이란 것이 있지요. 참 그렇다고 강한 긍정을 하는 글들입니다. 매번 一以貫之하는 마음으로 한 걸음 한 걸음씩 전진하는 날들이면 좋겠습니다.

✉ 1122 아침편지

11월 하순이 되니 잎들은 제 살길을 잘도 찾아갑니다. 꽃들이 다 졌지요? 서리 맞은 국화류 정도만 남았군요. 꽃이 피려면 오랜 시간이 있어야 하는데 지는 건 금방이군요. 아마도 길게 피어있는 꽃은 배롱나무의 붉은꽃이라 할 것입니다.
최영미 시인의 시 <선운사에서>를 볼까요?

꽃이/피는 건 힘들어도/지는 건 잠깐이더군//
골고루 쳐다볼 틈 없이/님 한번 생각할 틈 없이/아주 잠깐이더군//
그대가 처음/내 속에 피어날 때처럼/
잊는 것 또한 그렇게/순간이면 좋겠네//
멀리서 웃는 그대여/산 넘어가는 그대여//
꽃이/지는 건 쉬워도/잊는 건 한참이더군/영영 한참이더군//

어떤가요? 사랑이 보이나요? 기억되는 사람들과는 함께 하는 시간은 늘 짧기만 합니다. 쉬이 잊혀지는 것이 아니기에 더한 인연들이 생각나게 합니다. 좋은 수요일 되세요.

✉ 1123 아침편지

새벽에 비가 촉촉하게 내려서 곧 추위가 이어질 것이란 예보인 듯합니다.
배움에 갈망이 커서 책이라면 무조건 좋아했던 때도 많았지요. 시간이 왜 그리 빨리 가는지 잠깐이라 했던 것이 새벽이 되곤 했지요. 현대인들은 배워야 할 것이 예전보다는 더 많아지고 있습니다. 과학기술의 덕택으로 익혀야 할 것이 많지요. 전문화, 분화되는 영향이라 봅니다.
고등과학원 수학부 김상현 교수는 학교의 중요성을 말하면서, "선생에 대한 존경이 있고, 배우고자 하는 학생들의 공동체 의식이 있는 곳에는 미래를 변화시키는 잠재력이 있다. 배운다는 것은 단순히 듣는 것이 아니라 위대함의 체험이 된다."라고 했지요. 배운다는 것은 새로운 것, 알아야 할 것, 몰랐던 것을 앎의 단계에 이르게 하는 것입니다. 배우고 때때로 익혀야 진실로 나의 것이 되어 전수될 수 있다고 봅니다. 이제 대학 수능 이후 신세대 청춘들의 재잘거림과 의욕이 가득할 것입니다.
일본의 한 시니어 회사원은 임종 이틀 전까지 출근하여 일했다는 뉴스가 최근 있었습니다. 95세. 한없는 삶을 보낸 것에 존경을 보냅니다.

✉ 1124 아침편지

주말을 앞둔 금요일 아침입니다. 한 주간 노고가 많았습니다.
천양자 시인의 <그 사람의 손을 보면>이라는 시가 있습니다.
그 사람의 손을 보면 성실하게 삶을 대하는 마음을 볼 수 있습니다. 사소하게 보일 수 있는 일이더라도 자신이 맡은 일을 성실하게 수행하고 최선을 다하는 삶의 소중함을 잘 나타내고 있지요. 상대의 손을 자세히 본 적이 얼마나 있나요? 어머니, 아버지의 손, 아내, 남편의 손, 아이들의 손, 그리고 나의 손! 이 주말은 평생 수고한 '손'에게 고마움을 표하는 시간이면 좋겠습니다.

✉ 1128 아침편지

여전히 화요일 아침은 조용합니다. 저만 그렇게 느끼나요? 겨울의 내륙으로 점점 들어가는 느낌이 드는 날들입니다.
우리는 나 자신이 얼마나 가치 있는 사람인지 모르고 지날 때가 있습니다. 세상의 전부이기도 하지만 그저 여럿 중에 하나라고.
이문재 시인의 <어떤 경우>를 볼까요?

어떤 경우에는/내가 이 세상 앞에서/그저 한 사람에 불과하지만//
어떤 경우에는/내가 어느 한 사람에게/세상 전부가 될 때가 있다//
어떤 경우에도/우리는 한 사람이고/한 세상이다//

전부이고 한 세상이지요. 가까이 있는 이부터 서로를 존중하고 마음을 알아주는 날들이면 좋겠습니다.

✉ 1130 아침편지

11월 마지막 근무일 아침입니다. 그 11월이 이별을 고하고 내년을 기약하는데 내년의 11월은 다른 11월이, 또 다른 희망의 달이 될 것입니다.
우리는 많은 만남과 이별을 하면서 생을 살아갑니다. 누구에게나 그 이별은 슬픔, 아련함, 미안함 등이 함께 하지요. 그리고 누구에게나 이별은 있습니다. 한 사람을 다시 볼 수 없다는 것, 그 사람의 모습을 볼 수 없고, 말을 들을 수 없고, 함께 무엇을 할 수도 없습니다.
'그 사람의 웃음도 볼 수 없는 날이 온다는 것은 인생이 지닌 슬픈 숙명'이라고 한 시인도 있습니다.
다시 볼 수 없다는 사실에 미어지는, 아련한 추억거리들로만 가득한 나날들이 이어져 나를 슬프게 하기도 합니다. 내려놓을 수 없는 것이기에 더 애절하고 간절합니다.
11월을 잘 보내줍시다. 기온이 많이 내려가 있습니다.
옷깃을 여미는 시간.

✉ 1204 아침편지

12월 첫 주 근무일 서늘한 아침입니다. 한 장 남은 달력이 가늘게 떨리고 있는 것은 아쉬움도 있지만 한 해 동안 잘해 왔다는 울림을 떨림으로 나타나고 있습니다.
겨울이 되니 꽃잎을 보는 경우가 드물지요. 집안에 있는 식물도 겨우살이를 준비하고 꽃집에나 가야 장미, 안개꽃 등이 기다리고 있는데….
강은교 시인의 <꽃을 끌고>를 볼까요?

> 꽃잎 한 장 창가에 여직 남아 있는 것은/
> 내가 저 꽃을 마음 따라 바라보았기 때문일 것입니다/
> 당신이 창가에 여직 남아 있는 것은/
> 당신이 나를 마음 따라 바라보았기 때문일 것입니다//

'그 마음이야!' 하고 느껴지지요. 마음의 꽃밭을 잘 가꾸어 봄을 기약하면 좋겠습니다.

✉ 1205 아침편지

겨울의 초입이지만 화요일. 이 아침은 온화하고 여전히 조용합니다.
혼자일 때, 나이가 들수록, 사랑이 떠나간 후에 자리한 외로움은 함께 가야 할 친구인지도 모릅니다. 잘 달래어 가야 할 대상입니다. 이는 살아가고 있는 서로를 통해서 아끼고 살아내어야 할 일입니다. 서로를 위무하고 그 사람 얘기를 들어주는 것 일이지요. 그 누구보다도 내가 나를 들어주는 시간이 필요합니다. 나에게 하고 싶은 말, 듣고 싶은 말을 조용하게 하는 시간.
그러다가 불쑥 생각나는 지인에게 전화라도 연결되면 정화가 되겠지요. 누구라도 그대가 되어 받아준다면 외로움이 환희로 바뀌는 경험이 될 것입니다. 경험은 누구도 가져갈 수 없는 자신의 '固有'가 됩니다. 그래도 다음 날이 있으니, 내가 거기 있을 거니까 전진하는 것 아닐까요?

✉ 1206 아침편지

신선한, 누군가가 나를 맞이해 줄 것 같은 수요일 아침입니다. 내가 그 누군가가 되면 맞이하는 열락이 더 많아질 것입니다.
12월이 되니 여러 가지가 생각나게 됩니다. 그중에서도 결실, 돌아봄, 그리움, 사랑하는 그대가 아닐까요? 라틴어 문구 중에 "하늘에서 가장 멀리 있고 땅에서 제일 가까운 별(Stella ultima a caelo, citima terris)" 이라는 것을 어떤 글을 통해서 보았습니다. 그 '별'은 그대, 나, 인간을 은유한다고 하니 명문장이라 할 것입니다. 참 그렇지요. 어려운 언어 중의 하나가 라틴어라 하는 데, 교회, 신학, 법학자, 고고학, 고미술사를 공부하는 사람은 꼭 공부해야 할 언어이지요. 지혜의 언어 마술처럼 쏙 들어오는 글귀입니다. 그 별이 바로 이 편지를 수신하는 모든 사람입니다. 좋은 수요일 보내세요. 빨간 장미 한 송이 드립니다.

✉ 1207 아침편지

아침 기온이 비 온 뒤라서인지 이 서늘함이 한여름이면 좋겠습니다.
연말이 되니 여러 가지를 정리해야 할 일들이 있지요. 하던 일, 사랑하는 사람, 익숙한 관계의 사람들, 그동안 보지 못했던 지인들. 다 내 인생 속에 들어와 있거나 있었던 좋은 사람들입니다. 미국 소설가 니콜라스 스파크스는 "'이별'에 대해서 안녕이라는 것은 단순한 작별의 인사가 아니다. 이것은 감사의 인사인 것이다. 나의 삶으로 들어와서 나에게 기쁨을 주고, 나를 사랑해주고, 나의 사랑에 대한 보답을 준 것에 대한 감사인 것이다. 그리고, 내가 영원히 간직할 수 있는 추억을 준 것에 대한 감사이기도 한 것이다."라 했습니다. 이별은 누구나 힘들고 어렵습니다. 다시 그 사람을 볼 수 없다는, 말할 수 없다는 것을 견디고 버티어내어야 하니까요. 좋은 이별도 있을까요? 만들어가며 함께하는 것 아닐까요?
청춘이 아름다운 것은 그 시절의 추억이 아름다운 것이니까요.

✉ 1211 아침편지

겨울비 내리는 월요일 아침입니다. 겨울비는 왠지 떠나간 그대가 돌아올 것만 같은 분위기이지요. 강가에서라면 더 하지요.

우리는 살아가면서 많은 사랑과 기쁨과 행복, 그리고 어려움을 겪습니다. 그 모두가 나의 인생 이야기이고 지나고 나면 추억이 되는 스토리입니다. 마치 나만 겪는 고난인 것처럼 느껴지는 것은 미치지 못함이 많아서 일 것입니다. 한동일 서강대 법전원 교수가 쓴 「라틴어 인생문장」에 이런 내용이 있습니다. "'아픔이 스토리가 되게(Vexatio storia fiat)'는 시간과 견딤이 필요하다."는 것. "'고난을 넘어 별을 향해(Ad astra per aspera)', 여기서 per는 '넘어'뿐 아니라 '통과해야만'으로 해석"한 것입니다. 별은 나, 당신, 인간을 은유한다고. 그래도 그 '별'이 있는 그곳으로 가게 되어 있는 '緣'이 있는 것이라 할 것입니다. 그 '별'이 바로 앞에 있습니다. 내 사랑하는 별도 거기에 있으리라 믿으면서.

✉ 1212 아침편지

한 해를 보내는 시간이 되어 많은 것들이 생각납니다. 喜怒愛樂哀懼欲의 시간이 이어졌지요.

그중에서도 많은 넘어짐과 아픔이 차지한 자리도 있었습니다. 이제는 그 자리가 조금은 작아졌으면 합니다.

우리는 아프면 가까운 병원부터 찾습니다. 만날 사람은 의사이지요. 우리나라 최초의 서양 의사는 1908년 박서양(1887~1940)입니다. 제중원의 책임자이자 세브란스 창립자인 올리버 에비슨에게 가르침을 받습니다. 그의 아버지(백정, 은행가)가 장티푸스로 에비슨에게 치료, 완쾌된 후 아들의 서양의학 수업을 부탁합니다. 1900년 제중원 의학교 설립되어 1회 입학생 7명 중 한 명으로 1908년 의사자격을 얻습니다. 모교에서 교편, 일제강점기 만주에서 독립운동, 귀국 후 황해도에서 의료활동한 의사이지요. 의학교 교편 당시, 일부 학생들이 천민 신분을 문제 삼자 "내 속에 있는 500년 묵은 백정의 피를 보지 말고, 과학의 피를 보고 배워라."라 질책과 독려했다고 전합니다. 이렇게 이 땅에 서양의학이 시작되어 오늘에 이르고 있습니다.
110년이 조금 지난 오늘, 병으로 힘들어하는 이가 줄어들면 더 좋겠습니다.

✉ 1213 아침편지

수요일 아침은 조용합니다. 기온도 적정하고.
어떻게 보느냐는 관점에 따라 내용이 달라집니다. 나의 마음 상태, 경험 요소, 당시 환경 등이 영향을 미쳐 나타납니다. 한없는 어진 마음과 사랑으로 만나야 할 대상이 바로 아이들이지요. 현시대는 아이를 갖지 않는 어려운 시대라고들 합니다만. 아이들에 대한 경구 하나를 보겠습니다. "당신이 배운 것들로 아이를 제한하지 말라. 아이는 당신과 다른 시대에 태어났으므로." (Don't limit a child to your own learning, for he was born in another time) 나를 기준으로 아이를 보아 온 것입니다. 그들의 또 다른 삶의 별들이 있으니 존중되어야 할 존재입니다.

✉ 1214 아침편지

겨울이 아닌 듯 포근한 약한 비 내리는 아침입니다.
한주 한주 일을 하는 시간은 매우 빠르게 흐릅니다. 시작이 반이라 한 것이 꼭 그 모양입니다. 2주 정도 남은 올해의 시간도 더 많은 추억을, 이야기 거리를 만들기에 충분합니다.
많은 좌절과 난관, 넘어짐에도 오늘에 이른 것은 자신의 삶에 최선을 다한 과정이고 사랑이며 그 산물입니다. 시작을 했으니까요.
정호승 시인의 <넘어짐에 대하여>를 볼까요?

> 아직도 넘어질 일과/일어설 시간이 남아 있다는 것은 큰 축복이다/
> 일으켜 세우기 위해 나를 넘어뜨리고/
> 넘어뜨리기 위해 다시 일으켜 세운다 할지라도//

고려의 선종의 고승 지눌은 또 "땅에서 넘어진 자, 땅을 짚고 일어나라. (人因地而倒者 因地而起)"라 했지요. 다시 일어나는 것도 나 자신이고 나아가는 것도 나 자신이지요. 그 옆에 사랑하는 사람이 늘 함께 합니다.
좋은 날들이 계속될 것입니다.

✉ 1215 아침편지

주말을 앞둔 비 내리는 금요일입니다. 한 주간 노고가 많았습니다.
이 주말은 한 해를 보내면서 알았던, 알고 있으나 소식이 뜸한 지인들에게 연통을 보내는 것도 좋을 듯합니다. 추억이 잘 떠오르는 감성의 주말이 될 것 같은 흐뭇함이 있지 않을까요?
학창 시절에 한 번은 읽었을 제인 오스틴(1775.12.~1817.7.)의 「오만과 편견」, 「이성과 감성」이 있을 것입니다. 2017년 영란은행 10파운드 에 여성이 없다는 논란 속에 선정하게 되었다고 하니 참 오랜 시간이 필요했나 봅니다. "나는 결국 읽는 것만큼의 즐거움은 없다고 선언한다!"가 그려져 있습니다. (I declare, after all, there is no enjoyment like reading!) "감성이 없다면 우리는 계속 잔류할 수밖에 없지만 이성이 없다면 우리는 아무 데도 갈 수 없다."라며 이성과 감성의 하모니를 말하였습니다. 이성의 만능은 따뜻한 감성으로 보완되어야 한다는 의미이지요.
최근 유퀴즈온더블럭에 출연한 스탠퍼드대 뇌과학자이자 종신교수인 이진형은 "감성이 없는 이성은 힘이 없다"라며 자기 연구에 집중할 수 있었다고 말하였습니다.
삶에 감성이 없다면 황량한 그 자체가 아닐까요?
이 주말은 감성의 절정에 다가가는 시간이 되면 좋겠습니다.

✉ 1218 아침편지

주말 날씨가 매우 추워졌습니다. 어릴 적 냇가로, 산으로 눈발을 헤치며 다니다가 콧물은 볼까지 퍼지기도 했지요. 손발이 빨개지면서도 그저 좋아서 뛰어다닌 추억이 있습니다. 군불 땐 후 잔불에 넣어 둔 고구마, 감자를 입 주위가 까매지도록 후다닥 먹곤 했습니다. 그저 없어도, 양이 적어도 그게 중요한 것이 아니었지요.

현대의 선승 법정스님은 「무소유」에서 "우리는 필요에 따라 물건을 가지지만, 때로는 그 물건 때문에 마음을 쓰게 된다. 따라서 무엇인가를 갖는다는 것은 다른 한편 무언인가에 얽매이는 것, 그러므로 많이 갖고 있다는 것은 그만큼 많이 얽혀 있다는 뜻이다."라 하였지요.

아무것도 갖지 않는다는 것이 아니라 불필요한 것을 가지지 않는다는 뜻의 무소유라 합니다. 우리 아이들에게는 그와는 다른 추억거리들이 많아졌으면 좋겠습니다.

꽁꽁 싸매고 안전하게 다니면 좋겠습니다.

✉ 1220 아침편지

올겨울 들어 처음으로 4센티 넘게 눈에 내렸습니다. 비구름이 적정 온도가 되면 물방울이 눈으로 변하여 내린다고 하지요. 눈! 백설공주, 겨울왕국, 산타 등등 많은 표현물이 넘쳐나지요. 많은 소재가 되기에 충분합니다.

모든 것의 바탕에는 휴머니즘이 있는 '仁', 사랑이 가득한 것입니다. 「너무 보고플 땐 눈이 온다」의 저자 고명재는 "사랑이 뭘까, 그건 존재가 위태로울 때 등대처럼 제자리에서 기다리는 것", "생각해 보면 마음은 한 번도 보인 적 없어요. 단 한 번도 가시광선 아래에 드러난 적 없어요. 볼 수 없어도 계속 사랑할 수 있어요."라 했지요.

보이나요? 그 마음! 이 마음이 함께 이어지면 좋겠습니다.

1981년 1회 MBC 대학가곡제 최우수상 곡인 김효근 작사·작곡, 메조소프라노 조미경의 '눈' 들어 보세요. '~ 가슴에 새겨보리라 순결한 님의 목소리 바람결에 실려 오는가 흰 눈 되어 온다오.'

📧 1222 아침편지

성탄과 주말을 앞둔 금요일 아침입니다.
눈발과 함께 찾아온 냉기는 돌아갈 줄 모르는 갈 곳 잃은 방랑자 같습니다. 온기를 찾아서, 스승을 찾아서 떠나는 선인들의 모습은 참 닮기 어려운 방외자이지요. 사랑의 마법이 통하는 것은 나를 믿어주는 그 몇 사람이 있어서이지요.
「내 안의 빛나는 1%를 믿어준 사람」의 제인 블루스틴은 "나는 교사다. 교사는 누군가를 이끌어 주는 사람이다. 여기엔 마법이 있을 수 없다. 나는 물 위를 걸을 수 없으며, 바다를 가를 수도 없다. 다만 아이들을 사랑할 뿐이다. 누군가의 교사가 된다는 것은 누군가의 좋은 친구가 되어주는 것과 같다. 특별한 비법이 따로 없다. 그저 믿어주고, 지켜주는 것이 가장 좋은 친구다. 사람을 키워내고 이끌어 주는 일에 사랑보다 더한 마법은 없다."라고.
나를 진정으로 믿어주는 단 몇 사람이 그립습니다. 우리는 그런 '단 한 사람'입니다. 좋은 편안한 휴일 되세요.

📧 1226 아침편지

올해 마지막 주 화요일 아침입니다. 여전히 화요일 아침은 조용합니다. 이 한 주간은 조용히 관조하면서 정리하는 시간이 되면 좋겠습니다. 더 나은 내일, 내년을 위한 준비의 시간.
톨스토이는 인생의 가장 큰 행복으로 "한 해의 마지막에 가서 그해의 처음보다 더 나아진 자신을 발견하는 것이 인생의 가장 큰 행복"이라 했습니다. 한 해를 마무리하는 시점에 와서 연초보다 더 나아졌지요? 기쁨이 한 없이 넘치는 날들이 앞으로도 지속될 것이니까 자신 있게 삶을 대하면 더 좋겠습니다. 저도 그렇게 하겠습니다.

✉ 1228 아침편지

이제 얼마 남지 않는 올 한 해를 정리해야 할 때입니다. 그리고 봄을 준비해야 할 때입니다. 그리고 그 봄은 곧 오고야 말 것입니다.
이정하 시인의 <봄을 맞는 자세 2>를 볼까요?

> 봄이 와서 꽃 피는게 아니다/꽃 피어서 봄이 오는 것이다//
> 긴 겨울 찬바람 속/얼었다 녹았다 되풀이하면서도/
> 기어이 새움이 트고 꽃 핀 것은//
> 우물쭈물 눈치만 보고 있던/봄을 데려오기 위함이다//
> 골방에 처박혀 울음만 삼키고 있는 자여,/
> 기다린다는 핑계로 문을 잠그지 마라/
> 기별이 없으면 스스로 찾아 나서면 될 일,/
> 멱살을 잡고서라도 끌고 와야 할 누군가가/대문 밖 저너머에 있다//
> 내가 먼저 꽃 피지 않으면/내가 먼저 문 열고 나서지 않으면/
> 봄은 오지 않는다/끝끝내 추운 겨울이다//

그 봄이 곧 오지요. 그 봄이 오기 전에 고마웠던 많은 것들에 감사함은 당연한 것이지요.
저도 그 봄을 맞을 수 있겠지요? 좋은 날 되세요.

✉ 1229 아침편지

23년 마지막, 여기에서 마지막 근무일 아침에
그간 고마웠습니다!

ps. 이제 제 메일이 그 역할을 다하였습니다.

참고문헌

[참고문헌]

○ 강원국, 「대통령 글쓰기」, 메디치미디어, 2017.05.25.

○ 강은교, 「꽃을 끌고」, 열림원, 2022.08.31.

○ 강준민, 「성품 속에 담긴 축복의 법칙」, 두란노서원, 2006.101.10.

○ 고동진, 「일이란 무엇인가」, 민음사, 2023.07.11.

○ 고명재, 「너무 보고플 땐 눈이 온다」, 난다, 2023.05.31.

○ 구본형, 홍승완, 「마음편지」, 을유문화사, 2023.01.25.

○ 김난도 등, 「트랜드 코리아 2024」, 미래의 창, 2023.10.05.

○ 김미경, 「언니의 독설」, 북이십일21세기북스, 2011.06.30.

○ 김서령, 「외로운 사람끼리 배추적을 먹었다」, 푸른역사, 2019.01.29.

○ 김연수, 「너무나 많은 여름이」, 레제, 2023.06.26.

○ 김용택, 「어쩌면 별들이 너의 슬픔을 가져갈지도 몰라」, 위즈덤하우스, 2016.12.15.

○ 김윤나, 「말그릇」, 카시오페아, 2017.09.22.

○ 김 원, 「못다 그린 건축가」, 태학사, 2023.05.25.

○ 김은주, 「생각이 너무 많은 서른살에게」, 메이븐, 2021.06.10.

○ 김지훈, 「당신의 마음을 안아 줄게요」, 진심의꽃한송이, 2019. 2. 22.

○ 김진수, 「선한 영향력」, 선율, 2018.06.15.

○ 김현태, 「내 마음 들었다 놨다」, 레몬북스, 2013.11.28.

○ 김형석, 「고독이라는 병」, 비전과 리더십, 2022.07.06.

○ 나카무라 쇼지, 「끝까지 해내는 힘」, 비즈니스북스, 2015.05.30.

○ 노마 히데키, 「한글의 탄생(인간에게 문자란 무엇인가)」, 돌베개, 2022.10.09.

○ 노만 빈센트 필, 「쓸데없는 걱정」, 규장문화사, 2003.09.22

○ 니코스 카찬차키스, 「그리스인 조르바」, 열린책들, 2009.12.20.

○ 도리스 메르틴, 「엑셀런스」, 다산초당, 2022.02.23.

○ 덴젤 워싱턴, 펜실베니아대 졸업식 축사 中, 2011.05.

○ 랄프 에머슨, 「자기 신뢰」, 현대지성, 2021.04.01.

- 랄프 에머슨, 「자연」, 은행나무, 2014.04.16.
- 레슬리 제이미슨, 「공감 연습」, 문학과지성사, 2019.01.21.
- 로랑스 드빌레르, 「모든 삶은 흐른다」, 출판 피카(FIKA), 2023.04.03.
- 로버트 래버링, 「훌륭한 일터」, 엘테크, 2002. 10.15
- 루시 모드 몽고메리, 「빨강머리 앤」, 월북, 2019.06.30.
- C. S. 루이스, 「헤아려 본 슬픔」, 홍성사, 2004.03.30.
- 리처드 도킨스, 「현실, 그 가슴 뛰는 마법」, 김영사, 2012.04.27.
- 릭 리지웨이, 「지도 끝의 모험」, 라이팅하우스, 2023.07.14
- 마르셀 프루스트, 「잃어버린 시간을 찾아서」, 국일미디어, 2022.12.01.
- 마종기, 「안 보이는 사랑의 나라」 시 '바람의 말', 문학과지성사, 1980.9.25.
- 매리언 울프, 「다시, 책으로」, 어크로스, 2019.05.15.
- 박경리, 「토지」, 문학사상사, 1994
- 박석현, 「다산의 마지막 편지」, 모모북스, 2023.02.10.
- 박 준, 「운다고 달라지는 것은 아무것도 없겠지만」, 난다, 2017.07.01.
- 발타자르 그라시안, 「사람을 얻는 지혜」, 원앤원북스, 2013.5.16.
- 버지 윌슨, 「안녕, 앤」, 더모던, 2020.08.01.
- 법정, 「서 있는 사람들」, 샘터, 2003.02.28.
- 배리 슈워츠, 「우리는 왜 일하는가」, 문학동네, 2018.03.21.
- 벤자민 페렌츠, 「101살 할아버지의 마지막 인사」, 양철북, 2022.01.13.
- 브라이언 헤어, 버네사 우즈, 「다정한 것이 살아남는다」, 디플롯, 2021.7.
- 비욘 나티코, 「내가 틀릴 수도 있습니다」, 다산초당, 2022.04.18.
- 빌 게이츠, 「빌 게이츠, 기후재앙을 피하는 법」, 김영사, 2021.02.16.
- 성파, 「일하며 공부하며 공부하며 일하며」, 샘터, 2023.05.19.
- 생텍쥐페리, 「어린왕자」, 문학동네, 2007. 5. 8.
- 생텍쥐페리, 「야간비행」, 더클래식, 2021.08.31.
- 스텐 비첨, 「앨리트 마인드」, 비즈페이퍼, 2017.03.30.

- 스텐 톨러, 「행운의 절반 친구」, 위즈덤하우스, 2000. 24.
- 신경숙, 「아름다운 그늘」, 문학동네, 2011.11.23.
- 아서 시아리미콜리, 케서린 케첨, 「당신은 너무 늦게 깨닫지 않기를」, 위즈덤하우스, 2020.11.20.
- 알베르트 키츨러, 「나를 살리는 철학」, 클레이하우스, 2021.08.06.
- 알베르트 키츨러, 「철학자의 걷기 수업」, 푸른 숲, 2023.05.15.
- 엄상준, 「음악, 좋아하세요?」, 호밀밭, 2019.12.16.
- 에른스트 블로흐, 「희망의 원리」, 열린책들, 2004.10.20.
- 에크낫 이스워런, 「인생이 내게 말을 걸어왔다」, 웅진윙스, 2007.01.30.
- 오프라 윈프리, 「내가 확실히 아는 것들」, 북하우스, 2014.12.05.
- 오 헨리, 「현자의 선물」, 유페이퍼, 2012.03.02.
- 올리버 색스, 「이 아름다운 별에서」, 「고맙습니다」 알마, 2016.05.28.
- 우찬제, 「책의 질문」, 열림원, 2023.05.22.
- 우치다 타츠루(內田樹), 「스승은 있다」, 민들레, 2012.07.20.
- 위지안(于娟), 「오늘 내가 살아가는 이유(此生未完成)」, 예담, 2011. 12. 20
- 유발 하라리, 「사피엔스」, 김영사 2023.04.01.
- 이금희, 「우리, 편하게 말해요」, 웅진지식하우스, 2022. 10.21.
- 이기병, 「연결된 고통」, 아몬드, 2023.02.24.
- 이나모리 가즈오, 「왜 리더인가」, 다산북스, 2021.05.12.
- 이문수, 「누구도 벼랑 끝에 서지 않도록」, 웨일북, 2021. 11. 10.
- 이슬아, 「너는 다시 태어나려고 기다리고 있어」, 헤엄, 2019.11.13.
- 이어령, 「작별」, 성안당, 2011.08.05.
- 이재은, 「다정한 말이 똑똑한 말을 이깁니다」, 더퀘스트, 2023.06.30.
- 이정동, 「최초의 질문」, 민음사, 2022.04.15.
- 이지수, 「우리는 올록볼록해」, 마음산책, 2023.06.30.
- 정여울, 「나를 돌보지 않는 나에게」, 김영사, 2019.10.23.

○ 정재찬, 「그대를 듣는다」, 휴머니스트, 2017.06.05.

○ 정재찬, 「시를 잊은 그대에게」, 휴머니스트, 2016.03.03.

○ 정재찬, 「우리가 인생이라 부르는 것들」, 인플루엔셜, 2020.02.25.

○ 정호승, 「내가 사랑하는 사람」, 비채, 2015. 03

○ 제인 블루스틴, 「내 안의 빛나는 1%를 믿어준 사람」, 푸른숲, 2013.11.11

○ 조영진, 「아빠 반성문」, 세이코리아, 2023.06.26.

○ 조윤제, 「다산의 마지막 습관」, 청림출판, 2020.11.16.

○ 존 펜버티, 「인생 To Bee or Not to Bee」, 맥스미디어, 2005.11.10.

○ 주경, 「보지 못하는 것을 본다는 것」, 마음의 숲, 2023.10.18.

○ 주 샤오메이, 「마오와 나의 피아노」, 종이와나무, 2017.05.29.

○ 최인아, 「내가 가진 것을 세상이 원하게 하라」, 해냄, 2023.04.19.

○ 최인철, 「굿 라이프」, 21세기북스, 2018.06.20.

○ 최진영, 「내가 되는 꿈」, 현대문학, 2021.02.25.

○ 카르스트 헨, 「책 산책가」, 그러나, 2023.04.29.

○ 틱낫한, 「평화로움」, 도서출판 장경각, 1992.01.25.

○ 파울로 코엘료, 「아처」, 문학동네, 2021.06.11.

○ 프랑스아즈 사강, 「브람스를 좋아하세요」, 민음사, 2008.305.02.

○ 프랑크 나우만, 「호감의 법칙」, 그책, 2009.09.10.

○ 하워드 라인골드, 「스마트 몹스」, 문학동네, 2014.10.17.

○ 한동일, 「라틴어 인생문장」, 이야기장수, 2023.10.25.

○ 헨리 데이비드 소로, 「월든」, 은행나무, 2011.08.22.

○ 황지우, 「어느 날 나는 흐린 주점에 앉아 있을 거다」, 문학과지성사, 1998.12.21.

[시]

○ 강금연, <야야 와 그래 차를 세우노>

○ 강은교, <빗방울 하나가>

- 고운기, <대숲>
- 괴테, <연인 곁에서>
- 괴테, <태양이 바다에 미광을 비추면>
- 구상, <새해>
- 글배우(본명 김동혁), <신호등처럼>
- 김경후, <문자>
- 김광섭, <비 개인 여름 아침>
- 김남조, <편지>
- 김도은, <그대에게 가는 길>
- 김보일, <별>
- 김사랑, <오월>
- 김선우, <낙화, 첫사랑>
- 김선태, <단짝>
- 김연수, <파도가 바다의 일이라면>
- 김영교, <3월이 오면>
- 김춘수, 능금
- 김재호, <고향의 노래>
- 김종삼, <묵화>
- 김현미, <바람세월>
- 김현성, <가을 우체국 앞에서>
- 김효근, <눈>
- 나태주, <9월이>
- 나태주, <그리움>
- 나태주, <내가 너를>
- 나태주, <멀리서 빈다>
- 나태주, <11월>

- 나태주, <행복>
- 나태주, <혼자인 날>
- 나호열, <안아주기>
- 노자영, <봄 밤>
- 랄프 에머슨, <무엇이 성공인가?>
- 랭스턴 휴즈, <엄마가 아들에게 주는 시>
- 로버트 크릴리, <꽃>
- 로버트 프로스트, <어떤 금빛도 머무를 수 없다네>
- 류 근, <첫사랑>
- 류시화, <당신 있기에>
- 메리 올리버, <어둠이 짙어가는 날들에 쓴 시>
- 문무학, <바다>
- 문무학, <인생의 주소>
- 박규리, <치자꽃 설화>
- 박목월, <윤사월>
- 반칠환, <꽃 밥>
- 백가희, <간격의 미>
- 손증호, <샘>
- 송귀영, <낙엽 지다>
- 송창식, <밤 눈>
- 슈베르트, 가곡, <겨울 나그네>
- 신가영, <낙엽이란>
- 신경림, <갈대>
- 신석정, <오월이 돌아오면>
- 심현욱, <가을이 간다>
- 안병원, <구슬비>

- 안상학, <이화령>
- 안현미, <시간들>
- 안희연, <여름 언덕에서 배운 것>
- 알프레드 수자, <사랑하라, 한 번도 상처 받지 않은 것처럼>
- 에밀리 디킨슨, <사랑이란 이 세상의 모든 것>
- 엘렌 코트, <초보자에게 주는 조언>
- 오세영, <양귀비꽃>
- 오세영, <휴대전화>
- 오인태, <이렇게 세상이 아름다운 것은>
- 왕건, <십오야망월>
- 윌리엄 버틀러 예이츠, <술 노래>
- 윌리엄 워즈워드, <무지개>
- 유안진, <시간>
- 윤동주, <굴뚝>
- 윤동주, <봄>
- 윤동주, <편지>
- 윤보영, <그리움>
- 윤보영, <마음의 문>
- 윤보영, <참 좋은 그대>
- 용혜원, <가을 길을 걷고 싶습니다>
- 용혜원, <가을 파는 꽃집>
- 용혜원, <그대의 눈빛을>
- 이경선, <그대란 꽃말>
- 이경선, <나의 오늘, 그대>
- 이경선, <봄비>
- 이기철, <모르는 사람의 손이 더 따뜻하리라>

- 이문재, <꽃말>
- 이문재, <어떤 경우>
- 이병기, <별>
- 이백, <장상사>
- 이사라, <사람 하나>
- 이성선, <가을편지>
- 이성선, <사랑은 별 하나>
- 이수복, <봄비>
- 이수복, <이 비 그치면>
- 이육사, <청포도>
- 이정보, <국화야>
- 이정하, <봄을 맞는 자세 2>
- 이채, <3월의 당신에게 띄우는 편지>
- 이채, <6월에 꿈꾸는 사랑>
- 이해인, <봄의 연가>
- 이해인, <비가 전하는 말>
- 이해인, <사랑의 기쁨>
- 이해인, <사월의 시>
- 이해인, <3월의 바람>
- 이해인, <설날 아침>
- 이해인, <작은 노래>
- 이해인, <해를 보는 기쁨>
- 임곤택, <데리러 온다는 말>
- 장영수, <봄>
- 장석주, <대추 한 알>
- 전진옥, <가을입니다>

- 전진옥, <달빛에 물든 가을>
- 정병근, <비 끝>
- 정용철, <어느 날 그랬다면>
- 정채봉, <엄마가 휴가를 나온다면>
- 정호승, <벗에게 부탁함>
- 정호승, <수선화>
- 정호승, <여름밤>
- 정훈희, <꽃밭에서>
- 조지훈, <낙화>
- 존 맥크래이, <In Flanders Fields>
- 카린 보위에, <그래, 아프기 마련이다>
- 테클라 메를로, <고요히 머물러 사랑하기>
- 하인리히 하이네, <눈부시게 아름다운 5월>
- 하인리히 하이네, <참으로 아름다운 5월>
- 한승수, <바지랑대>
- 한용운, <나의 꿈>
- 함민복, <봄꽃>
- 함민복, <선천성 그리움>
- 함민복, <일몰>
- 헤르만 헤세, <행복해진다는 것>
- 홍광일, <하늘아 너는 왜 푸른 것이냐>
- 홍사성, <바람의 힘>
- 황창원, <빈 방>
- 홍혜정, '그립습니다', 문화일보, 2023.01.19.

을지로의 아침

박동규 지음

초판 1쇄 2024년 5월 31일
초판 2쇄 2024년 7월 19일

발행인 강대진
디자인 김지현, 이설희, 성윤진

발행처 강남커머스
등 록 강남 제 2019-000337호
주 소 서울시 강남구 역삼로8길 21, 2F
번 호 02-540-4440
팩 스 02-554-4440
메 일 copyten@naver.com

© 2024, GN COMMERCE
ISBN 979-11-91000-97-9

*이 책은 저작권법에 따라 보호받는 저작물이므로 무단복제와 무단전재를 금합니다.
*이 책 내용의 전부 또는 일부를 이용하려면 반드시 강남커머스의 서면 동의를 받아야 합니다.